Gert Kaluza

Stressbewältigung

Trainingsmanual zur psychologischen Gesundheitsförderung
2., vollständig überarbeitete Auflage

Gert Kaluza

Stressbewältigung

Trainingsmanual zur psychologischen Gesundheitsförderung

2., vollständig überarbeitete Auflage

Mit 60 Abbildungen und 18 Tabellen

Professor Dr. Gert Kaluza
GKM-Institut für Gesundheitspsychologie
Liebigstr. 31a
35037 Marburg
kaluza@gkm-institut.de

ISBN 978-3-642-13719-8 Springer-Verlag Berlin Heidelberg New York

Bibliografische Information der Deutschen Nationalbibliothek
Die Deutsche Nationalbibliothek verzeichnet diese Publikation in der Deutschen Nationalbibliografie;
detaillierte bibliografische Daten sind im Internet über http://dnb.d-nb.de abrufbar.

Dieses Werk ist urheberrechtlich geschützt. Die dadurch begründeten Rechte, insbesondere die der
Übersetzung, des Nachdrucks, des Vortrags, der Entnahme von Abbildungen und Tabellen, der Funksendung,
der Mikroverfilmung oder der Vervielfältigung auf anderen Wegen und der Speicherung in Daten-
verarbeitungsanlagen, bleiben, auch bei nur auszugsweiser Verwertung, vorbehalten. Eine Vervielfältigung
dieses Werkes oder von Teilen dieses Werkes ist auch im Einzelfall nur in den Grenzen der gesetzlichen
Bestimmungen des Urheberrechtsgesetzes der Bundesrepublik Deutschland vom 9. September 1965 in
der jeweils geltenden Fassung zulässig. Sie ist grundsätzlich vergütungspflichtig. Zuwiderhandlungen unterliegen den Strafbestimmungen des Urheberrechtsgesetzes.

SpringerMedizin
Springer-Verlag GmbH
ein Unternehmen von Springer Science+Business Media
springer.com

© Springer-Verlag Berlin Heidelberg 2004, 2011

Produkthaftung: Für Angaben über Dosierungsanweisungen und Applikationsformen kann vom Verlag keine
Gewähr übernommen werden. Derartige Angaben müssen vom jeweiligen Anwender im Einzelfall anhand anderer Literaturstellen auf ihre Richtigkeit überprüft werden.

Die Wiedergabe von Gebrauchsnamen, Warenbezeichnungen usw. in diesem Werk berechtigt auch ohne
besondere Kennzeichnung nicht zu der Annahme, dass solche Namen im Sinne der Warenzeichen- und
Markenschutzgesetzgebung als frei zu betrachten wären und daher von jedermann benutzt werden dürfen.

Planung: Monika Radecki, Heidelberg
Projektmanagement: Sigrid Janke, Heidelberg
Lektorat: Barbara Buchter, Neuenbürg
Layout und Umschlaggestaltung: deblik Berlin
Abbildungen: Fotosatz-Service Köhler GmbH, Würzburg; © Vuifah/fotolia.com;
© Kromosphere/fotolia.com; © ionnis kounadeas/fotolia.com; © styleuneed/fotolia.com
Einbandabbildung: © Ljupco Smokovski / shutterstock.com
Satz: Fotosatz-Service Köhler GmbH – Reinhold Schöberl, Würzburg

SPIN   86149865

Gedruckt auf säurefreiem Papier   2126 – 5 4 3 2 1

Vorwort zur 2. Auflage

Liebe Leserin, lieber Leser,

das Thema »Stress« erfährt seit vielen Jahren ein zunehmendes öffentliches Interesse. Gravierende Veränderungen der Lebens- und Arbeitsverhältnisse führen für viele Menschen zu einem Anstieg des chronischen Stresslevels. Unternehmen und öffentliche Arbeitgeber sehen sich verstärkt mit dem Problem stressbedingter Leistungseinbußen und Gesundheitsbeeinträchtigungen ihrer Mitarbeiterinnen und Mitarbeiter konfrontiert. Das Interesse ist mehr als eine kurzfristige Modeerscheinung. Immer mehr Menschen erkennen oder erahnen zumindest, dass die Art und Weise, wie sie ihr Leben – unter den gegebenen ökonomischen, sozialen und kulturellen Bedingungen – leben und gestalten (müssen), gravierende Auswirkungen auf ihre Gesundheit im körperlichen und seelischen Sinne hat. Auch die Wissenschaft hat immer mehr Erkenntnisse über Zusammenhänge zwischen sozioemotionalen Belastungserfahrungen und der physischen wie psychischen Gesundheit zusammengetragen. An Wissen mangelt es nicht. Ebenso wenig an guten Ratschlägen für eine gesundheitsförderliche individuelle Lebensführung, mit denen die Menschen massenmedial geradezu überschwemmt werden und die wahrscheinlich nicht selten eher kontraproduktiv wirken, indem sie Schuldgefühle, ein schlechtes Gewissen oder Trotz und Hilflosigkeitsgefühle hervorrufen. Denn das Problem liegt meist in der Umsetzung. Hier setzt das vorliegende psychologische Gesundheitsförderungsprogramm »Gelassen und sicher im Stress« an. Es möchte Menschen nachhaltig darin unterstützen, einen gesundheitsförderlichen Umgang mit alltäglichen beruflichen wie privaten Belastungen umzusetzen und beizubehalten.

Die ersten Erfahrungen mit dem Programm, das ursprünglich in den 1980er Jahren im Auftrag der Bundeszentrale für gesundheitliche Aufklärung entwickelt wurde, reichen nunmehr annähernd 25 Jahre zurück. Seitdem hat das Programm jeweils in enger Korrelation zu den zahlreichen so genannten Gesundheitsreformen und der jeweiligen Ausformulierung des §20 SGB V, der die Aufgaben der gesetzlichen Krankenkassen im Bereich der Prävention und Gesundheitsförderung regelt, eine wechselvolle Geschichte erfahren. Inzwischen hat »Gelassen und sicher im Stress« bundesweite Verbreitung und Akzeptanz gefunden, ist in den Katalog präventiver Leistungen der Krankenkassen aufgenommen und kann von entsprechend zertifizierten Kursleitern in deren Auftrag durchgeführt werden.

Fast sechs Jahre nach der Neu-Erscheinung des Trainingsmanuals unter dem Titel »Stressbewältigung« war es Zeit für eine erneute Überarbeitung sowohl der theoretischen Grundlagen als auch der praktischen Trainingsbausteine. Wesentliche Neuerungen betreffen die Neukonzeption des Trainingsmoduls »Mentaltraining« sowie zahlreiche ergänzende didaktische Hinweise, Vorschläge für praktische Übungen und neue Trainingsmaterialien. Auf der diesem Buch beiliegenden CD-Rom finden sich Druckvorlagen für alle Materialien, die für die Durchführung des Trainings benötigt werden. Für Kursteilnehmer ist inzwischen ferner ein populärwissenschaftliches Buch unter dem Titel »Gelassen und sicher im Stress – Das Stresskompetenz-Buch« (Kaluza, 2007) erschienen, das als Begleitlektüre zu einer Kursteilnahme empfohlen werden kann.

Die Effekte einer Kursteilnahme wurden in zwei kontrollierten Interventionsstudien evaluiert. Sie bestehen v.a. in einer qualitativen Veränderung des selbst berichteten Bewältigungsverhaltens dergestalt, dass die Teilnehmer im Laufe des Trainings jeweils neue Möglichkeiten des Umgangs mit Belastungen in ihr Bewältigungsrepertoire integrieren. In der Folge kommt es zu einer auch mittelfristig stabilen Reduktion von körperlichen Beschwerden und einer Steigerung des körperlichen und psychischen Wohlbefindens. Der interessierte Leser findet nähere Informationen hierzu in den entsprechenden Originalarbeiten (Kaluza 1998, 1999a und b, 2000) sowie in einem zusammenfassenden Übersichtsartikel (Kaluza, 2002).

Die Förderung der individuellen Stresskompetenz, wie sie mit dem vorliegenden Gesundheitsförderungsprogramm angestrebt wird, stellt dabei nur eine Seite eines nachhaltigen Stressmanagements dar. Nicht nur sinnvoll, sondern notwendig sind auf der anderen Seite Maßnahmen des strukturellen Stressmanagements. Hier stehen Unternehmen und öffentliche Institutionen in der Verantwortung, solche Lebens- und Arbeitsverhältnisse zu gestalten, in denen ein individuelles Leben in einer gesunden Balance von Anspannung und Entspannung erst möglich wird.

Fortbildungen zum Kursleiter für das Gesundheitsförderungsprogramm »Gelassen und sicher im Stress« werden seit vielen Jahren regelmäßig vom GKM-Institut für Gesundheitspsychologie in Marburg angeboten. Die Teilnahme an einer Fortbildungsveranstaltung gilt als obligate Voraussetzung für die Durchführung des Programms im Auftrag von gesetzlichen Krankenkassen sowie für die Nutzung der Trainingsmaterialien. Interessenten an einer Fortbildung erhalten alle nötigen Informationen unter www.gkm-institut.de.

Deutschsprachige Autoren sind immer mit dem Problem der geschlechtsneutralen Formulierung konfrontiert. Nach einigem Hin und Her habe ich mich hier aus Gründen des besseren Sprachflusses und – dies gestehe ich freimütig – der Bequemlichkeit für die Beibehaltung der hergebrachten männlichen Form entschieden, wohl wissend, dass dies keine Lösung des Problems darstellt. Wenn im Text vom »Kursleiter« und vom »Kursteilnehmer« die Rede ist, dann ist natürlich auch immer die »Kursleiterin« und die »Kursteilnehmerin« gemeint. Ich bitte meine weibliche Leserschaft um Verständnis.

Ich wünsche mir, dass von dem vorliegenden Manual reger Gebrauch gemacht wird, und bin immer dankbar für kritisch-konstruktive Rückmeldungen aus der Kurspraxis.

Gert Kaluza
Marburg, im April 2010

Über den Autor

Prof. Dr. Gert Kaluza ist psychologischer Psychotherapeut und als Trainer, Coach und Autor in der individuellen und betrieblichen Gesundheitsförderung tätig. Nach über 20-jähriger Tätigkeit an verschiedenen Universitäten gründete er 2002 das GKM-Institut für Gesundheitspsychologie (www.gkm-institut.de).

Inhaltsverzeichnis

I Grundlagen

1 Gesundheitsförderung durch Stressbewältigung 3
1.1 Von der Prävention zur Gesundheitsförderung 4
1.2 Gesundheit fördern – aber welche? 6
1.3 Gefahren und Irrwege der Gesundheitsförderung 8

2 Stress – was ist das eigentlich? – Wissenschaftliche Stresskonzepte 11
2.1 Ein einfaches Rahmenkonzept: Die »Stress-Ampel« 12
2.2 Die biologische Perspektive: Körperliche Stressreaktionen und die Folgen für die Gesundheit 15
2.2.1 Stress als Abweichung von der Homöostase 15
2.2.2 Akute körperliche Stressreaktionen 15
2.2.3 Stress entsteht im Gehirn: Die neuronale Organisation der Stressreaktion 17
2.2.4 Die zwei Achsen der Stressreaktion: Trockene und nasse Kommunikationswege 18
2.2.5 Stress formt das Gehirn: Das zentrale Adaptationssyndrom 20
2.2.6 Stressreaktionen sind individuell: Individual- und Situationsspezifität von Stressreaktionen . . 20
2.2.7 Macht Stress krank? – Stressreaktionen und Gesundheit 23
2.2.8 Das Burn-out-Syndrom 25
2.3 Die soziologische Perspektive: Formen und Merkmale von Stressoren 28
2.3.1 Kritische Lebensereignisse 28
2.3.2 Arbeitsbelastungen 29
2.3.3 Alltagsbelastungen 32
2.4 Die psychologische Perspektive: Persönliche Motive, Einstellungen und Bewertungen als Stressverstärker 33
2.4.1 Stress als wahrgenommene Diskrepanz zwischen Anforderungen und Kompetenzen: das transaktionale Stresskonzept 33
2.4.2 Präkognitive Emotionen: Wenn Stressgefühle den Kognitionen vorauseilen 36
2.4.3 Stressverschärfende Einstellungen: drei Wege zum Burn-out 37
2.5 Die salutogenetische Perspektive: Soziale und personale Ressourcen der Stressbewältigung 40
2.5.1 Soziale Beziehungen und soziale Unterstützung 40
2.5.2 Hält Optimismus gesund? – Salutogenität von Ergebniserwartungen 42
2.5.3 »Ich kann!« – Salutogenität von Kontrollüberzeugungen 43
2.5.4 »Ich kann!« – Salutogenität von Selbstwirksamkeitsüberzeugungen 44
2.5.5 Kohärenz und Sinnerleben 45
2.6 Integration: Anforderungs-Ressourcen-Modell 47

3 Belastungsbewältigung 49
3.1 Drei Hauptwege zur individuellen Belastungsbewältigung 50
3.2 Was ist effektive Bewältigung? – Differenzielle Effektivität einzelner Formen der Bewältigung 53
3.3 Strukturelles Stressmanagement 56

4	**Konzeption des Gesundheitsförderungsprogramms »Gelassen und sicher im Stress«**	59
4.1	Ziele und Zielgruppen des Gesundheitsförderungsprogramms	60
4.2	Aufbau und Module des Gesundheitsförderungsprogramms	61
4.3	Konzeptionelle Merkmale des Gesundheitsförderungsprogramms	64
4.4	Funktionen der Gruppe im Rahmen des Gesundheitsförderungsprogramms	65

II   Praxis

5	**Einstieg in das Gesundheitsförderungsprogramm**	71
5.1	Ankommen und Kennenlernen	72
5.2	Stress – was ist das eigentlich? – Informationen für Kursteilnehmer	73
5.3	Gruppenarbeit: Meine Kompetenzen zur Stressbewältigung	75
5.4	Klären von Erwartungen und Befürchtungen	76

6	**Trainingsmodul 1: Entspannen und loslassen – das Entspannungstraining**	79
6.1	Ziele	80
6.2	Methode: Progressive Relaxation	81
6.2.1	Theoretische Grundannahmen	81
6.2.2	Grundprinzip der Progressiven Relaxation	82
6.2.3	Ablauf	82
6.3	Praktische Durchführung im Kurs	83
6.3.1	Einführung der Langform	83
6.3.2	Besprechen der Übungserfahrungen und Umgang mit Störungen	90
6.3.3	Verkürzung der Entspannungsübung	94
6.3.4	Einführung des »Ruhewortes«	95
6.3.5	Anwendung der Entspannung im Alltag	97
6.3.6	»Fantasiereisen«	99
6.4	Überblick über das Entspannungstraining	100

7	**Trainingsmodul 2: Förderliche Denkweisen und Einstellungen entwickeln – das Mentaltraining**	103
7.1	Ziele	104
7.2	Methode	105
7.3	Praktische Durchführung	106
7.3.1	Die Rolle von Bewertungen und Einstellungen im Stressgeschehen – Einführung	106
7.3.2	Stressverschärfende und förderliche Denkmuster: »Es sind oft mehrere Sichtweisen möglich«	108
7.3.3	Förderliche Denkmuster entwickeln: ein Menü mentaler Strategien zur Stressbewältigung	109
7.3.4	Stressverschärfende und förderliche Einstellungen: »Persönliche Stressverstärker und wie man sie entschärfen kann«	111
7.3.5	Förderliche Einstellungen verankern	116
7.4	Überblick über das Mentaltraining	118

8	**Trainingsmodul 3: Stresssituationen wahrnehmen, annehmen und verändern – das Problemlösetraining**	119
8.1	Ziele	120
8.2	Methode	120
8.3	Praktische Durchführung im Kurs	121
8.3.1	Einführung und Gruppengespräch: »Meine persönlichen Stressoren«	121
8.3.2	»Dem Stress auf die Spur kommen«: Selbstbeobachtung von Belastungssituationen und -reaktionen	123
8.3.3	Exkurs: »Innere Achtsamkeit«	126
8.3.4	»Ideen zur Bewältigung sammeln«: Brainstorming	128
8.3.5	»Den eigenen Weg finden«: Auswählen und entscheiden	132
8.3.6	»Konkrete Schritte planen«	133
8.3.7	»Im Alltag handeln«	136
8.3.8	»Bilanz ziehen«	136
8.4	Überblick über das Problemlösetraining	137
9	**Trainingsmodul 4: Erholen und genießen – das Genusstraining**	139
9.1	Ziele	140
9.2	Methode	141
9.3	Praktische Durchführung im Kurs	142
9.3.1	Einführung: Erholung – aber richtig!	142
9.3.2	»Angenehmes Erleben im Alltag«: Gruppengespräch	145
9.3.3	»Acht Gebote des Genießens«	146
9.3.4	Praktische Übungen zum Genießen	147
9.3.5	»Ich nehme mir etwas Schönes vor«: Planen angenehmer Erlebnisse	150
9.3.6	Exkurs: Erholsam schlafen	153
9.3.7	Exkurs: Erholsamer Urlaub	153
9.4	Überblick über das Genusstraining	153
10	**Ergänzungsmodule**	155
10.1	Ergänzungsmodul 1: Stressbewältigung durch Sport und mehr Bewegung im Alltag	156
10.1.1	Informationen für Kursteilnehmer	156
10.1.2	Durchführung von Bewegungsübungen im Kurs	158
10.2	Ergänzungsmodul 2: Soziales Netz	162
10.2.1	Übung »Vertrauen schaffen, Vertrauen fassen«	162
10.2.2	Visualisieren: Mein soziales Netz	162
10.2.3	Pflegetipps für das soziale Netz	163
10.3	Ergänzungsmodul 3: Blick in die Zukunft	164
10.3.1	Einführung	165
10.3.2	Der »Zeitstrahl«	165
10.3.3	Blick nach vorn – eine positive Zukunftsvision entwickeln	166
10.3.4	Von der Vision zum Ziel	167
10.4	Ergänzungsmodul 4: Keine Zeit? – Sinnvolle Zeiteinteilung im Alltag	168
10.4.1	Gründe für Zeitdruck	169
10.4.2	Strategien gegen Zeitstress	170
10.5	Ergänzungsmodul 5: Die Quart-A-(4A-)Strategie für den Akutfall	170

11	Ausstieg und Transfer	173
12	Übersicht über das Gesundheitsförderungsprogramm »Gelassen und sicher im Stress«	177

Anhang

Trainingsmaterialien 183
Hinweis 184
Übersicht 185
I. Zum Einstieg 186
II. Trainingsmodul 1: Entspannungstraining 201
III. Trainingsmodul 2: Mentaltraining 209
IV. Trainingsmodul 3: Problemlösetraining 219
V. Trainingsmodul 4: Genusstraining 230
VI. Ergänzungsmodule 243
VII. Ausstieg und Transfer 259

Literatur 265

Stichwortverzeichnis 271

Auf der beiliegenden CD-ROM finden Sie alle Trainingsmaterialien im pdf-Format zum Ausdrucken.

even # Grundlagen

Kapitel 1 Gesundheitsförderung durch Stressbewältigung – 3

Kapitel 2 Stress – was ist das eigentlich? – Wissenschaftliche Stresskonzepte – 11

Kapitel 3 Belastungsbewältigung – 49

Kapitel 4 Konzeption des Gesundheitsförderungsprogramms »Gelassen und sicher im Stress« – 59

Gesundheitsförderung durch Stressbewältigung

1.1 Von der Prävention zur Gesundheitsförderung – 4

1.2 Gesundheit fördern – aber welche? – 6

1.3 Gefahren und Irrwege der Gesundheitsförderung – 8

1.1 Von der Prävention zur Gesundheitsförderung

»Vorsorgen ist besser als heilen.« – Diese einfache, alte Erkenntnis hat auch heute nichts von ihrer Gültigkeit eingebüßt. Die konkreten Wege allerdings, die zu ihrer praktischen Umsetzung beschritten werden, haben sich gewandelt.

In seiner Schrift »The Role of Medicine. Dream, Mirage or Nemesis?« (dt. »Die Bedeutung der Medizin. Traum, Trugbild oder Nemesis?«, 1982) hat Thomas McKeown überzeugend nachgewiesen, dass die erfolgreiche Bekämpfung der großen, seuchenartig auftretenden Infektionskrankheiten in der ersten Hälfte des letzten Jahrhunderts v.a. einer Verbesserung der materiellen und hygienischen Lebensverhältnisse sowie – in geringerem Ausmaß – der Einführung von Schutzimpfungen zu verdanken ist, also im Wesentlichen durch verhältnis- und verhaltenspräventive und weniger durch kurative Maßnahmen (z.B. Antibiotika) erreicht worden ist.

Vor dem Hintergrund einer in der Folge nahezu um den Faktor 2 gestiegenen Lebenserwartung hat sich zugleich auch das Spektrum der vorherrschenden Krankheiten entscheidend verändert. Im Vordergrund stehen heute nicht mehr akute Infektionskrankheiten, wie dies noch zu Beginn des 20. Jahrhunderts der Fall war. Vielmehr werden die Morbiditäts- und Mortalitätsstatistiken in den entwickelten Gesellschaften von Herz-Kreislauf-Erkrankungen (Herz- und Hirninfarkte), bösartigen Neubildungen, degenerativen Muskel- und Skeletterkrankungen sowie psychischen und psychosomatischen Krankheiten dominiert (Statistisches Bundesamt, 1998). Unter präventiven Aspekten betrachtet ist von besonderer Bedeutung, dass die beiden Krankheitsgruppen, die die Todesursachenstatistik (◻ Tab. 1.1) insgesamt anführen, nämlich Herz-Kreislauf- sowie Krebserkrankungen, auch für einen hohen prozentualen Anteil der vor der statistischen Lebenserwartung eingetretenen Todesfälle verantwortlich sind (◻ Tab. 1.2). Sie sind also nicht allein ein Problem des höheren Lebensalters, sondern treffen gerade auch Menschen in jüngeren Altersgruppen.

So verschieden diese »modernen« Krankheiten hinsichtlich ihrer Ursachen, ihres Erscheinungsbildes und ihres Verlaufs auch sein mögen, so wei-

◻ **Tab. 1.1** Woran die Deutschen sterben. Die häufigsten Todesursachen bei Männern und Frauen 2008

ICD-10 [a] Pos.-Nr.	Todesursache	In % aller Sterbefälle der	
		Männer	Frauen
I25	Chronische ischämische Herzkrankheit	8,2	8,9
I21	Akuter Myokardinfarkt	7,7	5,9
I50	Herzinsuffizienz	3,9	7,5
I64	Schlaganfall	2,3	3,9
I11	Hypertensive Herzkrankheit		3,2
C34	Bösartige Neubildung der Bronchien und der Lunge	7,4	2,9
C50	Bösartige Neubildung der Brustdrüse [Mamma]		3,9
C61	Bösartige Neubildung der Prostata	3,1	
C18	Bösartige Neubildung des Dickdarmes	2,2	2,4
J44	Sonstige chronisch obstruktive Lungenkrankheit	3,3	2,1
J18	Pneumonie (Erreger nicht näher bezeichnet)	2,4	2,5
C25	Bösartige Neubildung des Pankreas	1,8	

[a] International Statistical Classification of Diseases and Related Health Problems (10. Revision) (Quelle: Statistisches Bundesamt; www.destatis.de)

Tab. 1.2 Bedeutung von Herz-Kreislauf- und Krebserkrankungen für die altersbezogene Mortalität (in % der Sterbefälle der jeweiligen Altersgruppe)

Alter	35–44 Jahre	45–54 Jahre	55–64 Jahre	65–74 Jahre	>74 Jahre
Männer	32	55	72	76	75
Frauen	60	70	75	75	75

Anmerkung: Die mittlere Lebenserwartung betrug in Deutschland im Jahre 1995 für Männer 73,3 Jahre und für Frauen 79,8 Jahre (Quelle: Statistisches Bundesamt, Gesundheitsbericht für Deutschland, 1998)

sen sie doch einige gemeinsame Charakteristika auf, die die heutige Medizin vor ganz neue Herausforderungen stellt: Im Unterschied zu den Infektionskrankheiten mit ihrem zumeist akuten symptomatischen Beginn entwickeln sie sich schleichend, in einem oft über Jahre andauernden Prozess der Chronifizierung. Dabei wirken biologisch-konstitutionelle Faktoren, Lebens-, Arbeits- und Umweltverhältnisse sowie individuelle Verhaltensweisen in vielschichtiger und je individueller Weise zusammen. Spezifische, isolierbare Krankheitserreger existieren nicht. Eine Heilung im Sinne einer *restitutio ad integrum* ist in der überwiegenden Mehrzahl der Fälle heute (noch) nicht möglich. Große epidemiologische Studien haben wiederholt falsche Ernährung, Bewegungsmangel, Rauchen und mangelhafte Stressbewältigung als wichtige verhaltensbedingte Risikofaktoren für Herz-Kreislauf-Erkrankungen bestätigt. Doch nicht allein das Risikoverhalten des Einzelnen, sondern auch bestimmte Umwelt- und Arbeitsverhältnisse, die z.B. durch andauernde Arbeitsplatzunsicherheit oder durch hohe Verantwortung bei nur geringem Entscheidungsspielraum gekennzeichnet sind, erhöhen das Erkrankungsrisiko. Beispielsweise ergab eine schwedisch-amerikanische Untersuchung an über 3000 Beschäftigten, dass die Faktoren »Unzufriedenheit mit dem Arbeitsplatz« und »Betriebsklima« bei chronischen Rückenschmerzen eine größere Rolle spielten als körperliche Belastungen oder Kraft und Ausdauer der Beschäftigten (Theorell et al., 1991).

Für die Betroffenen wird das Leben mit der chronischen Krankheit damit zu einer zentralen, zumeist lebenslangen Herausforderung. Sowohl für die (noch) Nicht-Betroffenen als auch für die Gesellschaft als Ganzes stellt sich nicht zuletzt angesichts der enormen Belastungen für die Gesundheits- und Sozialsysteme (vgl. Schwartz et al., 1999) die Frage nach wirksamen Maßnahmen der Prävention. Diese erfordert mehr als den sprichwörtlichen erhobenen Zeigefinger, der zu einem gesundheitsgerechten Verhalten ermahnt. Moderne Konzepte der Gesundheitsförderung, wie sie in der Ottawa-Charta der WHO im Jahre 1986 formuliert wurden (Franzkowiak & Sabo, 1993), zielen darauf ab, den Einzelnen zu einer gesundheitsförderlichen Lebensweise zu befähigen (individueller Ansatz) sowie gesundheitsförderliche Lebenswelten (Schule, Betrieb, Gemeinde) zu schaffen (struktureller Ansatz; Kickbusch, 1992). Gesundheitsförderung weist damit weit über die individualisierte, krankheits- oder risikofaktorenorientierte Prävention und die medizinischen Institutionen und medizinischen Experten als Promotoren der Gesundheit hinaus.

Gesundheitsförderung ist auch mehr als bloße Krankheitsverhinderung. Gesundheit erschöpft sich nicht in der Abwesenheit von Krankheit; die ausschließlich kurative Behandlung von Krankheiten schafft noch keine Gesundheit. Mehr noch: Gesundheit und Krankheit können als zwei zumindest teilweise voneinander unabhängige Dimensionen betrachtet werden (Lutz, 1993). So wie »gesund sein« mehr beinhaltet als »nicht krank sein«, so wird auch ein Mensch, der an einer Krankheit leidet, immer auch »gesunde« Anteile aufweisen. Nicht nur die Merkmale der Krankheit selbst, sondern auch die körperliche und psychische Widerstandskraft des Betroffenen, seine Lebenseinstellungen, Bewältigungskompetenzen und sozialen Ressourcen beeinflussen den aktuellen Gesundheitszustand.

Diese so genannten salutogenetischen Faktoren zu stärken, ist das Hauptanliegen der Gesundheitsförderung, die damit eine ausschließlich pathogenetische, an der bloßen Beseitigung von Krankheitsrisiken und Verhinderung von Krankheiten orientierte Sichtweise überwindet.

Die Idee der Gesundheitsförderung ist unspezifisch, die Idee der Prävention krankheitsspezifisch, das heißt an der ICD-Klassifikation orientiert. Prävention beginnt bei wohldefinierten medizinischen Endpunkten und fragt zurück nach möglichen Risikofaktoren. Gesundheitsförderung setzt an den Lebensbedingungen des Menschen an. Ihr geht es darum, biologische, seelische und soziale Widerstandskräfte und Schutzfaktoren zu mobilisieren und Lebensbedingungen herzustellen, die positives Denken, positive Gefühle und optimales Maß an körperlicher Be- und Entlastung erlauben (Badura, 1992, S. 44).

Das vorliegende psychologische Gesundheitsförderungsprogramm »Gelassen und sicher im Stress« fühlt sich einem solchen an einem positiven Gesundheitsbegriff orientierten Verständnis von Gesundheitsförderung verpflichtet. Es fokussiert den Bereich der individuellen Gesundheitsförderung, ohne damit allerdings einer einseitigen Individualisierung von Gesundheitsförderung das Wort zu reden oder die Sinnhaftigkeit und Notwendigkeit struktureller Gesundheitsförderungsmaßnahmen zu negieren.

1.2 Gesundheit fördern – aber welche?

Nimmt man den Satz ernst, dass Gesundheit mehr ist als die Abwesenheit von Krankheit, so ist man sogleich vor die Frage gestellt, worin denn dieses »Mehr« besteht. Anders gefragt: Wie lässt sich Gesundheit inhaltlich (über die einfache Negation von Krankheit hinaus) positiv definieren? Dies ist keine rein akademische Gedankenspielerei. Vielmehr hat die Frage, wie und womit der Gesundheitsbegriff inhaltlich positiv zu füllen ist, entscheidende Konsequenzen für die Praxis der Gesundheitsförderung. Im Folgenden soll daher versucht werden zu klären, welches Gesundheitsverständnis dem hier vorgestellten Gesundheitsförderungsprogramm zugrunde gelegt ist.

Die Gesundheitsdefinition, auf die sich weltweit die größte Expertengruppe geeinigt hat, wurde bereits im Jahre 1946 in der Präambel der Charta der Weltgesundheitsorganisation (WHO) veröffentlicht. Sie lautet:

> **Definition**
>
> Gesundheit ist der Zustand vollständigen körperlichen, geistigen und sozialen Wohlbefindens und nicht nur des Freiseins von Krankheit und Gebrechen (zit. n. Franzkowiak & Sabo, 1993, S. 60)

Im Wesentlichen ist an diesem Versuch, Gesundheit positiv zu bestimmen, zweierlei hervorzuheben: Zum Ersten wird Gesundheit hier nicht definiert über den durch einen professionellen Experten erhebbaren objektiven Befund, sondern über das subjektive Befinden des Einzelnen, der damit selbst zum Experten für seine Gesundheit wird, dessen Selbstbestimmung und Selbstverantwortung in Sachen Gesundheit gestärkt werden. Subjektives Wohlbefinden zu fördern, wird zur Maxime praktischer Gesundheitsförderung. Gesundheit kann und darf Spaß machen (Ernst, 1992). Dies impliziert die Abkehr von asketischen Verhaltensvorschriften und die Betonung von Genuss, positiven Emotionen (Freude, Vitalität, Hoffnung, Zuneigung etc.) und so genannter euthymer Verhaltensweisen (vgl. Lutz 1993). Zum Zweiten bleibt der Gesundheitsbegriff in der WHO-Definition nicht auf die biomedizinische Funktionsebene beschränkt und weist über eine am medizinischen Modell orientierte, mechanistisch-reduktionistische Gesundheitsauffassung hinaus. Durch den Einbezug der geistigen und sozialen Dimension des Wohlbefindens wird der Bedeutung psychosozialer Einflussfaktoren Rechnung getragen und insgesamt eine ganzheitliche Perspektive eröffnet.

Doch hat die WHO-Definition keineswegs ungeteilten Beifall gefunden. Abgesehen von dem Vorwurf, vollständiges Wohlbefinden sei eine Utopie oder gar ein Zynismus angesichts der realen Lebensverhältnisse eines großen Teils der Menschheit, ist Kritik insbesondere an folgenden zwei Punkten anzubringen:

- Gesundheit beschreibt weniger einen statischen Zustand wie in der WHO-Definition, sondern

ist mehr als ein dynamisches prozesshaftes Geschehen zu begreifen, als ein immer wieder neu herzustellendes dynamisches Gleichgewicht sowohl innerhalb der Person als auch zwischen der Person und den jeweiligen Umweltgegebenheiten.
- Weiterhin ist Kritik an der Vagheit der Definition geübt worden. Der Begriff Gesundheit wird durch den ebenfalls sehr allgemeinen und unpräzisen Begriff des Wohlbefindens ersetzt. Was Gesundheit bzw. Wohlbefinden letztlich auszeichnen, bleibt ebenso unklar wie die Bedingungen, unter denen sich Gesundheit bzw. Wohlbefinden überhaupt erst entwickeln können. Hierzu bedarf es inhaltlich gehaltvollerer Modelle oder Theorien der Gesundheit.

Mit Bezug auf die psychische Gesundheit kommt Becker (1982; für eine ausführliche Diskussion vgl. Paulus, 1994) nach einer vergleichenden Analyse eines repräsentativen Querschnitts von Theorien zur seelischen Gesundheit zu drei grundsätzlich zu unterscheidenden Modellen psychischer Gesundheit, die im Folgenden kurz dargestellt werden.

Regulationskompetenzmodell. Seelisch gesunde Personen zeichnen sich nach diesem Modell u.a. durch Realitätskontakt, Anpassungsfähigkeit, inneres Gleichgewicht und Widerstandsfähigkeit gegen Stress aus. Die Leitidee ist die eines mit Kompetenzen ausgestatteten Individuums, das zur (Wieder-)Herstellung eines inneren und äußeren Gleichgewichts befähigt ist. Wichtige Vertreter dieser Gesundheitsauffassung sind S. Freud und K. Menninger, aber auch Vertreter der modernen Gesundheitswissenschaften wie z.B. B. Badura:

Gesundheit ist für mich eine Fähigkeit zur Problemlösung und Gefühlsregulierung, durch die ein positives Selbstbild, ein positives seelisches und körperliches Befinden erhalten oder wiederhergestellt wird (Badura, 1993, S. 24 f.).

Selbstaktualisierungsmodell. Dieses wird v.a. von Vertretern der humanistischen Psychologie (E. Fromm, C. Rogers, A. Maslow) formuliert. Becker (1982) charakterisiert es wie folgt:

Der größte Konsens zwischen den Selbstaktualisierungstheoretikern besteht hinsichtlich des Unabhängigkeitskriteriums. Für seelisch gesunde Menschen ist vor allem kennzeichnend, dass sie sich frei entwickeln, ihre eigenen Anlagen und Potentiale auf schöpferischem Weg zur Entfaltung bringen und einen gewissen Widerstand gegen Enkulturation leisten. Sie orientieren ihr Verhalten nicht an von außen aufgezwungenen oder kritiklos übernommenen Normen und Wertvorstellungen, sondern erreichen die Stufe autonomer Moral und der Selbstverantwortlichkeit für sich und andere (a.a.O. S. 147).

Weitere Merkmale eines seelisch gesunden Menschen nach diesem Modell sind Selbsteinsicht, Selbstachtung und -vertrauen sowie Natürlichkeit und Echtheit.

Sinnfindungsmodell. Dieses wird am konsequentesten von Viktor Frankl, aber teilweise auch von G.W. Allport und E. Fromm vertreten. Psychische Gesundheit besteht hier darin, im Leben Sinn zu finden, das eigene Handeln nach Werten und Normen zu gestalten, die das Individuum selbst für notwendig und sinnvoll erachtet. Für Frankl (z.B. 1981, 1994) ist die zentrale personale Ressource, auf die der Einzelne bei der Bewältigung auch schwerster Anforderungen zurückgreifen kann, das grundlegende Bedürfnis und die Fähigkeit des Menschen, dem eigenen Leben auch in existenziell bedrohenden Lebenssituationen einen Sinn abringen zu können. Frankl stützt seine Auffassung u.a. auf eigene Beobachtungen, die er als Insasse eines Konzentrationslagers gewonnen hat. Dort konnte er erfahren, unter welchen Voraussetzungen Menschen in Extremsituationen ihren Lebenswillen und ihre Leidensfähigkeit bewahren und eine hohe Widerstandskraft gegenüber psychischen und physischen Erkrankungen entwickeln.

Sinnerfüllung kann nach Frankl auf drei Wegen erfolgen:
1. Durch schöpferisches Tun und Arbeit, indem jemand etwas verwirklicht, eine Tat vollbringt bzw. ein Werk schafft (schöpferische Werte),
2. durch emotional bedeutsame Erfahrungen in der Begegnung mit Menschen und der Natur, indem jemand Liebe, Schönheit, Genuss erlebt (Erlebniswerte) sowie

3. in der Konfrontation mit unausweichlichem Leiden und Schicksalsschlägen, indem jemand Verluste und Leiden annimmt und Leidensfähigkeit entwickelt (Einstellungswerte).

Frankl betont, dass sich gerade scheinbar ausschließlich negative Situationen mittel- und langfristig als Chance zur inneren Reifung und zu größerer innerer Freiheit erweisen können.

Die genannten drei Modelle psychischer Gesundheit unterscheiden sich deutlich durch unterschiedliche Akzentsetzungen in dem jeweiligen Bild eines psychisch gesunden Menschen, das von ihnen entworfen wird. Sie schließen sich jedoch nicht prinzipiell gegenseitig aus. Auch darf nicht übersehen werden, dass bei aller Unterschiedlichkeit doch auch ein breiter Fundus an Gemeinsamkeiten existiert. Becker (1982) unterscheidet zwei modellübergreifende Kriterien, die von allen Theoretikern geteilt werden: »Produktivität« und »Liebesfähigkeit«. Diese gehen auf S. Freud zurück, der einst auf die Frage, was seiner Meinung nach ein normaler Mensch können müsse, die knappe und etwas brummige Antwort: »Lieben und arbeiten« gegeben haben soll.

Es ist darüber hinaus durchaus denkbar, dass die drei genannten Gesundheitsmodelle darauf verweisen, dass es nicht nur die Gesundheit, sondern vielmehr mehrere Gesundheiten gibt, d.h. individuell verschiedene Formen und Wege, in bzw. auf denen sich Gesundheit realisiert, so wie sich auch Krankheit jeweils in spezifischen Krankheiten manifestiert. Nicht nur die Bedeutung einzelner Ressourcen für die Gesundheit ist von Mensch zu Mensch möglicherweise verschieden, sondern diese kann sich auch im Laufe einer individuellen Biografie verändern. Für den jungen Menschen z.B. stellen Selbstverwirklichung und Entwicklung von Autonomie, im mittleren Erwachsenenalter Kompetenzen zur Bewältigung beruflicher und familiärer Anforderungen und im höheren Alter Sinnfindung und Transzendenz die jeweils zentralen Bedingungen für die Gesundheit dar.

Das Gesundheitsverständnis, das dem vorliegenden Gesundheitsförderungsprogramm »Gelassen und sicher im Stress« zugrunde gelegt ist, weist die größte Affinität zu dem Regulationskompetenzmodell der Gesundheit auf. Es will Gesundheit fördern, indem Kompetenzen zur instrumentellen, mentalen und regenerativen Bewältigung alltäglicher Belastungen gestärkt werden. Dies schließt aber durchaus auch Aspekte des Selbstaktualisierungsmodells mit ein, z.B. dann, wenn es darum geht, Belastungen durch eine selbstsichere Vertretung eigener Interessen und Bedürfnisse oder durch eine autonome Gewichtung von Aufgaben und das selbstbestimmte Setzen von Prioritäten zu bewältigen. Auch Sinnfragen werden thematisiert, zumindest soweit diese den konkreten Sinn alltäglichen Handelns vor dem Hintergrund persönlicher Werte und Ziele und nicht den »letzten« Sinn menschlicher Existenz betreffen.

> In dem vorliegenden Gesundheitsförderungsprogramm »Gelassen und sicher im Stress« wird Gesundheit als umfassendes psychophysisches Wohlbefinden verstanden, das nicht als ein einmal erreichter Zustand gegeben ist, sondern in einem ständigen Prozess der Auseinandersetzung mit unterschiedlichsten alltäglichen Lebenssituationen immer wieder neu hergestellt und aufrechterhalten wird. Um Wohlbefinden zu erlangen ist es hierbei notwendig, dass der einzelne Mensch hinreichende Kompetenzen besitzt, um verschiedenste Anforderungen zu meistern oder zu verändern, dass er eigene Wünsche und Bedürfnisse wahrnehmen und verwirklichen und sein alltägliches Leben als sinnvoll erfahren kann.

1.3 Gefahren und Irrwege der Gesundheitsförderung

Niemand wird heute ernsthaft die Notwendigkeit und den Sinn von Gesundheitsförderung bestreiten. Und so ist es erfreulich, dass Gesundheit in der öffentlichen Meinung ein »In-Thema« ist. Über die Medien wird eine Flut von Informationen und Ratschlägen für eine gesunde Lebensführung verbreitet. Gesundheits- und Fitnessstudios sprießen allerorten aus dem Boden, Volkshochschulen und Krankenkassen bieten ein breit gefächertes Angebot von Gesundheitskursen an, immer mehr, v.a. größere

Betriebe entdecken die Gesundheit ihrer Mitarbeiter als wichtigen Faktor für die Zufriedenheit und Produktivität. Anti-Aging, Lifestyle-Medizin und Wellness sind Schlagworte, unter denen sich ein schnell wachsender Markt von Gesundheitsprodukten und -dienstleistungen entwickelt. Abgesehen davon, dass der gesundheitliche Nutzen mancher der eingesetzten Maßnahmen und Methoden noch nicht unter Beweis gestellt ist (was aber in jedem Falle zu fordern ist), muss man bei einigen Bestrebungen zur Gesundheitsförderung und deren Anbietern wie Nutzern allerdings den Eindruck gewinnen, dass hier über das Ziel hinausgeschossen wird. Der Medizinsoziologe Rohde (1992) kritisiert den »totalitären Anspruch« und einen mit diesem verbundenen »geradezu ferventen Enthusiasmus, der bei Anhängern der Gesundheitsbewegung (sic!) zu spüren ist« (Rohde, 1992, S. 56). Er sieht die »Gefahr, dass die humanen Absichten von Gesundheitsförderung in einen inhumanen Gesundheitsdespotismus umschlagen könnten, der es selbstverständlich mit den Menschen oder gar der Menschheit nur gut meint« (Rohde, 1992, S. 57).

Die Gefahr einer missbräuchlichen Verwendung der Idee der Gesundheitsförderung lässt sich m. E. an einem falschen – verkürzten oder ideologisch überfrachteten – Gesundheitsbegriff festmachen. Am Schluss dieses Einleitungskapitels wird auf einige besonders ins Auge springende Varianten einer falschen »Gesundheitsideologie« aufmerksam gemacht und damit zugleich dem eigenen Verständnis von Gesundheit und Gesundheitsförderung gewissermaßen ex negativo zusätzlich Kontur verliehen.

Die »machbare« Gesundheit. In einer an Leistungsfähigkeit und Funktionstüchtigkeit orientierten Gesellschaft gerät Gesundheit zur Aufgabe, zur Leistungsanforderung des Einzelnen. Wer diese Gesundheitsleistung nicht erbringt, ist ein Versager. »Gesund = erfolgreich« lautet die simple Formel. Das Leitbild ist der körperlich fitte, dynamische, psychisch stabile und natürlich immer junge Mensch. Die Gefahren eines solchen eindimensionalen Gesundheitsbegriffs sind offensichtlich: Krankheit, Leiden, Behinderung und auch Alter, Sterben und Tod als inhärente Bestandteile menschlicher Existenz werden ausgegrenzt und in das gesellschaftliche Abseits gestellt.

Gesundheit als ethisch-moralische Norm. Hier wird Gesundheit zur moralischen Pflicht des Einzelnen. Der gesunde Mensch ist der – im moralischen Sinne – gute Mensch. Krankheit ist Ausdruck des Bösen, der Kranke wird aufgrund einer schwachen Selbstdisziplin, eines ausschweifenden Lebenswandels, sexueller Abweichungen etc. als moralisch minderwertig geächtet. Dass eine solche mittelalterlich anmutende Auffassung auch heute noch wirksam ist, lässt sich am offen oder latent diskriminierenden Umgang z.B. mit Aidskranken und Drogenabhängigen ablesen, die als »Aussätzige« der modernen Gesellschaft gelten.

Gesundheit als Sinnersatz. Wir leben in einer weniger nach Bindungen als nach Optionen strebenden Gesellschaft, in einer immer komplexer werdenden Gesellschaft, in der so genannte »schwache Bindungen« insbesondere in der Arbeitswelt an Bedeutung gewonnen und so genannte »starke Bindungen« zu Familie und Verwandtschaft erheblich an Stabilität und Kontinuität verloren haben (Badura, 1992, S. 50). Die Auflösung traditionsbestimmter Lebenszusammenhänge und gesellschaftlich vermittelter Sinn- und Wertestrukturen birgt nicht nur die Möglichkeit eines selbstbestimmten Lebens als Chance, sondern bewirkt – gewissermaßen als Schattenseite – auch zunehmende Gefühle existenzieller Vereinsamung und die Konfrontation mit der Notwendigkeit eines individuell zu bestimmenden Lebenssinnes (Göpel, 1992). Die Beschäftigung mit der eigenen Gesundheit kann hier als Ausweg aus individuellen Sinnkrisen erscheinen. Das Bemühen um Gesundheit lässt sich vor diesem Hintergrund als Versuch der Bewältigung von starken Bedrohungsgefühlen angesichts der Endlichkeit individuellen Lebens, als »säkulare Bewältigungsform individueller und kollektiver Todesangst« (Göpel, 1992, S. 35) verstehen. Der Gesundheitsbegriff wird hier mit »Heilserwartungen« überfrachtet, die nicht einzulösen sind. Gesundheit selbst kann nicht Lebenssinn sein, sondern bedarf vielmehr selbst des Sinnes. In der Ottawa-Charta zur Gesundheitsförderung der Weltgesundheitsorganisation (WHO) heißt es:

... ist die Gesundheit als ein wesentlicher Bestandteil des alltäglichen Lebens zu verstehen und nicht als vorrangiges Lebensziel (zit. nach Franzkowiak & Sabo, 1993, S. 96).

Individualistisch-reduktionistischer Gesundheitsbegriff. Im gegenwärtigen Gesundheitsboom wird Gesundheit überwiegend als eine rein private Angelegenheit des Einzelnen verstanden. Individuelles Gesundheitsverhalten wird als der Schlüssel zur Gesundheit verstanden. Abgesehen von der impliziten omnipotenten Machbarkeitsidee wird unterstellt, dass das Individuum in seiner Lebensgestaltung, auch in ihren gesundheitsrelevanten Aspekten, völlig frei und damit eben auch persönlich verantwortlich sei (Schröder, 2003). Ökologische, ökonomische und soziokulturelle Bedingungen, die die individuellen Lebenswelten und gesundheitsbezogenen Lebensstile prägen, werden dabei ignoriert. Ein solcher individualistisch-reduktionistischer Gesundheitsbegriff passt zwar sehr gut in die postmoderne individualisierte Gesellschaft, fällt aber hinter den Erkenntnisstand der v.a. sozialepidemiologischen Forschung zurück. Einkommen, Bildungsniveau und Beruf bedingen eine Ungleichheit in der Verfügbarkeit über Ressourcen zur Erhaltung und Entwicklung von Gesundheit und in der Folge eine schichtspezifische Ungleichverteilung von Morbiditäts- und Mortalitätsrisiken (z.B. Rugulies & Siegrist, 2002).

> Dehumanisierung von Leiden, soziale Ausgrenzung und moralische Ächtung von kranken und behinderten Menschen, ideologisch überhöhte Heilserwartungen an Gesundheit sowie ein individualistischer Reduktionismus sind die Gefahren einer missbräuchlichen Verwendung der Ideen der Gesundheitsförderung. Wer auf dem Feld der Gesundheitsförderung engagiert ist, darf seine Augen hiervor nicht verschließen, damit ihr ursprüngliches Anliegen nicht diskreditiert wird, das, wie es in der bereits erwähnten Ottawa-Charta der WHO heißt, darauf abzielt, »allen Menschen ein höheres Maß an Selbstbestimmung über ihre Gesundheit zu ermöglichen und sie damit zur Stärkung ihrer Gesundheit zu befähigen« (zit. nach Franzkowiak & Sabo 1993, S.96). Hierzu möchte das Gesundheitsförderungsprogramm »Gelassen und sicher im Stress« einen Beitrag leisten.

Stress – was ist das eigentlich? – Wissenschaftliche Stresskonzepte

2.1 Ein einfaches Rahmenkonzept: Die »Stress-Ampel« – 12

2.2 Die biologische Perspektive: Körperliche Stressreaktionen und die Folgen für die Gesundheit – 15

2.3 Die soziologische Perspektive: Formen und Merkmale von Stressoren – 28

2.4 Die psychologische Perspektive: Persönliche Motive, Einstellungen und Bewertungen als Stressverstärker – 33

2.5 Die salutogenetische Perspektive: Soziale und personale Ressourcen der Stressbewältigung – 40

2.6 Integration: Anforderungs-Ressourcen-Modell – 47

Der Stressbegriff hat seit mehr als 40 Jahren eine anhaltende Popularisierung erfahren wie kaum ein anderer Begriff aus den Humanwissenschaften. Vom Stress am Arbeitsplatz, in Schule und Kindergarten über den Leistungs-, Beziehungs- und Freizeitstress bis hin zum Stress im Krankenhaus, im Straßenverkehr und auch im Urlaub gibt es kaum einen Bereich alltäglichen Lebens, der nicht mit diesem Begriff assoziiert wird.

»Ich bin gestresst!« ist eine vielgehörte Antwort auf die Frage nach dem Befinden, »Das kommt vom Stress« eine häufige Erklärung für unterschiedlichste Beeinträchtigungen des körperlichen und seelischen Wohlbefindens.

Erfreulich an diesem geradezu inflationären Gebrauch des Stressbegriffs ist die darin zum Ausdruck kommende Bereitschaft vieler Menschen, Fragen ihrer Gesundheit bzw. Krankheit zunehmend in Zusammenhang mit ihrer persönlichen Lebenssituation und -gestaltung zu betrachten. Allerdings wird Stress oft zu einseitig als ein »äußeres Übel« (miss)verstanden, dem der einzelne Mensch gewissermaßen wie ein hilfloses Opfer ausgesetzt ist. Auch kann der Hinweis »Ich bin im Stress!« dazu dienen, eigenes Fehlverhalten sich selbst und anderen gegenüber zu entschuldigen und einer kritischen Auseinandersetzung mit sich und anderen aus dem Wege zu gehen. Nicht selten schließlich mischt sich in die Klage über ein Zuviel an Stress ein Unterton von Stolz mit ein. Hier wird Stress zu einem Zeichen der Wichtigkeit und Bedeutsamkeit der eigenen Person, zu einem Statussymbol, das Anerkennung von anderen verspricht.

Wie im populären Sprachgebrauch wird der Stressbegriff auch im gesundheitswissenschaftlichen Bereich häufig, jedoch schillernd und von verschiedenen Disziplinen in je unterschiedlicher Bedeutung benutzt.

Der Begriff Stress markiert hier ein interdisziplinäres Forschungsfeld, das sich – im weitesten Sinne – mit der Bedeutung sozioemotionaler Belastungserfahrungen für die körperliche und psychische Gesundheit befasst. In der medizinischen Forschung ist der Trend zu einer immer weitergehenden Spezialisierung ungebrochen. Das solchermaßen akkumulierte Detailwissen bedarf der fächerübergreifenden Integration, um das Verständnis für die komplexen Prozesse und Bedingungen von Krankheit und Gesundheit zu befördern. Der Stressbegriff steht für ein solches interdisziplinäres Bemühen um eine bio-psycho-soziale Perspektive, die den ganzen Menschen als »Körper und Seele in einer Umgebung« in den Blick nimmt.

Im Folgenden wird das Stressverständnis geklärt, das dem vorliegenden Gesundheitsförderungsprogramm zugrunde liegt. Dabei sollen die zentralen Erkenntnisse der wissenschaftlichen Stressforschung aus unterschiedlichen wissenschaftlichen Disziplinen berücksichtigt werden:

- Die biomedizinische Stressforschung: Diese erforscht die komplexen körperlichen Antworten des Organismus auf psychosoziale Belastungen und deren Bedeutung für die Gesundheit (▶ Abschn. 2.2).
- Die sozialepidemiologische und (medizin-)soziologische Stressforschung: Diese untersucht die Qualität und Quantität von psychosozialen Belastungen und deren Auswirkungen auf die Gesundheit (▶ Abschn. 2.3).
- Die psychologische Stressforschung: Diese befasst sich v.a. mit der kognitiven und emotionalen Verarbeitung von Belastungen und stellt individuelle Prozesse der Bewertung und Bewältigung als zentrale Mediatoren des Zusammenhangs zwischen psychosozialen Belastungen und Gesundheit dar (▶ Abschn. 2.4).
- Die salutogenetische Perspektive: Diese befasst sich mit sozialen und personalen gesundheitlichen Schutzfaktoren, auf die der Einzelne bei der Bewältigung von Belastungen als Ressourcen zurückgreifen kann (▶ Abschn. 2.5).

Für eine erste grundlegende Orientierung wird zunächst ein einfaches 3-Ebenen-Modell von Stress (»Stress-Ampel«) eingeführt, das einen Rahmen für die nachfolgenden detaillierten Ausführungen geben soll.

2.1 Ein einfaches Rahmenkonzept: Die »Stress-Ampel«

Bei einem aktuellen Stressgeschehen lassen sich grundsätzlich immer drei Aspekte oder Ebenen voneinander unterscheiden (◘ Abb. 2.1):

2.1 · Ein einfaches Rahmenkonzept: Die »Stress-Ampel«

Abb. 2.1 Die drei Ebenen des Stressgeschehens (»Stress-Ampel«)

1. Die äußeren belastenden Bedingungen und Situationen, die **Stressoren** genannt werden.
2. Die körperlichen und psychischen Antworten des Organismus auf diese Belastungen, die als **Stressreaktionen** bezeichnet werden.
3. Individuelle Motive, Einstellungen und Bewertungen, mit denen das Individuum an die potenziell belastenden Situationen herangeht und die häufig mitentscheidend sind dafür, ob überhaupt und wie heftig Stressreaktionen in diesen Situationen auftreten. Diese persönlichen Motive, Einstellungen und Bewertungen stellen gewissermaßen die Bindeglieder zwischen den äußeren Belastungssituationen (den Stressoren) und den Stressreaktionen dar. Wir bezeichnen sie auch als **persönliche Stressverstärker**.

Als **Stressoren** werden alle die äußeren Anforderungsbedingungen bezeichnet, in deren Folge es zur Auslösung einer Stressreaktion kommt. Dabei kann es sich um inhaltlich völlig verschiedene Situationen wie etwa eine Naturkatastrophe, ein U-Bahn-Unglück, eine als ungerecht empfundene Beurteilung durch einen Vorgesetzten, ein überquellendes E-Mail-Postfach oder einen verlegten Haustürschlüssel handeln. Weitere Beispiele für häufige Stressoren sind:

- physikalische Stressoren (Lärm, Hitze, Kälte, Nässe),
- körperliche Stressoren (Verletzung, Schmerz, Hunger, Behinderung),
- Leistungsstressoren (Zeitdruck, quantitative und/oder qualitative Überforderung, Prüfungen),
- soziale Stressoren (Konkurrenz, Isolation, zwischenmenschliche Konflikte, Trennung, Verlust).

Nähere Informationen zu Arten und Merkmalen von Stressoren in Form von kritischen Lebensereignissen, Arbeitsbelastungen und alltäglichen Belastungen finden sich in ► Abschn. 2.3.

Der Begriff der **Stressreaktion** bezeichnet zusammenfassend alle die Prozesse, die aufseiten der betroffenen Person als Antwort auf einen Stressor in Gang gesetzt werden. Diese Antworten können auf der körperlichen, auf der behavioralen und auf der kognitiv-emotionalen Ebene ablaufen.

Auf der **körperlichen Ebene** kommt es zu einer Vielzahl von Veränderungen, die insgesamt zu einer körperlichen Aktivierung und Energiemobilisierung führen. Spürbar ist das z.B. an einem schnelleren Herzschlag, einer erhöhten Muskelspannung oder einer schnelleren Atmung. Wird diese Aktivierungsreaktion über längere Zeit aufrechterhalten, weil Belastungen anhalten oder immer wiederkehren, so führt dies zu Erschöpfungszuständen und u.U. negativen Folgen für die Gesundheit. Die körperlichen Stressreaktionen und ihre längerfristigen Auswirkungen auf die Gesundheit werden in ► Abschn. 2.2 ausführlich dargestellt.

Die **behaviorale Ebene** der Stressreaktion umfasst das so genannte »offene« Verhalten, das von Außenstehenden beobachtbar ist: Also alles das, was die betreffende Person in einer belastenden Situation tut oder sagt. Häufige Stressverhaltensweisen sind z.B.:
- Hastiges und ungeduldiges Verhalten, z.B. das Essen schnell hinunterschlingen, Pausen abkürzen oder ganz ausfallen lassen, schnell und abgehakt sprechen, andere unterbrechen.
- Betäubungsverhalten, z.B. mehr und unkontrolliert Rauchen, Essen oder Alkohol oder Kaffee trinken, Schmerz-, Beruhigungs- oder Aufputschmedikamente einnehmen.
- Unkoordiniertes Arbeitsverhalten, z.B. mehrere Dinge gleichzeitig tun, »sich in die Arbeit stürzen«, mangelnde Planung, Übersicht und Ordnung, Dinge verlegen, verlieren oder vergessen,
- Konfliktreicher Umgang mit anderen Menschen, z.B. aggressives, gereiztes Verhalten gegenüber Familienangehörigen, häufige Meinungsverschiedenheiten um Kleinigkeiten, anderen Vorwürfe machen, schnelles »aus der Haut fahren«.

Die **kognitiv-emotionale Ebene** der Stressreaktion umfasst das so genannte »verdeckte« Verhalten, intrapsychische Vorgänge, die für Außenstehende nicht direkt sichtbar sind. Also alle Gedanken und Gefühle, die bei der betroffenen Person in einer belastenden Situation ausgelöst werden können. Häufige kognitiv-emotionale Stressreaktionen sind z.B.:
- Gefühle der inneren Unruhe, der Nervosität und des Gehetztseins,
- Gefühle der Unzufriedenheit und des Ärgers,
- Angst, z.B. zu versagen, sich zu blamieren,
- Gefühle und Gedanken der Hilflosigkeit,
- Selbstvorwürfe,
- kreisende, »grüblerische« Gedanken,
- Leere im Kopf (»black out«),
- Denkblockaden, Konzentrationsmängel,
- »Tunnelblick«.

Oft schaukeln sich die körperlichen, behavioralen und kognitiv-emotionalen Stressreaktionen wechselseitig auf, so dass es zu einer Verstärkung oder Verlängerung der Stressreaktionen kommt. Aber auch eine günstige gegenseitige Beeinflussung im Sinne einer Dämpfung von Stressreaktionen ist möglich. Beispielsweise kann durch einen Abbau körperlicher Stressreaktionen (z.B. durch eine Entspannungsübung oder durch Sport) auch eine kognitive und emotionale Beruhigung eingeleitet werden. Wie umgekehrt auch z.B. durch ein emotional entlastendes Gespräch körperliche Erregung reduziert werden kann.

Individuelle Stressverstärker in Form von persönlichen Motiven, Einstellungen und Bewertungen tragen dazu bei, dass Stressreaktionen ausgelöst oder verstärkt werden. Sie stellen gewissermaßen den »eigenen Anteil« des Betroffenen am Stressgeschehen dar.

Ein ausgeprägtes Profilierungsstreben, Perfektionsstreben und besonders auch die Unfähigkeit, eigene Leistungsgrenzen zu akzeptieren, sind Beispiele für solche persönlichen Stressverstärker. Die Vorstellung, selbst unentbehrlich zu sein, sowie eine »Einzelkämpfer-Mentalität«, die es nicht erlaubt, Unterstützung von anderen anzunehmen, kommen vielfach stressverschärfend hinzu. Häufig wird Stress auch gebraucht, um unangenehmen seelischen Wirklichkeiten, die man nicht wahrhaben will, aus dem Wege zu gehen. Man setzt sich unter Druck, um innere Leere, depressive Verstimmungen, Gefühle von Sinnlosigkeit und Einsamkeit nicht aufkommen zu lassen. Stress wird so gewissermaßen ein Mittel zur Flucht vor sich selbst. Die Bedeutung individueller Einstellungen und Bewertungen wird in ▶ Abschn. 2.4 näher dargestellt.

Für ein Verständnis des Stressgeschehens ist die in der »Stress-Ampel« vorgenommene Differenzierung zwischen den äußeren Stressoren, den persönlichen, »inneren« Stressverstärkern und den Stressreaktionen zentral. Im Rahmen des hier vorgestellten Gesundheitsförderungsprogramms bietet sie eine einfache, klare Struktur für die Reflexion individueller Stresserfahrungen und dient als Rational für wesentliche Ansatzpunkte zur individuellen Stressbewältigung, das den Teilnehmern gleich zu Beginn vermittelt wird.

2.2 Die biologische Perspektive: Körperliche Stressreaktionen und die Folgen für die Gesundheit

2.2.1 Stress als Abweichung von der Homöostase

Aus biologischer Sicht bezeichnet der Stressbegriff einen psychophysischen Zustand, bei dem Abweichungen von der Homöostase vorliegen, die durch die verfügbaren, routinemäßigen Reaktionen nicht kompensiert werden können. Bereits vor mehr als einem Jahrhundert hat der französische Physiologe Claude Bernard beschrieben, dass Organismen danach streben, ein konstantes »inneres Milieu« aufrechtzuerhalten. Cannon (1929) prägte hierfür den Begriff der Homöostase. Die Offenheit aller lebenden Systeme macht ihre innere Ordnung allerdings störanfällig für Änderungen ihrer Außenwelt. Im Energieaustausch mit der Umwelt versucht der Organismus daher, Sollwerte seiner physiologischen Systeme durch beständige Anpassungsprozesse einzuhalten. Dies geschieht mittels endokriner und autonom-nervöser Steuerungsvorgänge in Form von Regelkreisen, bei denen der Istwert fortlaufend mit dem Sollwert verglichen und bei Abweichungen dem Sollwert durch geeignete Systemveränderungen angeglichen wird.

Bedingt durch die zeitliche Dauer der neuroendokrinen Regulationsabläufe, werden Abweichungen des Istwertes vom Sollwert innerhalb einer gewissen Schwankungsbreite toleriert. Es handelt sich also um ein Fließgleichgewicht, bei dem die Istwerte beständig um den Sollwert schwanken. Diese homöostatische Selbstregulation funktioniert, solange die äußeren Lebensbedingungen weitgehend konstant bleiben bzw. solange der Organismus in einer weitgehend unveränderlichen Lebensumwelt verharrt. Große Ist-Soll-Diskrepanzen, hervorgerufen durch starke, plötzliche oder neuartige Störungen in der Umwelt oder vom Organismus selbst durch das Aufsuchen neuer Reizumgebungen (Neugierverhalten) aktiv herbeigeführt, können durch die verfügbaren routinemäßigen Reaktionen nicht kompensiert werden. Wenn sie eintreten, kommt es zur Aktivierung einer unspezifischen »Notfallreaktion« (Cannon, 1929). Diese wird als Stressreaktion bezeichnet; die Reize, die die Abweichungen von der Homöostase bewirken, nennt man Stressoren. In evolutionsbiologischer Sicht stellte die Entwicklung der Stressreaktion besonders für solche Lebewesen, die bewegungsfähig und damit in der Lage waren, ihre Umwelten zu wechseln, einen Überlebensvorteil dar. Im Unterschied zu Lebewesen mit starren Verhaltensprogrammen (Instinkten), die bei unvorhersehbaren Situationen versagten, ermöglichte die Stressreaktion als ein unspezifisches Aktivierungsprogramm eine flexible Bewältigung unterschiedlichster Gefahrensituationen (Hüther, 1997).

2.2.2 Akute körperliche Stressreaktionen

Die körperliche Stressreaktion umfasst eine Vielzahl von neurohumoralen und vegetativ-physiologischen Prozessen, die insgesamt zu einer körperlichen Aktivierung und Energiemobilisierung führen. Der österreichisch-kanadische Mediziner und Biochemiker Hans Selye, der heute als Vater der modernen Stressforschung gilt, war der erste, der die körperliche Stressreaktion systematisch untersucht hat. Er bezeichnete diese als Allgemeines Anpassungssyndrom (AAS; Selye, 1936, 1981). Damit sollte zum Ausdruck gebracht werden, dass es sich um eine unspezifische Reaktion eines Organismus auf jedwede Art von Belastung handelt, die der Anpassung des Organismus an diese Belastungen dient.

Die wichtigsten kurzfristigen Auswirkungen der Stressreaktion auf den Körper sind (◘ Abb. 2.2):

- Atmung: Die Bronchien erweitern sich und die Atmung wird schneller. Dies führt zu einer gesteigerten Sauerstoffaufnahme.
- Herz-Kreislauf: Das Herz wird besser durchblutet und leistungsfähiger. Die Herzschlagrate steigt an. Auch der Blutdruck steigt. Die Blutgefäße des Herzens, des Gehirns und der großen Arbeitsmuskeln werden weiter gestellt. Gleichzeitig verengen sich Blutgefäße der Haut, der Körperperipherie und des Verdauungstraktes. Es kommt somit zu einer Umverteilung des Blutes mit dem Ergebnis einer verbesserten Durchblutung und Energieversorgung von Herz, Gehirn und Muskeln.

- **Muskulatur:** Die Durchblutung der Skelettmuskulatur wird verbessert und damit die Versorgung mit Sauerstoff und Energie in Form von Fetten zur Verbrennung in den Muskeln sichergestellt. Die Muskelspannung ist erhöht, ebenso die Reflexgeschwindigkeit. Der Körper bereitet sich auf Muskelarbeit vor.
- **Stoffwechsel:** Zuckerreserven aus der Leber werden vermehrt in das Blut abgegeben (Glukoneogenese) und zum Verbrauch besonders für das Gehirn bereitgestellt. Fettsäuren aus den Fettvorräten des Körpers werden freigesetzt (Lipolyse) und zur Verbrennung in den Muskeln ins Blut abgegeben. Gleichzeitig wird die Verdauungstätigkeit von Magen und Darm gehemmt. Der Speichelfluss ist reduziert (»trockener Mund«). Der Organismus stellt sich auf eine katabole Stoffwechsellage, d.h. auf Energieverbrauch ein.
- **Sexualität:** Das sexuelle Verlangen (Libido) ist gehemmt. Die Freisetzung von Sexualhormonen wird reduziert. Auch die Genitalorgane werden weniger durchblutet. Die Hoden des Mannes produzieren weniger Spermien. Insgesamt ist unter Stress die Ansprechbarkeit auf sexuelle Reize eingeschränkt.
- **Immunsystem:** Unter akuter Stressbelastung kommt es zu einem Anstieg der natürlichen Killerzellen im Blut. Dadurch können Fremdkörper, die beispielsweise über offene Wunden in die Blutbahn gelangt sind, schnell erkannt und unschädlich gemacht werden. Aber bereits nach 30–60 Minuten werden die Immunfunktionen wieder gedrosselt, um überschießende Immunreaktionen in Form von allergischen Reaktionen zu verhindern und Entzündungsreaktionen zu dämpfen.
- **Schmerz:** Durch die vermehrte Ausschüttung von körpereigenen Schmerzhemmstoffen, den Endorphinen, kommt es zu einer verminderten Schmerzempfindlichkeit bis hin zur so genannten Stress-Analgesie.

Insgesamt bereitet die körperliche Stressreaktion den Organismus innerhalb kürzester Zeit in optimaler Weise darauf vor, einer drohenden Gefahr durch eine große motorische Aktion, durch eine Kampf- oder Fluchtreaktion, zu begegnen. Diejenigen körperlichen Funktionen, die für die Ausführung einer derartigen körperlichen Bewältigungsreaktion notwendig sind, werden angeregt (Atmung, Herz-Kreislauf, Energiebereitstellung), während die eher regenerativen und reproduktiven Körperfunktionen (Verdauung und Energiespeicherung, Fortpflanzung, Wachstum), die für die kurzfristige Auseinandersetzung mit einer akuten Gefahr weniger wichtig sind, gedrosselt werden.

Abb. 2.2 Akute körperliche Stressreaktionen

- Aktivierung und Durchblutung des Gehirns
- Reduzierter Speichelfluss, trockener Mund
- Erweiterung der Bronchien, Atembeschleunigung
- Schwitzen
- Erhöhte Muskelspannung, verbesserte Reflexe
- Erhöhter Blutdruck, schnellerer Herzschlag
- Energiebereitstellung (Blutzucker, Fette)
- Hemmung der Verdauungstätigkeit und der Energiespeicherung
- Verminderte Durchblutung der Genitalien, Libidohemmung
- Erhöhte Gerinnungsfähigkeit des Blutes
- Kurzfristig erhöhte Schmerztoleranz
- Kurzfristig erhöhte Immunkompetenz

2.2.3 Stress entsteht im Gehirn: Die neuronale Organisation der Stressreaktion

Diese umfassende körperliche Stressreaktion wird ermöglicht durch ein kompliziertes Zusammenspiel zwischen dem zentralen Nervensystem, dem vegetativen Nervensystem und dem Hormonsystem. Aus den komplexen neuronalen, endokrinen und vegetativen Prozessen werden hier nur wenige, vereinfachte Aspekte herausgegriffen, die für das Verständnis der wichtigsten Wirkungszusammenhänge erforderlich sind.

Die **neuronale Reaktionsorganisation** auf Stressbelastungen spielt sich auf mehreren hierarchischen Ebenen ab, die in komplexer Weise interagieren. An der zentralen Auslösung der peripheren Stressreaktionen sind im Wesentlichen die folgenden Hirnteile beteiligt:

- Neokortex (Hirnrinde):
  Der Neokortex stellt den phylogenetisch jüngsten Teil des menschlichen Gehirns dar. Er ist zuständig für die bewusste Wahrnehmung und alle kognitiven Prozesse, ist gewissermaßen das »Denkhirn«. Die Wahrnehmung neuartiger und als bedrohlich eingestufter Reize geht mit einer unspezifischen Aktivierung des präfrontalen assoziativen Kortex einher, einer Hirnregion, die insbesondere für die Interpretation sensorischer Informationen und für die Antizipation von Ereignissen verantwortlich ist.
- Limbisches System:
  Hierbei handelt es sich um ein gürtelförmig um den Hirnstamm gruppiertes Areal neuronaler Netze, die über vielfältige auf- und absteigende Bahnen eine Verbindung zwischen dem Kortex und älteren, tiefer gelegenen Hirnregionen herstellen. Das limbische System ist erste Schaltstelle für die Verarbeitung von sensorischen Informationen (Thalamus) und hat eine zentrale Bedeutung für die Entstehung von Emotionen (Amygdala) und für die Regulation vegetativer Funktionen (Hypothalamus). Es ist gewissermaßen das »Eingeweide- und Gefühlshirn«.
- Hirnstamm:
  Dies ist der phylogenetisch älteste Teil des Gehirns. Hier werden u.a. die willkürliche und unwillkürliche Motorik gesteuert. Es wird gelegentlich auch als »Reptiliengehirn« bezeichnet. Für die Stressreaktion von besonderer Bedeutung ist der *Locus coeruleus* (»blauer Kern«), ein kleines Zellkerngebiet im Übergang vom Gehirn zum Rückenmark. Diese Nervenzellen produzieren etwa drei Viertel des gesamten Noradrenalins im Gehirn, einem der wichtigsten Neurotransmitter, der auch bei der Auslösung der Stressreaktion eine entscheidende Rolle spielt.

Bei Konfrontation mit einem neuartigen Reiz, einem potenziellen Stressor, werden die einlaufenden Informationen in diesen drei Hirnteilen verarbeitet und zwischen ihnen weitergeleitet und es wird über die Auslösung einer Stressreaktion »entschieden« (Abb. 2.3). Im Einzelnen geschieht dabei Folgendes:

Die von den Sinneszellen übermittelten sensorischen Informationen laufen zunächst im Thalamus zusammen. Hier entsteht ein erstes, noch sehr ungenaues Bild der Situation. Diese wird an die Hirnrinde weitergeleitet, wo eine genauere Verarbeitung der Informationen stattfindet.

Bei Wahrnehmung einer Gefahr breitet sich die Aktivierung der assoziativen Kortexareale dann in tiefer liegende Hirnregionen des limbischen Systems aus. Von besonderer Bedeutung ist hier die Amygdala, der Mandelkern, in dem phylogenetisch alte Emotionsprogramme gespeichert sind. Durch deren Aktivierung erhält die kortikale Erregung nun eine affektive Qualität (Angst, Wut, Trauer). Über absteigende Nervenfasern kommt es im weiteren Verlauf zur Stimulierung des zentralen noradrenergen Systems des *Locus coeruleus* (»blauer Kern«). Die Nervenzellen des blauen Kerns produzieren den Neurotransmitter Noradrenalin. Die vermehrte Freisetzung von Noradrenalin wiederum bewirkt eine unmittelbare Stimulierung der so genannten Sympathikus-Nebennierenmark-Achse (s. unten).

Wenn bereits auf der ersten, der thalamischen Verarbeitungsstufe ein deutliches Gefahrensignal erkannt wird, kann von hier aus auch direkt – gewissermaßen unter Umgehung der Hirnrinde in einer Art »Kurzschluss« – eine Stressreaktion ausgelöst werden. In diesem Fall geht die Information über die drohende Gefahrensituation vom Thalamus aus direkt an die Amygdala, die dann die Stressreaktion

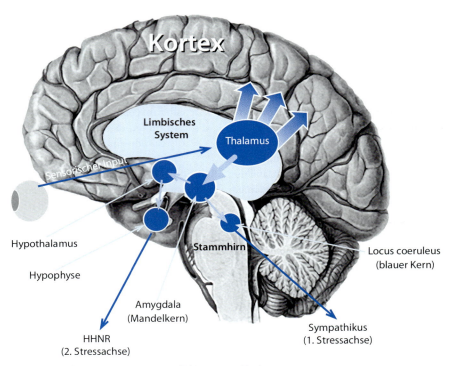

Abb. 2.3 Zentrale Verarbeitung von Stressreizen (Erläuterung s. Text)

unmittelbar in Gang setzt (Ledoux, 1999). Dieser Mechanismus erklärt die Erfahrung, dass sich körperliche und emotionale Stressreaktionen in manchen Situationen (z.B. im Verkehr, bei einem Streit) so schnell und quasi reflexhaft einstellen, dass überhaupt gar keine Zeit für bewusstes Nachdenken bleibt.

Sofern es im Zuge der sympathischen Aktivierungsprozesse zu einer raschen Bewältigung der als bedrohlich eingestuften Situation kommt, erlöscht die initiale Aktivierung; die Stressreaktion findet ein Ende. Noradrenalin zerfällt bereits nach kurzer Zeit, die sympathische Aktivierung nimmt ab, der Körper beruhigt sich.

Ist dies jedoch nicht der Fall, erweist sich die Situation vielmehr als nicht so leicht kontrollierbar, wird die Aktivierung aufrechterhalten. Die Nervenzellen des noradrenergen Systems im blauen Kern setzen weiter Noradrenalin frei. Dieses hält nicht nur die sympathische Aktivierung aufrecht, sondern breitet sich über aufsteigende Nervenbahnen auch in höher gelegenen Hirnregionen aus. Die Aktivierung des präfrontalen Kortex und limbischen System, besonders der Amygdala, wird verstärkt. Es kommt zu einem sich aufschaukelnden und ausbreitenden Erregungsmuster zwischen Kortex, limbischem System und Hirnstamm (»blauer Kern«), das schließlich auch spezielle Kerngebiete im Hypothalamus (*Nucleus paraventricularis*) erfasst. Die Aktivierung dieser hypothalamischen Neurone wiederum bewirkt die Stimulierung der zweiten Stressachse, der Hypothalamus-Hypophysen-Nebennierenrinden-Achse (s. unten).

2.2.4 Die zwei Achsen der Stressreaktion: Trockene und nasse Kommunikationswege

Die beschriebenen Ebenen der neuronalen Aktivierungsprozesse im Gehirn sind in komplexer Weise durch diverse Rückkopplungsmechanismen miteinander verzahnt. Im Ergebnis führen sie zur Stimulation von zwei Achsen, über die die peripheren physiologischen Stressreaktionen vermittelt werden (Hüther, 1997; Tewes & Schedlowski, 1994; **Abb. 2.4**):

Sympathikus-Nebennierenmark-Achse

Diese wurde bereits von Cannon (1929) beschrieben, der beobachtet hatte, dass bei physischen oder emotionalen Reizen wie Schmerz oder Wut die Menge des Hormons Adrenalin im Blut zunimmt und dadurch u.a. Herzschlag, Blutdruck und Blutzuckerspiegel ansteigen und die Durchblutung von Herz, Gehirn und Muskulatur verbessert wird.

Das im »blauen Kern« freigesetzte Noradrenalin aktiviert den Sympathikus, einen Nervenstrang des vegetativen Nervensystems, der entlang der Wirbelsäule verläuft und alle Organe und Gefäße innerviert. In Bruchteilen von Sekunden schütten die Nervenenden des Sympathikus ihrerseits Noradrenalin aus und setzen damit die Aktivierung der peripheren Organe in Gang. Der Sympathikus schließlich stimuliert das Nebennierenmark, vermehrt Adrenalin freizusetzen.

Hypothalamus-Hypophysen-Nebennierenrinden-Achse

Diese wurde erstmals von Hans Selye (1936) beschrieben, der biochemische Reaktionen auf unterschiedlichste länger andauernde Belastungen untersucht hatte. Im Hypothalamus als der übergeordneten Schaltstelle kommt es zur Freisetzung des Corticotropin-Releasing-Faktors (CRF), eines Hormons, das über ein Gefäßsystem zur Hypophyse, der Hirnanhangdrüse, gelangt. Dort stimuliert es die Sekretion des adrenokortikotropen Hormons (ACTH). Dieser Wirkstoff gelangt in den Kreislauf und regt in der Nebennierenrinde die Freisetzung von Kortisol an. Dieses Hormon wiederum macht eine breite Spanne von Stressanpassungen möglich, die von der vermehrten Bereitstellung des energieliefernden Blutzuckers bis zur Feinabstimmung des Immunsystems reichen. Damit die hormonelle Stressreaktion nicht überschießt, besitzt das System einen Rückkopplungsmechanismus. Die Höhe des Kortisolspiegels im Blut wird an die übergeordneten Schaltstellen im Hypothalamus und in der Hypophyse zurückgemeldet (negative Rückkopplung). Viel Kortisol im Blut hemmt die weitere Freisetzung der beiden Releasing-Hormone CRF und ACTH, sodass diese hormonelle Stressreaktion sich normalerweise selbst begrenzt (◘ Abb. 2.4; Kirschbaum & Hellhammer, 1999).

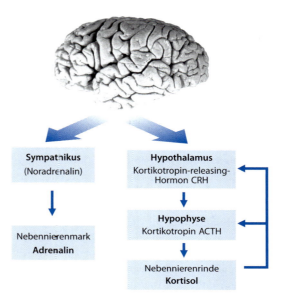

◘ **Abb. 2.4** Zwei Achsen der körperlichen Stressreaktion

Wie oben bereits angedeutet, kommt es bei Wahrnehmung einer neuartigen, als bedrohlich eingeschätzten Situation zunächst zu einer Aktivierung der Sympathikus-Nebennierenmark-Achse. Die Signalübertragung erfolgt hier gewissermaßen »trocken« über elektrische Impulse entlang der Nervenbahnen und ist sehr schnell. Die Funktion dieser Achse entspricht bildlich gesprochen einem »Ruf zu den Waffen« in Form einer akuten Aktivierung.

Hält die Belastung weiter an, wird auch die zweite Achse, die Hypothalamus-Hypophysen-Nebennierenrinden-Achse, aktiviert. Die Signalübertragung ist hier gewissermaßen »nass«, da sie über Hormonabgaben in das Blut erfolgt und deutlich langsamer als der nervale Weg ist. Die Funktion dieser Achse besteht bildlich gesprochen in der Organisation von Nachschub in Form von Energiebereitstellung.

Abgesehen von der unterschiedlichen zeitlichen Organisation und den verschiedenen Funktionen können die beiden Stressachsen auch je nach Art der Belastungssituation und ihrer Verarbeitung in unterschiedlich starkem Ausmaß aktiviert sein, worauf weiter unten noch näher eingegangen wird.

2.2.5 Stress formt das Gehirn: Das zentrale Adaptationssyndrom

In der bisherigen Darstellung wurde das Gehirn ausschließlich als Ausgangspunkt der Stressreaktion mit ihren vielfältigen peripheren Auswirkungen betrachtet. Das Gehirn ist aber zugleich auch Zielorgan der Stressreaktion. Der Göttinger Neurobiologe Hüther spricht in diesem Zusammenhang vom **Zentralen Adaptationssyndrom**. Sowohl Noradrenalin als auch Kortisol haben weitreichende Auswirkungen auf die Funktionsweise des Gehirns. Von besonderem Interesse sind dabei die Auswirkungen der Stresshormone auf die neuronalen Verschaltungen im Gehirn. Diese sind bisher erst ansatzweise erforscht. Die bisherigen Forschungsergebnisse deuten darauf hin, dass Noradrenalin zu einer Bahnung und Stabilisierung bereits vorhandener neuronaler Schaltkreise beiträgt. Demgegenüber führen stark erhöhte Kortisolspiegel infolge länger andauernder Stressreaktionen eher zu einer Destabilisierung und Degeneration bestehender neuronaler Strukturen (Hüther, 1997).

Durch die Aktivierung des noradrenergen Systems kommt es zu einer Steigerung der zerebralen Durchblutung, einer vermehrten Glukoseaufnahme und einem erhöhten Energiestoffwechsel. Noradrenalin fördert des Weiteren die Abgabe von neurotrophen Faktoren (wachstumsfördernde Substanzen für Nervenzellen), die ihrerseits ein verstärktes Auswachsen von Axonen und die Bildung von Synapsen induzieren. Die wiederholte noradrenerge Aktivierung während kurzfristiger kontrollierbarer Belastungen führt im Ergebnis dazu, dass all diejenigen Verschaltungen, die in unserem Gehirn zur Bewältigung einer Herausforderung benutzt werden, besser ausgebaut, gebahnt und effektiver gemacht werden.

Das im Rahmen der Stressreaktion freigesetzte und im Blut zirkulierende Kortisol gelangt problemlos ins Gehirn. Dort bewirkt es in Abhängigkeit von Dosis und Dauer der Einwirkung nachhaltige Veränderungen der Nervenzellen. Die mit lang anhaltendem unkontrollierbarem Stress einhergehende Kortisolausschüttung führt zur Unterdrückung der Synthese und Ausschüttung von neurotrophen Faktoren. Unter chronischem Stress reduziert sich ferner die Zahl der Rezeptoren für eine Reihe von Neurotransmittern (Serotonin, Dopamin, Noradrenalin), wodurch die Kommunikation zwischen den Nervenzellen gestört wird. Auch hierbei spielen erhöhte Kortisolspiegel eine maßgebliche Rolle. Im Ergebnis wird damit eine Hemmung und Destabilisierung bestehender neuronaler Schaltkreise bewirkt.

Auch diese Auswirkungen der Stresshormone auf die neuronalen Verschaltungen sind biologisch zweckmäßig. Solange wir mit einer Gefahr konfrontiert sind, die wir mittels der akuten Stressreaktion in den Griff bekommen, werden im Gehirn unter dem Einfluss von Noradrenalin die Nervenzell-Netzwerke stabilisiert, in denen die Verhaltensweisen gespeichert sind, mit denen es uns gelungen ist, die Gefahr zu bewältigen. Das Gehirn merkt sich das Verhaltensmuster, mit dem die Situation erfolgreich bewältigt werden konnte. Es baut die entsprechenden neuronalen Verschaltungen aus, so dass in einer zukünftigen ähnlichen Situation noch schneller reagiert werden kann.

Erweist sich die Situation jedoch als nicht so leicht kontrollierbar und kommt es zu längeren Stressreaktionen, beginnt das Gehirn nun unter dem Einfluss von Kortisol die Nervenzell-Netzwerke zu hemmen und abzubauen, in denen die Verhaltensweisen gespeichert sind, die sich als untauglich zur Beseitigung der Gefahr erwiesen haben. Das Gehirn löscht gewissermaßen diese Verhaltensmuster und schafft damit die Voraussetzung dafür, dass wir neue Verhaltensweisen entwickeln und ausprobieren.

Stress erweist sich somit als ein wichtiger Katalysator für Lernprozesse. Stresshormone fördern die Anpassung, indem sie die Bildung von Erfahrungen ebenso wie die Verarbeitung neuartiger Reize erleichtern (vgl. Hüther, 1997; Bauer 2005; Fuchs & Flügge, 2001).

2.2.6 Stressreaktionen sind individuell: Individual- und Situationsspezifität von Stressreaktionen

Stressreaktionen laufen nicht bei allen Menschen in allen Belastungssituationen in gleicher stereotyper Weise ab. Der eine reagiert besonders mit dem Herz-Kreislauf-System, ein Zweiter bevorzugt mit Muskelanspannungen, ein Dritter mit einer Stilllegung des Verdauungsapparats. Diese so genannten **individuellen Reaktionsspezifitäten** waren Gegenstand intensiver psychosomatischer Forschungen. Ihre Ursachen liegen wahrscheinlich in einem Zusammenwirken zwischen biologisch-konstitutionellen Faktoren einerseits und biografischen Erfahrungen andererseits. So kann z.B. eine genetische Disposition zu einer kardiovaskulären Hyperreaktivität gemeinsam mit einem bestimmten erlernten Stil des Umgangs mit Belastungen zu einer Aktivierung insbesondere des Herz-Kreislauf-Systems in Belastungssituationen führen.

Stressreaktionen variieren darüber hinaus auch in Abhängigkeit von der jeweiligen Belastungssituation. Man spricht dann von einer **Situationsspezifität von Stressreaktionen**. Je nach Art des wahrgenommenen Stressors werden die verschiedenen, an der körperlichen Stressreaktion beteiligten Hormonsysteme in unterschiedlich starker Weise aktiviert. Das von Selye formulierte Postulat der Unspezifität der körperlichen Stressreaktionen kann im Lichte der neueren psychobiologischen Stressforschung nicht mehr aufrechterhalten werden. Ein Versuch, die vorliegenden Forschungsergebnisse zur Spezifität körperlicher Stressreaktionen zusammenzufassen, stellt das psychoneuroendokrinologische Stressmodell von Henry (1986) dar (○ Abb. 2.5). Wenngleich dieses Modell die tatsächlichen komplexen Verhältnisse notwendigerweise grob vereinfachen muss, ist es zur Veranschaulichung durchaus nützlich. Henry unterscheidet in seinem Modell drei verschiedene Formen der Stressreaktion mit einem jeweils spezifischen endokrinen Reaktionsmuster je nach Art der in der jeweiligen Stresssituation vorherrschenden Emotion (Ärger, Angst oder Depression).

- Löst die Situation primär **Ärger** aus, so werden v.a. Katecholamine, insbesondere Noradrenalin, freigesetzt. Auch die Ausschüttung von Testosteron, einem Hormon, das mit aggressiv-dominantem Verhalten in Zusammenhang steht, ist hoch. Der Kortisolspiegel bleibt unverändert. Es kommt zu einer starken kardiovaskulären Reaktion (Blutdruck- und Herzfrequenzanstieg). Das beobachtbare Verhalten wird gekennzeichnet als Kampf/Anstrengung.
- In Situationen, die primär mit **Furcht** beantwortet werden, kommt es v.a. zu einer Adrenalinausschüttung, aber auch Noradrenalin- und Kortisolkonzentrationen sind leicht erhöht. Auch hier steigen Blutdruck und Herzfrequenz an, allerdings nicht so stark wie in der Ärgersituation. Das beobachtbare Verhalten hier wird als Flucht/Anstrengung gekennzeichnet.
- In Situationen schließlich, die primär mit einer **depressiven Gefühlslage** beantwortet werden, dominiert in der endokrinen Reaktion ein Kortisolanstieg, die Testosteronkonzentration geht stark zurück, Katecholamine bleiben unverändert. Die Herzfrequenz nimmt ab. Insgesamt lässt sich das Verhalten als hilflos/unterordnend beschreiben.

Nach Hüther (1997) wird die Art der Stressreaktion entscheidend durch die Kontrollierbarkeit der jeweiligen Belastungssituation bestimmt. Bei kontrollierbaren Belastungen, also immer dann, wenn zwar Verhaltensstrategien zur Vermeidung oder Beseitigung des Stressors verfügbar sind, deren Effizienz jedoch (noch) nicht ausreicht, um die Anforderung durch eine zur Routine gewordene Reaktion zu bewältigen, kommt es zu einer Aktivierung der Sympathikus-Nebennierenmark-Achse und (wenn überhaupt) nur zu einer kurzzeitigen Stimulation der Hypothalamus-Hypophysen-Nebennierenrinden-Achse. Zu lang anhaltenden Aktivierungen der Hypothalamus-Hypophysen-Nebennierenrinden-Achse und damit zu langfristigen Erhöhungen zirkulierender Kortisolspiegel kommt es immer dann, wenn die Belastung sich als nicht kontrollierbar erweist, wenn also keine der vorhandenen Verhaltensstrategien geeignet ist, das ursprüngliche Gleichgewicht wiederherzustellen.

Für individuelle Unterschiede in biologischen Stressreaktionen spielen frühkindliche Bindungserfahrungen eine entscheidende Rolle (siehe zusammenfassend Bauer, 2005). In verschiedenen Untersuchungen an Tieren konnte etwa der kanadische Stressforscher Michael Meaney zeigen, dass die Intensität der mütterlichen Zuwendung in der ersten Zeit nach der Geburt eine entscheidende Rolle dafür spielt, wie intensiv später bei den ausgewachsenen Tieren unter belastenden Bedingungen Stresshormone ausgeschüttet werden. Liebevoll bemutterte Jungtiere zeigten eine deutlich geringere Freisetzung von Stresshormonen als solche Tiere,

Abb. 2.5 Spezifität neuroendokriner Stressreaktionen (vereinfachte Darstellung des psychoneuroendokrinologischen Stressmodells von Henry, 1986)

Stressor

	Verarbeitung im fronto-temporalen Kortex		
Emotion	Ärger	Furcht	Depression/Hilflosigkeit
Limbisches System	zentrale Amygdala	basale Amygdala	Hippokampus Septum
Verhalten	Kampf-Anstrengung	Flucht-Anstrengung	Unterordnung, Passivität
Neuroendokrine Reaktion	Noradrenalin + + Adrenalin + Kortisol + − Testosteron + +	Noradrenalin + Adrenalin + + Kortisol + − Testosteron + −	Noradrenalin + Adrenalin +/− Testosteron − − Kortisol + +

die als Neugeborene nur wenig Zuwendung erhalten hatten. Die Zuwendung in der frühen Kindheit wirkt gewissermaßen wie ein Schutzmantel bis ins Erwachsenenleben hinein.

Die Trennung von der Mutter in der Zeit nach der Geburt stellt für Jungtiere einen sehr starken Stressor dar und führt zu einer nachhaltigen Sensibilisierung des biologischen Stress-Systems. Stressforscher an der Stanford University fanden bei Menschenaffen, die man früh nach der Geburt von ihrer Mutter getrennt hatte, in einer späteren Untersuchung nach drei Jahren stark erhöhte Reaktionen der zweiten Stressachse in belastenden Situationen. Auch wissenschaftliche Beobachtungen am Menschen bestätigen: Eine sichere Bindung des Kleinkindes zur Mutter (oder auch einer anderen Bezugsperson) bewirkt einen wirksamen Schutzschild gegenüber Stress bis ins Erwachsenenalter. Und umgekehrt: Unsichere Bindungen in der frühen Kindheit führen später in Stress-Situationen zu erhöhter Aktivität der zweiten Stress-Achse, messbar zum Beispiel an erhöhten Kortisol-Konzentrationen im Blut.

Ein Grund für eine unsichere Bindung kann darin liegen, dass die Mutter selbst – warum auch immer – zu sehr gestresst ist. Sie ist dann zu sehr mit ihren eigenen Stressgefühlen, mit Angst, Unsicherheit oder Hilflosigkeit beschäftigt und kann sich nicht ausreichend und empathisch um das Kind kümmern. Dies zeigen auch Ergebnisse von Untersuchungen der Arbeitsgruppe des amerikanischen Neurobiologen Charles Nemeroff am Primatenzentrum in New York (Nemeroff, 1999). Affenmütter wurden dabei nach der Geburt auf unterschiedliche Weise unter Stress gesetzt. Das Ergebnis war, dass die Jungtiere gestresster Mütter später, wenn sie selbst unter Stress gesetzt wurden, mit einer stärkeren biologischen Stressantwort reagierten als Jungtiere »entspannter« Mütter. Dies zeigt, wie eine gewisse Stressanfälligkeit weniger biologisch vererbt als mehr sozial weitergegeben wird.

2.2 · Die biologische Perspektive

> Welcher Art die konkreten Stressreaktionen einer bestimmten Person in einer konkreten Belastungssituation sind, ergibt sich aus dem Zusammenwirken von situationsspezifischen und individualspezifischen Reaktionstendenzen. Für das hier vorgestellte Stresspräventionsprogramm bedeutet dies, dass ein wichtiger Schritt darin gesehen wird, die Wahrnehmung des Einzelnen für seine je individuellen Stressreaktionen zu sensibilisieren. Die möglichst differenzierte und frühzeitige Wahrnehmung eigener – durchaus auch situationsspezifischer – Aktivierungsreaktionen wird als eine zentrale Voraussetzung effektiver Stressbewältigung angesehen.

2.2.7 Macht Stress krank? – Stressreaktionen und Gesundheit

Die durch einen Stressor ausgelöste körperliche Aktivierung ist per se nicht gesundheitsschädlich. Im Gegenteil: »Stress ist die Würze des Lebens«, wie Hans Selye es einmal formuliert hat. Womit gesagt sein soll, dass die kurzfristige Aktivierung, die in einem ständigen Wechsel immer wieder von Phasen der Entspannung abgelöst wird, ein wesentliches positives Kennzeichen des Lebendigen ist. Dies zeigt sich nicht nur in dem natürlichen Schlaf-Wach-Rhythmus, sondern auch in basalen physiologischen Vorgängen, wie z.B. der Herzmuskeltätigkeit mit ihrem beständigen Wechsel von Systole und Diastole wie auch im rhythmischen Wechsel von Expiration und Inspiration beim Atemvorgang. Phasische Aktivierung als Ausdruck der Lebendigkeit wird subjektiv als angenehm und lustvoll erlebt und wirkt leistungssteigernd und -motivierend. Selye (1981) spricht in diesem Fall von »Eustress«, den er vom gesundheitsgefährdenden »Distress« unterscheidet.

Ein Risiko für die körperliche Gesundheit aufgrund von Stressreaktionen ergibt sich nicht aus der bloßen Tatsache der kurzfristigen körperlichen Aktivierung. Für gesundheitsschädliche Auswirkungen der körperlichen Stressreaktion sind im Wesentlichen die folgenden vier Aspekte relevant:

Nicht verbrauchte Energie. Bei den beschriebenen körperlichen Stressreaktionen handelt es sich um ein phylogenetisch sehr altes Reaktionsmuster, durch das der Organismus optimal darauf vorbereitet wird, Gefahrensituationen durch Kampf oder Flucht zu begegnen. Die Vorbereitung auf Angriff und Flucht war ursprünglich biologisch zweckmäßig. Bei der Bewältigung vieler Belastungssituationen des modernen Menschen hat dieses Reaktionsmuster seinen unmittelbaren Anpassungswert jedoch verloren, stellen körperliche Angriffe oder Fluchtversuche doch in den seltensten Fällen eine angemessene Antwort auf die Belastungen des modernen Lebens dar. Die in der Gluconeogenese und Lipolyse bereitgestellte Energie wird so nicht verbraucht. Fett, Zucker, und verklumpende Blutplättchen verstopfen die Blutbahn. Es kann zu Arteriosklerose und Infarkten in Herz, Lunge oder Gehirn kommen.

Chronische Belastungen. Die Stressreaktion hat sich im Laufe der Evolution als ein Programm für die Auseinandersetzung mit Gefahren entwickelt, die von kurzer Dauer sind. Für viele der für den heutigen Menschen wichtigen Stressoren z.B. im zwischenmenschlichen oder beruflichen Bereich ist jedoch kennzeichnend, dass diese über lange Zeit, oft über Jahre, bestehen oder immer wieder erneut auftreten. So fehlt häufig die nötige Zeit für Erholung und Entspannung. Dies führt dazu, dass der Organismus ständig in einer erhöhten Widerstandsbereitschaft gehalten wird. Selye sprach in diesem Zusammenhang vom Widerstandsstadium, in dem der Organismus sich an ein Leben mit der chronischen Belastung anpasst. In diesem Stadium verschwinden die akuten Symptome der sympathischen Aktivierung. Regelkreistechnisch gesehen kommt es zu einer Sollwertverschiebung. Der Organismus versucht unter erheblichem Energieaufwand, ein neues Gleichgewicht auf erhöhtem Niveau aufrechtzuerhalten. Bei zu lange anhaltender Belastung schließlich bricht das Anpassungsvermögen des Organismus zusammen. In diesem so genannten Stadium der Erschöpfung kann es dann zu vielfältigen funktionellen Symptomen bis hin zu ernsthaften Organerkrankungen kommen. Hinzu kommt, dass der Organismus bei einem über lange Zeit aufrechterhalten, erhöhten Widerstandsniveau allmählich seine natürliche Fähigkeit zur Selbstregulation verliert. Dies bedeutet, dass es auch in Phasen, in denen keine akute Belastung vorliegt, nicht mehr möglich ist, auf ein normales Ruheniveau zurückzukehren. Die Gefäßwände verlieren ihre Elastizität, die Gefäße können sich nicht mehr weiten mit der Folge, dass der Blutdruck chronisch erhöht bleibt. Angespannte, schmerzhafte Muskeln lassen sich nur noch schwer lockern und können reflektorisch sogar weitere muskuläre Anspannungsreaktionen auslösen, wodurch ein Teufelskreis aufgebaut wird, durch den die Anspannung kontinuierlich aufrechterhalten wird. Erholung – auch im Schlaf – erfolgt, wenn überhaupt, immer langsamer. Die Hypothalamus-Hypophysen-Nebennierenrinden-Achse bleibt dauerhaft aktiviert. Der Mechanismus der negativen Rückkopplung, der eine Selbstbegrenzung der Kortisolausschüttung bewirkt, ist außer Kraft gesetzt. Im Blut finden sich chronisch erhöhte Kortisolspiegel. Diese wirken sich in komplexer Weise auf unterschiedliche physiologische Funktionen aus. Dies sei exemplarisch für die Insulinproduktion in der Bauchspeicheldrüse dargestellt: Kortisol verringert die Wirkung von Insulin, welches normalerweise die Aufnahme von Zucker in die Körperzellen befördert. Dadurch wird erreicht, dass mehr Zucker im Blut verbleibt und für die Gehirnzellen bereitgestellt werden kann, die kein Insulin für die Zuckeraufnahme benötigen. In der Bauchspeicheldrüse wird die verringerte Insulinwirkung registriert, als relativer Insulinmangel »interpretiert« und mit vermehrter Insulinproduktion beantwortet. Längerfristig erschöpft sich die Produktionskapazität für Insulin in den Inselzellen der Bauchspeicheldrüse. Es entsteht ein tatsächlicher Insulinmangel, der Blutzucker und damit das Diabetesrisiko steigen.

Neben den vielfältigen Auswirkungen lang anhaltender chronifizierter Stressreaktionen auf nahezu alle wichtigen peripheren Organe und Organfunktionen kann es unter Dauerstress auch zu massiven schädigenden Auswirkungen auf die neuronalen Strukturen in bestimmten Hirnregionen kommen. So fand der amerikanische Stressforscher Robert Sapolsky von der Stanford University bei Menschenaffen, die durch Konflikte und belastende Beziehungen innerhalb ihrer Horde dauergestresst waren, unter anderem eine Schrumpfung des Hippocampus, der für das Gedächtnis eine wichtige Rolle spielt (Sapolsky, 1996). Inzwischen zeigen Forschungsbefunde, dass dies nicht nur für Menschenaffen, sondern auch für Menschen gilt. Chronisch erhöhte Konzentrationen des Stresshormons Kortisol stehen in direktem Zusammenhang mit Gedächtnisstörungen und führen aufgrund einer Hemmung der Produktion von Nervenwachstumsfaktoren zu einer Verkleinerung des Hippocampus.

Geschwächte Immunkompetenz. Psychoimmunologische Studien konnten zeigen, dass in psychosozialen Belastungssituationen die Immunkompetenz nachhaltig beeinflusst werden kann. Bei kurzfristigen, akuten Belastungen konnten v.a. stimulierende Effekte auf unterschiedliche immunologische Variablen beobachtet werden. So ist die Anzahl der natürlichen Killerzellen im Blut erhöht, die gewissermaßen die erste Verteidigungslinie des Organismus gegenüber Fremdkörpern, die von außen eindringen, darstellen. Diese immunstimulierenden Effekte beruhen auf der noradrenergen Aktivierung der Sympathikus-Nebennierenmark-Achse in der akuten Belastungsphase. Dauert die Belastung an, kommt es über die Aktivierung der Hypothalamus-Hypophysen-Nebennierenrinden-Achse zu einer vermehrten Ausschüttung von Kortisol. Dieses bewirkt gegenregulatorisch eine Immunsuppression, um überschießende Immunreaktionen zu verhindern. Bei lang anhaltenden Belastungen schließlich kommt es in den meisten Fällen zu einer weiteren Kortisolausschüttung (Hyperkortisolismus), die zu einer nachhaltigen Schwächung der Immunkompetenz führt. Damit einher geht eine allgemein erhöhte Krankheitsanfälligkeit, z.B. gegenüber Infektionen der oberen Luftwege und Herpes-Virus-Infektionen. Auch weisen korrelative Zusammenhänge zwischen psychischen Belastungen, verminderter Immunkompetenz und dem Wachstum von Tumorzellen auf die mögliche Rolle von Stress auf den Verlauf von Krebserkrankungen hin. Neuere Forschungsergebnisse zeigen, dass es bei manchen Personen unter Stress auch zu einer Hemmung der Kortisolausschüttung kommt (Hypokortisolismus). Dies kann zu einer überschießenden Immunaktivität führen, die dann mit dem Auftreten von Entzündungen, allergischen Reaktionen bis hin zu Autoimmunerkrankungen verbunden sein kann. Die den immunmodulatorischen Stresseffekten zugrunde liegenden Wirkmechanismen sind bisher noch wenig bekannt. Neuroanatomische Studien konnten nervale Verbindungen zwischen dem vegetativen Nervensystem und den Zellen des Immunsystems nachweisen. Diese weisen auf die Möglichkeit einer direkten Kommunikation zwischen dem Nerven- und dem Immunsystem hin, und zwar sowohl in afferenter (d.h. vom Nervensystem zum Immunsystem) als auch in efferenter (d.h. vom Immunsystem zum Nervensystem) Richtung. Stresshormone, v.a. das Kortisol, aber auch die Katecholamine (Adrenalin und Noradrenalin) können darüber hinaus immunologische Funktionen über entsprechende Rezeptoren auf immunkompetenten Zellen beeinflussen (zur Psychoimmunologie insgesamt s. Schedlowski, 1994; Schulz, 1994).

Gesundheitliches Risikoverhalten. Direkt gesundheitsschädliche Verhaltensweisen (z.B. Zigaretten rauchen, Alkoholkonsum, ungesundes Ernährungs- und Essverhalten) können in Belastungssituationen als Teil der behavioralen Stressreaktion oder als Versuch der Bewältigung verstärkt auftreten. Dadurch wird zum einen das Erkrankungsrisiko direkt erhöht. Zum anderen vermindern die genannten Risikoverhaltensweisen längerfristig die allgemeine Belastbarkeit und tragen zu einer rascheren Erschöpfung der Widerstandskräfte bei.

Angesichts der vielfältigen Auswirkungen der Stressreaktion auf praktisch alle wichtigen Organsysteme ist es nicht verwunderlich, dass auch die möglichen gesundheitsschädlichen Auswirkungen von chronischen Stressreaktionen äußerst vielfältig sind und bei einer Vielzahl von Erkrankungen eine Rolle spielen können. Eine – allerdings nicht erschöpfende – Übersicht, bei welchen Erkrankungen auch an Stressfolgen zu denken ist, gibt die ◘ Tabelle 2.1.

Chronischer Stress hat nicht nur schädliche Einflüsse auf die körperliche Gesundheit zur Folge, sondern bewirkt auch massive Störungen des psychischen Wohlbefindens und der psychischen Gesundheit. Der Zusammenhang zwischen dem Auftreten von depressiven Störungen und einer Überaktivität der Hypothalamus-Hypophysen-Nebennierenrinden-Achse ist inzwischen gut belegt (Nemeroff, 1999; Benkert, 2005). Daher ist die Annahme gerechtfertigt, dass viele Depressionen (jedoch nicht alle) eine Folge von Dauerstress darstellen. Der Mainzer Psychiater und Depressionsforscher Prof. Benkert spricht hier ganz ausdrücklich von der Volkskrankheit »Stressdepression«, an der bis zu 20% der Bevölkerung erkrankt seien und die – einer Studie der Weltgesundheitsorganisation (WHO) zu Folge – im Jahre 2020 neben den Herz-Kreislauf-Erkrankungen die häufigste Krankheit weltweit sein werde (Benkert, 2005).

2.2.8 Das Burn-out-Syndrom

Mit dem Begriff »Burn-out« wird ein psychovegetatives Erschöpfungssyndrom infolge einer chronischen, beruflich bedingten Beanspruchungsreaktion bezeichnet (Burisch, 2005). Die ersten Beschreibungen stammten aus interaktionsintensiven Arbeitsfeldern (dem so genannten »people work«), besonders in helfenden Berufen bei Sozialarbeitern, Krankenschwestern, Ärzten und Lehrern. Burn-out wurde hier eng gefasst und als Erschöpfung aufgrund emotionaler Belastung durch Helfen ohne adäquate Belohnung verstanden.

Inzwischen sind Burn-out-Symptome bei Angehörigen vieler anderer Berufe gezeigt worden, z.B. bei Polizisten, bei Managern, bei Stewardessen, bei Journalisten, bei EDV-Spezialisten (gerade auch in Start-up-Unternehmen), bei Architekten und Spitzensportlern. Insofern scheint ein weiter gefasstes Begriffsverständnis gerechtfertigt. In unserem Verständnis sind Burn-out-Symptome auch nicht auf Belastungen beschränkt, die im Zusammenhang mit Erwerbsarbeit stehen. Vielmehr können Burn-out-Prozesse auch durch lang anhaltende Belastungen im familiären Bereich, z.B. bei der Pflege von Angehörigen, entstehen.

Beim Burn-out-Syndrom handelt es sich nicht um ein fest umschriebenes Krankheitsbild, es stellt auch keine eigenständige psychiatrische Diagnose dar. Es bestehen vielfältige symptomatische Überlappungen insbesondere zu depressiven Störungsbildern und psychosomatischen Störungen. Wenn Betroffene zum Arzt gehen – was oft lange hinausgeschoben wird –, dann zumeist wegen der körperlichen Störungen, die dann auch diagnostiziert und symp-

Tab. 2.1 Mögliche Krankheitsfolgen chronischer Stressreaktionen

Chronischer Stress und Krankheit		
	langfristig	
Gehirn	→	Einschränkung der kognitiven Leistungsfähigkeit und der Gedächtnisfunktionen Hirninfarkt Depression
Sinnesorgane Auge Ohr	→	 Erhöhter Augeninnendruck Ohrgeräusche, Tinnitus, Hörsturz
Herz-Kreislauf	→	Essenzielle Hypertonie Arteriosklerose Koronare Herzerkrankung Herzinfarkt
Muskulatur	→	Kopf-, Rückenschmerzen »Weichteilrheumatismus«
Verdauungsorgane	→	Störungen der Verdauung Magen-Darm-Geschwüre
Stoffwechsel	→	Erhöhter Blutzuckerspiegel/Diabetes Erhöhter Cholesterinspiegel
Immunsystem	→	Verminderte Immunkompetenz gegenüber pathologischen Einflüssen von außen (Infektionserkrankungen, Aids) und innen (Tumorwachstum) Übersteigerte Immunreaktionen gegenüber Einflüssen von außen (Allergien) und innen (Autoimmunkrankheiten)
Schmerz	→	Verringerte Schmerztoleranz Erhöhtes Schmerzerleben
Sexualität	→	Libidoverlust Zyklusstörungen Impotenz Störungen der Samenreifung, Infertilität

Hinweis: Die Tabelle führt die häufigsten körperlichen Krankheiten auf, die durch Dauerstress verursacht oder in ihrem Verlauf beeinflusst sein können. Dies bedeutet jedoch nicht, dass die jeweilige Erkrankung in jedem Falle und ausschließlich auf Stress zurückzuführen ist.

tomatisch behandelt werden. Das zugrunde liegende Burn-out-Syndrom bleibt zumeist unerkannt.

Metaphorisch handelt es sich um eine lang andauernde Energieabgabe mit zumindest in späteren Phasen wenig Wirkung und geringem Energienachschub, der Akku ist leer und er kann nicht mehr aufgeladen werden. Etwa so, wie wenn eine Autobatterie nicht mehr über die Lichtmaschine nachgeladen wird, dennoch aber Höchstleistungen abgeben soll. Und hierin liegt auch der Unterschied zur normalen, physiologischen Müdigkeit nach einer größeren Anstrengung: Burn-out ist gekennzeichnet durch einen Verlust der natürlichen Fähigkeit zur Regeneration. Man kann sich nicht mehr erholen.

Burn-out passiert nicht von einem Tag zum anderen, sondern es ist ein langsamer, schleichender Prozess. Die Entwicklung des Burn-out beginnt oft mit einer längeren Phase erhöhter Anforderungen und starken Engagements. Allmählich schleichen sich erste Symptome der Erschöpfung ein. Bisher nicht gekannte Müdigkeit und Schwächegefühle stellen sich ein, oft wird der Schlaf schlechter. Auf diese ersten Anzeichen einer beginnenden Erschöpfung reagieren die Betroffenen nun nicht damit, dass sie sich eine Auszeit gönnen, um sich zu erholen und neue Kräfte zu tanken. Im Gegenteil: Sie verstärken ihren Einsatz und versuchen, Leistungseinbußen durch mehr Engagement, noch mehr Arbeit wettzumachen. Es entwickelt sich ein Teufelskreis: Man arbeitet länger, aber immer ineffektiver, weshalb dann noch länger gearbeitet werden muss. Man fühlt sich immer häufiger erschöpft und ist in der Erschöpfung zugleich hyperaktiv. Oft greifen Betroffene in dieser Situation vermehrt zu Medikamenten (Aufputschmittel, Schlafmittel, Schmerzmedikamente), um Leistungseinbußen und Erschöpfungssymptome zu bekämpfen.

Ein voll ausgebildetes Burn-out-Syndrom zeigt sich im körperlichen, im geistig-mentalen, im emotionalen und auch im sozialen Bereich.

> Die wichtigsten Symptome des Burn-out-Syndroms sind:
> - Körperliche Erschöpfung
>   - Energiemangel, chronische Müdigkeit, Schwächegefühle
>   - Schlafstörungen
>   - Geschwächte Abwehrkräfte (häufige Infekte)
>   - Psychosomatische Symptome (Kopf-, Rückenschmerzen, Magen-Darm-Beschwerden, Herz-Kreislauf-Störungen)
>   - Reduzierte Libido, sexuelle Störungen
>
> Die körperlichen Erschöpfungssymptome werden oft durch vermehrten Konsum von Alkohol und Zigaretten sowie durch die Einnahme von Schmerz-, Schlaf, Beruhigungs- oder Aufputschmitteln zu bekämpfen versucht.
> - Emotionale Erschöpfung
>   - Überdruss: Alles ist zu viel.
>   - Niedergeschlagenheit, Hoffnungslosigkeit, Ausweglosigkeit
>   - Gefühl von innerer Leere, von Abgestorbensein
>
> Diese können wechseln mit
> - Reizbarkeit, Ärger, Schuldzuweisung
> ▼
> - Geistig-mentale Erschöpfung
>   - Abbau der kognitiven Leistungsfähigkeit, Konzentrationsmängel, Vergesslichkeit
>   - Verlust an Kreativität
>   - Negative Einstellung zur eigenen Person, zur Arbeit, zum Leben allgemein
>   - Zynismus
>   - Gedanken der Sinnlosigkeit
> - Soziale Erschöpfung
>   - Verlust des Interesses an anderen, sozialer Rückzug (nicht nur beruflich, auch privat)
>   - Gefühl, von anderen ausgesaugt zu werden, andere Menschen »nerven«, werden nur noch als weitere Belastung erlebt
>   - Verlust der Empathie (Verständnislosigkeit für andere, nicht zuhören können)
>   - Depersonalisierung (»Entmenschlichung«): Andere Menschen (z.B. Klienten, Patienten, Kunden, Kollegen) werden entpersönlicht, nur noch als Fall oder Nummer behandelt.

Die Therapie eines voll ausgebildeten Burn-out-Syndroms ist aufwändig und zeitintensiv. Sie beinhaltet eine intensive Psychotherapie zur Bearbeitung der zugrunde liegenden persönlichen Faktoren, die zum Burn-out beigetragen haben, physikalische inklusive bewegungsmedizinischer Therapiemaßnahmen zur Behandlung der körperlichen Erschöpfungssymptome und zur Wiederherstellung der Regenerationsfähigkeit sowie ggf. auch eine (psycho-)pharmakologische Behandlung. Oft ist eine stationäre Therapie in einer auf die Behandlung von Burn-out spezialisierten Klinik erforderlich und ratsam.

> Das Hauptanliegen des vorliegenden Gesundheitsförderungsprogramms ist es, negativen Auswirkungen chronischer Stressreaktionen für die körperliche und psychische Gesundheit vorzubeugen. Dabei geht es nicht darum, ein
> ▼

> Leben ganz ohne Stress anzustreben, sondern darum, einen gesundheitsförderlichen Umgang mit der durch die Stressreaktion bereitgestellten Energie zu fördern sowie einen lebendigen Wechsel zwischen Phasen der Anspannung während direkter Anforderungsbewältigung und Phasen der Entspannung und Regeneration neu zu ermöglichen.

2.3 Die soziologische Perspektive: Formen und Merkmale von Stressoren

Störgrößen, die die physische und psychische Homöostase gefährden, werden als Stressoren bezeichnet. Sie können körperlicher (z.B. schmerzhafte Reize, Verletzung, Nahrungsentzug, Bewegungseinschränkung) und auch physikalischer (Lärm, Hitze, Kälte, Nässe) oder chemischer Art (Vergiftungen) sein. Sie können aber auch im Informationsaustausch mit der Umwelt oder in der sozialen Interaktion entstehen. In diesem Falle geht es nicht um die Einhaltung physiologischer Sollwerte bzw. die Erfüllung vitaler körperlicher Bedürfnisse, vielmehr besteht die Störung der Homöostase hier in der Bedrohung selbstwertrelevanter Sollwerte in Form von zentralen psychischen Motiven und Bedürfnissen (Anerkennung, Sicherheit, Kontakt, Selbstverwirklichung). Auch starke Abweichungen von diesen psychischen Sollwerten bewirken ebenso wie Soll-Ist-Diskrepanzen in physiologischen Systemen eine Auslösung von Stressreaktionen. Nach Hüther (1997) sind die wichtigsten und häufigsten Ursachen für die Aktivierung chronischer Stressreaktionen psychosoziale Konflikte, die Unerreichbarkeit von vorgestellten Zielen und die Unerfüllbarkeit von als zwingend empfundenen Bedürfnissen und Wünschen sowie ein Defizit oder auch ein Überschuss an Information.

Ob und inwieweit einer Situation Stressorqualität zukommt, ist streng genommen immer erst ex post facto anhand der aufgetretenen Reaktionen zu entscheiden. Es lassen sich jedoch einige übergreifende Merkmale identifizieren, durch die solche Situationen charakterisiert werden können, in denen Stressreaktionen wahrscheinlich sind. Diese Situationsmerkmale sind

- die Intensität und Dauer,
- der Grad der Bekanntheit bzw. Neuheit,
- die verhaltensmäßige Kontrollierbarkeit,
- die Vorhersehbarkeit,
- die Mehrdeutigkeit bzw. Transparenz der Situation sowie
- die persönliche Valenz (»ego-involvement«).

Neue, unvertraute Situationen sowie Situationen, die von dem Betroffenen nicht beeinflusst werden können oder nicht vorhersehbar oder schwer zu durchschauen sind und subjektiv bedeutsame Lebensbereiche betreffen, werden mit hoher Wahrscheinlichkeit mit Stressreaktionen beantwortet (ausführlich s. Kaluza & Vögele, 1999).

Doch werden die Stressreaktionen durch die genannten objektiven Situationsmerkmale nicht vollständig determiniert. Wie weiter unten näher ausgeführt wird, spielen hierbei subjektive Prozesse der Wahrnehmung und der Bewertung durch die betroffene Person eine ausschlaggebende Rolle.

2.3.1 Kritische Lebensereignisse

In einer Vielzahl von Untersuchungen wurde die Bedeutung von einschneidenden, so genannten kritischen Lebensereignissen (z.B. Tod des Partners, Geburt eines Kindes, Trennung oder Scheidung, Umzug, Arbeitsplatzwechsel usw.) als Stressoren untersucht (Dohrenwend & Dohrenwend, 1974; Filipp, 1981; Geyer, 1999). Die Ausgangshypothese dabei ist, dass die Konfrontation mit einer Vielzahl von kritischen Lebensereignissen innerhalb eines bestimmten Zeitraums für den betroffenen Menschen starke Belastungen mit sich bringen, die sich krankheitsauslösend und/oder -verstärkend auswirken können. Aufgrund ihrer Beobachtung über das zeitliche Zusammentreffen von wichtigen Ereignissen im Leben eines Menschen und dem Auftreten von Krankheiten publizierten Holmes und Rahe bereits 1967 die so genannte »Social Readjustment Scale« (SRSS), die 43 prägnante Lebensereignisse oder Lebensveränderungen enthält. Gestützt auf entsprechende empirische Forschungsbefunde wird jedes dieser Ereignisse aufgrund des damit verbundenen notwendigen Anpassungsausmaßes mit einer bestimmten Anzahl von Punkten (»life change units«, LCU) gewichtet. Die Wiederanpassung nach dem Tod des Ehepartners wird z.B. 4-mal so schwerwiegend eingestuft wie ein Schulbeginn oder Schulabgang. In den Studien wurde zumeist eine statistisch bedeutsame positive, wenn auch nicht sehr starke Beziehung zwischen dem LCU-Summenwert einerseits sowie dem Auftreten unterschiedlichster körperlicher und psychischer Störungen andererseits gefunden.

> Die Ergebnisse der Lebensereignisforschung machen allerdings deutlich, dass weniger das Auftreten eines kritischen Ereignisses an sich als mehr dessen Wahrnehmung, Bewertung und Verarbeitung durch den betroffenen Menschen ausschlaggebend dafür sind, ob es in der Folge zu gesundheitlichen Störungen kommt oder nicht. Ereignisse wie beispielsweise ein Schulwechsel, ein Umzug und selbst der Tod eines nahen Angehörigen können individuell ganz unterschiedliche Bedeutung haben. Sie können als Bedrohung oder Verlust, aber auch als Herausforderung oder gar Erlösung erlebt werden. Wie stark die körperlichen Stressreaktionen ausfallen und ob es in deren Folge zu gesundheitlichen Störungen kommt, hängt wesentlich von dieser subjektiven Bedeutung des Ereignisses ab.

2.3.2 Arbeitsbelastungen

Aufgrund der großen Bedeutung, die der Arbeit nicht nur für die Existenzsicherung, sondern auch für die Identitätsbildung des einzelnen Menschen in modernen Gesellschaften zukommt, spielen Belastungen, die im Zusammenhang mit der Erwerbstätigkeit stehen, eine herausragende Rolle für psychisches Wohlbefinden und körperliche Gesundheit.

Globalisierung, Flexibilisierung, Privatisierung und verstärkter Wettbewerb sind Schlagworte für tiefgreifende Veränderungen in unserer Arbeitswelt. Für den Einzelnen bedeutet dies mehr Mobilität, mehr Flexibilität, mehr Eigenverantwortung und mehr Konkurrenzkampf, mehr Angst um den Arbeitsplatz. Die Zeiten, in denen man als Lehrling in einem Unternehmen angefangen und dann bis zur Rente im erlernten Beruf und im selben Unternehmen weitergearbeitet hat, sind vorbei. Hand in Hand mit diesen sozioökonomischen Veränderungen ist in unserer Gesellschaft eine zunehmende Auflösung traditionsbestimmter, familiärer und kirchlich-religiöser Sinn- und Wertestrukturen zu konstatieren. Arbeit, Leistungsfähigkeit und beruflicher Erfolg verbleiben häufig als das alleinige Kriterium, das den Platz und Wert des Einzelnen in der Gesellschaft bestimmt, und als der letzte verlässliche Kristallisationspunkt für die eigene Identitätsbildung.

Der Zwang zur Produktivitätssteigerung im globalisierten Wettbewerb hat eine immer stärkere Verdichtung und Intensivierung der Arbeit zur Folge. Die Arbeit wird intensiver, komplexer und nimmt mehr Zeit in Anspruch. Trotz aller Bemühungen um eine Arbeitszeitverkürzung ist für immer mehr Menschen, auch abhängig Beschäftigte, nicht nur Freiberufler und Selbständige, die »Arbeit eigentlich nie zu Ende«. In Japan sind Karoshi (der Tod durch Überarbeitung) und Karojisatsu (der Freitod aufgrund von Arbeitsstress) inzwischen juristisch als haftungspflichtige Todesursachen anerkannt. Die Zahl der Betroffenen wird jährlich auf 10000 beziffert, die Zahl der akut Gefährdeten auf das Zehnfache geschätzt (Heide, 2000). Erst die Arbeit, dann das Vergnügen – in diesem Credo der protestantischen Arbeitsethik wird zwar eine eindeutige Priorisierung der Arbeit vorgenommen, aber immerhin kommt das Vergnügen noch vor und es gibt ein Leben neben der Arbeit. In der modernen Arbeitswelt klingt auch das seltsam altbacken, antiquiert und überholt.

Vor diesem Hintergrund hat sich die soziologisch orientierte Stressforschung insbesondere auch mit der Rolle psychomentaler und sozioemotionaler Belastungserfahrungen im Beruf befasst (zusammenfassend Siegrist, 1996; Siegrist & Dragano, 2008). Nach dem »Anforderungs-Kontroll-Modell« (Karasek & Theorell, 1990) sind besonders stressgefährdete Arbeitsplätze durch eine Kombination von hohen quantitativen Arbeitsanforderungen (v.a. in Folge von Zeitdruck) einerseits und einem geringen Grad an Kontrolle über den Arbeitsablauf

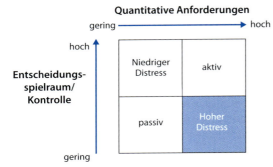

 Abb. 2.6 Anforderungs-Kontroll-Modell. (Nach Karasek & Theorell, 1990)

bzw. einem geringen Entscheidungsspielraum am Arbeitsplatz andererseits gekennzeichnet (Abb. 2.6). Der Betroffene kann seine Aufgaben nicht aktiv und erfolgsgesteuert bearbeiten und macht die Erfahrung, wesentliche Aspekte seiner Umwelt nicht kontrollieren zu können. Klassisches Beispiel hierfür ist die Fließbandarbeit, jedoch besteht eine derartige Konstellation auch in vielen Dienstleistungsberufen. Inhaber derartiger Arbeitsplätze sind 2- bis 4-mal so stark gefährdet, vorzeitig, d.h. im Alter zwischen 35 und 65 Jahren, kardiovaskuläre Krankheiten zu entwickeln, unabhängig von ihrem erblichen oder verhaltensbedingten Risiko (Karasek, Bauer, Marxer & Theorell, 1981). Fehlt zusätzlich der soziale Rückhalt am Arbeitsplatz durch Kollegen oder Vorgesetzte, d.h. haben die Beschäftigten das Gefühl, dass sie bei Problemen allein gelassen werden und keine Unterstützung erfahren, so wird das kardiovaskuläre Risiko weiter erhöht (Johnson & Johansson, 1991). Siegrist & Dragano (2008) zeigen in einer Synopsis der Ergebnisse internationaler prospektiver epidemiologischer Studien, dass ein geringer Handlungs- und Entscheidungsspielraum in Kombination mit hohen Anforderungen eine Risikoverdopplung für das Auftreten von sowohl kardiovaskulären Erkrankungen als auch depressiven Störungen zur Folge hat.

In dem »Modell beruflicher Gratifikationskrisen« (Siegrist, 1996) steht nicht der Aspekt der Kontrollierbarkeit einer Arbeitsaufgabe im Vordergrund, sondern der Aspekt der Belohnung, die für eine erbrachte Arbeitsleistung gewährt wird (Abb. 2.7). Ein Missverhältnis zwischen hoher Verausgabung am Arbeitsplatz einerseits und geringer Belohnung andererseits wird in diesem Modell als distresserzeugende Gratifikationskrise betrachtet. Belohnungen für erbrachte Leistungen bestehen dabei nicht allein im Lohn bzw. Gehalt, sondern auch in der Anerkennung und Wertschätzung sowie in beruflichen Aufstiegsmöglichkeiten und der Sicherheit des Arbeitsplatzes. Hohe Verausgabung entsteht nicht allein durch externe Anforderungen (z.B. Zeitdruck), sondern auch durch eine individuelle Verausgabungsbereitschaft. Eine prospektive Studie an Industriearbeitern fand bei Personen, die sowohl eine hohe Verausgabung als auch geringe Gratifikationschancen aufwiesen, ein 3- bis 4-fach erhöhtes Risiko für eine Herzinfarkterkrankung. Lagen zusätzlich bekannte somatische Risikofaktoren (Alter, Körpergewicht, Blutdruck, LDL-Cholesterin) vor, erhöhte sich die Wahrscheinlichkeit, einen Herzinfarkt im 6-jährigen Beobachtungszeitraum zu erleiden, auf bis zu 85%. Auch für das Modell beruflicher Gratifikationskrisen liegen inzwischen Befunde aus mehreren internationalen prospektiven epidemiologischen Studien vor. Zusammenfassend zeigen diese, dass die Kombination von hoher Verausgabung und niedriger Belohnung zu einer Erhöhung des Risikos für kardiovaskuläre Erkrankungen um das 2- bis 4,5-Fache sowie für depressive Störungen um das 1,5- bis 3,5-Fache führt (Siegrist & Dragano, 2008).

Die beiden amerikanischen Wissenschaftler Christina Maslach und Michael Leiter (2001) haben sich in umfangreichen Untersuchungen mit den Ursachen des Burn-out-Syndroms befasst. Sie sehen die wesentlichen Ursachen nicht in der Person des Einzelnen begründet, sondern identifizieren vielmehr sechs strukturelle Bedingungen der modernen Arbeitswelt, die zu lang anhaltenden Belastungen und schließlich zur Erschöpfung führen. Diese Bedingungen sind:

- Arbeitsüberlastung,
- Mangel an Kontrolle,
- unzureichende Belohnung,
- Zusammenbruch der Gemeinschaft,
- Fehlen von Fairness,
- widersprüchliche Werte.

2.3 · Die soziologische Perspektive: Formen und Merkmale von Stressoren

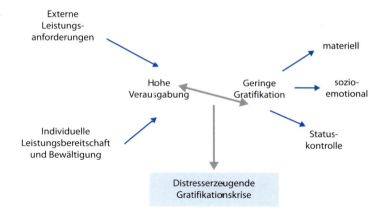

Abb. 2.7 Modell beruflicher Gratifikationskrisen. (Nach Siegrist, 1996)

Stress am Arbeitsplatz

Besonders stressgefährdete Arbeitsplätze können durch eine Kombination von hohen quantitativen und/oder qualitativen Anforderungen mit geringen Handlungs- und Entscheidungsspielräumen und fehlender sozialer Unterstützung am Arbeitsplatz sowie mangelnder Anerkennung der Arbeitsleistung gekennzeichnet werden.

Welche konkreten Bedingungen und Situationen am Arbeitsplatz als belastend erlebt werden, zeigt Abb. 2.8 am Beispiel einer Mitarbeiterbefragung von Beschäftigten eines Universitätskrankenhauses (Kaluza et al., 1998b). Der Belastungsschwerpunkt liegt im arbeitsorganisatorischen und sozial-kommunikativen Bereich und weniger bei den materiellen Arbeitsbedingungen und den Arbeitsinhalten. Dies entspricht im Wesentlichen auch den Ergebnissen repräsentativer Befragungen der erwerbstätigen Bevölkerung (Tab. 2.2), wobei sich das Belas-

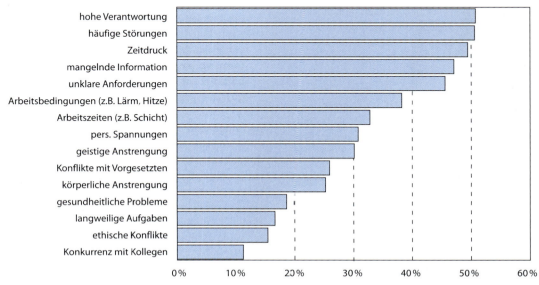

Abb. 2.8 Häufigkeit von beruflichen Stressoren bei 1400 Beschäftigten eines Universitätskrankenhauses (Kaluza et al., 1998b)

◻ **Tab. 2.2** Repräsentative Befragung von Erwerbstätigen des Bundesinstituts für Berufsbildung (BIBB) und des Instituts für Arbeitsmarkt- und Berufsforschung (IAB) der Bundesanstalt für Arbeit 1998/99

	»praktisch immer/häufig«
Termin- und Leistungsdruck	50
Verschiedene Aufgaben gleichzeitig	43
In neue Aufgaben hineindenken	34
Bei der Arbeit gestört/ unterbrochen	33
Kleine Fehler, große Verluste	30
Bis an die Grenzen der Leistungsfähigkeit	20
N=34343, Angaben in %	

tungsprofil je nach Branche und hierarchischem Status differenziert darstellt (Jansen, 2000).

> Die Ergebnisse der soziologisch orientierten Stressforschung zu den gesundheitlichen Auswirkungen von Belastungen des modernen Erwerbslebens machen deutlich, dass für eine wirksame Prävention stressbedingter Gesundheitsrisiken neben der Förderung individueller Bewältigungskompetenzen auch strukturelle Maßnahmen, die auf eine gesundheitsförderliche Gestaltung von Arbeitsaufgaben und -abläufen sowie von organisationalen und sozial-kommunikativen Bedingungen (Führungsstil) am Arbeitsplatz abzielen, erforderlich sind.

2.3.3 Alltagsbelastungen

Alltägliche Belastungen (»daily hassles«) sind in der Regel stärker mit Kriterien der Gesundheit verbunden als kritische Lebensereignisse (Kanner, Coyne, Schaefer & Lazarus, 1981; Lazarus, 1984). Gemeint sind »irritating, frustrating, distressing demands and troubled relationssships that plague us day in and day out« (Lazarus & DeLongis, 1983, S. 247). Von besonderer Bedeutung sind chronische, d.h. lang andauernde oder immer wiederkehrende Belastungen im Alltag.

- Derartige Belastungen entstehen häufig bei der **Erfüllung von Aufgaben** in Beruf, Familie, Haushalt und Freizeit in Form von Arbeitsüberlastung, wenn (zu) viele Alltags- und Berufsanforderungen erfüllt werden (müssen), oder als Unzufriedenheit mit der alltäglichen Arbeit, wenn Aufgaben oder Verpflichtungen entstehen, für die keine ausreichende Eigenmotivation besteht.
- Alltagsbelastungen ergeben sich häufig auch aus der Interaktion mit anderen Menschen in Form von **psychosozialen Konflikten und Spannungen**, einem Fehlen von Anerkennung oder erlebter Zurückweisung, einem Mangel an sozialen Kontakten oder auch einer sozialen Überstimulierung.
- Alltägliche Belastungserfahrungen bestehen ferner auch in der gedanklichen Beschäftigung mit vergangenen negativen Ereignissen (z.B. Schuldgefühle, Selbstvorwürfe) oder in der Antizipation zukünftiger negativer Ereignisse (z.B. Versagensängste bei Prüfungen, Katastrophenängste). Hier besteht der Stressor nicht in einer greifbaren äußeren Anforderung, sondern in **sich unfreiwillig aufdrängenden Gedanken**, die ihrerseits Stressreaktionen auslösen.
- Als belastend im Alltag werden darüber hinaus von vielen Menschen eine **Überflutung mit Informationen**, der zunehmende **Zwang zur Mobilität** sowie eine **Überhäufung mit Konsumgütern** erlebt.

Im Mittelpunkt des hier vorgestellten Gesundheitsförderungsprogramms stehen v.a. diese Belastungen des Alltags. Der Schwerpunkt des Trainings liegt auf der **Alltagsbewältigung**, nicht auf der Verarbeitung tiefgreifender, einschneidender Lebensereignisse wie dem Tod des Lebenspartners oder einer akuten Trennungskrise oder der Bewältigung einer schweren chronischen Erkrankung.

Wiewohl derartige alltägliche Belastungen in einem hohen Maße individuell geprägt sind, so ist doch nicht zu übersehen, dass sich in ihnen immer auch gesamtgesellschaftliche Strukturen und Entwicklungen widerspiegeln. Veränderungen auf dem

Arbeitsmarkt bewirken eine zunehmende existenzielle Unsicherheit, Leistungsdruck und einen Zwang zur Mehrarbeit. Unzureichende und qualitativ ungenügende Betreuungsangebote erschweren die Vereinbarkeit von Familie und Beruf und bewirken vielfältige alltägliche Belastungen, die nicht nur organisatorischer, sondern auch emotionaler Art (Schuldgefühle) sind. Die den Mobilitätsanforderungen der modernen Gesellschaft geschuldete Erosion traditioneller sozialer Verbände fördert soziale Unsicherheiten, Rollenkonfusionen und Einsamkeit. Die zunehmende Auflösung traditionsbestimmter Sinn- und Wertestrukturen in der offenen Gesellschaft eröffnet zwar die Chance auf ein höheres Maß an Selbstbestimmung über die eigene Lebensgestaltung und -planung, stellt zugleich aber auch hohe Anforderungen an die individuelle Entscheidungs- und Urteilskraft, die, wenn sie überfordert wird, zu einer starken Verunsicherung beitragen kann (siehe für eine ausführlichere Darstellung auch Kaluza, 2007, ▶ Kap. 3).

Eine einseitig individualisierte Perspektive auf alltägliche Belastungserfahrungen greift zu kurz. Eine Reflexion der hier nur angedeuteten gesamtgesellschaftlichen Hintergrundentwicklungen kann das Verständnis der eigenen Belastungserfahrungen fördern und zu einer entlastenden, relativierenden und akzeptierenden Sicht des persönlichen Belastungsalltags beitragen.

lichen Folgen auslösen. Nun lehrt bereits die Alltagserfahrung, dass es sich hierbei nicht um ein quasi reflexhaft ablaufendes Geschehen handeln kann, denn: Verschiedene Menschen können auf ein- und dieselbe Situation (z.B. eine Prüfung, einen Streit, einen verlegten Haustürschlüssel) in durchaus unterschiedlicher Weise reagieren. Was den einen auf die Palme bringt, lässt den anderen kalt. Wo der eine unter Versagensängsten leidet, wittert der andere seine Chance. Durch was einer sich besonders herausgefordert fühlt, vor dem mag ein anderer sich resigniert zurückziehen. Die Qualität einer Situation als Stressor hängt primär von seiner individuellen Bewertung ab. Die kognitive und emotionale Stellungnahme zu einer gegebenen Anforderungsbedingung hat entscheidenden Einfluss darauf, ob und mit welcher Intensität und Qualität neuroendokrine Stressreaktionen ausgelöst werden. Dies ist der Kerngedanke psychologischer Stresskonzepte, welche insbesondere von dem amerikanischen Emotionsforscher Richard Lazarus (1966; Lazarus & Launier, 1981) ausgearbeitet wurde. In seinem transaktionalen Stressmodell geht Lazarus davon aus, dass Personen den Stressoren in ihrer Umwelt nicht passiv ausgesetzt sind, sondern dass sie sich zu gegebenen Anforderungen selbst aktiv ins Verhältnis setzen. Dabei spielen kognitive Prozesse in Form von bewertenden Wahrnehmungen, Gedanken und Schlussfolgerungen die entscheidende Rolle. Prinzi-

2.4 Die psychologische Perspektive: Persönliche Motive, Einstellungen und Bewertungen als Stressverstärker

2.4.1 Stress als wahrgenommene Diskrepanz zwischen Anforderungen und Kompetenzen: das transaktionale Stresskonzept

Die bisherigen Ausführungen zum Stressgeschehen lassen sich wie folgt kurz zusammenfassen: Ein Stressor z.B. in Form einer bestimmten Leistungsanforderung oder eines psychosozialen Konflikts kann aufseiten der betroffenen Person eine Stressreaktion mit längerfristig u.U. gesundheitsschäd-

☐ Abb. 2.9 Transaktionales Stressmodell

piell können zwei Bewertungsvorgänge unterschieden werden, deren Ausgänge entscheidend dafür sind, ob es zur Auslösung des biologischen Stresssystems kommt oder nicht (◘ Abb. 2.9).

Primäre Bewertungen: Bedrohung, Verlust oder Herausforderung?

Primäre Bewertungen beziehen sich auf die Einschätzung der Situation (des potenziellen Stressors) als entweder irrelevant, angenehm-positiv oder stressbezogen. Eine solche Situationsbewertung erfolgt vor dem Hintergrund persönlicher »Sollwerte«. Gemeint sind im Laufe der Biografie geformte individuelle Ausprägungen menschlicher Grundbedürfnisse. Hier insbesondere das Bedürfnis nach Liebe, Intimität und Zugehörigkeit, das Bedürfnis nach Selbstverwirklichung und Autonomie und das Bedürfnis nach Umweltkontrolle und Sicherheit. Sollwerte können auch in Form von Ansprüchen und Erwartungen an sich selbst bestehen, in denen sich die individuelle Aneignung familiärer und gesellschaftlicher Normen widerspiegelt. Von Bedeutung sind hier besonders Ansprüche an das eigene Leistungs- und Sozialverhalten.

Sieht das Individuum seine Sollwerte durch bestimmte Situationen bedroht, konstatiert oder antizipiert es eine Soll-Ist-Diskrepanz, so liegt eine stressbezogene primäre Bewertung vor.

Diese werden unterteilt in Schaden-Verlust (»harm-loss«), Bedrohung (»threat«), und Herausforderung (»challenge«). Um von Stress in psychologischer Bedeutung sprechen zu können, muss eine dieser Bewertungen in der aktuellen Person-Umwelt-Transaktion vorliegen.

Schaden-Verlust. Dies bezieht sich auf die Wahrnehmung einer bereits eingetretenen Schädigung wie z.B. eine beeinträchtigende körperliche Verletzung, den Verlust einer nahe stehenden Person oder auch Kritik seitens des Vorgesetzten und ständige, nicht kontrollierbare Störungen bei der Arbeit. Die Person sieht die Einhaltung individueller Sollwerte durch derartige Schadens- und Verlustereignisse gefährdet und reagiert darauf mit Gefühlen von Ärger und Wut oder von Trauer, Hilflosigkeit und Verzweiflung.

Bedrohung. Damit ist eine Schädigung gemeint, die noch nicht eingetreten ist, sondern antizipiert wird. Die Person kann z.B. durch die Konfrontation mit dem Stressor eine physische Verletzung (z.B. bei chirurgischen Eingriffen) antizipieren oder das Nichterreichen von persönlichen Zielen oder die Beeinträchtigung des Selbstwerts (z.B. durch Prüfungen) erwarten. Eine solche antizipierte Soll-Ist-Diskrepanz löst Angst aus. Bedrohungsbewertungen können mit Bewertungen der Kategorie Schaden-Verlust vermischt sein. Im Trauerfall beispielsweise muss die Person, die einen geliebten Menschen verloren hat, nicht nur den bereits vorliegenden Verlust hinnehmen, sondern sie wird sich in der Folge des Verlusts auch mit einer Vielfalt zukünftiger Anforderungen auseinandersetzen müssen, die bedrohlich wirken können.

Herausforderung. Die dritte stressbezogene Kategorie primärer Bewertung, die Herausforderung, unterscheidet sich von den beiden vorgenannten darin, dass in der Bewertung nicht die tatsächliche oder potenzielle Schädigung bei einer Transaktion hervorgehoben wird, sondern die zwar schwer erreichbare, vielleicht risikoreiche, aber mit positiven Folgen verbundene Bewältigung der Anforderung bzw. deren Nutzen. In der Herausforderung wird die Chance der erfolgreichen Bewältigung einer schwierigen oder riskanten Situation gesehen. Damit verbunden ist die Möglichkeit, eigene Kompetenzen zu bestätigen und zu entwickeln. Während Bedrohung und Schaden-Verlust mit unlustbetonten, negativen Emotionen (Depression, Angst, Ärger) einhergehen, ist die Herausforderung zumindest zeitweise durch ein eher positives emotionales Befinden gekennzeichnet.

Sekundäre Bewertungen: Kann ich?

Bewertet werden hier die eigenen Kompetenzen im Umgang mit der jeweiligen Anforderung wie auch externe Unterstützungsmöglichkeiten, auf die bei der Bewältigung der Anforderung gegebenenfalls zurückgegriffen werden kann. Für die Auslösung einer Stressreaktion ist die Wahrnehmung einer bereits eingetretenen oder zu erwartenden Soll-Ist-Diskrepanz allein nicht ausreichend. Das Individuum muss darüber hinaus zu der Einschätzung gelangen, dass die konstatierte Soll-Ist-Diskrepanz durch die eigenen, routinemäßig zur Verfügung stehenden Regulationsmöglichkeiten möglicherweise nicht aufgehoben werden kann und somit Unsicherheit darüber besteht, ob der Schaden/Verlust überwunden, die Bedrohung abgewehrt bzw. die Herausforderung gemeistert werden kann. Auch bei diesem Bewertungsvorgang spielen gewonnene Erfahrungen mit der Bewältigung von Anforderungssituationen in der Vergangenheit eine wichtige Rolle. Diese können generelle Einstellungen der eigenen Hilflosigkeit geprägt haben, die jetzt auch in der aktuellen Situation wirksam werden. Oder aber durch die früheren Erfahrungen ist ein optimistisches Vertrauen in die eigenen Fähigkeiten gefestigt worden, welches dazu führt, dass man sich die Bewältigung auch der aktuellen, neuen Anforderung zutraut.

Der wesentliche Unterschied zwischen primärer und sekundärer Bewertung liegt somit in dem, was bewertet wird. Sekundäre Bewertung bezieht sich auf die Einschätzung eigener Bewältigungsfähigkeiten und -möglichkeiten. Der Begriff »sekundär« meint nicht, dass sie notwendigerweise der primären Bewertung zeitlich folgt oder weniger wichtig ist. Die beiden Bewertungsprozesse können sich zeitlich überlappen und wechselseitig beeinflussen. Beispielsweise kann die Erwartung, eine bestimmte Anforderung bewältigen zu können, deren primäre Bewertung als bedrohlich ganz verhindern. Andererseits wirkt sich die primäre Bewertung auf die sekundäre aus, indem sie je nach Art der Situationseinschätzung zur Auswahl und Bewertung je spezifische Bewältigungsformen mobilisiert.

Neubewertungen

Neubewertungen bewirken eine Änderung der ursprünglichen primären und sekundären Bewertung aufgrund von neuen Hinweisen aus der Umgebung, Rückmeldungen hinsichtlich der eigenen Reaktionen und deren Konsequenzen sowie neuen Überlegungen. Mit der Einführung dieses Bewertungsmechanismus als eines Rückkopplungssystems wird der dynamische Charakter der Person-Umwelt-Transaktion betont. Die Person befindet sich in einer kontinuierlichen adaptiven Auseinandersetzung mit der Umwelt; die dabei ablaufenden Bewertungen des Geschehens verändern sich ständig. So lässt sich beispielsweise gut vorstellen, dass die Bewertung einer bestimmten Arbeitsanforderung in Abhängigkeit von der Rückmeldung über den Erfolg eingesetzter Lösungsstrategien zwischen Herausforderung und Bedrohung oszilliert. Zugleich wird mit dem Konzept der Neubewertung die Möglichkeit der Erfahrungsbildung in dem Modell berücksichtigt und damit ein Moment der Stabilität in den sich beständig ändernden Bewertungsfluss gebracht. Frühere Erfahrungen im Umgang mit Stressoren beeinflussen die aktuellen Bewertungsprozesse und können zur Herausbildung von situationsübergreifenden Bewertungsstilen führen. Zum Beispiel kann eine Person aufgrund früherer Erfahrungen im Umgang mit belastenden Situationen generell dazu neigen, jegliche Anforderung als Bedrohung ihres Selbstwerts oder als möglichen Kontrollverlust zu interpretieren oder sie tendiert dazu, eigene Bewältigungsmöglichkeiten zu unter- oder auch zu überschätzen.

> Personen setzen sich selbst durch entsprechende Bewertungsprozesse zu einer gegebenen Anforderungsbedingung ins Verhältnis. Eine stressbezogene Bewertung von Anforderungen liegt dann vor, wenn die Person
> 1. die Anforderung als subjektiv bedeutsam einschätzt, d.h. sie sieht wichtige Lebensbereiche, Bedürfnisse, Motive und Ziele durch die jeweilige Situation bedroht, geschädigt oder herausgefordert, und
> 2. unsicher darüber ist, inwieweit die eigenen Kompetenzen und die ggf. zur Verfügung stehenden externen Ressourcen für eine erfolgreiche Bewältigung der Anforderung ausreichen werden.
>
> Im transaktionalen Verständnis entsteht Stress also immer dann, wenn eine subjektiv perzipierte Diskrepanz zwischen den Anforderungen einerseits und den eigenen Fähigkeiten und Ressourcen andererseits besteht. Die Einschätzungen der Anforderungen und der eigenen Kompetenzen können mehr oder weniger realitätsangemessen sein. Möglicherweise handelt es sich tatsächlich um eine wichtige Anforderung und es fehlen tatsächlich die nö-
> ▼

tigen Kompetenzen zu deren erfolgreicher Bewältigung. Dann befindet sich die Person gewissermaßen »zu Recht« im Stress. Oft aber fehlt ein objektiver Maßstab oder wir trauen es uns einfach nicht zu. Entscheidend ist, wie der Informationsverarbeitungsprozess in unserem Gehirn abläuft, welchen Mustern er folgt und an welchen inneren Maßstäben er sich orientiert. Persönliche Muster der Informationsverarbeitung und individuelle Maßstäbe (Sollwerte) können so beschaffen sein, dass sie in einer Vielzahl von Situationen zu stressbezogenen Transaktionen führen. Wir sprechen in diesem Fall von stressverschärfenden Denkmustern und persönlichen Stressverstärkern. Diese zu reflektieren und da, wo sie vorliegen, in stressvermindernde Denkmuster und förderliche Einstellungen zu transformieren, ist ein wesentlicher Ansatzpunkt des vorliegenden Gesundheitsförderungsprogramms (▶ Kap. 7).

2.4.2 Präkognitive Emotionen: Wenn Stressgefühle den Kognitionen vorauseilen

Bei den im transaktionalen Stressmodell spezifizierten kognitiven Bewertungsprozessen handelt es sich nicht in jedem Falle, wahrscheinlich sogar eher selten, um bewusste, willentlich durchgeführte Denkoperationen. Sie laufen – erfahrungsabhängig – mehr oder weniger stark automatisiert ab. Sie sind aber grundsätzlich einer bewussten Reflexion zugänglich.

Die meisten Menschen kennen die Erfahrung, dass in bestimmten Situationen heftige körperliche (Herzklopfen, Schwitzen, Muskelanspannung etc.) und emotionale (Angst, Wut etc.) Stressreaktionen so schnell, geradezu reflexhaft ausgelöst werden, dass überhaupt keine Zeit für kognitive Abwägungen, Einschätzungen und Entscheidungen bleibt. Diese erfolgen dann erst in einem zweiten Schritt und klären gewissermaßen im Nachhinein, ob die Alarmreaktion überhaupt gerechtfertigt ist.

Emotionale und körperliche Stressreaktionen eilen hier den Kognitionen gewissermaßen voraus.

Die moderne Hirnforschung hat inzwischen die neuroanatomische und -physiologische Grundlage für dieses Phänomen entdeckt. Nach den Untersuchungen von Joseph LeDoux (1999; ▶ Abschn. 2.2.3) ist es möglich, dass das limbische System, das »Gefühlshirn«, den eigentlichen Denkprozessor, die Hirnrinde, gleichsam durch einen Kurzschluss umgehen kann. Von den Sinnesorganen kommende sensorische Informationen werden zunächst an den Thalamus, einem Teil des limbischen Systems, und von dort weiter an die Hirnrinde geleitet, wo die Rohsignale verarbeitet und interpretiert werden. Die so verarbeiteten Sinnesreize werden an die Amygdala übermittelt, in der emotionale Programme gespeichert sind und ausgelöst werden. LeDoux hat nun eine weitere Reizleitung entdeckt, die vom Thalamus direkt zur Amygdala führt und dort eine rasche emotionale Reaktion auslöst. Elementare Gefühle können auf diesem Wege, ungefiltert vom Bewusstsein, ausgelöst werden und das Verhalten bestimmen. Was vom Thalamus kommt, ist zwar nur ein grobes Bild der Außenwelt, dafür wird es besonders rasch übermittelt, weil lediglich ein Nervenzellkontakt erforderlich ist. Die Amygdala erfährt so von einer potenziellen Gefahr ebenso schnell wie die Hirnrinde: Ehe man sich recht besinnt, was eigentlich vorgeht, vollführt man emotional gesteuert schon die erste unwillkürliche Schutzreaktion. Der Kortex liefert zwar viel schärfere und detailgenauere Repräsentationen, nur brauchen diese eben viel mehr Zeit. In brenzligen Situationen ist eine solche schnelle Kurzschlusshandlung u.U. lebensrettend, in anderen Situationen können auf diesem Wege unmittelbare körperliche und emotionale Stressreaktionen in Gang gesetzt werden, die sich bei nachträglicher Betrachtung als nicht angemessen herausstellen.

Auch wenn Emotionen den Kognitionen vorauseilen können, so sind sie doch – durch bildlich gesprochen »Zuschalten der Hirnrinde« – einer bewussten Reflexion zugänglich und durch Umbewertung von Situationen allmählich veränderbar. Ein erster Schritt auf diesem Wege besteht in der Entwicklung einer Haltung der »inneren Achtsamkeit« (Kabat-Zinn, 1998; Linehan, 1996). Gemeint ist eine Haltung, in der die automatisch ablaufenden emotionalen und körperlichen Reaktionen einfach nur beobachtet werden, ohne Wertung und ohne

Veränderungsabsicht. Es geht darum, einen inneren Ort zu etablieren, der in das aktuelle Stressgeschehen nicht involviert ist, von dem aus es mit Distanz betrachtet werden kann. Im Rahmen dieses Programms wird die Entwicklung einer solchen Haltung der inneren Achtsamkeit implizit durch die Anleitung der Teilnehmer zu systematischer Selbstbeobachtung von Stresssituationen und -reaktionen angestrebt (▶ vgl. Kap. 8, Abschn. 8.3.3 zur »inneren Achtsamkeit«).

2.4.3 Stressverschärfende Einstellungen: drei Wege zum Burn-out

Habituelle, biografisch gewordene Einstellungen und Motivkonstellationen präformieren die individuellen Bewertungsprozesse in einem aktuellen Stressgeschehen. Sie prägen einen spezifischen Stil der Bewertung von und des Umgangs mit alltäglichen Belastungen. Aus meiner Erfahrung werden im Folgenden drei unterschiedliche Komplexe von Einstellungen und Motiven beschrieben, die zur Entstehung aktueller stressbezogener Transaktionen häufig und in besonderer Weise beitragen:
- Perfektionistische Kontrollambitionen,
- Arbeitssucht,
- enttäuschte Erwartungen.

Dabei handelt es sich nicht um eine empirisch abgesicherte Typologie mit diskreten, einander ausschließenden Kategorien. Es bestehen fließende Übergänge; vielfältige Mischformen und graduelle Abstufungen sind möglich.

Perfektionistische Kontrollambitionen

Zentrales Thema hier ist Kontrolle. Gedanken und Verhalten der betroffenen Menschen werden dominiert von dem starken Bestreben, möglichst alles in ihrer Umgebung selbst unter Kontrolle zu haben.

Diese übersteigerten Kontrollambitionen zeigen sich u.a. in:
- Perfektionismus: Fehler (v.a. eigene) müssen auf jeden Fall vermieden werden, sind nicht tolerabel, da sie einen möglichen Kontrollverlust anzeigen.
- Unfähigkeit zu delegieren: Um Kontrolle zu behalten, machen diese Menschen am liebsten alles selber, kümmern sich um alles und jedes selbst. Sie sind schlechte Teamarbeiter, v.a. wenn es darauf ankommt, wenn der Druck steigt. Während sie selber ungern delegieren, sind sie diejenigen, an die am ehesten neue Aufgaben oder Zusatzaufträge delegiert werden. Dies bezieht sich nicht nur auf den Arbeitsbereich, sondern z.B. auch auf ehrenamtliche Tätigkeiten, die Arbeit in Vereinen usw.
- Ungeduld, Reizbarkeit, Irritierbarkeit bei Störungen: Für diese Menschen ist es eine Katastrophe, wenn die Dinge (oder Menschen) nicht so laufen oder funktionieren, wie sie sollten. Auch Störungen bedeuten Kontrollverlust.
- Verdrängung von Entspannungsbedürfnissen: Das permanente Bemühen um Kontrolle geht einher mit der mangelnden Wahrnehmung von eigenen Entspannungsbedürfnissen. Entspannung fällt überhaupt schwer, bedeutet sie doch Kontrolle abzugeben und loszulassen.

Am Boden der Seele lauert in den meisten Fällen eine fundamentale, existenzielle Angst. Es fehlt – warum auch immer – ein fundamentales Vertrauen in die Geordnetheit und Verlässlichkeit der Welt und ein Vertrauen auf die Zuverlässigkeit anderer Menschen. »Wenn ich nicht selbst alles kontrolliere, im Griff behalte, bricht das Chaos aus«. Diese Weltsicht findet sich immer wieder – wie eine »selffulfilling prophecy« – bestätigt. Je mehr diese Menschen alles an sich ziehen, desto unselbständiger werden die anderen. Fehler und falsche Entscheidungen werden tatsächlich häufiger – ein sich selbst verstärkender Teufelskreis – der noch zusätzlich dadurch beschleunigt wird, dass der unermüdliche Einsatz Lob und Anerkennung findet. Das ist »einer, der sich wirklich einsetzt, wie der sich auch noch um die letzten Kleinigkeiten kümmert«, heißt es anerkennend von Vorgesetzten und Mitarbeitern.

Zehrt dieses beständige Bemühen um Kontrolle bereits an den Energiereserven, so wird die Lage vollends kritisch, nicht selten lebensgefährlich, wenn diese Menschen mit einer objektiv nicht kontrollierbaren Situation konfrontiert werden, wenn z.B. über längere Zeit in einem Unternehmen Umstrukturierungen vorgenommen werden, auf die sie keinen Einfluss haben, wenn Entlassungen drohen oder auch wenn die alltägliche Arbeit durch ständig wechselnde Anforderungen oder Vorgaben bestimmt ist. Solche Situationen stimulieren die Kontrollambitionen. Sie reagieren mit verstärktem undosiertem Leistungsverhalten, um die Kontrolle wiederzuerlangen. Mit ihrer distanzlosen Verausgabungsbereitschaft bringen sie sich in Erschöpfungskrisen, die sie selbst jedoch nicht angemessen wahrnehmen können.

Arbeitssucht

Mit dem Begriff der Arbeitssucht (»workaholism«) wird ein unaufhörlicher Drang oder Zwang, ständig arbeiten zu müssen bzw. ständig an die Arbeit denken zu müssen, bezeichnet (eine umfassende Übersicht findet sich bei Poppelreuter, 1997).

Phänomenologisch weist das beobachtbare Verhalten eines Arbeitssüchtigen eine große Überlappung zum Verhalten eines Menschen mit perfektionistischen Kontrollambitionen auf. Die innere Dynamik ist hier aber eine andere. Während sich bei Letzterem das Kontrollbestreben auch auf außerberufliche Lebensbereiche, auf Familienleben und Hobbys erstreckt, verengt sich das Denken und Handeln des Arbeitssüchtigen einzig und allein auf die Arbeit.

Das Phänomen ist nicht quantitativ, sondern allein qualitativ zu fassen. Ab wie viel Stunden täglicher Arbeitszeit besteht eine Arbeitssucht? Hierauf gibt es keine eindeutige Antwort. Arbeitssüchtige arbeiten zwar lange (jedoch nicht unbedingt effektiv), aber nicht jeder, der viel oder hart arbeitet, ist arbeitssüchtig. Arbeitssüchtige arbeiten nicht einfach viel, sie gewinnen ihren Selbstwert, ihre Identität allein über Arbeit und Leistung.

> **Merkmale der Arbeitssucht**
> - Verleugnung und Bagatellisierung der Süchtigkeit und ihrer Folgen: Der Arbeitssüchtige bagatellisiert, er wird unehrlich zu sich und anderen, sucht Ausreden, arbeitet u. U. heimlich. Einige verniedlichen oder kokettieren mit ihrem Problem, indem sie sich selbst als »workaholic« bezeichnen.
> - Zwanghaftigkeit: Dazu gehört auch die Unfähigkeit zu entspannen und der Hang, während der Arbeit an die Freizeit und in der Freizeit dann – vermittelt durch ein schlechtes Gewissen – an die Arbeit zu denken. Das Denken wird immer mehr von der Droge »Arbeit« beherrscht.
> - Anlegen von Vorräten, Dosissteigerung und Entzugserscheinungen: Eine abgeschlossene Arbeit, ein beruflicher Erfolg können nicht genossen werden, es werden immer neue Pläne gemacht, Projekte entworfen, z.T. wird der Abschluss einer Arbeit hinausgezögert, damit die Arbeit ja nicht ausgeht. Es werden freiwillig immer mehr Überstunden geleistet, Arbeit wird mit nach Hause genommen, das Schlafzimmer zum Büro umfunktioniert, Arbeit auch mit in den Urlaub genommen, manchmal getarnt als Freizeitlektüre. Wenn Betroffene gezwungen sind, einmal nicht zu arbeiten, entwickeln sie regelrechte Entzugserscheinungen. Sie werden innerlich unruhig, nervös, reizbar.
> - (Auto-)Destruktivität: Wie jede Sucht geht auch Arbeitssucht mit Selbstzerstörung und mit rücksichtsloser Zerstörung der sozialen Beziehungen einher. Die Kinder sind nur noch im Weg, Ehepartner, die oft über lange Zeit im Sinne einer Co-Abhängigkeit Verständnis zeigen, den Arbeitssüchtigen vielleicht bedauern und bemitleiden wegen seines Arbeitspensums, wenden sich schließlich entnervt ab. Zerrüttete Familien gehören regelmäßig zum Vollbild der Arbeitssucht.
> - Mehrfachsucht: Neben der primären Arbeitssucht entwickeln sich häufig Sekundärsüchte. Oft ist es der übermäßige Gebrauch von Alkohol oder Medikamenten, um abspannen zu können. Die sekundäre Sucht wird manchmal auch eingesetzt, um die primäre Arbeitssucht zu rechtfertigen oder herunterzuspielen.

Es besteht keine feste Trennlinie zwischen normalem und süchtigem Arbeitsverhalten, die Übergänge sind fließend. Einige Autoren stellen Arbeitssucht als Übersteigerung des normalen, erwünschten Lebensstils in der modernen Arbeitsgesellschaft dar, in der die Arbeit Lebensmittelpunkt und Zentrum der eigenen Identität ist.

Hintergründe: Was treibt den Arbeitssüchtigen an?

(Sehn-)Sucht nach Anerkennung. Wie bei allen Suchtkrankheiten, findet man am Boden der Seele häufig eine Sehnsucht. Eine (Sehn-)Sucht nach Anerkennung, nach Angenommensein, so wie man ist, nach Liebe. Der Arbeitssüchtige hat gelernt, dass er Anerkennung erfährt für Leistung. Eine Erfahrung, die tief in der Kindheit wurzeln kann. Und so versucht er seine Sehnsucht durch Leistung zu stillen. Die Anerkennung, die er für seine Leistung erfährt, kann aber seine Sehnsucht nicht wirklich stillen. Was ihm als Kind versagt geblieben ist und was er sich als Erwachsener unbewusst sehnsüchtig wünscht, bedingungsloses Angenommen- und Geliebtwerden, dieses Bedürfnis bleibt letztlich unerfüllt. Dies führt zu der fehlleitenden Schlussfolgerung, dass das Bedürfnis nur deshalb noch nicht befriedigt sei, weil nicht genug geleistet wurde. Der Drang nach immer mehr Arbeit und Leistung wird lebensbestimmend.

Labiles Selbstbewusstsein und Versagensängste. Was dem Arbeitssüchtigen fehlt, ist ein grundlegendes Vertrauen in sich selbst. Hat der Betroffene bereits früh die Erfahrung gemacht, dass seine z.B. schulischen Leistungen nicht ausreichen, um die ersehnte Anerkennung seitens der Eltern zu erreichen, entwickelt sich das nagende chronische Gefühl, nicht gut genug zu sein. Dieses Gefühl trägt in manchen Fällen zu einer massiven Arbeitshemmung bei. Der Betreffende arbeitet zwar übermäßig lange, d.h. er hält sich lange an seinem Arbeitsplatz auf, aber er vermeidet es, mit den wichtigen Aufgaben zu beginnen, schiebt sie hinaus, lässt sich ablenken – aus Angst zu versagen. Es entwickeln sich Schuldgefühle, die ihn dazu antreiben, noch länger zu arbeiten.

Flucht vor innerer Leere, vor persönlichen Problemen. Sich in die Arbeit zu stürzen, ist für viele Menschen auch ein probates, weil gesellschaftlich akzeptiertes Mittel, Konflikten in der Partnerschaft oder Familie auszuweichen oder Gefühle innerer Leere zu überspielen. Die Arbeit entartet zur Droge, die über Erfahrungs- und Erlebnisdefizite und über familiäre Probleme scheinbar hinweghilft. Auch wenn Flucht nicht immer der primäre Motor der Arbeitssucht ist, so entwickelt sich doch bei den meisten im Laufe der Zeit ein Teufelskreis von langen Arbeitszeiten, daraus folgenden familiären Zwistigkeiten, Enttäuschungen, Vorwürfen und zunehmenden Entfremdungsgefühlen, denen durch noch mehr arbeiten aus dem Weg zu gehen versucht wird.

Enttäuschte Erwartungen

Für den dritten Entwicklungsweg hin zum Burnout sind enttäuschte Erwartungen ausschlaggebend. Dieser Weg ist v.a. in interaktionsintensiven Berufen, den so genannten »Helferberufen«, beschrieben worden (vgl. Burisch, 2005).

Er beginnt zumeist mit einer idealistischen, enthusiastischen Anfangsphase. Man engagiert sich stark für seine Klienten, für eine Idee, für ein Projekt. Es bestehen hoch gesteckte Ziele, Optimismus und eine Selbstüberschätzung eigener Möglichkeiten. Ausbrennen kann nur, wer irgendwann einmal gebrannt hat.

Allmählich schleichen sich erste Frustrationen ein: Der Junkie wird trotz allen Engagements des Therapeuten rückfällig, die Schulkinder zeigen keine Dankbarkeit für die gute Unterrichtsvorbereitung, das beantragte Projekt wird aus fadenscheinigen Gründen abgelehnt, die Realisierung der guten Idee wird von bürokratischen Hemmnissen vereitelt.

Entweder lassen sich die angestrebten Ziele nicht erreichen oder nur unter unvertretbar hohem Aufwand, da einem immer neue Knüppel zwischen die Beine geworfen werden (Zielblockierung). Oder aber ein Ziel wird zwar erreicht, aber die erwartete Belohnung von Klienten und Patienten bleibt aus (Ausbleiben der Belohnung). Oder es stellt sich dann heraus, dass etwas ganz anderes herausgekommen ist, als man sich vorgestellt und angestrebt hat (negative Nebenwirkungen).

Enttäuschungen gehören zum Leben. Ihre konstruktive Verarbeitung setzt das Eingeständnis einer Täuschung voraus. Man hat sich getäuscht. Dieses Eingeständnis, so bitter es sein mag, ist die Voraussetzung für eine allmähliche Distanzierung vom nicht erreichbaren Ziel und für eine realistische Neuorientierung.

Burn-out-Gefährdete versuchen diesem Eingeständnis so lange wie irgend möglich, wie ihre Energie reicht, eben bis zur Erschöpfung auszuweichen. Sie sind blockiert bei der Verfolgung eines unerreichbaren Ziels, das sie gleichwohl nicht fallen lassen oder bescheidener definieren können. Sie verharren in einer schwer erträglichen Situation, bei deren Änderung sie gescheitert sind. Die Einsicht, sich getäuscht zu haben, käme dem Eingeständnis einer persönlichen Niederlage auf der ganzen Linie gleich. Sie halten an ihren Zielen fest, u.U. stärker als zuvor, verstärken ihre Anstrengungen und verharren wie Sisyphus in einer ausweglosen Situation.

Erste Symptome der emotionalen und körperlichen Erschöpfung werden oft mittels Alkohol oder abwechselnd Aufputsch- und Beruhigungsmedikamenten zu bekämpfen versucht. Es schleichen sich Gefühle der Hilflosigkeit und Hoffnungslosigkeit ein. Der emotionale und soziale Rückzug beginnt und der Weg ins Burn-out ist vorgezeichnet.

Man hat bereits zu viel investiert, das jetzt in Frage zu stellen, macht Angst. Wenn man genauer hinschaut, dann gewinnt man oft den Eindruck, dass die Projekte, an denen diese Menschen scheiterten, eine besondere heimliche Bedeutung hatten. Sie sollten beweisen – sich selbst oder anderen – dass »man's kann«, dass man nicht zum Mittelmaß gehört. Manchmal spielt auch ein unhinterfragter elterlicher Auftrag eine Rolle, ein Ziel zu erreichen, an dem vielleicht der eigene Vater schon gescheitert ist, ein von klein auf vorgezeichneter Lebensplan, den aufzugeben einem Verrat gleich käme, oder eine heimliche geschwisterliche Rivalität.

2.5 Die salutogenetische Perspektive: Soziale und personale Ressourcen der Stressbewältigung

Nicht jeder, der starken Belastungen ausgesetzt ist, erkrankt. Wer bleibt gesund, und warum und wie, auch angesichts kritischer Lebensereignisse und zahlreicher Stressoren im Alltagsleben?

Anfang der 1970er Jahre führte der israelische Medizinsoziologe Aaron Antonovsky in Israel eine Untersuchung an Frauen verschiedener ethnischer Gruppen über die Auswirkungen der Menopause durch. Er machte dabei eine für ihn als Stressforscher überraschende Feststellung: Die untersuchten Frauen der Geburtsjahrgänge 1914–1923 waren in Zentraleuropa geboren und teilweise in einem Konzentrationslager inhaftiert gewesen. Trotz des kaum vorstellbaren Schreckens des Konzentrationslagers, trotz der sich danach anschließenden, oft jahrelangen Odyssee und schließlich der Auswanderung nach Israel, wo sie dann drei Kriege gegen die arabischen Nachbarstaaten miterlebten, trotz all dieser extrem belastenden Erfahrungen befanden sich zum Zeitpunkt der Untersuchung 29% der untersuchten Frauen in einem guten psychischen und körperlichen Gesundheitszustand (Antonovsky et al., 1971).

Dieser Befund veranlasste ihn, sich die Frage nach **gesundheitlichen Schutzfaktoren** zu stellen, nach sozialen und personalen Ressourcen, auf die der Einzelne bei der Belastungsbewältigung zurückgreifen kann. In bewusster Abhebung vom traditionellen pathogenetischen Denken spricht Antonovsky (1987, 1988) von der Salutogenese als einer radikal neuen Perspektive nicht nur für die Forschung, sondern auch für Diagnostik und Therapie. Diese Frage nach der Salutogenese ist lange Zeit in der medizinischen wie psychologischen Forschung zugunsten der Erforschung der Ätiologie und Pathogenese von Krankheiten vernachlässigt worden. Erst in neuerer Zeit bemüht man sich auch um die Erforschung solcher protektiver Faktoren, die dem Einzelnen als Ressourcen bei der Auseinandersetzung mit Belastungen dienen, und die dazu beitragen, dass die Gesundheit trotz bestehender Belastungen aufrechterhalten oder sogar gefördert wird. Einige der wichtigsten salutogenetischen Faktoren werden im Folgenden beschrieben.

2.5.1 Soziale Beziehungen und soziale Unterstützung

Es ist Teil des gesundheitspsychologischen Alltagswissens, dass positive zwischenmenschliche Kontakte Schmerzen vergessen lassen, die Genesung z.B. nach Operationen beschleunigen, bei der Bewältigung von alltäglichen Belastungen und kritischen Lebensereignissen unterstützen und ganz allgemein wesentlich zum Wohlbefinden beitragen können. Auf der Suche nach gesundheitlichen Protektivfaktoren hat die gesundheitspsychologische Forschung in den beiden vergangenen Jahrzehnten in zahlreichen empirischen Studien zu erhellen versucht, wie die soziale Integration eines Individuums und die soziale Unterstützung, die es erhält, mit gesundheitlichen Faktoren zusammenhängen (Überblick in Röhrle, 1994). Viele Studien konnten zeigen, dass sozialer Rückhalt negativ mit psychosozialen Störungen und körperlicher Krankheit korreliert (zusammenfassend bei Schwarzer & Leppin, 1989).

Die biologische Grundlage für die schmerzhemmenden, angst- und stresslösenden Wirkungen positiver sozialer Beziehungen ist wahrscheinlich in einer vermehrten Freisetzung des als Bindungshormon bekannten Oxytocin zu sehen. Oxytocin wird nicht nur während der Geburt und beim Stillen, sondern immer dann ausgeschüttet, wenn positive soziale Interaktionen stattfinden, insbesondere wenn körperliche und emotionale Nähe erlebt werden. Über einen Anstieg endogener Opioide führt Oxytocin zu einem Anstieg der Schmerzwahrnehmungsschwellen. Darüber hinaus induziert es ein Absinken von Herzfrequenz, Blutdruck und Kortisolkonzentration im Blut sowie eine gesteigerte Aktivität des Gastrointestinaltraktes, hat also deutlich stressreduzierende Effekte (Uvnäs-Moberg & Petersson, 2005).

Die soziale Unterstützung, die ein Individuum in positiven sozialen Beziehungen erfahren kann, kann auf unterschiedlichen Wegen erfolgen, z.B.:

- Informationelle Unterstützung: Hilfen beim Problemlösen, Informationen geben, über ein Problem sprechen, Rückmeldung.
- Instrumentelle Unterstützung: Dinge oder Geld ausleihen, praktische Hilfen im Alltag (Blumen gießen, Besorgungen erledigen, zum Bahnhof fahren etc.).
- Emotionale Unterstützung: Gemeinsames Erleben von positiven Gefühlen, von Nähe, Intimität und Vertrauen, Akzeptieren auch von unangenehmen oder sozial unerwünschten Gefühlen, Trost spenden, Ermutigen, »zu jemandem halten«, Selbstwert stärken, Körperkontakt.
- Geistige Unterstützung: Lebensvorstellungen, Werte und Normen, politische Anschauungen teilen.

Bedeutsam ist auch, von wem die Unterstützung kommt. Zu den Quellen sozialer Unterstützung gehören insbesondere (Ehe-)Partner, Eltern und Kinder, andere Verwandte, enge Freunde, Bekannte, z.B. als Freizeitpartner, Nachbarn, Arbeitskollegen, Vorgesetzte und Untergebene bis hin zu Mitgliedern politischer, religiöser und anderer Gruppierungen. Diese können für das Individuum jeweils unterschiedliche Unterstützungsfunktionen erfüllen: Ehepartner und enge Freunde können besonders wichtig sein für die emotionale Unterstützung, Nachbarn für praktische Hilfen und Arbeitskollegen für relevante Informationen bei der Lösung von Problemen.

Die verschiedenen **Formen sozialer Unterstützung** können sowohl unter quantitativen (z.B. Anzahl, Häufigkeit und Dauer der Sozialkontakte) als auch unter qualitativen (Zufriedenheit mit der jeweiligen Unterstützung) Aspekten betrachtet werden. In einer Meta-Analyse, in der 80 Studien mit zusammen mehr als 60000 Personen eingingen (Schwarzer & Leppin, 1989), zeigten sich für den zuletzt genannten Aspekt, die Unterstützungszufriedenheit, die höchsten korrelativen Zusammenhänge mit Gesundheits- und Krankheitsvariablen. Alltägliche Belastungen und kritische Lebensereignisse werden eher bewältigt, wenn die betroffenen Individuen ihre erlebte soziale Unterstützung als zufriedenstellend beschreiben. Nur sehr schwache Zusammenhänge ergaben sich dagegen mit objektiven Strukturmerkmalen des sozialen Netzwerkes wie Größe oder Dichte. Für die Salutogenität sozialer Unterstützung erscheint somit wesentlich, wie die jeweilige Person die entsprechenden sozialen Kontakte wahrnimmt, einschätzt und erlebt, als weniger wichtig dagegen erweist sich die numerische Anzahl von Sozialkontakten.

Auch soziale Unterstützung ist als ein **transaktionales Geschehen** aufzufassen. Soziale Unterstützung kann nur positiv wirksam werden, wenn sie als solche wahrgenommen wird. Für die Praxis der Gesundheitsförderung kommt es daher darauf an, den Einzelnen darin zu unterstützen, vorhandene Unterstützungspotenziale überhaupt wahrzunehmen, sie zu mobilisieren und für sich selbst zu akzeptieren. Dies erfordert soziale Kompetenzen, die es dem Einzelnen beispielsweise ermöglichen, Signale der Hilfsbedürftigkeit auszusenden oder direkt um Hilfe zu bitten. Hierzu gehört dann auch die Überwindung einer »Einzelkämpfer-Mentalität« und solcher Einstellungen, wonach die Suche insbesondere nach emotionaler Unterstützung als Ausdruck einer persönlichen Schwäche oder eines Versagens abgewertet wird.

Es darf hierbei aber nicht übersehen werden, dass soziale Unterstützungen auch beeinträchtigen können. Es ist möglich, dass sie vorhandene Stressreaktionen etwa durch zusätzliche Emotionalisierungen oder eine Art von Überengagement direkt verstärken. **Negative Wirkungen sozialer Unterstützung** können auch darin bestehen, dass sie mit sozialen Kontrollen, Freiheitseinschränkung oder Verpflichtungsgefühlen verbunden werden. Ganz abgesehen davon, dass schlicht und einfach die falsche Hilfe geleistet oder Hilfeversprechen nicht oder nur unzuverlässig eingelöst werden. Zu einem gesundheitsförderlichen Umgang mit sozialer Unterstützung gehört daher u.U. auch die Fähigkeit, sich von einem (Über-)Angebot an Hilfen abzugrenzen, Hilfsangebote abzulehnen und sich vor Eingriffen in die Autonomie, die mit einer erbetenen Hilfeleistung verbunden werden, zu schützen.

Ein Anliegen des vorliegenden Gesundheitsförderungsprogramms ist es daher auch, die Teilnehmer darin zu unterstützen, ihre vorhandenen positiven sozialen Unterstützungen wahrzunehmen, für sich selbst zu akzeptieren, aktiv zu gestalten und ggf. auszubauen.

2.5.2 Hält Optimismus gesund? – Salutogenität von Ergebniserwartungen

»Die Gesunden und die Kranken haben ungleiche Gedanken«, so lautet ein bekanntes deutsches Sprichwort. Generalisierte, d.h. situationsübergreifende Überzeugungen und Erwartungen über den Ausgang von Ereignissen und die eigenen Handlungsmöglichkeiten nehmen Einfluss darauf, ob und wie alltägliche Belastungssituationen bewertet und bewältigt werden, und wirken sich auf körperliches und seelisches Wohlbefinden aus.

Die inhaltlich generalisierte und zeitlich stabile Tendenz, positive Ereignisse im Leben zu erwarten, wurde von Scheier und Carver (1985) als **dispositionaler Optimismus** bezeichnet. Operationalisiert wird dieses Konstrukt mit einem Fragebogen, dem »Life Orientation Test« (LOT). Er besteht aus acht Items, wie z.B.: »In unsicheren Zeiten erwarte ich gewöhnlich das Beste«.

In einer ganzen Reihe prospektiver Studien besonders bei Personen mit chronischen Erkrankungen konnte die salutogene Wirkung optimistischer Ergebniserwartungen gezeigt werden (Scheier & Carver, 1992). Die gesundheitsprotektiven Einflüsse von Optimismus wurden z.B. bei folgenden Personengruppen untersucht: bei Patienten nach einer Bypass-Operation der Koronararterien, nach Brustamputation bei Mamma-Karzinom, nach einer Knochenmarktransplantation, während Schwangerschaft und Geburt, nach einem missglückten Versuch einer In-vitro-Fertilisation, bei HIV-infizierten Personen, bei Patienten mit fortgeschrittenen Karzinomen, bei Studenten während und nach akademischen Prüfungen und bei Flüchtlingen aus der ehemaligen DDR vor der Maueröffnung während der ersten beiden Jahre ihres Aufenthalts im Westen (nähere Angaben s. Kaluza, 1999c).

Hinsichtlich subjektiver Gesundheitsindikatoren wie beispielsweise dem psychischen Befinden und körperlichen Beschwerden wurden starke bis sehr starke **positive Optimismuseffekte** beobachtet. Hier muss einschränkend allerdings daran erinnert werden, dass sich die Effekte ausschließlich auf Selbstbeschreibungen des Gesundheitszustands beziehen. Menschen, die positive Erwartungen für die Zukunft hegen, beschreiben zu einem späteren Zeitpunkt ihren Gesundheitszustand ebenfalls positiv, aber ist er es auch tatsächlich? Lassen sich die Effekte auch im Hinblick auf objektive Gesundheitsindikatoren replizieren?

Hierzu liegen bisher deutlich weniger, allerdings ebenfalls durchweg positive Befunde vor. Optimistische Bypass-Patienten z.B. zeigten weniger perioperative Komplikationen, eine schnellere postoperative Genesung und 5 Jahre postoperativ eine stärkere Integration in das Arbeitsleben als Pessimisten. Bei Frauen mit Verdacht auf Zervikalkarzinom war das Ausmaß des neoplastischen Wachstums signifikant mit dem präbioptisch erhobenen

Optimismus korreliert. Nach einer Mastektomie fand sich eine starke negative Korrelation zwischen präoperativem Optimismus und postoperativen Stresssymptomen, d.h. je stärker der Optimismus vor der Operation ausgeprägt war, desto weniger Symptome zeigten sich nach der Operation.

Wie lassen sich diese Befunde erklären? Eine mögliche Erklärung liegt darin, dass Optimisten und Pessimisten unterschiedliche Bewältigungsstrategien einsetzen, die ihrerseits differenzielle Einflüsse auf den Gesundheitsstatus ausüben. Mehrere Studien konnten diese Hypothese bestätigen. Während Pessimisten eher zu Verleugnung sowie Vermeidungs- und Fluchtverhalten tendierten, zeigten Optimisten mehr aktive und problemorientierte Copingstrategien und in objektiv wenig aussichtsreichen Situationen wie etwa Krebs in fortgeschrittenem Stadium neigten sie eher zu einer Akzeptanz der Realität und inneren Auseinandersetzung mit dem Ziel der Sinnfindung. Dieses unterschiedliche Copingverhalten von Optimisten und Pessimisten war seinerseits mit dem Gesundheitsstatus korreliert (Carver et al., 1993).

Optimismus geht nicht, wie man intuitiv annehmen könnte, systematisch mit einer Verleugnung von Realität und Gefahren einher. Dieser kontraintuitive Sachverhalt konnte auch für den Umgang mit verhaltensbedingten Gesundheitsgefährdungen belegt werden. So zeigten optimistische HIV-infizierte Männer besseres allgemeines Gesundheitsverhalten und weniger riskantes Sexualverhalten als die Pessimisten. Und während kardiologischer Rehabilitation waren die Reduzierung von Übergewicht und die Steigerung körperlicher Aktivität positiv mit dem Optimismus korreliert. Die Optimismuseffekte scheinen somit zumindest zu einem Teil auch durch das **bessere Gesundheitsverhalten** der Optimisten erklärbar.

Eine weitere Erklärungsmöglichkeit stellt die **soziale Unterstützung** dar. Es spricht einiges dafür, dass für Angehörige, Ärzte und Pflegepersonal der Umgang mit optimistischen Patienten weniger belastend ist als der mit dem pessimistischen Patienten – mit der Folge, dass Optimisten ein Mehr an Zuwendung und Unterstützung erhalten.

Trotz relativ eindrücklicher prospektiver Befunde ist das Konzept des dispositionalen Optimismus z.T. heftig als zu diffus kritisiert worden (z.B. Schwarzer, 1994; Carver & Scheier, 1994; Hoyer, 2000), insbesondere weil es offen lasse, worauf sich die positive Zukunftssicht gründet: auf Selbstvertrauen, Vertrauen in andere oder Gottvertrauen. Für die Salutogenität einer optimistischen Zukunftssicht sei jedoch – so diese Position – ausschlaggebend, welcher Instanz Einfluss darauf zugeschrieben wird, wie sich die Dinge zukünftig entwickeln werden. Damit ist eine weitere Gruppe gesundheitsrelevanter Kognitionen angesprochen, die Kontroll- und Selbstwirksamkeitsüberzeugungen.

2.5.3 »Ich kann!« – Salutogenität von Kontrollüberzeugungen

Auf der Suche nach solchen Eigenschaften, die Personen vor den gesundheitsschädlichen Auswirkungen von Stress schützen, untersuchten Kobasa und Maddi (Kobasa, 1979; Kobasa, Maddi & Kaan, 1982) bereits in den 1970er Jahren leitende Angestellte des amerikanischen Telekommunikationskonzerns AT&T während einer sich über mehrere Jahre erstreckenden Umstrukturierungsphase des Unternehmens, die mit vielen einschneidenden Veränderungen, Entlassungen, Versetzungen, neuen Aufgaben etc. verbunden war. Aus zunächst 700 leitenden Angestellten suchten sie die 200 heraus, die in Befragungen besonders starke Belastungen angaben. Diese Stichprobe wurde dann gesplittet in solche Angestellte, die über ein großes Ausmaß an körperlichen Beschwerden und Krankheit klagten, und solchen, die sich trotz gleicher Belastung als relativ wenig krank beschrieben. Worin unterschieden sich diese beiden Gruppen? Im Hinblick auf Einkommen, Status, Bildung, Alter und andere soziodemografische Daten waren sie sich sehr ähnlich. Deutliche Unterschiede fanden sich hingegen bezüglich Einstellungen und Meinungen über sich selbst, über die Arbeit und über die Mitmenschen. Die Autoren bezeichneten die Einstellungen der gesunden Manager als **Hardiness** (Stärke, Widerstandsfähigkeit), die im Wesentlichen aus drei Komponenten besteht:
1. Engagement und Selbstverpflichtung (»commitment«) ist als Gegenteil von Entfremdung zu verstehen und bedeutet neugierig auf das Leben zu sein und sich mit dem, was man tut, innerlich zu verbinden und sein Bestes zu geben.

2. **Kontrolle** (»control«) ist das Gegenteil von Hilflosigkeit. Personen mit hoher Kontrolle erleben sich selbst als einflussreich und kontrollierend und glauben, den Lauf der Dinge selbst bestimmen zu können.
3. **Herausforderung** (»challenge«) schließlich meint, dass Veränderungen nicht als Bedrohung, sondern als positive Chance wahrgenommen werden, und beinhaltet auch die Bereitschaft, Ungewissheiten auszuhalten und Neues aktiv zu suchen.

In diesen drei Merkmalen unterschieden sich die belasteten, aber gesunden Manager von den belasteten und häufig erkrankten Managern. Statt Engagement zeigten Letztere Entfremdung und Gleichgültigkeit, statt Kontrolle das Gefühl von Machtlosigkeit und Ausgeliefertsein und statt der Suche nach Herausforderungen ängstlichen Fatalismus und Festhalten an Routine und Gewohnheit. Eine Reihe weiterer Untersuchungen hat inzwischen bestätigt, dass »Hardiness« effektives Bewältigen begünstigt und gegen Stress weniger anfällig macht (zusammenfassend Maddi, 1990).

Für manche Autoren gilt das **Internalitätsprinzip** allerdings nur für erwartete positive Ausgänge, während erwartete negative Ausgänge externalen Einflüssen zugeschrieben werden. In diesem Falle sprechen wir von defensiver Internalität. Kobasa fand demgegenüber bei den gesunden Managern internale Kontrollüberzeugungen unabhängig von der Art des erwarteten Ausgangs. Sie identifizierte vor dem Hintergrund eines existenzialistischen Welt- und Menschenbildes als Komponente der Widerstandskraft ein starkes Gefühl der Verantwortlichkeit für die Folgen eigenen Handelns, seien sie nun positiver oder negativer Art.

Antonovsky (1988) kommt zu einem anderen Ergebnis. Er kritisiert das Ideal der Internalität als kulturell begrenzt auf westliche Gesellschaften mit ihrer starken Betonung der Individualität. Es impliziere ein fundamentales, geradezu paranoides Misstrauen gegenüber Einfluss und Macht in den Händen Dritter. Demgegenüber betont Antonovsky das Vertrauen in Hilfe von anderen als fundamentale Erfahrung. Dieses begründe gemeinsam mit dem Vertrauen in die eigenen Kontrollmöglichkeiten ein Gefühl der Handhabarkeit (»sense of manageability«), welches in der tiefen Überzeugung gründe, dass die zur Verfügung stehenden Ressourcen, seien es die eigenen oder fremde, zur Anforderungsbewältigung ausreichen.

Wie lässt sich dieser deutliche Unterschied in der Bewertung internaler vs. externaler subjektiver Kontrollüberzeugungen deuten? Möglicherweise spielen hier die unterschiedlichen Erfahrungshintergründe der jeweils untersuchten Personengruppen eine Rolle. Unbestritten dürfte sein, dass bei objektiv vorhandenen Kontrollmöglichkeiten, wie dies wahrscheinlich bei Kobasas Managern gegeben war, deren subjektive Wahrnehmung adaptiv ist. Was aber, wenn objektiv keine eigenen Kontrollmöglichkeiten vorhanden sind, was wahrscheinlich eher den Erfahrungen der von Antonovsky untersuchten Personen entspricht? Hier wäre ein rigides Festhalten an allein internalen Kontrollüberzeugungen möglicherweise fatal, führte zu vergeblichen Kontrollanstrengungen bis zur Erschöpfung. Diese Überlegungen sprechen eher für flexible, realitätsangepasste Kontrollüberzeugungen.

2.5.4 »Ich kann!« – Salutogenität von Selbstwirksamkeitsüberzeugungen

Neben der Wahrnehmung der Kontrollinstanz stellt die Wahrnehmung und Bewertung eigener Kompetenzen einen weiteren zentralen Aspekt der subjektiven Realität dar. Die Überzeugung, ein bestimmtes Verhalten selbst mit Erfolg ausführen zu können, wird als Selbstwirksamkeitserwartung bezeichnet (Bandura, 1977). Das »**Ich** kann!« der internalen Kontrollüberzeugung verschiebt sich hier zu einem »Ich **kann**!«.

Nur wenn jemand glaubt, eine Bewältigungshandlung selbst durchführen zu können, wird er motiviert sein, ein Problem instrumentell anzugehen. Selbstwirksamkeitserwartung erweist sich als ein zentraler Motivationsfaktor, der darüber mitbestimmt, welche Handlung man auswählt, wie viel Anstrengung man investiert und wie lange man auf einer Strategie beharrt, bevor man aufgibt. Hohe Selbstwirksamkeit beflügelt die Inangriffnahme von schwierigen Aufgaben. Nachdem erst einmal eine Tätigkeit in Gang gekommen ist, investieren selbst-

2.5 · Die salutogenetische Perspektive

wirksame Personen mehr Anstrengung und verharren länger an schwer lösbaren Aufgaben, bevor sie aufgeben. Von Rückschlägen erholen sie sich eher und ihre Zielbindung halten sie länger aufrecht (vgl. Bandura, 1992).

Zahlreiche empirische Studien haben wiederholt gezeigt, dass eine hohe Selbstwirksamkeitserwartung die Bewältigung von Alltagsstress, das Ertragen von Schmerzen, den Umgang mit chronischen Leiden, die Entwöhnung von Abhängigkeiten und den Aufbau von Gesundheitsverhaltensweisen wie etwa einem regelmäßigen körperlichen Training erleichtert (Schwarzer, 1993; O'Leary, 1984). Es konnte sogar gezeigt werden, dass die experimentelle Förderung von Kompetenzerwartungen eine Steigerung der Immunkompetenz hervorruft. Einer durch Stress bedingten Schwächung des Immunsystems könnte daher auch durch den Aufbau von funktionalem Optimismus entgegengearbeitet werden (Bandura, 1992).

Der naive Glaube daran, dass sich die Dinge des Lebens schon gut entwickeln werden, mag sich – zumindest kurzfristig – positiv auf das Befinden auswirken. Als personale Ressource bei der Alltagsbewältigung und damit als gesundheitlicher Protektivfaktor wird dieser Glaube jedoch nur dann wirksam, wenn er von einer hohen Selbstwirksamkeitserwartung gespeist wird. Dabei scheint eine leicht realitätsverzerrende, optimistisch erhöhte Einschätzung eigener Handlungsmöglichkeiten durchaus günstig zu sein. Der Berliner Gesundheitspsychologe Ralf Schwarzer (1993) betont, dass die Selbstwahrnehmung des eigenen Handlungspotenzials eine optimistische Komponente enthalten müsse, weil man nur so beflügelt werden könne, schwierige Herausforderungen anzugehen, die ein Maximum an Ausdauer und Anstrengung erfordern. Im Widerspruch dazu stünde die konservative Wahrnehmung von tatsächlich gemachten Erfolgserfahrungen. Würde man Erfolg nur dort erwarten, wo man ihn zuvor schon erlebt hat, würde man auf der Stelle treten, anstatt aktiv seine Kompetenzen weiterzuentwickeln.

Für die Praxis der psychologischen Gesundheitsförderung ergibt sich als Konsequenz, dass ein Schwerpunkt in der »Kultivierung des funktionalen Optimismus« (Schwarzer, 1993, S. 27) liegen sollte. Generelle und spezifische, auf bestimmte Verhaltensbereiche bezogene, optimistische, d.h. leicht überhöhte Erwartungen hinsichtlich des Erfolgs eigener Handlungen sollen als Fundament einer insgesamt positiv-optimistischen Zukunftssicht gefördert werden.

2.5.5 Kohärenz und Sinnerleben

In seiner eigenen Antwort auf die salutogenetische Frage geht Antonovsky (1988) davon aus, dass alle Menschen über vielfältige und je unterschiedliche Ressourcen verfügen, auf die sie bei der Bewältigung von Belastungen zurückgreifen können. Als **generalisierte Widerstandsreserven** (»generalized resistance resources«, GRR) bezeichnet er konstitutionelle oder sozialisatorisch erworbene Merkmale, wie z.B. günstige sozioökonomische Lage, Wissen, Intelligenz, Ich-Stärke, soziale Unterstützung, präventive Gesundheitsorientierung und stabile kulturelle Eingebundenheit. Wiederholte und konsistente Erfahrungen, in der Auseinandersetzung mit der Umwelt über diese Reserven verfügen zu können, prägen eine spezifische Sicht der Welt und des eigenen Lebens, die Antonovsky als Kohärenzsinn (»sense of coherence«, SOC) bezeichnet und die den Kern seines Salutogenese-Modells ausmacht. Gemeint ist damit »eine globale Orientierung, die ausdrückt, in welchem Umfang jemand ein generalisiertes, überdauerndes, jedoch dynamisches Gefühl des Vertrauens besitzt, (1) dass die Ereignisse in der eigenen inneren Welt und in der äußeren Umgebung im Lebensverlauf strukturiert, vorhersehbar und erklärbar sind; (2) dass Ressourcen verfügbar sind, um den aus diesen Ereignissen stammenden Anforderungen zu begegnen, und (3) dass diese Anforderungen Herausforderungen darstellen, für die es sich lohnt, sich zu engagieren und zu investieren« (Antonovsky, 1988, S. 19, Übersetzung G.K.).

Antonovsky (1988) unterscheidet drei Komponenten, aus denen sich das Kohärenzerleben zusammensetzt:

1. Das »Gefühl der Verstehbarkeit« meint »das Ausmaß, in dem man die aus der inneren und äußeren Umgebung kommenden Reize, mit denen man konfrontiert wird, als kognitiv sinnvoll sowie als Information wahrnimmt, die geord-

net, konsistent, strukturiert und klar ist, und nicht als Rauschen, d.h. als chaotisch, ungeordnet, zufällig, unbeabsichtigt, unerklärlich. Eine Person mit einem hohen Verstehbarkeitsgefühl erwartet, dass die Reize, denen sie in der Zukunft begegnen wird, vorhersehbar sein werden, oder zumindest, wenn sie überraschend kommen, dass sie strukturierbar und erklärbar sein werden. Es ist wichtig zu betonen, dass damit nichts über die Erwünschtheit der Ereignisse ausgesagt ist. Tod, Krieg und Versagen können geschehen, aber eine solche Person kann sich diese Dinge erklären« (Antonovsky, 1988, S. 16 f., Übersetzung G.K.).

2. Das »Gefühl der Machbarkeit« meint »das Ausmaß, in dem man wahrnimmt, dass die zur eigenen Verfügung stehenden Ressourcen geeignet sind, den Anforderungen durch die einstürmenden Reize zu begegnen. ›Zur eigenen Verfügung‹ kann sich auf Ressourcen beziehen, die man selbst kontrolliert, oder auf Ressourcen anderer – Ehepartner, Freunde, Kollegen, Gott, den Parteivorsitzenden, einen Arzt –, jemanden, auf den man zählen kann, dem man vertrauen kann.« (Antonovsky, 1988, S. 17, Übersetzung G.K.) Hier zeigt sich ein deutlicher Unterschied zum »Hardiness«-Konzept insofern, als nach Antonovsky nicht nur internale Kontrollüberzeugungen – wie bei den von Kobasa und Maddi untersuchten Managern –, sondern auch das Vertrauen auf die Hilfe anderer, u.U. auch auf die des Schicksals, gesundheitsprotektiv sind.

3. Das »Gefühl der Sinnhaftigkeit« meint »das Ausmaß, in dem man das Gefühl hat, dass das Leben einen emotionalen Sinn hat, dass wenigstens einige der Probleme und Anforderungen, die das Leben einem auferlegt, es wert sind, Energie zu investieren, sich zu verpflichten und einzusetzen, dass sie ›willkommene‹ Herausforderungen sind und weniger Lasten, ohne die man lieber auskäme. Dies bedeutet nicht, dass jemand mit einem hohen Sinnhaftigkeitsgefühl glücklich über den Tod eines geliebten Menschen, die Notwendigkeit, sich einer ernsten Operation unterziehen zu müssen oder eine Entlassung ist. Aber wenn diese unglücklichen Ereignisse eine solche Person treffen, wird sie bereitwillig die Herausforderung annehmen, wird entschlossen sein, darin einen Sinn zu suchen und wird ihr Bestes geben, um sie mit Würde zu überstehen« (Antonovsky, 1988, S. 17, Übersetzung G.K.)

> Nach Antonovsky besteht das Geheimnis der Gesundheit darin, dass man sich die Welt auch in schwierigen Situationen erklären kann, dass man überzeugt davon ist, die Anforderungen des Lebens durch eigene Kraft und/oder fremde Hilfe bewältigen zu können, und dass man die Auseinandersetzung mit diesen Lebensanforderungen als sinnvoll erlebt. Eine solche Weltsicht unterstützt die Bewältigung auch schwerer Belastungen und schützt vor den gesundheitsschädlichen Auswirkungen lang anhaltender körperlicher Stressreaktionen.

Die dritte Komponente des Kohärenzsinns weist deutliche Parallelen zum Konzept des »Willens zum Sinn« des Wiener Psychiaters und Psychotherapeuten Viktor Frankl auf. Für Frankl (1994) ist die zentrale personale Ressource, auf die der Einzelne bei der Bewältigung auch schwerster Anforderungen zurückgreifen kann, das grundlegende Bedürfnis und die Fähigkeit des Menschen, dem eigenen Leben auch in existenziell bedrohenden Lebenssituationen einen Sinn abringen zu können. Frankl stützt seine Auffassung u.a. auf eigene Beobachtungen, die er als Insasse eines Konzentrationslagers gewonnen hat. Dort konnte er erfahren, unter welchen Voraussetzungen Menschen in Extremsituationen ihren Lebenswillen und ihre Leidensfähigkeit bewahren und eine hohe Widerstandskraft gegenüber psychischen und physischen Erkrankungen entwickeln.

Sinnerfüllung kann nach Frankl auf drei Wegen erfolgen:
1. Durch schöpferisches Tun und Arbeit, indem jemand etwas verwirklicht, eine Tat vollbringt bzw. ein Werk schafft (**schöpferische Werte**),
2. durch emotional bedeutsame Erfahrungen in der Begegnung mit Menschen und der Natur, indem jemand Liebe, Schönheit, Genuss erlebt (**Erlebniswerte**), sowie
3. in der Konfrontation mit unausweichlichem Leiden und Schicksalsschlägen, indem jemand Verluste und Leiden annimmt und Leidens-

fähigkeit entwickelt (**Einstellungswerte**). Frankl betont, dass sich gerade scheinbar ausschließlich negative Situationen mittel- und langfristig als Chance zur inneren Reifung und zu größerer innerer Freiheit erweisen können. Der schwierige und schmerzliche Prozess des Akzeptierens ist mit einer Prüfung und häufig einer neuen Gewichtung bisheriger Wert- und Zielvorstellungen sowie Bewertungsmaßstäben verbunden.

Zwei charakteristische kognitive Kompetenzen sind für die Sinnfindung nach Frankl bedeutsam: zum einen die Fähigkeit zur »Selbst-Distanzierung«, durch die es dem Menschen möglich wird, sich gedanklich in Distanz zu sich selbst zu bringen sowie die ihn betreffenden Probleme in einem anderen Licht zu sehen, und zum anderen die »Selbst-Transzendenz«, die Fähigkeit zur Verbindung mit etwas, das über einen selbst hinausweist: einer Aufgabe, einem Menschen, einem Wert.

2.6 Integration: Anforderungs-Ressourcen-Modell

Die dargestellten verschiedenen Perspektiven lassen sich in einem Anforderungs-Ressourcen-Modell der Gesundheit integrieren, welches sich kurz zusammenfassen lässt:

Ökologische, ökonomische und soziokulturelle Lebenswelten formen für das Individuum je spezifische Konfigurationen materieller wie psychosozialer Anforderungen und Ressourcen. Individuen bewerten diese vor dem Hintergrund biografisch erworbener, individueller Vulnerabilitätsdispositionen und Protektivfaktoren im Hinblick auf Abweichungen von subjektiv bedeutsamen Sollwerten sowie hinsichtlich der Verfügbarkeit eigener Regulationsmöglichkeiten. Liegt ein perzipiertes Ungleichgewicht zwischen situativen Anforderungen, externen Ressourcen und eigenen Reaktionskapazitäten vor, so aktiviert die Person die ihr zur Ver-

Abb. 2.10 Integration: Anforderungs-Ressourcen-Modell

fügung stehenden Bewältigungsstrategien, um die Herausforderung zu meistern, der antizipierten Bedrohung zu entgehen oder den eingetretenen Schaden/Verlust zu überwinden. Forciertes Engagement während direkter Auseinandersetzung mit neuartigen Anforderungen, subjektive Unsicherheit über den Ausgang eigener Bewältigungsbemühungen und die trotz aller Anstrengungen erlebte Erfahrung der Nicht-Kontrollierbarkeit modulieren Intensität und Qualität begleitender vegetativer und neuroendokriner Stressreaktionen. Diese stellen besonders dann, wenn sie über längere Zeit aufrechterhalten werden (müssen), eine Gesundheitsgefährdung dar und erhöhen das Risiko für viele der heute sozialmedizinisch besonders relevanten kardiovaskulären, immunologischen, muskoskeletalen, psychosomatischen und psychischen Erkrankungen (◘ Abb. 2.10).

Belastungsbewältigung

3.1 Drei Hauptwege zur individuellen
Belastungsbewältigung – 50

3.2 Was ist effektive Bewältigung? – Differenzielle Effektivität
einzelner Formen der Bewältigung – 53

3.3 Strukturelles Stressmanagement – 56

Wie können die dargestellten stressbedingten Risiken für die körperliche und psychische Gesundheit reduziert werden? Aus dem vorgestellten Anforderungs-Ressourcen-Modell lassen sich mehrere relevante Ansatzpunkte für gezielte Interventionen zur Reduktion stressbedingter Gesundheitsrisiken ableiten. Es erscheint sinnvoll, sich über die unterschiedlichen Interventionsebenen Klarheit zu verschaffen, um die Möglichkeiten, aber auch Begrenzungen des eigenen Interventionsansatzes zu erkennen. Grundsätzlich kann zwischen individuellen Möglichkeiten der Stressbewältigung, also dem, was der Einzelne tun kann, und einem struktur- bzw. verhältnisorientierten Stressmanagement, also dem, was die jeweilige Organisation bzw. die jeweiligen Entscheidungsträger und Führungsverantwortlichen tun können, unterschieden werden. Letzteres zielt auf eine Veränderung von überindividuellen belastenden Strukturen, die außerhalb des unmittelbaren Einflussbereichs des Einzelnen liegen. Um nachhaltige Präventionswirkungen zu erzielen, ist im Sinne des »Setting-Ansatzes« der Gesundheitsförderung der Weltgesundheitsorganisation (vgl. Lobnig & Pelikan, 1998) eine Integration von individuumsorientierten Stressbewältigungstrainings mit strukturellen Interventionsmaßnahmen in umschriebenen »Settings« (Schule, Betrieb, Gemeinde, Krankenhaus) anzustreben. Dadurch können einseitige Schuldzuschreibungen vermieden werden, und es wird der Komplexität des Stressgeschehens Rechnung getragen, das sowohl durch objektive Belastungsfaktoren als auch durch subjektive Formen der Belastungsverarbeitung bestimmt wird. Das hier vorgelegte Gesundheitsförderungsprogramm entspricht dem ersten, individuums- bzw. verhaltensorientierten Interventionsansatz. Wege der individuellen Belastungsbewältigung werden im Folgenden, Möglichkeiten des strukturellen Stressmanagements am Schluss dieses Kapitels (► Abschn. 3.3) erörtert.

3.1 Drei Hauptwege zur individuellen Belastungsbewältigung

Ob und wie sich Belastungen auf die Gesundheit auswirken, hängt auch davon ab, welche Strategien der Auseinandersetzung mit den Belastungen die Person einsetzt. Diese Strategien werden unter dem Begriff der Bewältigung (»coping«) zusammengefasst, der neben dem der Bewertung (»appraisal«) das zweite zentrale Konzept in der Stresstheorie von Lazarus darstellt.

Bewältigung umfasst nach einer gängigen Definition alle »Anstrengungen, sowohl verhaltensorientierte wie intrapsychische, mit externen oder internen Anforderungen (sowie Konflikten zwischen beiden), die die Mittel einer Person beanspruchen oder übersteigen, fertig zu werden, d.h. sie zu meistern, zu tolerieren, zu mildern, zu vermeiden« (Lazarus & Launier, 1981). Der Bewältigungsbegriff umfasst somit nicht nur solche Reaktionen, die auf eine aktive Meisterung der Belastungssituation abzielen, sondern auch alle Reaktionen, die ein Aushalten, Tolerieren und auch Vermeiden oder Verleugnen zum Ziel haben. Im Unterschied zur alltagssprachlichen Begriffsauffassung definiert sich Bewältigung im wissenschaftlichen Verständnis auch nicht über den Erfolg, sondern allein über das Bemühen und die Anstrengung, mit Anforderungen fertig zu werden. Deren Erfolg ist jeweils im Hinblick auf definierte Anforderungsbedingungen empirisch zu ermitteln und kann nicht a priori festgelegt werden.

Um die vielfältigen Möglichkeiten der Bewältigung in eine gewisse Ordnung zu bringen, sind in der Literatur zur Bewältigungsforschung unterschiedliche Klassifikationssysteme vorgeschlagen worden. Ein einheitliches, allgemein akzeptiertes Klassifikationsschema existiert derzeit jedoch nicht. Zumeist werden jedoch verschiedene Bewältigungsfunktionen sowie ein Grundstock an unterschiedlichen Bewältigungsformen unterschieden (für eine ausführliche Darstellung s. Kaluza & Vögele, 1999).

Entsprechend dem Ansatzpunkt der jeweiligen Bewältigungsbemühungen und der damit verbundenen Bewältigungsfunktion lassen sich pragmatisch drei Hauptwege des individuellen Stressmanagements unterscheiden, die im Folgenden dargestellt werden (◘ Abb. 3.1).

Instrumentelles Stressmanagement

Der Ansatzpunkt dieses Weges sind die **Stressoren** mit dem Ziel, diese zu reduzieren oder ganz auszuschalten, z.B. durch Umorganisation des Arbeitsplatzes, durch Veränderung von Arbeitsabläufen,

3.1 · Drei Hauptwege zur individuellen Belastungsbewältigung

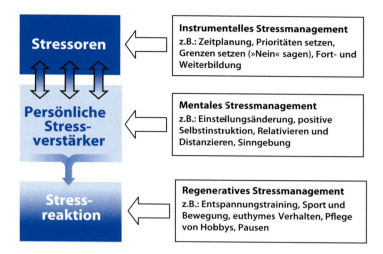

Abb. 3.1 Individuelles Stressmanagement – was der Einzelne tun kann (Beispiele)

durch die Organisation von Hilfen etc. Instrumentelles Stressmanagement kann reaktiv auf konkrete, aktuelle Belastungssituationen hin erfolgen und auch proaktiv auf die Verringerung oder Ausschaltung zukünftiger Belastungen und auf eine möglichst stressfreie Gestaltung eigener Arbeits- und Lebensbedingungen ausgerichtet sein.

Beispiele für instrumentelles Stressmanagement:
- Information suchen
- Arbeitsaufgaben delegieren
- Persönliche Zeitplanung verändern
- Fortbildungsveranstaltungen besuchen
- »Nein« sagen
- Nach Unterstützung suchen, soziales Netzwerk aufbauen
- Klärungsgespräche führen
- Arbeitsaufgaben gezielt strukturieren
- Persönliche/berufliche Prioritäten definieren

Instrumentelles Stressmanagement erfordert eine für die Erfüllung der jeweiligen Anforderungen ausreichende Sachkompetenz. Insofern stellt die fachliche Qualifizierung eine wichtige instrumentelle Strategie der Stressbewältigung dar. Sachkompetenz allein reicht oftmals allerdings nicht aus. Instrumentelles Stressmanagement erfordert darüber hinaus sozial-kommunikative Kompetenzen und Selbstmanagementkompetenz, also die Fähigkeit zu einem eigengesteuerten und zielgerichteten Handeln.

Mentales Stressmanagement

Der Ansatzpunkt liegt hier bei stressverschärfenden persönlichen Motiven, Einstellungen und Denkmustern, also bei den **persönlichen Stressverstärkern**. Auch hier können sich die Bewältigungsbemühungen sowohl auf aktuelle Bewertungen in konkreten Belastungssituationen als auch auf situationsübergreifende, habituelle Bewertungsmuster beziehen. Diese bewusst zu machen, kritisch zu reflektieren und in stressvermindernde, förderliche Denkmuster und Einstellungen zu transformieren ist das Ziel kognitiver Interventionsansätze der Stressbewältigung (Meichenbaum, 1991; Schelp, Maluck & Gravemeier, 1997). Dabei geht es um die Veränderung sowohl von Bewertungen situativer Anforderungen (»primäre Bewertung« sensu Lazarus) und eigener Regulationsmöglichkeiten (»sekundäre Bewertung« sensu Lazarus) als auch von bestehenden »Sollwerten« in Form von Normen, Werten und Zielen sowie von generalisierten Einstellungen, wie z.B. perfektionistischen Leistungsansprüchen, Hilflosigkeitseinstellungen oder übersteigerten Kontrollambitionen.

Beispiele für mentales Stressmanagement
- Perfektionistische Leistungsansprüche kritisch überprüfen und eigene Leistungsgrenzen akzeptieren lernen
- Schwierigkeiten nicht als Bedrohung, sondern als Herausforderung sehen

▼

- Sich mit alltäglichen Aufgaben weniger persönlich identifizieren, mehr innere Distanz wahren
- Sich nicht im alltäglichen Kleinkrieg verlieren, den Blick für das »Wesentliche«, das, was mir wirklich wichtig ist, bewahren
- Sich des Positiven, Erfreulichen, Gelungenen bewusst werden und dafür Dankbarkeit empfinden
- An unangenehmen Gefühlen von Verletzung oder Ärger nicht festkleben, sondern diese loslassen und vergeben lernen
- Weniger feste Vorstellungen und Erwartungen an andere haben, die Realität akzeptieren
- Sich selbst weniger wichtig nehmen, falschen Stolz ablegen und »Demut« lernen

Regeneratives Stressmanagement

Dabei steht die Regulierung und Kontrolle der physiologischen und psychischen Stressreaktion im Vordergrund. **Reaktionsorientierte Bewältigung** beinhaltet alle Versuche, unlustbetonte Stressemotionen wie Angst, Ärger, Schuld, Neid, Kränkung und den mit diesen einhergehenden quälenden physiologischen Spannungszustand positiv zu beeinflussen, und zwar zumeist im Sinne einer Intensitätsverringerung. Emotionsregulierende Bewältigung ist jedoch nicht auf die Reduktion negativer Gefühle begrenzt, sondern kann darüber hinaus auch positive Gefühlsqualitäten (wie z.B. Stolz, Freude, Begeisterung, lustvoll erlebte Spannung) anstreben. Hier ist noch zu unterscheiden zwischen solchen Bewältigungsversuchen, die zur **kurzfristigen** Erleichterung und Entspannung auf die Dämpfung einer akuten Stressreaktion abzielen (**Palliation**), sowie eher **längerfristigen** Bemühungen, die der regelmäßigen Erholung und Entspannung dienen (**Regeneration**).

Beispiele für kurzfristige palliative Stressbewältigung
- Einnahme von Psychopharmaka
- Ablenkung (z.B. Fernsehen)
- Abreagieren durch körperliche Aktivität
- Entlastende Gespräche führen, Trost und Ermutigung suchen
- Sich kurz entspannen, bewusst ausatmen
- Sich selbst etwas Gutes tun

▼

Beispiele für langfristige regenerative Stressbewältigung
- Einem Hobby nachgehen
- Freundschaften, soziales Netzwerk pflegen
- Regelmäßige Durchführung von Entspannungsübungen
- Sport treiben

Einzelne konkrete Bewältigungsreaktionen sind dabei nicht einer der beschriebenen Bewältigungsfunktionen a priori fest zugeordnet, sondern können vielmehr in einem Fall der Problemregulation und in einem anderen Fall der Reaktionskontrolle oder der kognitiven Umstrukturierung und Distanzierung dienen. Der Ärgerausbruch des leitenden Angestellten beispielsweise kann sowohl auf die kathartische Entladung abzielen (palliativ) als auch zugleich bezwecken, die Mitarbeiter zu größerem Arbeitseinsatz aufzufordern (instrumentell). Der abendliche Waldlauf kann sowohl der körperlichen Abreaktion als auch der kognitiven Distanzierung dienen. Die Funktion ein- und derselben Bewältigungsform kann je nach situativem Kontext variieren. Eine Entspannungsübung z.B. kann das eine Mal zur kompensatorischen Erholung, das andere Mal zur Bewältigung einer bevorstehenden Leistungsanforderung eingesetzt werden. Ein Gespräch mit Freunden kann zur emotionalen Entlastung und Ablenkung (palliativ) oder auch mit dem Ziel einer Problemklärung (instrumentell) oder eines Perspektivenwechsels (kognitiv) geführt werden. Entscheidend ist hier die Intention, mit der die jeweilige Bewältigungsreaktion eingesetzt wird.

Die Beispiele machen deutlich, wie breit die Palette der Möglichkeiten zur individuellen Stressbewältigung ist. Der großen Heterogenität von Anforderungssituationen, die unter dem Stressbegriff angesprochen werden, entspricht eine ebenso große Vielfalt an Bewältigungsbemühungen. Spätestens hier stellt sich die Frage, was denn gute, effektive, gar gesundheitsförderliche Stressbewältigung ausmacht. Der folgende Abschnitt fasst die Ergebnisse empirischer Forschung zu dieser Frage zusammen.

3.2 Was ist effektive Bewältigung? – Differenzielle Effektivität einzelner Formen der Bewältigung

Angesichts der großen Vielfalt möglicher Bewältigungsstrategien stellt sich die Frage nach deren differenzieller Effektivität. Welche Bewältigungsstrategien sind es, die die Gesundheit fördern bzw. erhalten, und welche führen eher zu Beeinträchtigungen und Störungen des körperlichen und seelischen Wohlbefindens? Gibt es möglicherweise Bewältigungsstrategien, die kurzfristig zu einer Verbesserung, langfristig aber zu einer Verschlechterung des Gesundheitszustands führen oder umgekehrt? Sind unter dem Gesichtspunkt der Gesundheit palliative Formen der Bewältigung positiver zu beurteilen als instrumentelle? Kurz: Auf welche Weise sollte man sich im Interesse seiner Gesundheit mit Belastungen auseinandersetzen?

Die Antwort auf diese Frage ist natürlich von großer Bedeutung für die Konzeption eines Gesundheitsförderungsprogramms, das die Verbesserung des Umgangs mit alltäglichen Belastungen zum Ziel hat. Inzwischen liegen zahlreiche Studien vor, die unter Verzicht auf evaluative A-priori-Festschreibungen die differenzielle Wirksamkeit einzelner Bewältigungsformen auf empirischem Wege zu bestimmen suchen (Übersichten in Kaluza, 1996; Laux & Weber, 1990; Weber, 1992). In der gegenwärtigen Forschungspraxis dominieren korrelative Querschnittstudien und, weniger häufig, prospektive Longitudinalstudien, in denen die Ausprägung einzelner Bewältigungsformen zu meist globalen Selbstbeurteilungskriterien (Symptomlisten, Befindlichkeitsskalen) in Beziehung gesetzt werden.

Als durchgängig **ineffektiv** erwiesen sich – zumindest auf Dauer – die so genannten »eskapistischen Strategien« in Form von realitätsfliehenden Wunschfantasien verbunden mit Alkohol- und Medikamentenkonsum. Ebenfalls ineffektiv ist es den Studienergebnissen nach, die emotionale Belastung und Spannung an anderen in aggressiver Weise auszulassen. Dies schafft zumeist weitere Belastungen zwischenmenschlicher und emotionaler Art (Schuldgefühle). Bei den intrapsychischen Bewältigungsformen sind v.a. Selbstabwertung, Selbstbeschuldigung und Selbstbemitleidung, die häufig mit grüblerischer gedanklicher Weiterbeschäftigung und Resignation verbunden sind, als ungünstig zu betrachten.

Als durchgängig **effektiv** erwiesen sich dagegen **positive Neubewertungen** der Situation sowohl im temporalen (z.B. »Wie geht es mir im Vergleich zum letzten Jahr?«) als auch sozialen Vergleich (z.B. »Wie geht es mir im Vergleich mit anderen?«) sowie aktives, **problemlösungszentriertes Handeln**. Letzteres allerdings nur für solche Situationen, in denen objektiv eine Kontrollmöglichkeit für den Betroffenen gegeben ist.

So erweist sich auch die Möglichkeit, sich mit Unabänderlichem abfinden zu können, als ein Merkmal des Bewältigungsverhaltens Gesunder in den Situationen, in denen tatsächlich keine eigenen Kontrollmöglichkeiten gegeben sind. Dies ist jedoch nicht mit einer verallgemeinerten passiv-resignativen Haltung zu verwechseln. Martin Seligman (1979) hat in seinen Arbeiten zur »gelernten Hilflosigkeit« gezeigt, wie frühe und wiederholte Erfahrungen der Nichtkontrollierbarkeit von Ereignissen eine kognitive Erwartungshaltung prägen, dass das eigene Handeln auch in späteren Situationen zwecklos sein wird. Tatsächlich vorhandene Möglichkeiten der Situationskontrolle können dadurch nicht mehr adäquat erkannt und genutzt werden. Seelisch beeinträchtigte, besonders depressive Menschen sind durch derartige generalisierte »Hilflosigkeitserwartungen« gekennzeichnet. Positiv formuliert ist erfolgreiches Bewältigungsverhalten mit der Fähigkeit verbunden, **eigene Kontrollmöglichkeiten** der jeweiligen Situation entsprechend realistisch einschätzen zu können.

Differenziert ist die Effektivität »**defensiver Strategien**« zu betrachten, die ein Ausweichen vor oder eine Vermeidung und Verleugnung von belastenden Situationen beinhalten. Für unterschiedlichste Diagnosegruppen konnte gezeigt werden, dass erkrankte Personen stärkere Vermeidungstendenzen zeigen als Gesunde. Dadurch gelingt es ihnen wahrscheinlich seltener, Quellen der Belastung letztlich aufzuheben oder Kontrolle über sie zu erlangen. Dies aber birgt die Gefahr einer chronischen Erhöhung des Belastungsniveaus und entsprechender langfristiger physiologischer Überaktivierung mit ihren gesundheitsschädigenden Konsequenzen. Andererseits zeigen Studien zur

Bewältigung so gravierender Ereignisse wie dem Verlust des Lebenspartners oder einer schweren körperlichen Erkrankung, dass vermeidende und verleugnende Strategien durchaus zumindest kurzfristig effektiv sind, indem sie den Betroffenen vor einem Zusammenbruch angesichts überwältigender Gefühle von Schmerz oder Trauer bewahren. Im Prozess der Bewältigung derartiger Ereignisse stellen defensive Strategien im Wechsel mit Realitätszuwendung und aktiven Bewältigungsversuchen notwendige Schritte hin zur vollen Wiederanpassung dar. Besonders bei der Bewältigung von intensiver Trauer nach einem erlittenen Verlust handelt es sich um einen sich über einen längeren Zeitraum erstreckenden allmählichen Prozess von der Leugnung hin zur Realisierung des Verlustes.

Bezüglich der Effektivität »**expressiver Strategien**« (Unterdrücken vs. Ausdrücken von belastenden Gefühlen) findet sich in vielen Krankheitsbereichen übereinstimmend, dass erkrankte Personen in frustrierenden oder Ärger erregenden zwischenmenschlichen Situationen eine verringerte Tendenz zur Äußerung von Ärger oder Aggression oder auch ganz allgemein einen Mangel an emotionaler Ausdrucksbereitschaft zeigen. Mangelnde emotionale Abreaktion, so eine gängige Erklärung, führe zu anhaltender, langfristig pathogener physiologischer Aktivierung. Allerdings sind die empirischen Belege für diese »Katharsis«-Hypothese bisher wenig überzeugend. So erwies sich in mehreren Studien, wie oben bereits erwähnt, das unkontrollierte, gereizt-aggressive Ausagieren an anderen als ineffektiv. Weber (1993, 1994) kommt nach umfangreichen Untersuchungen zur Ärgerbewältigung zu folgendem Ergebnis: »Antagonistische« Reaktionen, die gegen etwas – den Ärger auslösenden Menschen, die eigene Person, Dritte oder Objekte – gerichtet sind, konservieren den Ärger und beeinträchtigen das Wohlbefinden. Dies gilt z.B. für die Reaktionsform »Ärger herauslassen« ebenso wie für »den Ärger in sich hineinfressen«. Positiv dagegen wirken sich alle die Bewältigungsformen aus, die dazu beitragen, dass der Ärger ein Ende findet. Dies kann durch Ablenkung, Umdeutung, Humor ebenso geschehen wie durch ein offenes, klärungsorientiertes Gespräch. Diese Sicht wird auch durch Ergebnisse psychophysiologischer Studien zur Ärgerbewältigung und kardiovaskulären Reaktivität unterstützt: Emotionale Hemmung und Ärgerunterdrückung waren in experimentellen Belastungssituationen mit einem akuten Anstieg des Blutdrucks verbunden. Hierdurch können langfristig strukturelle Veränderungen im Gefäßsystem verursacht werden, die dann einen chronisch erhöhten Blutdruck aufrechterhalten. Dagegen führte Ärgerausdruck in Form von feindseligem Verhalten zu einem akuten Anstieg der Herzfrequenz. Dadurch kann vorübergehend die Sauerstoffversorgung des Herzens gestört werden, die Innenwände der Gefäße können geschädigt und so eine Arteriosklerose begünstigt werden (Vögele & Steptoe, 1993; Vögele, 1993). So ergibt sich das scheinbare Paradoxon, dass sowohl das Herunterschlucken als auch das feindselige Ausagieren von Ärger krank machen können. Beide Strategien tragen, wenn sie rigide und stereotyp eingesetzt werden, weder dazu bei, den Ärger selbst noch den zugrunde liegenden Konflikt zu lösen.

Florin (1985) betont demgegenüber den sozialkommunikativen Charakter von Gefühlsäußerungen. Mangelnder Gefühlsausdruck könne einerseits der Vermeidung antizipierter zwischenmenschlicher Konflikte dienen, etwa weil die Person sich selbst zu unsicher ist, um eine solche Auseinandersetzung zu wagen, oder weil sie Gegenangriffe des anderen befürchtet, die sie zusätzlich belasten würden, oder weil sie der mit dem Gefühlsausdruck einhergehenden kurzfristigen, vielleicht als unangenehm erlebten Erregungssteigerung ausweichen möchte. Dadurch werden diese Konflikte jedoch nicht gelöst, sondern bleiben als erregungssteigernde Belastungsquellen weiter bestehen. Wer Ärger, Unmut oder Verletzung nicht zeigt, geht damit Streit und möglichem weiteren Ärger aus dem Weg. Bestehende Konflikte schwelen so jedoch weiter, immer mehr Lebens- und Erlebnisbereiche erscheinen »wie vermint« und immer häufigere Situationen drohender Gefahr führen zu körperlicher Überaktivierung. Positiv formuliert heißt dies, dass die erfolgreiche Bewältigung (sozialer Belastungssituationen) soziale Kompetenzen voraussetzt, die die Person in die Lage versetzen, eigene Gefühle realitätsangepasst auszudrücken, eigene Interessen angemessen zu vertreten und Konflikte aktiv zu lösen.

Andererseits trägt der Ausdruck von Gefühlen wesentlich dazu bei, vertrauensvolle soziale Beziehungen aufzubauen, die im Falle von Belastungen dem Einzelnen Rückhalt und Unterstützung geben können, die somit ein soziales Unterstützungssystem bilden, das die Widerstandskraft auch angesichts starker und langandauernder Belastungen erhöht. Insofern kann mangelnde emotionale Äußerungsbereitschaft als ein Mangel an präventivem Bewältigungsverhalten betrachtet werden (Florin, 1985).

Als in der Regel **effektive Wege der Bewältigung** erwiesen sich aktives Problemlösen, kognitive Umstrukturierung, das Bemühen um und die Inanspruchnahme von sozialer Unterstützung sowie ein »nicht-antagonistischer« Umgang mit negativen Emotionen. Die Abhängigkeit der erzielten Befunde vom jeweils untersuchten situativen Kontext und auch von Personenmerkmalen wie beispielsweise dem Geschlecht, der Kulturzugehörigkeit und dispositionellen Bewältigungspräferenzen schränkt ihre Generalisierbarkeit allerdings ein. Es bleibt offen, welche dieser Strategien in welchen Situationen von welchen Personen am wirkungsvollsten eingesetzt werden. Für defensive Formen der Belastungsbewältigung ergeben sich differenzielle Wirksamkeitsurteile je nach Art der zu bewältigenden Anforderung, dem Zeitpunkt der Bewältigung und Merkmalen der betroffenen Person. Die bisher vorliegenden Forschungsergebnisse zur differenziellen Effektivität einzelner Bewältigungsformen lassen somit eines ganz deutlich werden: Eine allgemein effektive Standardstrategie zur Belastungsbewältigung lässt sich nicht identifizieren. Zu heterogen sind die in Frage stehenden Anforderungsbedingungen und zu unterschiedlich auch die betroffenen Personen mit ihren je individuellen Zielen, Werten und Normen und damit verbundenen Bewältigungspräferenzen. Vielmehr lässt sich effektive Bewältigung charakterisieren durch ein möglichst breites Repertoire verfügbarer Strategien, durch eine ausgewogene Balance zwischen instrumentellen, kognitiven und regenerativen Copingstrategien sowie durch Flexibilität des Bewältigungshandelns. Flexibilität beinhaltet dabei die Orientierung des aktuellen Bewältigungshandelns sowohl an objektiven Situationsmerkmalen bzw. deren möglichst realistischer Wahrnehmung, insbesondere mit Bezug auf die vorhandenen Kontrollchancen, als auch an der momentanen subjektiven Bedürfnis- und Interessenlage. In jedem Falle setzt ein solches flexibles Bewältigungsverhalten die prinzipielle Verfügbarkeit einer möglichst breiten Palette unterschiedlichster, instrumenteller, mentaler und palliativ-regenerativer Strategien der Bewältigung voraus. Auf der Basis einer realistischen Einschätzung eigener Kontrollmöglichkeiten und eines breiten Repertoires an verfügbaren Bewältigungsstrategien zeichnen sich gesunde Personen durch die Fähigkeit aus, in belastenden Situationen eine große Anzahl von Lösungsalternativen generieren zu können und die – im Hinblick auf die jeweilige Situation – jeweils optimale Alternative auszuwählen. Das mag in dem einen Fall eine direkte Aktion zur Beseitigung eines äußeren Stressors sein, während in einem anderen Fall die optimale Bewältigung in der Selbstberuhigung durch Bagatellisierung oder im Umbewerten oder Akzeptieren der Situation bestehen mag. Flexibilität in der Wahl der Bewältigungsstrategien ermöglicht es dem Einzelnen, eine ausgewogene Balance zwischen Phasen der Aktivierung und des Engagements während direkter Problemlösung und Phasen der Erholung, Entspannung und Problemdistanzierung aufrechtzuerhalten. Einen solchen flexiblen, situationsangepassten Umgang mit Belastungen zu erreichen, ist das übergeordnete Ziel des vorliegenden Gesundheitsförderungsprogramms (▶ Abschn. 4.1).

3.3 Strukturelles Stressmanagement

Strukturelles Stressmanagement zielt auf eine Veränderung von überindividuellen belastenden Strukturen, die außerhalb des unmittelbaren Einflussbereichs des Einzelnen liegen. Auch strukturelles Stressmanagement kann wie die individuellen Bewältigungsbemühungen an allen drei Ebenen des Stressgeschehens ansetzen:

- an den Stressoren,
- an den Einstellungen und Bewertungen sowie
- an den Stressreaktionen.

Im Folgenden werden exemplarisch für den Bereich der betrieblichen Gesundheitsförderung einige Ansatzpunkte für strukturelles Stressmanagement dargestellt (◘ Abb. 3.2).

Potenzielle Stressoren in der materiellen (z.B. Lärm, Staub, räumliche Enge) und sozialen Umwelt (z.B. undurchsichtige Informations-, Kommunikations- und Entscheidungsstrukturen, unklare Hierarchie- und Gratifikationssysteme, soziale Konflikte am Arbeitsplatz) zu reduzieren oder ganz auszuschalten, ist ein Hauptziel des strukturzentrierten Ansatzes in der Gesundheitsförderung. Über die bloße Beseitigung von Belastungen hinaus wird eine gesundheitsförderliche Gestaltung z.B. von Arbeitsaufgaben, der Arbeitsorganisation und der sozialen Beziehungen am Arbeitsplatz angestrebt. Neben dem traditionellen technischen und medizinischen Arbeitsschutz kommen hierbei Strategien der Organisationsentwicklung (z.B. Pelikan, Demmer & Hurrelmann, 1993) zum Einsatz, bei denen die Betroffenen selbst aktiv in den Prozess der Gestaltung gesundheitsförderlicher Strukturen einbezogen werden. Ein spezifisches, inzwischen vielfach bewährtes Instrument stellt dabei der so genannte Gesundheitszirkel (Westermayer & Bähr, 1994) dar. Eine sinnvolle Ergänzung finden diese strukturellen Maßnahmen durch Fort- und Weiterbildungsangebote zur fachlichen Qualifizierung für bestimmte, neue Arbeitsanforderungen, Maßnahmen zur Teamentwicklung und zum Konfliktmanagement sowie in der Etablierung von transparenten Rückmeldungs- und Beurteilungssystemen.

Durch eine flexible und kreative Gestaltung von Arbeitsbedingungen und -zeiten kann gewährleistet werden, dass genügend Freiraum für die Pflege familiärer und sozialer Kontakte und außerberuflicher regenerativer Aktivitäten bleibt. Schlagworte wie »work-life-balance« und »familienfreundliches Unternehmen« signalisieren, dass eine noch kleine, aber wachsende Zahl von Unternehmen durch flexible Arbeitszeitmodelle bis hin zum Angebot von so genannten »sabbaticals« oder durch die Bereitstellung von z.B. Kinderbetreuungsservices die Vereinbarkeit von Familie und Beruf zu erleichtern versuchen. Auch die Einführung von Bewegungspausen und von Anreizsystemen zur Teilnahme an Bewegungsprogrammen oder Entspannungstrainings sowie innerbetriebliche »Wellness-Angebote« sind Teil eines strukturellen Stressmanagements im Betrieb. Durch solche strukturellen Maßnahmen kann

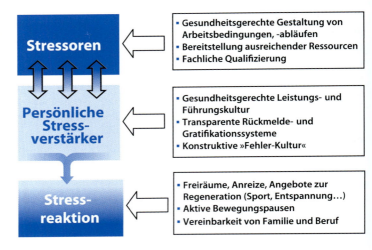

◘ Abb. 3.2 Strukturelles Stressmanagement – was das Unternehmen tun kann (Beispiele)

das individuelle Bemühen um eine regenerative Stressbewältigung sinnvoll unterstützt und erleichtert, bisweilen überhaupt erst ermöglicht werden.

Über die Gestaltung der materiellen, organisatorischen und sozialen Arbeitsverhältnisse hinaus geht es im strukturzentrierten Ansatz schließlich auch um eine Reflexion und Transformation von solchen überindividuellen Normen und offener oder heimlicher Gratifikationssysteme in Unternehmen, durch die eine gesundheitsabträgliche individuelle Belastungsbewältigung etwa in Form eines undosierten, langfristig kontraproduktiven Leistungsverhaltens gefordert und belohnt wird. Entscheidend ist hierbei die Entwicklung einer Führungskultur, in der die Gesundheitsförderung der Mitarbeiter als Führungsaufgabe verstanden wird. Führungskräfte nehmen auf unterschiedliche Weise Einfluss auf Leistungsbereitschaft, Leistungsfähigkeit, Arbeitszufriedenheit, körperliches und psychisches Befinden ihrer Mitarbeiter und hierdurch bedingt auch auf deren Gesundheit und Fehlzeiten. Führungskräfte geben durch ihr eigenes Verhalten den Mitarbeitern eine Verhaltensorientierung (Vorbildfunktion), nehmen Einfluss auf die Arbeitsbedingungen der Mitarbeiter (z.B. Zeit- und Leistungsdruck, Entscheidungs- und Handlungsspielraum, Unterstützung,) und beeinflussen durch ihr Führungsverhalten (Kommunikationsstil, Konflikt- und Problembewältigung) ganz wesentlich das soziale Miteinander und die Zusammenarbeit im Team. Die Bemühungen des Einzelnen um eine Relativierung perfektionistischer Leistungsansprüche, übersteigerter Kontrollambitionen und arbeitssüchtiger Tendenzen sowie um die Entwicklung eines gesunden Arbeitsverhaltens können durch entsprechende transparente Führungsgrundsätze und ein mitarbeiterorientiertes Führungsverhalten der direkten Vorgesetzten entscheidend unterstützt werden (zum Thema »Führung und Gesundheit« siehe Matyssek, 2007).

Das Beispiel des betrieblichen Stressmanagements macht deutlich, wie sehr individuelle und strukturelle Interventionen auf den verschiedenen Interventionsebenen ineinander greifen und aufeinander bezogen sind. Der Dialektik von Verhalten und Verhältnissen wird am ehesten entsprochen, wenn strukturorientierte und individuumsorientierte Maßnahmen integriert durchgeführt werden.

Konzeption des Gesundheitsförderungsprogramms »Gelassen und sicher im Stress«

4.1 Ziele und Zielgruppen des Gesundheitsförderungsprogramms – 60

4.2 Aufbau und Module des Gesundheitsförderungsprogramms – 61

4.3 Konzeptionelle Merkmale des Gesundheitsförderungsprogramms – 64

4.4 Funktionen der Gruppe im Rahmen des Gesundheitsförderungsprogramms – 65

4.1 Ziele und Zielgruppen des Gesundheitsförderungsprogramms

Das generelle Ziel des Gesundheitsförderungsprogramms »Gelassen und sicher im Stress« besteht in der Förderung der körperlichen Gesundheit und des seelischen Wohlbefindens der Teilnehmer durch eine Reduktion der Häufigkeit und Intensität alltäglicher Belastungserfahrungen. Als eine individuumsorientierte Intervention wird dieses allgemeine Ziel durch eine Verbesserung der individuellen Bewältigungskompetenzen angestrebt. Dabei geht es sowohl darum, vorhandene Kompetenzen zu stärken, als auch darum, neue Kompetenzen aufzubauen. Es sollen instrumentelle, mentale und palliativ-regenerative Strategien der Stressbewältigung vermittelt werden.

Da es nicht möglich ist, generelle, d.h. situations- und personenübergreifende Aussagen über die Effektivität einer bestimmten Bewältigungsstrategie zu machen (▶ Abschn. 3.2), geht es hier nicht darum, die Teilnehmer in einer bestimmten Standardstrategie der Belastungsbewältigung zu trainieren. Das Ziel besteht vielmehr darin, auf der Basis einer möglichst breiten Palette von sowohl instrumentellen als auch mentalen und palliativ-regenerativen Strategien Flexibilität im Umgang mit Belastungen zu erreichen. Welche konkreten Strategien im Kurs behandelt werden, ob z.B. Verhaltensübungen zur sozialen Kompetenz im Vordergrund stehen, eher mentale Formen der Bewältigung gewählt oder v.a. Möglichkeiten der Regeneration erarbeitet werden, hängt sowohl von der Art der individuellen Belastungssituationen als auch von den bereits vorhandenen Bewältigungskompetenzen der jeweiligen Teilnehmer ab. So sollten Teilnehmer, die ihre Alltagsbelastungen bisher hauptsächlich oder ausschließlich in palliativ-regenerativer Weise zu bewältigen suchen, im Trainingsverlauf insbesondere instrumentelle und mentale Strategien der Stressbewältigung kennen lernen und in ihrem Alltag umsetzen. Umgekehrt kommt es für diejenigen Teilnehmer, die versuchen, alltägliche Belastungen vornehmlich durch instrumentelle Problemkontrolle in den Griff zu bekommen, darauf an, Möglichkeiten der Problemdistanzierung und des Belastungsausgleichs zu entdecken und im Alltag zu verankern. Entscheidend für den Erfolg des Trainings ist es somit, dass es tatsächlich zu einer Erweiterung des individuellen Bewältigungsrepertoires kommt. Zwar sollen die Teilnehmer auch in der Wahrnehmung bereits vorhandener eigener Bewältigungskompetenzen gestärkt werden. Der Effekt einer Trainingsteilnahme sollte sich aber nicht in einer Bestätigung und Verfestigung einseitiger Bewältigungsprofile im Sinne eines »Mehr desselben« erschöpfen.

Eine möglichst **breite Palette verfügbarer Bewältigungsstrategien** bildet die erste Voraussetzung für einen flexiblen, gesundheitsförderlichen Umgang mit alltäglichen Belastungen. Eine weitere Voraussetzung ist in einer möglichst realistischen Bewertung der jeweiligen belastenden Situationen, der eigenen Kontrollmöglichkeiten in diesen Situationen sowie einer optimistischen Wahrnehmung eigener Bewältigungskompetenzen zu sehen. Die Teilnehmer sollen daher im Verlauf des Trainings auch dazu angeleitet werden, ihre alltäglichen Belastungserfahrungen in systematischer und distanzierender Weise zu reflektieren. Sie sollen **stressinduzierende Bewertungen** situativer Anforderungen und eigener Bewältigungsmöglichkeiten erkennen und belastungsreduzierende Neubewertungen entwickeln. Inhaltlich geht es dabei z.B. um den Abbau von Kognitionen der Hilflosigkeit und Hoffnungslosigkeit, unrealistischen Einschätzungen situativer Anforderungen oder Bedrohungsbewertungen ebenso wie um die Entwicklung von Selbstwirksamkeitsüberzeugungen, relativierenden oder sinnstiftenden Kognitionen.

> Insgesamt sollen ein erweitertes Bewältigungsrepertoire sowie eine möglichst stressfreie Bewertung von Anforderungen und eigenen Kompetenzen die Teilnehmer zu einem flexiblen, situationsadäquaten Umgang mit alltäglichen Belastungen befähigen.

Selbstverständlich stößt ein solches individuumsorientiertes und zu dem zeitlich begrenztes Trainingsprogramm an äußere und innere Grenzen seiner Einflussmöglichkeiten. Äußere Grenzen sind in strukturellen Gegebenheiten zu sehen, die das individuelle Belastungserleben in starkem Maße bestimmen und die durch den Einzelnen objektiv nicht kontrollierbar sind. Innere Grenzen werden markiert durch biografisch gewordene, tief verwurzelte Lebenseinstellungen und Verhaltensstile, die das aktuelle Bewältigungsverhalten in alltäglichen Belastungssituationen (mit-)bestimmen. Äußere und innere Grenzen schränken die Bewältigungsmöglichkeiten des Einzelnen mehr oder weniger stark ein; es verbleibt jedoch ein individuell unterschiedlich großer Spielraum für neue Erfahrungen. Hier kommt es darauf an, dazu zu motivieren, diesen Spielraum bis an die Grenzen auszuschöpfen, bestehende Freiheitsgrade für verändertes Verhalten und Erleben zu nutzen und schließlich durch neue konkrete Erfahrungen Grenzen hinauszuschieben und allmählich zu transzendieren.

Das Gesundheitsförderungsprogramm »Gelassen und sicher im Stress« ist von seiner Grundkonzeption her zielgruppenunspezifisch, das heißt, es wendet sich an alle die Personen, die ihren persönlichen Umgang mit beruflichen und privaten Alltagsbelastungen verbessern möchten. Sei es, dass sie bereits unter stressbedingten Beeinträchtigungen ihres körperlichen und psychischen Wohlbefindens leiden oder es erst gar nicht so weit kommen lassen wollen. In der Praxis ist es allerdings oft sinnvoll und notwendig, das Programm für spezifische Zielgruppen anzubieten. Derartige Zielgruppenbestimmungen können sich beispielsweise beziehen auf das Geschlecht und das Alter, auf bestimmte Berufsgruppen, Funktionsträger oder Branchen (z.B. Pflegekräfte in Krankenhäusern, Altenpfleger, Polizisten, Lehrer, Führungskräfte in Unternehmen, Bankangestellte, Freiberufler, Mitarbeiter von Jobcentern, Zug- und Flugbegleiter, Ärzte, Außendienstmitarbeiter, Richter, Justizangestellte usw.) sowie auf Menschen in besonderen Lebenslagen oder -phasen (Alleinerziehende, Eltern mit kleinen Kindern, berufstätige Mütter, pflegende Angehörige, Arbeitslose usw.). Bei einer zielgruppenspezifischen Durchführung sind bei Beibehaltung der grundsätzlichen Programmstruktur selbstverständlich Sprache, Beispiele und Materialien an die jeweilige Zielgruppe anzupassen. Auch wird es in vielen Fällen sinnvoll sein, das Programm um zielgruppenspezifische Module, in denen spezifische Belastungsfaktoren der jeweiligen Zielgruppe thematisiert werden, zu ergänzen.

4.2 Aufbau und Module des Gesundheitsförderungsprogramms

Das Gesundheitsförderungsprogramm »Gelassen und sicher im Stress« ist grundsätzlich als ein fortlaufendes Gruppentraining mit wöchentlich stattfindenden Trainingssitzungen konzipiert. Eine solche Trainingskonzeption bietet kontinuierliche Übungsmöglichkeiten zwischen den einzelnen Trainingssitzungen und erhöht damit die Wahrscheinlichkeit für einen Transfer der im Training erarbeiteten Bewältigungsstrategien in den Alltag der Teilnehmer. Das Training sollte 12 jeweils 2-stündige Sitzungen umfassen. Eine Ausdehnung auf bis zu 16 Sitzungen kann sinnvoll sein, um den Transfer der erlernten Bewältigungsfertigkeiten in den Alltag noch mehr zu festigen. Für manche Zielgruppen, z.B. im betrieblichen Kontext, sind regelmäßige Gruppensitzungen über einen Zeitraum von 3 Monaten nicht oder nur mit häufigerer Abwesenheit einzelner Teilnehmer zu realisieren. Hier empfiehlt es sich, den Kurs teilweise oder sogar ganz als Blockveranstaltung durchzuführen. Auch Intervalltrainings, die aus zwei oder drei 1- bis 2-tägigen Blöcken bestehen, sind möglich.

Inhaltlich setzt sich das Trainingsprogramm aus mehreren Modulen zusammen, die ihrerseits in einzelne Teilschritte strukturiert sind. Auf genaue inhaltliche und zeitliche Vorgaben für die Gestaltung einzelner Trainingssitzungen wird hier verzichtet. Stattdessen soll der modulare Aufbau dem Kursleiter eine flexible Kursgestaltung und Schwerpunktsetzungen im Hinblick auf unterschiedliche Zielgruppen, Settings und Durchführungsvarianten ermöglichen.

Das Programm besteht aus sechs Basismodulen und fünf Ergänzungsmodulen (◘ Abb. 4.1). Die Basismodule repräsentieren das obligate inhaltliche »Pflichtprogramm«, während die Ergänzungsmodule optionale Kurseinheiten beschreiben. Die **Basismodule** bestehen aus dem Einstiegs- und dem Abschlussmodul sowie vier Trainingsmodulen. Diese werden nachfolgend kurz beschrieben.

▪ Einstiegsmodul

Im Mittelpunkt stehen hier das gegenseitige Kennenlernen der Teilnehmer, die Information der Teil-

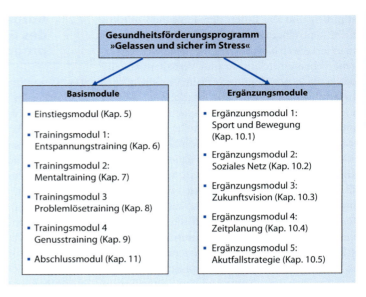

Abb. 4.1 Module des Gesundheitsförderungsprogramms »Gelassen und sicher im Stress«

nehmer über das dem Training zugrunde gelegte Stressmodell in Form der »Stress-Ampel« sowie die Klärung von Erwartungen und Befürchtungen. Darüber hinaus werden die Teilnehmer zu einer Reflexion der bisher von ihnen erfolgreich eingesetzten Strategien zur Stressbewältigung angeregt und darauf aufbauend Ziele und der Aufbau des Trainingsprogramms erläutert.

▪ **Trainingsmodul 1: Entspannen und loslassen: Das Entspannungstraining**

Das 1. Trainingsmodul, das Entspannungstraining, zielt darauf ab, die Fähigkeit der Teilnehmer zu fördern, sich körperlich zu entspannen und gedanklich abzuschalten. Das Entspannungstraining erfolgt nach der Methode der progressiven Relaxation (PR; Jacobson, 2006). Es dient v.a. der Kompensation der Folgen langfristiger Beanspruchung und der Erholung (regeneratives Stressmanagement), der Erregungskontrolle in akuten Belastungssituationen (palliatives Stressmanagement) sowie der »Aufweichung« stressverschärfender Bewertungsmuster (mentales Stressmanagement).

▪ **Trainingsmodul 2: Förderliche Denkweisen und Einstellungen entwickeln: Das Mentaltraining**

Die Reflexion stressverschärfender Bewertungsmuster und Einstellungen sowie deren Transformation in stressvermindernde, förderliche mentale Prozesse und Inhalte sind die Ziele des zweiten Trainingsmoduls. Die Teilnehmer lernen Methoden des mentalen Stressmanagements kennen und wenden diese exemplarisch auf eigene stressverschärfende Kognitionen an.

▪ **Trainingsmodul 3: Stresssituationen wahrnehmen, annehmen und verändern: Das Problemlösetraining**

Im Rahmen des 3. Trainingsmoduls, dem Problemlösetraining, findet eine Konfrontation und problembezogene Auseinandersetzung mit konkreten Belastungen einzelner Teilnehmer statt. Entlang einer strukturierten Problemlösestrategie lernen die Teilnehmer, ihre zunächst allgemein formulierten Stresserfahrungen als Verhalten-in-Situationen zu konkretisieren, in einem kreativen Prozess verschiedenartigste Möglichkeiten der Bewältigung der Situation zu entwickeln, einzelne Schritte zur Umsetzung ausgewählter Bewältigungsstrategien konkret zu planen und dann im Alltag anzuwenden.

▪ **Trainingsmodul 4: Erholen und genießen: Das Genusstraining**

Im 4. Trainingsmodul, dem Genusstraining, tritt neben die instrumentelle Auseinandersetzung mit konkreten Belastungen einzelner Teilnehmer die Beschäftigung mit Möglichkeiten der regenerativen Bewältigung. Die Teilnehmer werden dazu angeregt, ihre persönliche Beanspruchungs-Erholungs-Bilanz zu reflektieren, individuelle Möglichkeiten des Belastungsausgleichs neu bzw. wieder zu entdecken und in ihrem Alltag zu verankern. Sie sollen erkennen, dass die eigene Leistungsfähigkeit Erholung braucht und ihre ganz persönliche regenerative Gegenwelt (Eberspächer, 2002) entdecken.

- **Abschlussmodul**

Im Mittelpunkt des Abschlussmoduls steht die Entwicklung eines »persönlichen Gesundheitsprojektes«. Damit sollen die Teilnehmer einen möglichst konkreten Plan dafür entwerfen, was sie über die Dauer des Kurses hinaus zukünftig für einen gesundheitsförderlichen Umgang mit Belastungen in Beruf und Alltag tun werden. Darüber hinaus geht es in dieser Abschlusssitzung darum, Bilanz zu ziehen, Rückmeldung anzuregen und schließlich darum, Abschied zu nehmen.

Die **Ergänzungsmodule** thematisieren in komprimierter Form einzelne Strategien bzw. Ressourcen des individuellen Stressmanagement. Während in den Trainingsmodulen durch ein strukturiertes schrittweises Vorgehen der Erwerb neuer Fertigkeiten sowie ein veränderter kognitiver oder behavioraler Umgang mit alltäglichen Belastungen angestrebt wird, beschränken sich die Ergänzungsmodule im Wesentlichen auf Information und Anregung zur Selbstreflexion. Ein Verhaltenstraining im eigentlichen Sinne findet hier nicht statt.

- **Ergänzungsmodul 1: Stressbewältigung durch Sport und mehr Bewegung im Alltag**

Dieses Ergänzungsmodul thematisiert Sport und Bewegung als eine basale Strategie der regenerativen Stressbewältigung. Die Teilnehmer werden über die positiven Auswirkungen körperlicher Aktivität auf die körperliche und psychische Gesundheit informiert und es werden ihnen praktikable Wege zur Steigerung körperlicher Aktivität im Alltag aufgezeigt. Darüber hinaus werden während der Kurssitzungen selbst praktische Bewegungsübungen durchgeführt. Diese dienen der körperlichen und geistigen Lockerung, der Aktivierung und Vitalisierung, fördern die Körperwahrnehmung, bringen Spaß und fördern auf spielerischem Wege den Kontakt der Teilnehmer untereinander.

- **Ergänzungsmodul 2: Soziales Netz**

In diesem Ergänzungsmodul werden die soziale Integration und soziale Unterstützung als wichtige Ressource der problem- wie emotionsregulierenden Bewältigung thematisiert. Die Teilnehmer werden zu einer Reflexion ihres eigenen sozialen Beziehungsnetzes angeregt. Der Fokus ist dabei auf positiv erlebte, unterstützende, vertrauensvolle Beziehungen gerichtet. Die Teilnehmer erkennen Ansatzpunkte und Möglichkeiten der Vertiefung dieser unterstützenden Beziehungen.

- **Ergänzungsmodul 3: Blick in die Zukunft**

Mit diesem Ergänzungsmodul werden die Teilnehmer zu einer Reflexion und Klärung persönlicher Zukunfts- und Zielvorstellungen angeregt. Die Beschäftigung mit konkreten gegenwärtigen Belastungen im Alltag, wie sie im Mittelpunkt des vorliegenden Gesundheitsförderungsprogramms steht, wird damit um eine Zukunftsperspektive erweitert. Die Klärung und Definition von eigenen Zielen kann helfen, eigene Prioritäten zu finden und im gegenwärtigen Alltag entsprechend zu handeln. Vor dem Hintergrund von definierten Zielen und einem positiven Zukunftskonzept können sich auch stressbezogene Bewertungen von alltäglichen Anforderungen so verändern, dass diese eher als Herausforderungen auf dem Weg zum Ziel wahrgenommen werden können. Mit Zielen vor Augen erhöht sich die eigene Stresstoleranz und die Bereitschaft, sich mit unangenehmen, anstrengenden Situationen zu konfrontieren.

- **Ergänzungsmodul 4: Keine Zeit? – Sinnvolle Zeiteinteilung im Alltag**

Zeitdruck ist ein nahezu ubiquitärer Hintergrundstressor für sehr viele heutige Menschen (▶ vgl. Abschn. 2.3). Ständiger Zeitdruck, das chronische Gefühl des Zeitmangels und Hetze sind nicht nur ein häufiger Auslöser für Belastungsreaktionen, sondern stellen auch ein großes Hindernis für eine regenerative Stressbewältigung dar. Ziel dieses Ergänzungsmoduls ist es, den jeweils persönlichen Umgang der Teilnehmer mit ihrer Zeit zu reflektieren, eigene Verhaltensweisen und Einstellungen als mitverursachend für Zeitprobleme zu erkennen und Anregungen zu einer gesundheitsförderlichen Zeiteinteilung zu geben.

- **Ergänzungsmodul 5: Die Quart-A-(4A-) Strategie für den Akutfall**

Der kurzfristige Umgang mit akuten Belastungssituationen ist das Thema dieses Ergänzungsmoduls. Es ist besonders für solche Teilnehmer gedacht, die in ihrem beruflichen und/oder privaten Alltag häufiger in schlecht vorhersehbare Belastungssituationen geraten, die durch proaktive Bewältigungsbemühungen kaum kontrollierbar sind. Für solche belastenden Situationen soll hier eine Strategie vermittelt werden, die zum Ziel hat, körperliche und seelische Erregung in diesen Situationen zu kontrollieren, Symptomstress zu vermeiden bzw. Stresstoleranz zu entwickeln sowie Handeln, falls erforderlich, möglich und gewollt, zu ermöglichen.

4.3 Konzeptionelle Merkmale des Gesundheitsförderungsprogramms

Die allgemeine methodische Konzeption des Gesundheitsförderungsprogramms »Gelassen und sicher im Stress« wird von der Überlegung geleitet, dass es sich selbst in seiner praktischen Durchführung an zentralen Prinzipien eines gesundheitsförderlichen Umgangs mit Belastungen orientieren sollte. Jede Kursstunde sollte dem Teilnehmer durch ihre Struktur und durch ihren Ablauf eine exemplarische Erfahrung davon vermitteln, wie ein stressfreier Umgang mit sich selbst, mit anderen und mit gestellten Anforderungen gestaltet werden kann. Im Einzelnen werden im Folgenden konzeptionelle Merkmale des Gesundheitsförderungsprogramms aufgeführt, die vom Kursleiter bei der inhaltlichen Kursgestaltung und bei der Gruppenleitung gewissermaßen modellhaft zu realisieren sind.

Transparente Struktur. Diese ist durch die 4 Trainingsmodule gegeben und findet sich auch bei den einzelnen Schritten innerhalb eines Moduls. Indem die Kursleitung diese Struktur für die Teilnehmenden transparent hält, wird Unsicherheit reduziert und das Geschehen für die Teilnehmenden vorhersehbar und kontrollierbar. Strukturieren als eine grundlegende Strategie der Anforderungsbewältigung wird so unmittelbar erfahrbar.

Flexibilität. Für die einzelnen Kursstunden werden keine genauen inhaltlichen und zeitlichen Strukturierungen vorgegeben. Einzelne Programmschritte werden nicht rigide »durchgezogen«. Vielmehr wird eine variable, an der aktuellen Gruppensituation orientierte Kursgestaltung dem Kursleiter nicht nur ermöglicht, sondern von ihm verlangt. Der angestrebten Flexibilität des Bewältigungshandelns aufseiten der Teilnehmer entspricht somit eine Flexibilität in der Kursgestaltung seitens des Kursleiters. Struktur und Flexibilität stehen dabei nicht im Widerspruch zueinander. Im Gegenteil: Eine flexible Kursgestaltung setzt eine transparente Struktur voraus, ohne die beim Teilnehmer der Eindruck von Willkür und Unvorhersehbarkeit erzeugt würde. So wird letztlich durch eine flexible Handhabung die Struktur nicht in Frage gestellt, sondern gefestigt.

Wechsel von Problemkonfrontation und Problemdistanzierung. Dieser sollte möglichst in jeder Kurssitzung vollzogen werden. Zum Beispiel sollte auch dann eine Entspannungsübung durchgeführt werden, wenn für das bearbeitete Stressproblem eines Teilnehmenden noch keine befriedigenden Bewältigungsmöglichkeiten entwickelt werden konnten. So können die Teilnehmenden nicht nur erfahren, wie die offene (Selbst-)Konfrontation mit konkreten Stressproblemen eine anschließende Distanzierung und Entspannung erleichtert, sondern auch umgekehrt, wie hilfreich eine temporäre Distanzierung für eine anschließende konstruktive Beschäftigung mit dem Problem sein kann.

Aufbau von Änderungsmotivation. Das letztliche Ziel des Programms »Gelassen und sicher im Stress« sind Verhaltensänderungen im Umgang mit alltäglichen Belastungen. Alle Informationen und Erklärungen, die im Verlauf des Kurses gegeben werden, alle praktischen Übungen, die durchgeführt werden, und alle Gespräche in der Gruppe verfolgen letztlich das eine Ziel, die Motivation zu Verhaltensänderungen bei den einzelnen Teilnehmern zu wecken, zu stärken und zu stabilisieren. Von entscheidender Bedeutung dabei ist, dass der Kursleiter durch eine motivationsfördernde Gesprächsführung (Keller, Kaluza & Basler, 2001; Miller & Rollnick, 2002) in der Gruppe ein »Sprechen über Veränderungen« (»change talk«) induziert, durch das der Wunsch des einzelnen Teilnehmers nach entsprechenden Veränderungen geweckt, sein Wille gestärkt und sein Zutrauen in die eigenen Fähigkeiten, die Veränderungen selbst realisieren zu können, gefördert werden.

Kompetenzorientierung. Die Teilnehmer werden nicht als hilflose Opfer äußerer Belastungen, sondern als aktiv-handelnde, mit Kompetenzen ausgestattete Personen angesprochen. Bildhaft ausgedrückt: Nicht so sehr der Schlamm, der den Karren festhält, wird analysiert, sondern es werden die Kräfte angesprochen, ermutigt und verstärkt, die den Karren – auch bei zukünftigen schwierigen Wegstrecken – herauszuziehen vermögen. Indem die Kursleitung konsequent ihre und die Aufmerksamkeit der Teilnehmenden auf noch so kleine positive Ansätze und Erfolge lenkt und diese verstärkt, lernen sie, eigene Kompetenzen wahrzunehmen und zu schätzen. In der Gruppe wird eine optimistische Selbstwirksamkeitsüberzeugung (Schwarzer, 1993) kultiviert.

Konkretheit sowie Alltags- und Gegenwartsbezug. Das subjektive Belastungserleben ist oft diffus, unspezifisch, wenig greifbar und verbunden mit Übergeneralisierungen (z.B. »Alle wollen immer nur etwas von mir«, »Ich mache immer alles falsch«), Hilflosigkeitsgefühlen und unrealistischen Wunsch- oder Fluchtfantasien. Hier versucht das Programm wieder und wieder den Bezug zu aktuellen Situationen, zu konkreten Erfahrungen und zu konkreten Möglichkeiten der Bewältigung herzustellen. Eine solche Konkretisierung von diffusen Gefühlen der Belastung schafft Distanz, wirkt entlastend und eröffnet den Blick für neue Handlungsmöglichkeiten.

Soziale Unterstützung. Ein letztes wichtiges Charakteristikum des Gesundheitsförderungsprogramms ist darin zu sehen, dass es als Gruppenprogramm in starkem Maße die soziale Unterstützung der Teilnehmer untereinander aktiviert. Indem der Kursleiter die gegenseitige Unterstützung der Teilnehmer gezielt anregt, Bewältigungsmöglichkeiten für Belastungssituationen einzelner Teilnehmer nicht selbst vorgibt, sondern von allen Gruppenmitgliedern gemeinsam erarbeiten lässt, und nicht zuletzt für eine gegenseitige Atmosphäre der Akzeptanz und des Vertrauens Sorge trägt, wird für die Teilnehmer soziale Unterstützung als wichtige Ressource der Stressbewältigung zu einer lebendigen Erfahrung. Welche Funktion die Gruppe im Einzelnen für die Teilnehmer erfüllen kann, soll im nachfolgenden Abschnitt – wegen der zentralen Bedeutung, die ihr für den Erfolg des Programms zukommt – noch gesondert betrachtet werden.

> Die wichtigsten allgemeinen konzeptionellen Charakteristika des Gesundheitsförderungsprogramms sind Struktur und Flexibilität, Motivationsförderung, Betonen von Kompetenzen, Konkretheit und Alltagsbezug sowie soziale Unterstützung in der Gruppe. Zugleich spiegeln diese auch fundamentale Prinzipien eines gesundheitsförderlichen Umgangs mit Alltagsbelastungen wider.

4.4 Funktionen der Gruppe im Rahmen des Gesundheitsförderungsprogramms

Die Bedeutung der Gruppe für den Erfolg des Gesundheitsförderungsprogramms »Gelassen und sicher im Stress« ergibt sich aus folgenden 5 Aspekten (vgl. Kaluza, 2001):

1. Entlastung und Relativierung durch sozialen Vergleich: »Ich habe gesehen, dass es anderen genauso schlecht (noch schlechter) geht«, »Mir geht's ja noch relativ gut«, »Probleme gibt es bei jedem« etc. sind typische Teilnehmeräußerungen, in denen dies zum Ausdruck kommt. Ebenso wichtig wie das Sprechen über eigene Sorgen und Nöte (»Geteiltes Leid ist halbes Leid«) und die Erfahrung von Akzeptanz und Empathie ist dabei die Konfrontation und Beschäftigung mit den Belastungen anderer Gruppenmitglieder. Diese kann eine größere innere Distanz zu den eigenen Problemen schaffen, aus der heraus eigene Handlungsmöglichkeiten leichter (wieder)erkannt werden können.

2. Motivierung und Aktivierung zur Verhaltensänderung: Das Beispiel anderer Gruppenmitglieder, die gegenseitige Ermunterung, Solidarität und oft auch konkret-praktische Unterstützung bei der Realisierung neuen Verhaltens, die positive Verstärkung in Form von Lob und Anerkennung für bereits erzielte auch noch so kleine Erfolge und nicht zuletzt schließlich ein Gefühl gegenseitiger Verpflichtung – alle diese Faktoren, die in und durch die Gruppe wirksam werden, können den Boden bilden, auf dem die individuelle Motivation zur Verhaltensänderung wachsen und gedeihen und ggf. auch immer wieder neu aufgerichtet werden kann.

3. Kommunikation und Kontakt: Dies erscheint gerade in einer Zeit zunehmender Vereinzelung und sozialer Isolation von besonderer Bedeutung. Wo soziale Bindungen fehlen oder in ritualisierter Form erstarrt sind, kann die Gruppe eine konkrete Alternative bieten, Gefühle der Einsamkeit – zumindest partiell – aufzuheben und Kontakt zu ermöglichen. Unter diesem Aspekt stellt die Gruppe nicht nur ein Instrument dar, das zur Förderung eines gesundheitsgerechten Verhaltens eingesetzt wird, vielmehr gewinnt das Gruppenerlebnis einen Wert in sich. In Nachbefragungen betonen viele Teilnehmende, dass sie gerade das Kennenlernen von und das Zusammensein mit anderen Menschen als besonders hilfreich erlebt haben.

4. Kreativität und Effektivität bei der Problemlösung: Dies zeigt sich im Gruppengeschehen insbesondere immer dann, wenn es darum geht, mögliche Lösungen für konkrete Probleme einzelner Teilnehmer zu finden, konkrete Schritte zu deren Realisierung zu entwickeln und ihre wahrscheinlichen Konsequenzen zu überdenken. Hier sind es häufig andere Teilnehmer, die – aufgrund eigener Erfahrungen – den entscheidenden Vorschlag zur Lösung eines Problems eines anderen Gruppenmitglieds einbringen oder wichtige Hinweise auf mögliche erwünschte oder unerwünschte Konsequenzen geben, die weder vom Gruppenleiter noch vom betroffenen Teilnehmer selbst hätten gesehen werden können. Man könnte hier vom »Teamvorteil der Gruppe« (Möller, 1981) sprechen, der schlicht darin besteht, dass viele Augen mehr sehen als zwei.

5. Soziales Lernfeld: Die Gruppe bietet Gelegenheiten, sich selbst im Kontakt mit anderen bewusst zu erleben und ggf. neues Verhalten auszuprobieren. Im Laufe der Gruppenarbeit lernen die Teilnehmer beispielsweise, frei über sich vor der Gruppe zu sprechen; sie erfahren Akzeptanz und Anteilnahme; sie lernen, anderen zuzuhören ebenso wie eigene Interessen und Meinungen zu vertreten; sie können neue Erfahrungen gewinnen über die Wirkungen ihres Verhaltens auf andere und umgekehrt. Diese sozialen Lernprozesse laufen hier zwar meistens implizit ab, d.h. sie werden selten direkt thematisiert, ihr Effekt ist dennoch nicht zu unterschätzen. Häufige Folgen sind ein gestärktes Selbstbewusstsein, eine direktere Bedürfnisäußerung und eine klarere Selbst- und Fremdwahrnehmung, die sich dann auch im Alltag der Teilnehmer auswirken. Für einige Teilnehmer beginnt ein derartiger sozialer Lernprozess bereits mit der Entscheidung zur Teilnahme an der Gruppe, die eine Entscheidung dafür bedeutet, etwas nur für sich zu tun, und einen ersten Schritt in Richtung auf ein Mehr an Selbstbehauptung darstellen kann.

> Ort der Entlastung, Quelle der Motivierung, Möglichkeit der Kommunikation, Hilfe bei der Problemlösung und soziales Lernfeld – dies sind die wichtigsten Funktionen der Teilnehmergruppe. Ihre Realisierung wird wesentlich davon bestimmt, ob und inwieweit aus der zunächst losen Ansammlung von Einzelpersonen tatsächlich eine Gruppe zusammenwächst. Ob und inwieweit die einzelnen Teilnehmer emotionale Beziehungen aufbauen, die die Grundlage bilden für das Gefühl der Gruppenzugehörigkeit und den Gruppenzusammenhalt (Kohäsion). Ob und inwieweit sich ein Klima des Vertrauens entwickelt, in dem der Einzelne sich akzeptiert fühlt und offen über persönliche Belange sprechen kann. Schließlich ob und inwieweit die Teilnehmer – im Bewusstsein gemeinsamer Ziele – eine kooperative Arbeitshaltung aufbauen, womit die Bereitschaft gemeint ist, sowohl anderen Gruppenmitgliedern bei der Bewältigung ihrer Probleme zu helfen
> ▼

als auch für sich selbst eine solche Unterstützung der Gruppe anzunehmen. Kohäsion, Vertrauen/Offenheit und Kooperation können als die wichtigsten Merkmale einer erfolgreichen Teilnehmergruppe betrachtet werden (Dziewas, 1980). Die Entwicklung von Beziehungen der Teilnehmer untereinander zu ermöglichen und dadurch den Gruppenzusammenhalt zu stärken, Vertrauen und Offenheit zu fördern und kooperatives Verhalten zu unterstützen und zu verstärken, können entsprechend als die wichtigsten Aufgaben angesehen werden, die sich dem Kursleiter neben der sachkompetenten Vermittlung der jeweils programmspezifischen Informationen und Methoden stellen.

Praxis

Kapitel 5	Einstieg in das Gesundheitsförderungsprogramm – 71
Kapitel 6	Trainingsmodul 1: Entspannen und loslassen – das Entspannungstraining – 79
Kapitel 7	Trainingsmodul 2: Förderliche Denkweisen und Einstellungen entwickeln – das Mentaltraining – 103
Kapitel 8	Trainingsmodul 3: Stresssituationen wahrnehmen, annehmen und verändern – das Problemlösetraining – 119
Kapitel 9	Trainingsmodul 4: Erholen und genießen – das Genusstraining – 139
Kapitel 10	Ergänzungsmodule – 155
Kapitel 11	Ausstieg und Transfer – 173
Kapitel 12	Übersicht über das Gesundheitsförderungsprogramm »Gelassen und sicher im Stress« – 177

Einstieg in das Gesundheitsförderungsprogramm

5.1 Ankommen und Kennenlernen – 72

5.2 Stress – was ist das eigentlich? – Informationen für Kursteilnehmer – 73

5.3 Gruppenarbeit: Meine Kompetenzen zur Stressbewältigung – 75

5.4 Klären von Erwartungen und Befürchtungen – 76

5.1 Ankommen und Kennenlernen

Meist schon Tage vor dem ersten Gruppentermin beginnt für viele Teilnehmer – und auch für den Kursleiter – der Gruppenprozess. Eine innere Erwartungsspannung baut sich auf; Hoffnungen und Befürchtungen werden wach; Skepsis und Zweifel vermischen sich in einem individuell unterschiedlichen Verhältnis mit Zuversicht und Optimismus. »Wer wird noch da sein?«, »Ob das wirklich etwas bringt?«, »Wird man mich akzeptieren?« Mit solchen und ähnlichen Fragen treffen die Teilnehmer dann zur ersten Gruppensitzung zusammen.

In dieser Anfangsphase sind die Teilnehmer in aller Regel nicht zur Aufnahme umfassenderer inhaltlicher Informationen über die bevorstehende Gruppenarbeit fähig. Zu sehr sind sie innerlich damit beschäftigt, Spannung und Unsicherheit zu kontrollieren und eine »Psychologie des ersten Eindrucks« zu betreiben; d.h. sie versuchen eine vorläufige Einschätzung der anderen Gruppenmitglieder zu gewinnen und eine erste eigene Position zu finden.

Der Kursleiter sollte der Initialspannung in der Phase des Gruppenanfangs Rechnung tragen und dem Wunsch der Teilnehmer nach einer ersten Kontaktaufnahme ausreichend Raum geben. Seine Hauptaufgabe in dieser Phase besteht darin, Sicherheit zu vermitteln, indem er die Anfangssituation für die Teilnehmer transparent strukturiert. Er sollte sich zunächst auf eine kurze einleitende Begrüßung beschränken, in der er sich selbst vorstellt, Freude über die Teilnahme der einzelnen Teilnehmer ausdrückt, ihr gemeinsames Anliegen hervorhebt und Zuversicht hinsichtlich des Erfolges – etwa mit dem Verweis auf vorangegangene Gruppen – äußert. Zur Spannungsreduktion trägt auch bei, wenn der Kursleiter die anfängliche Unsicherheit und Spannung als »etwas bei jedem Gruppenbeginn ganz Normales« anspricht (s. folgendes Zitat).

> **Aller Anfang ist schwer!**
>
> | Paul: | Wenn man an einen fremden Strand kommt, ist man zuerst immer etwas verlegen. |
> |---|---|
> | Jakob: | Man weiß nicht recht, wohin man gehen soll. |
> | Heinrich: | Wen man anbrüllen darf! |
> | Joseph: | Und vor wem man den Hut zieht! |
> | Paul: | Das ist der Nachteil, wenn man an einen fremden Strand kommt. |
>
> (Aus: B. Brecht: Aufstieg und Fall der Stadt Mahagonny)

Dann sollte der Leiter möglichst bald den Teilnehmern Gelegenheit geben zu sprechen und sich kennen zu lernen. Eine gute Möglichkeit hierzu bietet das Paarinterview, bei dem die Teilnehmer sich zunächst in Paaren gegenseitig interviewen und dann anschließend einander der übrigen Gruppe vorstellen.

> **Übung: Paarinterview**
>
> Der Kursleiter bittet die Teilnehmer hierzu, sich zunächst in Paaren zusammen zu finden. Dies kann entweder spontan durch die Teilnehmer selbst oder mit Unterstützung des Kursleiters geschehen, der einen bestimmten Modus zur Paarbildung vorschlägt (z.B. jeweils zwei direkt nebeneinander oder sich gegenüber sitzende Teilnehmer, jeweils ein Teilnehmer mit einem geraden und einem ungeraden Geburtsjahrgang, jeweils zwei Teilnehmer mit gleicher Schuhfarbe, etc.; weitere Ideen finden sich bei Knoll, 1993). Der Kursleiter gibt einen zeitlichen Rahmen für das anschließende Paargespräch vor (10 Minuten). Inhaltlich geht es weniger darum, umfangreiche biografische Informationen zu erheben, vielmehr sollte auf die aktuelle Situation Bezug genommen werden. Es empfiehlt sich, dass der Kursleiter durch einige (wenige) Fragen eine inhaltliche Struktur für das Paargespräch vorgibt, z.B.:
> - »Was haben Sie heute gern, was eher ungern zurückgelassen, als Sie hier hergekommen sind?«
> - »Welche Vorerfahrungen in Sachen Stressbewältigung bringen Sie mit?«
> - »Was würden Sie tun, wenn Sie heute nicht hier wären?«

Für das Paargespräch verteilen sich die Kursteilnehmer im Gruppenraum. Nach Ablauf der vorgegebenen Zeit fordert der Kursleiter dazu auf, sich wieder in der Gruppenrunde zu versammeln. Bei der anschließenden gegenseitigen Vorstellung sollte sich der Kursleiter um eine »lockere«, entspannte Atmosphäre bemühen. Er lädt zu Ergänzungen (durch den jeweils vorgestellten Teilnehmer) und Nachfragen (durch die übrigen Kursteilnehmer) ein, achtet darauf, dass die Runde nach Möglichkeit nicht in einer starren Reihenfolge erfolgt und kann auch – um von einem womöglich aufkommenden Leistungsdruck zu entlasten – darauf hinweisen, dass es sich hierbei nicht um einen »Gedächtnistest« handelt.

Eine weitere Möglichkeit zur Strukturierung der Anfangssituation, die sich besonders auch für solche Gruppen eignet, deren Teilnehmer sich bereits kennen, stellt das Vorstellen über Bildmotive dar.

Übung: Vorstellung über Bildmotive
Hierzu legt der Kursleiter Bilder mit möglichst vielfältigen Motiven (z.B. Landschaften, Pflanzen, Tiere, Menschen, Begegnungen, Bauwerke etc.) lose und beliebig auf dem Boden aus (ca. 2–3 Bilder pro Teilnehmer). Die Teilnehmer werden gebeten, die Bilder auf sich wirken zu lassen und schließlich ein Bild auszuwählen, das sie jetzt gerade positiv anspricht. In der anschließenden Vorstellungsrunde stellen sich die Teilnehmer dann mit Namen und »ihrem« Bild vor. Sie erläutern, was das Bild ihnen bedeutet, wieso es ihnen gefällt, was sie damit an positiven Erinnerungen, Erfahrungen oder Assoziationen verbinden.

Erst in einem 2. Schritt wird der Kursleiter dann die Ziele, die zentralen Inhalte und Methoden sowie den Ablauf des Programms »Gelassen und sicher im Stress« darstellen. Der Kursleiter sollte dabei deutlich machen, dass es hier nicht um die Vermittlung von einfachen Patentrezepten, sondern darum gehen wird, Optionen aufzuzeigen und die Teilnehmer darin zu unterstützen, ihren je individuellen Weg zur Bewältigung alltäglicher Belastungen zu entwickeln. Besonders bei innerbetrieblichen Trainings sollte er ferner darauf hinweisen, dass die Förderung der individuellen Stresskompetenz, wie sie in diesem Programm fokussiert wird, nur eine Seite des betrieblichen Stressmanagements darstellt, deren Reichweite durch solche strukturelle Bedingungen am Arbeitsplatz begrenzt wird, die außerhalb der Einflussmöglichkeiten des Einzelnen liegen. Indem der Kursleiter betont, dass individuelles und strukturelles Stressmanagement die zwei Seiten einer Medaille darstellen (▶ Abschn. 3.3), begegnet er den Befürchtungen mancher Teilnehmer, Stressprobleme am Arbeitsplatz könnten zu einseitig individualisiert und ihnen allein die Schuld dafür zugeschoben werden. Der Kursleiter sollte sehr deutlich machen, dass es nicht um persönliche Schuld und individuelles Versagen geht, sondern dass es das Ziel des Trainings ist, sich aus der erlebten einseitigen Abhängigkeit von den äußeren Umständen zu befreien und den Blick auf die Freiräume, auf Entscheidungsmöglichkeiten und auf Handlungsspielräume zu richten, die trotz bestehender äußerer Belastungen vorhanden sind, um für das eigene körperliche und seelische Wohlbefinden zu sorgen.

Fragen und Diskussionen sollten zwar angeregt werden, sind jedoch in dieser Phase – noch – relativ selten. Es sollte dann Gelegenheit zur Klärung organisatorischer Fragen gegeben werden (Zeitpunkt, Ort, evtl. Mitfahrgelegenheiten etc.). Der Kursleiter weist seinerseits auf die Notwendigkeit einer regelmäßigen Teilnahme hin. Sollte jemand doch einmal verhindert sein, so soll er einen anderen Kursteilnehmer darüber benachrichtigen. Zu diesem Zweck wird eine Telefonliste erstellt, die von einem Teilnehmer zur nächsten Kursstunde für alle kopiert werden sollte.

5.2 Stress – was ist das eigentlich? – Informationen für Kursteilnehmer

Zur Einführung in das Gesundheitsförderungsprogramm gehört auch eine Klärung des Stressverständnisses, das dem Programm zugrunde liegt. Viele Teilnehmer verstehen Stress zunächst ausschließlich als ein von außen auf sie einwirkendes Übel, dem sie selbst mehr oder weniger passiv ausgeliefert sind. Es geht daher hier v.a. darum, die Bedeutung von eigenen Bewertungs- und Bewältigungsprozessen für die Stressentstehung im Sinne der transaktionalen Stressauffassung hervorzuheben. Allerdings kann nicht erwartet werden, dass die Kursteilnehmer durch eine einmalige sachliche Information ein solches transaktionales Stressverständnis bereits für sich persönlich akzeptieren. Hier soll nur ein erster Anstoß gegeben werden. Letztlich stellt die Einsicht in den jeweils persönlichen »eigenen Stressanteil« ein Ziel dar, das sich erst im Laufe des gesamten Programms nach und nach wird erreichen lassen.

Zur Einstimmung knüpft der Kursleiter an die Erfahrungen der Kursteilnehmer an. Eine Möglichkeit hierzu besteht darin, im Gruppenraum Wandzeitungen aufzuhängen, auf denen die folgenden Halbsätze stehen:
- Ich gerate in Stress, wenn ...
- Wenn ich im Stress bin, dann ...
- Ich setze mich selbst unter Stress, indem ...

Die Teilnehmer gehen im Gruppenraum von Wandzeitung zu Wandzeitung und komplettieren die Sätze. Alternativ können die Teilnehmer ihre jeweiligen Satzergänzungen auch auf Kärtchen schreiben und dann an entsprechend vorbereitete Pinnwände anheften.

Eine weitere, stärker interaktive Möglichkeit stellt folgendes »Ballspiel« dar: Die Teilnehmer stehen im Kreis. Der Kursleiter wirft einem Teilnehmer einen Ball zu, formuliert dabei einen der genannten Halbsätze und fordert den betreffenden Teilnehmer auf, diesen zu vervollständigen. Anschließend wirft dieser Teilnehmer den Ball einem zweiten Gruppenmitglied zu, das den jeweiligen Satz für sich ergänzt, und so weiter, bis alle Kursteilnehmer mindestens einmal an der Reihe waren.

Das so gesammelte Material dient dann als Ausgangspunkt für die nachfolgende Darstellung der »Stress-Ampel« als einfachem stresstheoretischen Rahmenmodell, das dem Kurs zugrunde gelegt wird (▶ vgl. Abschn. 2.1). Der Kursleiter sollte hierfür ein Plakat mit der »Stress-Ampel« vorbereitet haben, das für die gesamte Kursdauer als Orientierungsrahmen dient, auf den immer wieder rekurriert werden kann (◘ Abbildung A.1, S. 187). Er erläutert die drei zentralen Aspekte des Stressgeschehens:

- Stressoren,
- individuelle Stressverstärker und
- Stressreaktionen.

Der Kursleiter sollte diese erste inhaltliche Einführung in das Stresskonzept nicht zu sehr auf rationale Aufklärung und sachliche Information über das dem Programm zugrunde gelegte Stressmodell abstellen und sich beispielsweise nicht in der Darstellung komplizierterer physiologischer Abläufe oder in komplexe Begriffsdefinitionen verlieren. Wichtiger als theoretische Stringenz und begriffliche Klarheit ist hier vielmehr, dass sich die Teilnehmer durch den häufigen Bezug auf die von ihnen in der Einstiegsrunde selbst genannten Punkte innerlich angesprochen fühlen, dass durch die geschilderten möglichst anschaulichen Beispiele eigenes Verhalten und Erleben in belastenden Situationen erinnert und lebendig wird.

Der Kursleiter wird dann unter den Teilnehmern ein Gespräch anregen zu der Frage, inwieweit das dargestellte Stressmodell mit den eigenen persönlichen Stresserfahrungen im Einklang steht.

Je nach Informationsbedürfnis der Teilnehmer kann der Kursleiter anschließend – ggf. auch erst in späteren Kurssitzungen – vertiefende Informationen zu den biologischen Aspekten der Stressreaktion und ihren möglichen Folgen vermitteln:
- Akute körperliche Stressreaktionen und ihr evolutionsbiologischer Sinn als Vorbereitung auf Kampf oder Flucht (▶ Abschn. 2.2.2),
- die zentrale Verarbeitung von Stressreizen im Gehirn (▶ Abschn. 2.2.3),
- die Sympathikus-Nebennierenmark-Achse und die Hypothalamus-Hypophysen-Nebennierenrinden-Achse als die zwei Hauptwege zur Vermittlung der körperlichen Stressreaktion (▶ Abschn. 2.2.4),
- die Folgen chronischer Stressreaktionen für die körperliche Gesundheit und die Leistungsfähigkeit (▶ Abschn. 2.2.7) sowie
- das Burnout-Syndrom als umfassender psychophysischer Erschöpfungszustand in Folge chronischer Stressreaktionen (▶ Abschn. 2.2.8).

Zur Veranschaulichung wichtiger Sachverhalte finden sich im Anhang einige Abbildungen (▶ A.2–A.9, S. 188–195), die als Overhead-Folien genutzt und/oder den Teilnehmern in Kopie ausgehändigt werden können. Verständliche Informationen zu den genannten Themen finden sich auch in dem Begleitbuch für die Kursteilnehmer (Kaluza, 2007, ▶ Kap. 2).

Die Erläuterungen müssen selbstverständlich auf das Informationsbedürfnis, das intellektuelle Niveau und die Zusammensetzung der jeweiligen Kursgruppe abgestimmt werden. Der Kursleiter sollte sich möglichst an den Fragen der Teilnehmer orientieren und durch entsprechende eigene Fragen an die Teilnehmer immer wieder die persönliche Reflexion und Integration der dargestellten Informationen anregen, z.B.:

- *Welche der dargestellten körperlichen Stressreaktionen können Sie bei sich persönlich feststellen?*
- *Was bedeuten die langfristigen Auswirkungen von Stress für Sie persönlich?*
- *Welche Konsequenzen haben die dargestellten Zusammenhänge für Sie? Wie kommt das alles bei Ihnen an?*

Der Anregung zur Selbstreflexion und Sensibilisierung für eigene Stresssymptome und nicht etwa einer normativen Diagnostik dient auch die **Checkliste »Warnsignale für Stress«** (▶ s. Anhang, S. 196 f.), die der Kursleiter den Teilnehmern abschließend zur Bearbeitung austeilt.

5.3 Gruppenarbeit: Meine Kompetenzen zur Stressbewältigung

Bevor in der Kursgruppe auf konkrete Belastungserfahrungen einzelner Teilnehmer eingegangen wird, wird hier zunächst an die bereits vorhandenen Kompetenzen zur Stressbewältigung angeknüpft. Der Kursleiter bittet die Teilnehmer, sich an die verschiedenen Möglichkeiten des Umgangs mit alltäglichen Belastungen zu erinnern, mit denen der Einzelne in der Vergangenheit bereits gute Erfahrungen gemacht hat. In Kleingruppen tragen die Teilnehmer möglichst viele unterschiedliche Formen der Stressbewältigung zusammen und halten diese stichwortartig auf Karteikärtchen (jeweils eine Strategie pro Karte, eine Kartenfarbe pro Kleingruppe) schriftlich fest.

Der Kursleiter erläutert dann anhand der »Stress-Ampel« die drei Ansatzpunkte und Hauptsäulen der individuellen Stresskompetenz (▶ Abschn. 3.1):

- Ansatzpunkt »Stressoren« (instrumentelle Stresskompetenz): Hier geht es darum, äußere Belastungen und Anforderungen im beruflichen und privaten Bereich zu verändern, soweit möglich zu verringern oder ganz abzubauen.
- Ansatzpunkt »Persönliche Einstellungen und Bewertungen« (mentale Stresskompetenz): Hier geht es darum, sich selbstkritisch eigener stresserzeugender oder -verschärfender Einstellungen und Bewertungen bewusst zu werden und förderliche Denkweisen und Einstellungen zu entwickeln.
- Ansatzpunkt »Stressreaktionen« (palliative und regenerative Stresskompetenz): Nicht alle – äußeren oder inneren – Stressfaktoren können (oder sollen) vermieden, abgebaut oder vermindert werden. Es ist daher unvermeidlich, dass Stressreaktionen immer wieder auftreten. Hier geht es darum, körperliche und psychische Erregung zu dämpfen und abzubauen sowie langfristig die eigene Belastbarkeit zu erhalten.

Er bittet die Teilnehmer, die von ihnen zusammengetragenen Möglichkeiten der Stressbewältigung jeweils einer der drei Hauptsäulen zuzuordnen und die jeweiligen Karteikärtchen auf einer entsprechend vorbereiteten Pinnwand anzuheften.

So entsteht an der Pinnwand ein möglichst vielfältiges Bild der in der Gruppe bereits vorhandenen Bewältigungskompetenzen. Im anschließenden Gruppengespräch sollten zunächst Unsicherheiten in Bezug auf die Zuordnung einzelner Kärtchen angesprochen und dabei das Verständnis der Teilnehmer für instrumentelle, mentale und palliativ-regenerative Formen des individuellen Stressmanagements gefördert werden. Gegebenenfalls kann aufgrund der Kartenfarbe auch auf unterschiedliche Präferenzen im Umgang mit Belastungen in den verschiedenen Kleingruppen eingegangen werden. Hauptsächlich aber dient das Gespräch dazu, den Teilnehmern Gelegenheit zu geben, ausführlich über ihre positiven Erfahrungen mit einzelnen Möglichkeiten der Stressbewältigung zu berichten. Hierfür sollte viel Zeit eingeräumt werden. Der Kursleiter sollte den betreffenden Teilnehmer zu einer möglichst genauen und lebendigen Schilderung seiner Erfahrungen ermuntern. Auch wie es dem betreffenden Teilnehmer gelingt, auftretende äußere und innere Hindernisse zu überwinden, sollte eingehend exploriert werden. Auf diese Weise kann die Wahrnehmung eigener Kompetenzen beim jeweiligen Teilnehmer gestärkt werden (Selbstwirksamkeitsüberzeugung). Für die übrigen Kursteilnehmer erfüllen diese Schilderungen den Charakter »sich selbst enthüllender Bewältigungsmodelle«, durch die sie Anregungen und Ideen für ihr eigenes Bewältigungsverhalten erhalten können.

Der Kursleiter weist abschließend darauf hin, dass erfolgreiche – und damit letztlich auch »gesundheitsförderliche« – Stressbewältigung ein ausgewogenes Verhältnis von instrumentellen, mentalen und regenerativen Strategien voraussetzt: Derjenige, der beständig und »verbissen« um die instrumentelle Bewältigung von Anforderungen bemüht ist, sollte lernen, auch einmal abzuschalten und sich zu entspannen. Während umgekehrt derjenige, der Belastungen ausschließlich durch Ablenkung, Entspannung etc. zu bewältigen sucht, lernen sollte, sich auch mit den Faktoren in seiner Umgebung und in sich selbst auseinanderzusetzen, die die Belastung hervorrufen oder verstärken. Im Laufe des Gesundheitsförderungsprogramms »Gelassen und sicher im Stress« werden daher alle drei Wege des individuellen Stressmanagements beschritten.

Zusammenfassend kann den Teilnehmern das **Informationsblatt »Die 3 Hauptsäulen der persönlichen Stresskompetenz«** (▶ s. Anhang, S. 199f.) ausgeteilt werden. Die dort am Ende aufgeführten Fragen zur Selbstreflektion schaffen einen guten Übergang zum nächsten Thema, der Klärung von persönlichen Erwartungen und Befürchtungen (▶ nächsten Abschnitt 5.4).

Ebenso wie für die »Stressampel« empfiehlt es sich, dass der Kursleiter auch ein Plakat mit den drei Säulen der individuellen Stresskompetenz vorbereitet, das als strukturierende Orientierungshilfe in allen nachfolgenden Kurssitzungen dienen kann (▶ vgl. Anhang, ◨ Abb. A.10, S. 198).

5.4 Klären von Erwartungen und Befürchtungen

Auch die Klärung von Erwartungen und evtl. Befürchtungen der Teilnehmer gehört zum Einstieg in das Programm. Allerdings ist erfahrungsgemäß aufgrund der starken Orientierungs- und Handlungsunsicherheit in der Anfangsphase ein Thematisieren von Teilnehmererwartungen und Teilnehmerbefürchtungen für alle Beteiligten belastend und zudem meist wenig ergiebig. Die Teilnehmeräußerungen bleiben recht pauschal, unpersönlich und an der vermuteten »sozialen Erwünschtheit« orientiert (vgl. auch Geißler, 1994). Es empfiehlt sich daher, die Frage nach Erwartungen und Befürchtungen erst dann zu stellen, wenn eine erste inhaltliche und soziale Orientierung vollzogen ist. Das heißt, wenn die Teilnehmer einen ersten Eindruck vom Interaktionsstil des Kursleiters, von den anderen Teilnehmern, von den Inhalten und eingesetzten Methoden bekommen haben. Im Anschluss an das Gruppengespräch zu den bereits vorhandenen Stressbewältigungskompetenzen scheint hierfür ein geeigneter Zeitpunkt zu sein.

In Form einer Kartenabfrage bittet der Kursleiter die Teilnehmer, ihre Erwartungen und Befürchtungen zu formulieren.
– *Was möchten Sie von diesem Seminar für sich persönlich mitnehmen?*
– *Was müsste hier passieren, damit Sie nicht wiederkommen oder innerlich kündigen?*

Anschließend sammelt der Kursleiter die beschrifteten Kärtchen ein, liest jede Karte laut vor und heftet sie an die vorbereitete Pinnwand, wobei thematisch zusammengehörige Kärtchen nebeneinander gehängt werden (induktives Systematisieren). Erst wenn alle Kärtchen an der Pinnwand hängen, sollte der Kursleiter zu einzelnen Erwartungen bzw. Befürchtungen Stellung nehmen. Gegebenenfalls muss er auf nicht erfüllbare Erwartungen eingehen. Der Kursleiter äußert seinerseits die Hoffnung, dass die Teilnehmer sich selbst für die Erfüllung ihrer Erwartungen (mit)verantwortlich fühlen, und bittet sie, frühzeitig zu signalisieren, wenn Inhalte oder Verlauf der Kurssitzungen an ihren Erwartungen vorbeigehen. Zu diesem Zweck sollte der Kursleiter im Verlauf der folgenden Kurssitzungen immer wieder an die zu Beginn formulierten Erwartungen erinnern und nach ggf. veränderten Erwartungen fragen.

Schwieriger noch als das Äußern von persönlichen Erwartungen ist für die meisten Teilnehmer das Äußern von Befürchtungen. In manchen Gruppen ist es hilfreich und mitunter notwendig, statt Befürchtungen explizit zu thematisieren, Regeln für den Umgang miteinander zu vereinbaren.

Ein besonderes Wort ist dem Problem der **Schweigepflicht** zu widmen. Besonders in ländlichen Regionen, aber auch beispielsweise bei innerbetrieblichen Trainings kann die Angst, über in der Gruppe angesprochene persönliche Belange werde mit Außenstehenden gesprochen, die Offenheit der Teilnehmer einschränken. Diese Befürchtung sollte vom Gruppenleiter angesprochen werden. Als Regel, die im gemeinsamen Interesse aller Teilnehmer liegt, sollte herausgestellt werden, dass alle **persönlichen Informationen** über einzelne Kursteilnehmer in der Gruppe bleiben und nicht nach außen getragen werden. In der Praxis hat sich gezeigt, dass sich Probleme hier letztlich kaum aus der Verletzung der Schweigepflicht durch einzelne Teilnehmer, sondern vielmehr aus der Angst der Teilnehmer vor einer solchen Verletzung ergeben haben, die – wenn sie nicht thematisiert worden ist – den Gruppenprozess lähmen kann. Allerdings sollte das Gespräch hierüber auch nicht dramatisiert werden, da sonst einzelne Teilnehmer dieses als – ebenfalls ängstigende – Aufforderung (miss)verstehen könnten, in der Gruppe über sehr intime Dinge sprechen zu müssen.

Trainingsmodul 1: Entspannen und loslassen – das Entspannungstraining

6.1 Ziele – 80

6.2 Methode: Progressive Relaxation – 81

6.3 Praktische Durchführung im Kurs – 83

6.4 Überblick über das Entspannungstraining – 100

6.1 Ziele

Der rhythmische Wechsel zwischen Anspannung und Entspannung, zwischen Aktivität und Passivität, zwischen Expansion und Kontraktion ist ein grundlegendes Merkmal des Lebendigen. Dies zeigt sich bereits bei so basalen biologischen Lebensvorgängen wie der Herztätigkeit mit ihrem Wechsel von Diastole und Systole oder der Atemtätigkeit mit ihrem Wechsel von Expiration und Inspiration. Dabei bilden Anspannung und Entspannung wie die zwei Seiten einer Medaille eine dynamische Einheit. Das eine existiert nur als Gegenüber des anderen. Starke Anspannung ermüdet und führt zu einer natürlichen Entspannung. Die Entspannung baut die Energiereserven wieder auf, so dass neue Spannung möglich wird. Einen solchen lebendigen Wechsel zwischen Spannung und Entspannung zu unterstützen, zu fördern und dort, wo er aufgrund lang anhaltender oder immer wiederkehrender Belastungen aus dem Takt gekommen oder ganz unterbrochen ist, wieder in Gang zu bringen, ist das übergeordnete Ziel des Entspannungstrainings.

Die Fähigkeit, körperlich zu entspannen und gedanklich abzuschalten, stellt eine wesentliche Komponente der regenerativen Stresskompetenz dar. Über diese Fähigkeit verfügt grundsätzlich jeder Mensch und sie ist trainierbar. Erforderlich dafür ist wie bei der Ausbildung jeder anderen Fähigkeit auch die regelmäßige Übung. Dabei werden folgende hierarchisch gestufte Ziele verfolgt:

- Spannung wahrnehmen: Viele Menschen haben das Gespür für körperliche Anspannungsprozesse verloren. Sie nehmen diese erst wahr, wenn sich bereits Symptome (Kopf- und Nackenschmerzen, Magenbeschwerden, Augendruck, Schlafstörungen etc.) eingestellt haben. Das erste Ziel des Entspannungstrainings besteht daher darin, die Wahrnehmung für Spannungsempfindungen zu sensibilisieren.
- Wechsel von Anspannung zu Entspannung erfahren: Das nächste Ziel ist darin zu sehen, dass die Teilnehmer den Unterschied zwischen Anspannung und Entspannung, die »Umschaltung«, wie es im Autogenen Training genannt wird, möglichst deutlich erleben, also den Moment, in dem Anspannung nachlässt und Entspannung beginnt.
- Entspannung genießen: Einen angenehmen, tiefen Zustand der Entspannung über einen begrenzten Zeitraum aufrechtzuerhalten und genussvoll zu erleben, ist ein weiteres Ziel des Entspannungstrainings.
- Anspannung und Entspannung im Alltag selbst regulieren: Das Ziel, auf das letztlich alles hinausläuft, besteht darin, die trainierte Entspannungsfähigkeit gezielt in alltäglichen Situationen einzusetzen. Die Teilnehmer lernen, wie sie angenehme Gefühle der Entspannung nicht allein während der besonderen Entspannungsübungen gewissermaßen im »stillen Kämmerlein« erleben können, sondern in ihren normalen Alltag hineintragen können.

Im Ergebnis führen regelmäßige Entspannungsübungen zu einem Abbau körperlicher (Über-)Erregung und in der Folge zu einer Linderung funktioneller Beschwerden. Ein Entspannungstraining führt darüber hinaus zu einem Gefühl zunehmender psychischer Gelöstheit, dem Erlebnis von Ruhe und Gelassenheit sowie dem Gefühl der Erholung und geistiger Frische. Es kann auch zu einem höheren Grad an Selbstsicherheit und zu einer Verringerung von Ängstlichkeit und Deprimiertheit beitragen. Die körperlichen und psychischen Effekte von regelmäßig durchgeführten Entspannungstrainings sind wissenschaftlich vielfach und gut belegt (zusammenfassend Vaitl & Petermann, 1993).

Die Fähigkeit zur Entspannung kann, wenn sie gut trainiert ist, auch als kurzfristige Bewältigungsstrategie in akuten Belastungssituationen eingesetzt werden und eine problembezogene Auseinandersetzung vorbereiten bzw. erst ermöglichen. Als erste Selbstkontrolltechnik kann Entspannung das Gefühl der Kontrollmöglichkeit in diesen Situationen erhöhen und damit zu einem Gefühl geringerer Verwundbarkeit und höherer Belastbarkeit führen. Im Rahmen des Entspannungstrainings werden die Teilnehmer daher sowohl zu regelmäßigen Entspannungsübungen zum Zwecke der Erholung und des Belastungsausgleichs angeleitet, als auch zum Einsatz der Entspannung als kurzfristiger Bewältigungsstrategie in akuten Belastungssituationen befähigt.

Schließlich ist das Entspannungstraining nicht auf das bloße Erlernen einer Technik reduziert, deren Ziel allein in der Lösung körperlicher Verspannungen besteht. Vielmehr werden im Laufe des Trainingsprozesses implizit Veränderungen auch im emotionalen und kognitiven Bereich angestoßen, die insgesamt zu einem stressfreieren Umgang mit Belastungen beitragen können. Hierzu zählen so grundlegende Dinge wie sich Zeit für sich selbst zu nehmen, sich auf sich selbst zu zentrieren und die eigenen körperlichen und emotionalen Signale sensibel wahrzunehmen und zu (be)achten. Im Weiteren geht es um die Überwindung von überzogenem Leistungsstreben und starren Kontrollbedürfnissen zugunsten einer mehr rezeptiven Haltung des Geschehenlassens. Um nicht einem technizistisch-verkürzten Verständnis von Entspannung zu erliegen, sollte sich der Kursleiter dieser impliziten Ziele des Entspannungstrainings bei der praktischen Vermittlung im Kurs stets bewusst sein.

> Das Entspannungstraining dient v.a. der Kompensation der Folgen langfristiger Beanspruchung und der Erholung (regeneratives Stressmanagement), der Erregungskontrolle in akuten Belastungssituationen (palliatives Stressmanagement) sowie der »Aufweichung« stressverschärfender Bewertungsmuster und Haltungen (mentales Stressmanagement).

6.2 Methode: Progressive Relaxation

Das Entspannungstraining erfolgt nach der Methode der Progressiven Relaxation (PR, früher auch Progressive Muskelrelaxation; Jacobson, 2006). Diese Methode wurde in den Zwanzigerjahren des letzten Jahrhunderts von dem amerikanischen Arzt und Neurophysiologen Edmund Jacobson entwickelt, also zur selben Zeit, in der auch der Berliner Arzt Johannes Heinrich Schultz das autogene Training (AT) begründete (Schultz, 1979), in dessen Schatten die PR im deutschsprachigen Raum über lange Zeit gestanden hat. Erst mit der Verbreitung der Verhaltenstherapie in den 1960er Jahren, besonders der systematischen Desensibilisierung zur Behandlung phobischer Ängste, wurde die PR auch bei uns bekannter und – allerdings mit deutlichen Modifikationen des ursprünglichen Vorgehens – verstärkt eingesetzt. Heute stellt die PR eine sowohl im klinischen wie im präventiven Kontext weit verbreitete und empirisch gut untersuchte Standardmethode dar. Ihre Effektivität wurde bei einer ganzen Reihe von körperlichen und psychischen Störungen belegt, insbesondere bei Angststörungen, Spannungskopfschmerzen, Schlafstörungen und essenzieller Hypertonie. Darüber hinaus hat sie sich als wirksame Methode zur Reduktion allgemeiner psychophysiologischer Aktivierung in Belastungssituationen erwiesen (zusammenfassend Hamm, 1993; Ohm, 1992; Gröninger & Stade-Gröninger, 1996).

6.2.1 Theoretische Grundannahmen

Jacobson ging davon aus, dass sich jede psychische Erregung und Spannung in einer Zunahme des Muskeltonus manifestiert. Umgekehrt postulierte er, dass durch eine Reduktion muskulärer Spannungen auch die Aktivität im zentralen Nervensystem herabgesetzt werden könne. Über eine systematische Kontrolle des Tonus einzelner Muskelpartien solle eine fortschreitende (= progressive) Entwicklung eines psychophysischen Entspannungszustands erreicht werden. Psychophysiologische Untersuchungen haben den zentrifugalen Aspekt von Jacobsons Grundannahme, wonach mentale Prozesse mit efferenten peripher-physiologischen Veränderungen sowohl in der quer gestreiften Skelettmuskulatur als auch in der glatten Eingeweidemuskulatur korrespondieren, gut belegen können. Die Belege für den zentripetalen Aspekt seiner Hypothese, wonach die Reduktion des afferenten Inputs durch muskuläre Entspannung auch zu einer reduzierten Aktivität des zentralen Nervensystems führt, sind demgegenüber weniger eindeutig (Hamm, 1993). Während die klinische Effektivität des Verfahrens unumstritten ist, sind die zugrunde liegenden konkreten Wirkmechanismen somit bis heute unzureichend erforscht.

Für Jacobson selbst kam es entscheidend darauf an, die Wahrnehmung für auch schwächste muskuläre Anspannungsreaktionen zu sensibilisieren. Er sprach von der »Kultivierung des Muskelsinnes«, die er als Hauptziel des Trainings ansah. Praktisch trainierte er mit seinen Patienten, auch minimale Verspannungen in einzelnen Muskeln zu unterscheiden und abzubauen. In seiner Originalversion war das Verfahren daher sehr zeitaufwändig. Für das Erlernen der Methode waren mindestens 50 Einzelsitzungen vorgesehen. Inzwischen liegen aber wesentlich verkürzte Varianten der progressiven Relaxation vor (Bernstein & Borkovec, 2007), an denen sich auch der hier gewählte Trainingsaufbau orientiert.

6.2.2 Grundprinzip der Progressiven Relaxation

Das Grundprinzip der Methode ist sehr einfach. Es besteht aus dem Wechsel zwischen Anspannung und anschließender Entspannung einzelner Muskelgruppen. Hierzu werden einzelne Muskeln zunächst jeweils angespannt. Die Spannung wird kurz (5–7 s) gehalten und dann mit dem Ausatmen wieder gelöst und entspannt. Dabei ist konzentriert auf Empfindungen der Entspannung in den betreffenden Muskelpartien zu achten und die Entspannung jeweils mit dem Ausatmen zu vertiefen (ca. 30–45 s). Während der Anspannungsphasen soll normal weiter geatmet, der Atem also nicht angehalten werden. Dadurch kann verhindert werden, dass die Anspannung auf den ganzen Körper generalisiert, und es werden differenzielle, auf die jeweiligen Muskelgruppen bezogene Spannungsempfindungen unterstützt. Der Wechsel von anfänglicher Anspannung und anschließender Entspannung ist ggf. mehrmals zu wiederholen, bis ein gutes Entspannungsgefühl in dem jeweiligen Körperbereich vorherrscht (◘ Abb. 6.1).

6.2.3 Ablauf

Der Ablauf des Entspannungstrainings ist in mehrere Schritte gegliedert:
   Das Training beginnt mit einer so genannten **Langform der PR**, die aus insgesamt 16 Muskelpartien besteht, die sukzessive eingeführt werden. Im weiteren Verlauf wird die Entspannungsübung verkürzt, indem diese 16 Muskelpartien zu 4 Gruppen zusammengefasst werden, die dann gleichzeitig angespannt und anschließend entspannt werden.

Aufmerksamkeit auf die jeweilige Körperregion lenken

Muskeln anspannen

Spannung kurz (ca. 5–7 sec.) halten (dabei weiteratmen)

Mit dem Ausatmen Spannung lösen und entspannen (30–45 sec.)

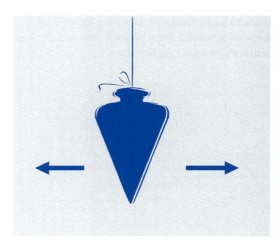

◘ **Abb. 6.1** Grundprinzip der Progressiven Relaxation (PR)

Dies ist die **Kurzform der PR**. In einem nächsten Schritt wird ein **Ruhewort** in die Übung eingeführt, das die Teilnehmer beim Ausatmen und gleichzeitigem Loslassen der Anspannung innerlich mitsprechen sollen. Dieses für jeden Teilnehmer individuelle Ruhewort fördert die Konzentration auf den Entspannungsvorgang und etabliert bei fortschreitender Übung einen diskriminativen Stimulus für die Auslösung der Entspannungsreaktion. Schließlich entfällt die initiale Anspannung der Muskeln. Die Teilnehmer lernen, die Entspannung allein durch Konzentration auf Entspannungsempfindungen in den jeweiligen Muskelgruppen zu induzieren (»**Entspannung durch Vergegenwärtigung**«). Die zunehmende Verkürzung der Übung, die Einführung des Ruhewortes und die Entspannung durch Vergegenwärtigung sollen die gezielte **Anwendung der Entspannung im Alltag und unter akuten Belastungsbedingungen** ermöglichen. Hierzu werden im letzten Schritt gezielte Übungen zur Kurzentspannung durchgeführt.

Hinweis

Es ist grundsätzlich durchaus möglich, im Rahmen des Entspannungstrainings statt der PR das Autogene Training (AT) zu vermitteln und mit den anderen Programmbausteinen zu kombinieren. Für die Wahl der PR waren nicht prinzipielle Überlegungen, sondern praktische Erfahrungen ausschlaggebend. Diese zeigen, dass bei der PR im Vergleich zum AT gerade zu Anfang weniger Schwierigkeiten, besonders in Form von Konzentrationsstörungen, auftreten, sodass es relativ schnell und leicht bei den meisten Teilnehmern zu ersten Erlebnissen von angenehmer Entspannung kommt, die sich positiv motivierend auf den weiteren Trainingsverlauf auswirken. Auch kommt die PR mit ihrem Wechsel von Anspannungs- und Entspannungsphasen dem Aktivitätsbedürfnis vieler Teilnehmer von Stressbewältigungskursen entgegen. Wenngleich auch die Wege verschieden sind, so führen beide Methoden erfahrungsgemäß doch zu einem ähnlichen Ergebnis. Zumindest trifft dies auf den hier gewählten Trainingsaufbau mit seiner starken Betonung von individueller Wahrnehmung und selbst induzierter Entspannung zu.

6.3 Praktische Durchführung im Kurs

Das Entspannungstraining nimmt im Rahmen des Gesamtprogramms einen zentralen Platz ein. Es sollte möglichst früh begonnen werden. Die Teilnehmer haben so ausreichend Zeit zu üben. Außerdem kann dadurch den Erwartungen mancher Teilnehmer nach einfachen technischen Hilfestellungen entgegengekommen und eine Brücke zu den komplexeren problemorientierten und mentalen Strategien der Bewältigung geschlagen werden. Auch wird durch das Entspannungstraining implizit vermittelt, auf welche Weise Veränderungen im Kurs angestrebt werden, nämlich durch das eigene, aktive Tun der Teilnehmer. In jeder Kursstunde sollte Zeit für die Besprechung der Erfahrungen mit den häuslichen Entspannungsübungen und für die Durchführung einer gemeinsamen Übung eingeplant werden. Die für den Übungserfolg notwendige Regelmäßigkeit der Übung sollte auch für die gemeinsamen Entspannungsübungen in jeder Kurssitzung gelten. Der Umgang mit der Entspannungsübung während der Sitzungen hat Modellcharakter. Dies sollte der Kursleiter bei der zeitlichen Strukturierung der einzelnen Sitzung berücksichtigen und keinesfalls die gemeinsame Entspannungsübung zur Disposition stellen. Ob die Übung am Anfang oder am Ende oder auch in der Mitte einer Kurssitzung durchgeführt wird, kann flexibel, an den aktuellen Bedürfnissen der Teilnehmer orientiert, gehandhabt werden.

6.3.1 Einführung der Langform

Auf Anregung des Kursleiters tauschen die Teilnehmer zunächst ihre Erfahrungen mit bisher von ihnen benutzten Möglichkeiten der Entspannung aus:
- *Wann, wo und wie gelingt es Ihnen, sich zu entspannen? Womit, wodurch oder wobei entspannen Sie sich?*
- *Woran merken Sie, dass Sie entspannt sind? Wie fühlt sich Entspannung bei Ihnen an?*

Der Kursleiter sollte insbesondere auf positive Erfahrungsberichte und Beschreibungen von körperlichen und seelischen Entspannungsempfindungen der Teilnehmer eingehen. Äußerungen über Schwierigkeiten, Hindernisse, Störungen etc. sollten angenommen, jedoch nicht weiter vertieft werden. Nach Möglichkeit sollte der Leiter aus den Erfahrungsberichten der Teilnehmer bereits erste Bedingungen für eine erfolgreiche Entspannung herausarbeiten (etwa: ruhiger Raum, angenehme Körperposition, kein innerer Leistungsdruck etc.). Er macht deutlich, dass jeder Mensch über die Fähigkeit zur Entspannung verfügt und dass diese Fähigkeit durch regelmäßiges Training verbessert werden kann, sodass eine schnellere und tiefere Entspannung möglich wird.

Demonstration des Grundprinzips der PR

Der Kursleiter stellt die Methode der Progressiven Relaxation (PR) als eine wissenschaftlich erprobte Methode der Selbstentspannung vor, deren Vorteile darin liegen, dass
- sie ohne äußere Hilfsmittel auskommt,
- universell einsetzbar ist,
- keine unerwünschten Nebenwirkungen hat und
- relativ leicht und schnell erlernbar ist (auch von Personen, die bisher mit anderen Entspannungsverfahren, wie z.B. mit dem autogenen Training, eher schlechte Erfahrungen gemacht haben).

Er erläutert das Grundprinzip der Methode und kann dies stichwortartig auf einer Wandzeitung festhalten (◘ Abb. 6.1; s. auch Anhang, ◘ Abb. A.11, S. 202). Das Grundprinzip lässt sich gut mit dem Bild eines unbewegt herabhängenden Pendels veranschaulichen: Wenn wir es nach links (»Entspannung«) ausschwingen lassen wollen, könnten wir es stark in diese Richtung stoßen. Leichter wäre es jedoch, es zunächst ganz in die entgegengesetzte Richtung (»Anspannung«) zu ziehen und es dann fallen zu lassen. Es wird über die Senkrechte hinaus in die gewünschte Richtung schwingen. Die Muskeln vor der Entspannung anzuspannen ist, als ob wir uns zu einem »fliegenden Start« in die tiefe Entspannung verhelfen.

Die Anspannungsmodi für die einzelnen Muskelpartien der Langform werden vom Kursleiter demonstriert und mit den Teilnehmern zunächst in einer »Trockenübung« ausprobiert. Die Langform ist in 4 Übungsteile gegliedert, die sukzessive, d.h. von Kurssitzung zu Kurssitzung eingeführt werden (◘ Tab. 6.1).

Stärke der Anspannung

Es ist bei der Übung darauf zu achten, dass die Muskeln nicht verkrampft, sondern nur so weit angespannt werden, dass ein deutliches Spannungsgefühl entsteht. Für den Anfänger kann es manchmal hilfreich sein, durch starke Anspannung, in den Armen sogar bis zum Zittern der Muskeln, die anschließende Entspannung besonders eindrucksvoll zu erleben. Allerdings sollte nicht der Eindruck entstehen, dass die Ausführung der Übungen und deren Wirkungen umso besser sind, je stärker die Anspannung ist. Das Motto »viel hilft viel« gilt hier nicht.

Alternative Anspannungsmodi

Es kann vorkommen, dass Teilnehmer Schwierigkeiten bei einzelnen Muskeln, besonders im Nacken-, Schulter- und Rückenbereich, mit der demonstrierten Form der Anspannung haben. Für diese finden sich in obiger Aufstellung alternative Anspannungsmodi, die ausprobiert werden können. Weitere detaillierte Hinweise zur Anspannung spezifischer Muskelpartien finden sich bei Jacobson (2006), Wendlandt (2005) sowie Ohm (2007).

Vertiefen der Entspannungsempfindungen

Die Vorstellung, nach dem Loslassen der Anspannung mit jedem Ausatmen die Muskeln noch mehr zu lockern, ergibt bei vielen Übenden eine spürbare zusätzliche Wirkung (»Ausatmungsverstärkung«).

Sitzen oder Liegen?

Wie die Muskeln angespannt werden, hängt auch davon ab, ob die Übung im Sitzen oder Liegen durchgeführt wird. Sofern die Räumlichkeiten dies zulassen, kann in beiden Positionen geübt werden. In der liegenden Position werden in der Regel Entspannungsgefühle vertieft erlebt. Durch das Üben in der sitzenden Position wird die angestrebte Anwendung der Entspannung in unterschiedlichsten Alltagssituationen vorbereitet. Gegen Ende des Trainings werden dann auch Übungen im Stehen durchgeführt, die einer kurzfristigen Entspannung unmittelbar vor oder in Belastungssituationen dienen.

Klarer Beginn

Jede Entspannungsübung sollte einen klaren, eindeutigen Start haben, der durch ein kleines Ritual markiert wird. Dieses beinhaltet
1. die bewusste Entscheidung dafür, die Übung jetzt durchführen zu wollen,
2. die bewusste Einnahme der körperlichen Entspannungsposition (mit dem Gesäß auf die gesamte Sitzfläche setzen und Rücken anlehnen, Füße fest auf den Boden stellen, Hände auf die Oberschenkel und dabei die Schultern fallen lassen) und
3. die bewusste Innenwendung der Aufmerksamkeit mit Augenschluss.

Tab. 6.1 Progressive Relaxation/Langform: Anspannungsmodi für die einzelnen Muskelgruppen

1. Übungsteil: Hände und Arme

(1)	Dominante Hand und Unterarm	Hand zur Faust ballen
(2)	Dominanter Oberarm	Ellenbogen anwinkeln (mit geöffneter Hand)
(3)	Nichtdominante Hand und Unterarm	Hand zur Faust ballen
(4)	Nichtdominanter Oberarm	Ellenbogen anwinkeln (mit geöffneter Hand)

2. Übungsteil: Füße, Beine, Gesäß

(5)	Füße	Zehen einkrallen oder: Zehen spreizen
(6)	Unterschenkel	Fersen vom Boden abheben (Achtung: Bei Neigung zu Wadenkrämpfen Fersen nur leicht anheben!)
(7)	Oberschenkel	Fersen in den Boden drücken und Zehen vom Boden abheben
(8)	Gesäß	Pobacken zusammendrücken

3. Übungsteil: Kopf und Gesicht

(9)	Stirn und Kopfhaut	Augenbrauen hochziehen und dabei die Stirn in horizontale Falten legen oder: Augenbrauen zusammenziehen, sodass auf der Stirn tiefe senkrechte Falten (»Zornesfalten«) entstehen
(10)	Augen und obere Wangenpartie	Augen zusammenkneifen und die Nase nach oben ziehen (»rümpfen«)
(11)	Untere Wangenpartie, Kiefer, Mund	Zähne aufeinander beißen, Lippen aufeinander pressen, Zunge nach oben gegen den Gaumen drücken
(12)	Hals und Nacken	Kopf etwas einziehen und nach hinten drücken oder: Kopf nach vorne auf die Brust ziehen oder: Kopf leicht geneigt nach rechts (bzw. links) drehen, das Kinn zeigt jeweils zur rechten (bzw. linken) Schulter oder: Kopf mit dem Gesicht nach unten zur rechten (bzw. linken) Schulter neigen (»das Ohr auf die Schulter legen«)

4. Übungsteil: Schultern, Rücken, Brust, Bauch

(13)	Schultern und obere Rückenpartie	Schultern hochziehen (»bis zu den Ohren«) oder: Schulterblätter nach hinten unten drücken (»als wollten sich die Schulterblattspitzen berühren«) oder: Schultern nach vorne vor die Brust ziehen
(14)	Brust	Tief einatmen und Atem kurz anhalten, dabei Brustmuskulatur anspannen
(15)	Untere Rückenpartie	Leichtes Hohlkreuz machen, indem das Becken nach vorne gekippt wird oder: den Rumpf nach vorne überbeugen
(16)	Bauch	Bauch hart machen (»als wolle man einen leichten Schlag abfangen«) oder: Bauchdecke einziehen oder: Bauchdecke nach außen wölben

Ein solches Startritual etabliert durch die regelmäßige Wiederholung einen Auslösereiz für die Entspannungsreaktion, wodurch deren Transfer in den Alltag unterstützt wird.

Klares Ende: Zurücknehmen
Ebenso wichtig wie ein klarer Beginn ist ein klares Ende der Entspannungsübung. Das Ritual des Zurücknehmens beinhaltet
1. die bewusste Entscheidung dafür, die Übung jetzt beenden zu wollen,
2. die bewusste körperliche Aktivierung (Hände ballen und Ellenbogen beugen, strecken und räkeln, tief atmen) und
3. das Öffnen der Augen und die bewusste Außenwendung der Aufmerksamkeit.

Das Zurücknehmen soll nach jeder Übung erfolgen (Ausnahme: Übungen, die abends im Bett als Einschlafhilfe durchgeführt werden).

Durchführen einer Entspannungsübung

Ist das Grundprinzip verstanden und auch die Art und Weise der Muskelanspannung erprobt, kann mit der ersten Entspannungsübung begonnen werden. Zur Vorbereitung bittet der Kursleiter die Teilnehmer noch, ggf. beengende Kleidungsstücke wie Gürtel und Krawatten zu lockern sowie Brillen abzunehmen, falls diese beim Geschlossenhalten der Augen stören.

Er erteilt dann die Entspannungsinstruktion, für die sich im Folgenden ein Formulierungsvorschlag findet. Dieser muss vom Kursleiter nicht in seinen wörtlichen Einzelheiten übernommen werden. Vielmehr sollte der Kursleiter die einzelnen Formulierungen seinem individuellen Stil anpassen. Auch sollte er während der Übung die Teilnehmer aufmerksam beobachten und flexibel genug sein, die Instruktion ggf. entsprechend zu verändern (z.B. eine bestimmte Übung wiederholen, bei Unruhe vermehrt Ruhesuggestionen einstreuen, bei äußeren Störungen wieder zur Konzentration auf die Entspannung zurückführen etc.).

- **Instruktion zur Progressiven Relaxation: Langform**
Einleitung
— *»Stellen Sie sich bitte darauf ein, dass Sie sich nun entspannen werden. Achten Sie zunächst darauf, dass Sie gut sitzen. Ihre Füße stehen fest und sicher auf dem Boden. Der Rücken ist angelehnt. Arme und Hände ruhen locker auf den Oberschenkeln. Der Kopf hat eine angenehme Lage.*
— *Richten Sie Ihre Aufmerksamkeit nun nach innen, auf Ihren Körper. Schließen Sie dabei die Augen oder schauen Sie auf einen Punkt vor Ihren Füßen.*
— *Spüren Sie Ihre Füße auf dem Boden, den Rücken, die Hände auf den Oberschenkeln. Gehen Sie in Gedanken durch Ihren Körper und versuchen Sie aufzuspüren, welche Muskeln angespannt und verkrampft und welche bereits ziemlich locker und entspannt sind.*
— *Wenn Sie den Wunsch dazu haben, dann nehmen Sie einen tiefen Atemzug und atmen dann langsam wieder aus. Und lassen Sie den Atem dann einfach laufen und beobachten Sie, wie sich Ihre Bauchdecke beim Einatmen hebt und beim Ausatmen wieder senkt. Vielleicht können Sie auch spüren, wie die Luft kühl durch die Nase einströmt, und – vom Körper erwärmt – warm wieder hinausfließt.*
— *Wir beginnen nun gleich mit den Übungen. Achten Sie dabei bitte ganz aufmerksam auf Ihre Empfindungen bei der Anspannung und der anschließenden Entspannung der Muskeln. Es kommt nicht darauf an, die Muskeln stark anzuspannen, sondern nur darauf, dass Sie die Unterschiede zwischen Anspannung und Entspannung deutlich spüren. Atmen Sie auch beim Anspannen der Muskeln ruhig weiter. Bitte führen Sie die Anspannung der Muskeln immer erst dann durch, wenn ich »jetzt« sage.*

1. Übungsteil
— *»Richten Sie Ihre Aufmerksamkeit zunächst auf Ihre **rechte Hand** und Ihren **rechten Unterarm**. Ballen Sie Ihre rechte Hand zur Faust – jetzt. – Halten Sie die Spannung einen Moment und beobachten Sie die Empfindungen der Anspannung in Hand und Unterarm. – Und mit dem nächsten Ausatmen lösen Sie die Anspannung in Hand und*

Unterarm und lockern die Muskeln. Achten Sie auf den Unterschied zwischen der Anspannung vorher und der Entspannung jetzt. Achten Sie darauf, welches Gefühl sich entwickelt in Hand und Unterarm, ein leichtes Kribbeln vielleicht, ein Gefühl von Schwere oder Wärme. Folgen Sie diesem Gefühl mit jedem Ausatmen.

— Gehen Sie mit Ihrer Aufmerksamkeit nun weiter zum **rechten Oberarm**. Beugen Sie den Ellenbogen mit geöffneter Hand nach oben – jetzt. – Spüren Sie die Anspannung im rechten Oberarm, halten Sie die Spannung noch einen Moment, – und mit dem nächsten Ausatmen lassen Sie den Arm wieder sinken und entspannen. Achten Sie wieder auf den Unterschied zwischen der Anspannung vorher und der Entspannung jetzt. Achten Sie darauf, wie mit dem Nachlassen der Anspannung Gefühle der Entspannung sich ausbreiten können – im rechten Oberarm – im rechten Unterarm – in der rechten Hand – in jedem einzelnen Finger.

— Lassen Sie den rechten Arm entspannt ruhen, und wenden Sie Ihre Aufmerksamkeit nun der **linken Hand** zu. Ballen Sie die linke Hand zur Faust, – jetzt. – Beobachten Sie die Empfindungen der Anspannung in Hand und Unterarm, noch einen Moment halten – und dann mit dem nächsten Ausatmen lassen Sie die Spannung wieder los und entspannen. Achten Sie wieder auf den Unterschied zwischen der Anspannung vorher und der Entspannung, die sich jetzt allmählich in der Hand und im Unterarm ausbreiten kann.

— Gehen Sie mit Ihrer Aufmerksamkeit nun weiter zum **linken Oberarm**. Beugen Sie den Ellenbogen – jetzt. – Beobachten Sie die Anspannung der Muskeln im linken Oberarm – und mit dem nächsten Ausatmen lassen Sie den Arm wieder sinken, lockern die Muskeln im Oberarm und entspannen. Wieder ist deutlich der Unterschied zwischen der Anspannung vorher und der Entspannung jetzt. Lassen Sie alle Spannung aus dem Arm herausfließen und entspannen Sie den Arm – mit jedem Ausatmen – mehr und mehr. Mit jedem Ausatmen lösen sich die Muskeln des linken Oberarmes, des linken Unterarmes und der Hand mehr und mehr.«

2. Übungsteil

— »Lassen Sie beide Arme ganz entspannt und ruhig ruhen und richten Sie Ihre Aufmerksamkeit nun bitte auf **beide Füße**. Krallen Sie die Zehen beider Füße ein – jetzt. – Halten Sie die Spannung einen Moment und beobachten Sie die Empfindungen der Anspannung in beiden Füßen. – Und mit dem nächsten Ausatmen lassen Sie die Anspannung wieder los und entspannen die Füße. Achten Sie wieder auf den Unterschied zwischen der Anspannung vorher und der Entspannung jetzt. Folgen Sie dem Gefühl der Entspannung mit jedem Ausatmen.

— Gehen Sie mit Ihrer Aufmerksamkeit nun weiter zu den **Unterschenkeln**. Heben Sie die Fersen beider Füße an – jetzt. – Spüren Sie die Anspannung in den Wadenmuskeln, halten Sie die Spannung noch einen Moment. – und mit dem nächsten Ausatmen lassen Sie die Spannung wieder los und entspannen. Achten Sie wieder auf den Unterschied zwischen der Anspannung vorher und der Entspannung jetzt. Versuchen Sie, mit jedem Ausatmen die Wadenmuskeln noch mehr loszulassen und zu entspannen.

— Wenden Sie Ihre Aufmerksamkeit nun den **Oberschenkeln** zu. Drücken Sie die Fersen beider Füße in den Boden und spannen Sie dabei die Oberschenkelmuskeln an – jetzt. – Beobachten Sie die Empfindungen der Anspannung, noch einen Moment halten – und dann mit dem nächsten Ausatmen wieder lösen und entspannen. Beobachten Sie, wie mit dem Nachlassen der Anspannung Gefühle der Entspannung sich ausbreiten können in den Oberschenkeln. Und folgen Sie diesen Gefühlen mit jedem Ausatmen.

— Gehen Sie mit Ihrer Aufmerksamkeit nun weiter zu den **Gesäßmuskeln**. Kneifen Sie die Pobacken zusammen – jetzt. – Achten Sie auf die Anspannung, halten, noch halten – und dann mit dem nächsten Ausatmen wieder entspannen. Wieder ist deutlich der Unterschied zwischen der Anspannung vorher und der Entspannung jetzt. Folgen Sie dem Gefühl der Entspannung – mit jedem Ausatmen. Mit jedem Ausatmen lösen sich die Muskeln des Gesäßes, der Oberschenkel, der Unterschenkel und der Füße mehr und mehr.«

3. Übungsteil

- »Richten Sie ihre Aufmerksamkeit nun bitte auf Ihr **Gesicht**, zunächst auf die Stirn. Legen Sie die Stirn in Falten – jetzt. – Beobachten Sie die Spannung in Stirn und Kopfhaut, noch einen Moment halten – und mit dem nächsten Ausatmen lassen Sie die Stirn locker und gelöst werden, wie eine glatte, leere Fläche. Achten Sie wieder auf den Unterschied zwischen der Anspannung vorher und der Entspannung jetzt. Glätten Sie die Stirn immer mehr. Spüren Sie, wie die Entspannung der Stirn sich angenehm über die ganze Kopfhaut ausbreitet.
- Wenden Sie Ihre Aufmerksamkeit nun den **Augen** zu. Kneifen Sie die Augen leicht zusammen und rümpfen Sie die Nase – jetzt. – Spüren Sie die Anspannung in der gesamten oberen Gesichtshälfte, halten, noch halten – und mit dem nächsten Ausatmen, wieder lösen und entspannen. Beobachten Sie wieder das Nachlassen der Anspannung und die aufkommende Entspannung.
- Gehen Sie nun weiter zu den **Kiefermuskeln**. Pressen Sie die Zähne und Lippen aufeinander und drücken Sie die Zunge nach oben gegen den Gaumen – jetzt. – Spüren Sie die Anspannung, halten, noch halten – und mit dem nächsten Ausatmen lassen Sie wieder los, lockern den Unterkiefer und entspannen. Achten Sie darauf, wie mit dem Nachlassen der Spannung ein Gefühl der Entspannung eintritt. Folgen Sie diesem Gefühl. Lassen Sie die Entspannung mit jedem Ausatmen immer noch tiefer werden und tiefer.
- Lassen Sie das Gesicht ganz entspannt und ruhig, und gehen Sie mit ihrer Aufmerksamkeit weiter zu den Muskeln in **Hals und Nacken**. Ziehen Sie den Kopf etwas ein und drücken Sie ihn nach hinten – jetzt. Spüren Sie die Anspannung in Nacken und Hinterkopf, halten, noch halten – und mit dem nächsten Ausatmen lösen Sie die Spannung wieder und lockern die Muskeln. Beobachten Sie wieder das Nachlassen der Anspannung und die aufkommende Entspannung. Folgen Sie dem Gefühl der Entspannung – mit jedem Ausatmen. Mit jedem Ausatmen lösen sich die Muskeln in Hals und Nacken und des Gesichtes mehr und mehr.«

4. Übungsteil

- »Richten Sie Ihre Aufmerksamkeit nun auf Ihre **Schultern**. Drücken Sie die Schultern nach hinten zusammen – jetzt. – Achten Sie auf die Anspannung in den Schultern, im gesamten oberen Rücken, halten – und mit dem nächsten Ausatmen, lassen Sie die Schultern wieder los und entspannen. Lassen Sie die Schultern so tief wie möglich sinken. Lassen Sie alle Spannung aus den Schultern entweichen. Ein angenehmes Gefühl von Ruhe und Entspannung breitet sich aus, folgen Sie diesem Gefühl und vertiefen Sie es mit jedem Ausatmen immer mehr.
- Richten Sie Ihre Aufmerksamkeit nun auf Ihre **Brustmuskeln**. Nehmen Sie einen tiefen Atemzug und halten Sie die Luft an – jetzt. Spüren Sie die Spannung in den Brustmuskeln, noch einen Moment halten – und dann ausatmen, loslassen und entspannen. Achten Sie darauf, wie mit dem Nachlassen der Spannung ein Gefühl der Entspannung eintritt. Lassen Sie die Entspannung mit jedem Ausatmen immer noch tiefer werden und tiefer.
- Richten Sie Ihre Aufmerksamkeit nun bitte auf den **unteren Rücken**. Machen Sie ein leichtes Hohlkreuz – jetzt. Spüren Sie die Spannung im unteren Rückenbereich, noch einen Moment halten – und mit dem nächsten Ausatmen lassen Sie dann wieder los und entspannen. Achten Sie wieder auf den Unterschied zwischen der Anspannung vorher und der Entspannung jetzt. Mit jedem Ausatmen lösen sich die Muskeln des Rückens mehr und mehr.
- Wandern Sie mit Ihrer Aufmerksamkeit nun weiter nach vorne in Ihren **Bauch**. Spannen Sie die Bauchmuskeln etwas an, so als wollten Sie einen leichten Schlag abfangen, – jetzt. – Spüren Sie die Spannung in der Bauchdecke, halten Sie sie noch einen Moment – und mit dem nächsten Ausatmen, lassen Sie die Spannung los und entspannen. Wieder spüren Sie den Unterschied zwischen Anspannung und Entspannung. Lassen Sie die Bauchmuskeln locker und entspannen Sie sie mit jedem Ausatmen mehr und mehr.«

Ausleitung

- »Und nun konzentrieren Sie sich nur noch auf das angenehme Gefühl der Entspannung. Folgen Sie

diesem Gefühl und versuchen Sie, es mit jedem Ausatmen immer noch tiefer werden zu lassen. Und lassen Sie dieses angenehme Gefühl in jeden Teil Ihres Körpers fließen: in die Arme – und Hände – in jeden einzelnen Finger – in Stirn und Kopfhaut – in die Augen – in Kiefer- und Wangenmuskeln – in Hals und Nacken – in die Schultern – den ganzen Rücken hinunter – in den Bauch – in das Gesäß – die Oberschenkel – die Unterschenkel – bis in die Füße hinein – bis in die Zehenspitzen. Lassen Sie sich mit jedem Ausatmen tiefer und tiefer in Ruhe und Entspannung fallen. So weit, wie Sie möchten, wie es für Sie angenehm ist. Genießen Sie diesen Zustand von Ruhe und Entspannung noch eine kurze Weile ganz für sich.
- Prägen Sie sich dieses angenehme Gefühl von Ruhe und Entspannung ein, um es in sich zu bewahren und hinauszutragen in den Rest des Tages.«

Zurücknahme
- »Sagen Sie sich nun bitte, dass Sie die Übung gleich beenden werden.
- Spannen Sie langsam beide Hände wieder an, winkeln Sie die Arme an, strecken und räkeln Sie sich.
- Atmen Sie ein paar Mal kräftig tief durch und öffnen Sie die Augen.«

Im weiteren Verlauf des Entspannungstrainings wird sich der Kursleiter bei den gemeinsamen Entspannungsübungen während der Kurssitzungen mit seinen Instruktionen mehr und mehr zurücknehmen. Er leitet die Teilnehmer zur selbständigen Durchführung einzelner Übungsabschnitte an (z.B. »Gehen Sie nun weiter zum linken Oberarm und führen Sie die Übung wie gewohnt durch ... jeder für sich ... «.), gibt Raum für individuelle Abweichungen von der Standardinstruktion (z.B. »Wenn Sie möchten, dann wiederholen Sie diese Übung noch einmal ...«.), bis er sich schließlich darauf beschränkt, nur noch die einzelnen Muskelgruppen anzugeben, die dann vom jeweiligen Teilnehmer selbständig zunächst an- und dann entspannt werden. Durch dieses allmähliche »Ausschleichen« der Fremdinstruktionen durch den Kursleiter soll so früh wie möglich eine autogen induzierte Entspannung sowie eine Individualisierung der Standardinstruktion unterstützt werden. So fühlen manche Teilnehmer bestimmte Muskelgruppen vernachlässigt, z.B. den Rücken oder das Gesäß, und entwickeln für diese zusätzlichen Übungen. Andere möchten die Übung für eine bestimmte Muskelpartie wiederholen, etwa weil sie dort besonders deutlich Spannungsgefühle empfinden, während wieder andere schließlich bestimmte Wiederholungen eher als störend empfinden. Eine solche persönliche Aneignung der Methode in Form einer individualisierten Instruktion sollte vom Kursleiter nicht nur unterstützt, sondern ausdrücklich ermutigt werden.

Nachgespräch

Nach dem Zurücknehmen der Entspannung befragt der Leiter jeden Teilnehmer nach seinen Empfindungen während der Übung:
- Wie haben Sie sich während der Übung gefühlt? Wie fühlen Sie sich jetzt?
- Wie fühlt sich Anspannung an? Wie Entspannung?
- Wie gut gelang es Ihnen, sich auf die Übung zu konzentrieren?
- Wie sehr haben Sie sich entspannen können?

Der Kursleiter macht abschließend deutlich, dass eine tiefe Entspannung nicht auf Anhieb gelingt und hier auch noch nicht das erste Ziel ist, dass dazu Übung und Geduld erforderlich sind, dass das Auftreten von Schwierigkeiten am Anfang normal ist und dass diese im Lauf des Kurses besprochen und überwunden werden können.

Planen täglicher Übungen

Der Kursleiter macht den Trainingscharakter des Verfahrens deutlich und betont z.B. mit dem Hinweis auf das Erlernen anderer Fertigkeiten die Notwendigkeit regelmäßigen Übens.

Die Teilnehmer sollen die Entspannungsübung möglichst einmal täglich durchführen. Folgende Hinweise sollten bei der Planung der ersten selbständigen Übungen außerhalb der Kursstunden berücksichtigt werden. Die Übungen sollten
- regelmäßig,
- an einem festen Zeitpunkt des Tages,
- bei Ruhe und Ungestörtheit und
- ohne Zeitdruck durchgeführt werden.

Die Teilnehmer überlegen, wie sie die Übung in ihren Tagesablauf einbauen können und legen sich auf einen – evtl. zunächst vorläufigen – Übungstermin fest. Hierbei sind sowohl eine konkrete Verbindlichkeit der Planung als auch Kreativität gefordert, um ggf. auch unkonventionelle Wege, wie die tägliche Übung realisiert werden kann, zum Tragen kommen zu lassen (z.B. nach Feierabend auf dem Nachhauseweg auf einen ruhigen Parkplatz oder auf einen Waldweg fahren und die Übung im Auto durchführen).

Das **Informationsblatt »Anleitung zum Entspannungstraining«** (▶ s. Anhang, S. 203 f.), in dem alle wichtigen Informationen zum Entspannungstraining zusammengefasst sind, sowie das »**Entspannungsprotokoll**« (▶ s. Anhang, S. 208) werden ausgeteilt. Zur vertiefenden Information und unterstützenden Anleitung der selbständigen Übungen kann den Teilnehmern das Buch (incl. CD) von Ohm (2007) empfohlen werden.

6.3.2 Besprechen der Übungserfahrungen und Umgang mit Störungen

Für die Besprechung der Übungserfahrungen ist besonders zu Beginn des Trainings ausreichend Zeit einzuräumen. Der Erfahrungsaustausch gibt dem Kursleiter Gelegenheit, die Teilnehmer, die regelmäßig geübt haben und über erste Erfolge berichten, zu loben und zu einer ausführlichen Schilderung ihres Vorgehens aufzufordern. Der Kursleiter sollte auf jeden Fall den nahe liegenden Fehler vermeiden, sich bei der Rückmeldung ausschließlich auf Probleme und Schwierigkeiten im Zusammenhang mit der Entspannung zu konzentrieren. Die regelmäßige und erfolgreiche Durchführung der Übung ist keinesfalls selbstverständlich und wird dadurch anerkannt, dass der betreffende Teilnehmer ausreichend Gelegenheit erhält, über seine positiven Erfahrungen zu berichten. Hiervon können auch wertvolle Anregungen für die übrigen Kursteilnehmer ausgehen. Auch sollte der Kursleiter sich und den Kursteilnehmern in Erinnerung rufen, dass das erste Ziel der Entspannungsübungen nicht darin besteht, einen möglichst tiefen Entspannungszustand zu erreichen, sondern in einer Sensibilisierung der Körperwahrnehmung. Unter dieser Zielperspektive ist jede vom Teilnehmer berichtete Entspannungs-, aber auch Anspannungsempfindung (!) in einzelnen Körperbereichen als Erfolg anzusehen und entsprechend zu würdigen. Insbesondere immer dann, wenn ein Teilnehmer über unterschiedliches Spannungsempfinden entweder in verschiedenen Körperpartien oder im Verlauf der Übung berichtet, sollte dies vom Kursleiter als etwas Positives herausgestellt werden und ggf. zum Anlass genommen werden, zu möglichen Abänderungen der Standardinstruktion gemäß dem individuellen Körperempfinden zu ermutigen.

Im Umgang mit Störungen sollte der Kursleiter allgemein darauf verweisen, dass Störungen zu Beginn normal sind, und die Zuversicht äußern, dass viele sich im weiteren Übungsverlauf von alleine beheben werden. Er sollte sich den – tatsächlichen oder vermuteten – Erwartungen der Teilnehmer, für jede mögliche Störung eine Erklärung und einen Ratschlag präsentieren zu können, mehr und mehr entziehen und stattdessen die Teilnehmer auffordern, selbst nach Erklärungen und Lösungen zu suchen. Gerade auch bei Schwierigkeiten, die mehr auf der Einstellungsebene liegen, können die Erfahrungen anderer Kursteilnehmer korrigierend wirken.

Im Folgenden werden Hinweise für den Umgang mit den häufigsten **Schwierigkeiten und Störungen** gegeben, die im Zusammenhang mit der selbständigen Durchführung der Entspannungsübungen auftreten können.

Nicht durchgeführte Übungen

Die Bildung neuer Gewohnheiten wie z.B. täglicher Entspannungsübungen ist nicht einfach; Schwierigkeiten und Hindernisse gehören dazu. In jedem Kurs wird es daher Teilnehmer geben, die die Entspannungsübungen überhaupt nicht oder nur unregelmäßig durchgeführt haben. Vielerlei Gründe können hierfür verantwortlich sein. Möglicherweise sind der Übungszeitpunkt oder der Übungsort ungünstig gewählt, sodass die Einpassung der Übung in den Tagesablauf noch einmal neu überdacht werden muss. Vielleicht ist die Übung in der Hektik des Alltags auch »einfach vergessen« worden. Hier können ggf. Erinnerungshilfen (z.B. ein deutlich markierter Eintrag im Terminkalender) angeregt werden. Manchmal spielen auch – reale oder befürchtete – verständnislose bis abschätzige Reaktionen Dritter (z.B. Arbeitskollegen, Partner) eine Rolle, wenn Teilnehmer die Übungen nicht durchführen. Hier wäre zunächst zu prüfen, wie real derartige Befürchtungen sind, und ggf. zu überlegen, wie die Übungen dennoch durchgeführt werden können, ohne zu starke Konflikte zu provozieren. Schließlich ist auch denkbar, dass dem betreffenden Teilnehmer die Motivation zur Durchführung der Übungen fehlt. Das bedeutet aber, dass ihm persönlicher Sinn und Zweck der Übungen nicht klar sind. Es muss dann möglichst konkret besprochen werden, ob und wenn ja welchen Nutzen der Teilnehmer für sich ganz persönlich in den Übungen sehen kann. Manchmal wirkt auch der Hinweis motivierend, dass die zeitliche Investition, die die täglichen Übungen bedeuten, nur für eine begrenzte Dauer von wenigen Wochen erforderlich ist, während der Nutzen in Form der trainierten Entspannungsfähigkeit anschließend für viele Jahre spürbar bleibt.

Ablenkung durch äußere Störungen

Ablenkende äußere Faktoren (z.B. Lärm, Telefon, Türklingel) stellen – zumindest bei Trainingsbeginn – eine häufige Störquelle bei der Durchführung der Entspannungsübungen dar. Hier ist mit den Teilnehmern zu besprechen, ob und wie solche Faktoren für die begrenzte Zeit der Entspannungsübung gezielt ausgeschaltet werden können (z.B. Türschild »Bitte nicht stören!«). Zugleich sollte aber auch darauf hingewiesen werden, dass das langfristige Ziel darin besteht, die Entspannungsreaktion auch unter widrigeren äußeren Bedingungen einsetzen zu können. Unter dieser Perspektive können auftretende äußere Störungen daher auch als Gelegenheit zum Training der eigenen Entspannungsfähigkeit unter »Echt-Bedingungen« betrachtet werden.

Innere Unruhe

Starke Ablenkbarkeit durch äußere Reize kann aber auch damit zusammenhängen, dass die Innenwendung der Aufmerksamkeit für den Betreffenden ungewohnt und u.U. auch beunruhigend und ängstigend ist. Viele der in unserer Kultur angebotenen Möglichkeiten zur Entspannung beruhen auf Ablenkung, auf Zerstreuung. Die Aufmerksamkeit wird dabei nach außen gewendet. Erinnert sei hier nur an das übergroße Angebot der elektronischen Unterhaltungsmedien. Selbstverständlich kann das Fernsehen helfen, von belastenden Gedanken, Alltagssorgen oder unangenehmen Gefühlen Abstand zu nehmen. Die Wirkung hält meist aber nicht lange an. Oft kehrt die innere Unruhe anschließend umso stärker zurück. Nicht selten auch bleibt nach einem Fernsehabend, bei dem man sich durch die verschiedenen Programme »gezappt« hat, ein schales Gefühl der inneren Leere zurück. Der Kontakt mit dem eigenen Selbst ist verloren gegangen; man fühlt sich selbst nicht mehr. So wird hier nicht aufgehoben, sondern nur fortgesetzt, was in der Hektik des Alltags ständig passiert, nämlich dass der Kontakt zu sich selbst, zur eigenen Mitte verloren geht. Bei den psychologischen Entspannungsmethoden geht es daher nicht um Ablenkung und Zerstreuung, sondern um **Sammlung und Zentrierung der Aufmerksamkeit**. Die im Alltag auf Außenreize hin orientierte Aufmerksamkeit wird hier nach innen gewendet, auf den eigenen Körper, die eigene Person gerichtet. Der Herzschlag, der Atem, das Pulsieren des Blutes in den Adern, Geräusche in Magen und Darm, die normalerweise im Schatten der Aufmerksamkeit liegen, werden nun bewusst. Innere Unruhe, kreisende oder flatternde Gedanken werden verstärkt wahrgenommen. Dies alles kann anfangs eher beunruhigen, als dass es zur Entspannung beiträgt, und den Wunsch aufkommen lassen, sich doch lieber abzulenken. Dies ist durchaus verständlich in einer Kultur, die davon geprägt ist, dass sie die Aufmerksamkeit der Menschen durch immer mehr und immer stärkere Außenreize zu fesseln sucht. Was bedeutet denn schon die Wahrnehmung des eigenen Körpers im Vergleich mit dem Nervenkitzel, den ein spannender Actionfilm oder gar das »Bungee-Jumping« versprechen. Mit wachsender Übung gelingt es dann jedoch immer besser, sich mit Ruhe und Gelassenheit auf sich selbst zu konzentrieren. Damit ist dann ein erster wichtiger Schritt auf dem Weg zur körperlichen und seelischen Entspannung getan.

Konzentrationsschwierigkeiten

Schwierigkeiten bei der Durchführung der Übung bestehen gerade zu Anfang häufig auch in einer

Störung der Konzentration durch abschweifende Gedanken. Hier handelt es sich um ganz normale Anfangsschwierigkeiten, die sich mit zunehmender Übung verlieren. Der Umgang mit störenden Gedanken, die für den Teilnehmer ja durchaus wichtig sein können, lässt sich durch folgenden Vergleich veranschaulichen: Wer sich mit einem guten Freund unterhält, wird einem zweiten Freund, der zu einem Gespräch zu ihm kommt, nicht die Tür vor der Nase zuschlagen, sondern diesen bitten, einen Moment zu warten; dann könne man sich ihm ganz widmen. Weitere bildhafte Ausdrücke, die den Umgang mit ablenkenden Gedanken während der Entspannung illustrieren, lauten:

- Die Gedanken in den Koffer packen.
- Die Gedanken in den Wartesaal stellen.
- Die Gedanken vorüberziehen lassen wie Wolken am Himmel.

Zur Förderung der Konzentration auf die Übung ist es ferner hilfreich, die Entspannungsanweisungen selbst innerlich mitzusprechen. Sollten diese Hinweise nicht helfen, ist dem betreffenden Teilnehmer zu raten, die Dauer der Übung zunächst zu verkürzen.

Körperliche Missempfindungen

Eine Reihe zunächst störender körperlicher (Miss)Empfindungen (z.B. spontane Muskelzuckungen, Kribbeln, vermehrter Speichelfluss, Empfindungen der Unförmigkeit einzelner Körperteile, insbesondere der Gliedmaßen etc.) sind positive Anzeichen einer beginnenden Entspannung. Wenn der Teilnehmer vom Kursleiter darüber aufgeklärt wird, fühlt er sich zumeist durch diese Empfindungen nicht mehr gestört.

Vegetative Angstreaktionen

Während der Übung auftretende Schwindelgefühle, Übelkeit, starkes Herzklopfen oder Schweißausbrüche können Ausdruck einer Angst vor Kontrollverlust sein. Der Umgang mit diesen Störungen ist, sofern es sich nicht um eine einmalige physiologische Überreaktion handelt, recht schwierig. Folgende Hinweise können hilfreich sein: die Übung mit geöffneten Augen durchführen, die Übung verkürzen, sich während der Übung immer wieder des Kontaktes mit dem Boden vergewissern (Füße, Gesäß, Rücken), sich die Entspannungsinstruktionen selbst, ggf. auch laut, vorsprechen. Diese Hinweise zielen allesamt darauf ab, das Gefühl der Kontrolle bei dem betreffenden Teilnehmer aufrechtzuerhalten. Sollte auf diese Weise kein Erfolg zu erreichen sein, kann auch paradox interveniert werden: Der Teilnehmer soll bei der gemeinsamen Entspannungsübung während der Kurssitzung ausdrücklich nicht mitmachen, sondern lediglich als stiller Beobachter dabeisitzen. Dies kann dazu führen, dass der betreffende Teilnehmer auf dem Beobachterposten zum ersten Mal selbst Entspannungsgefühle erlebt. Erfahrungsgemäß treten heftige vegetative Angstreaktionen im Vergleich zum autogenen Training bei dem eher aktiven Verfahren der progressiven Muskelentspannung deutlich seltener auf.

Einschlafen

Es kommt immer wieder vor, dass Teilnehmer während der Übung einschlafen und darüber durchaus glücklich berichten, z.B. weil sie bisher unter Einschlafstörungen gelitten haben. Der Kursleiter sollte das Einschlafen als Ausdruck einer eingetretenen Entspannung positiv aufgreifen, aber zugleich deutlich machen, dass es sich dabei nur um ein Durchgangsstadium handelt. Der langfristig angestrebte Zustand der Entspannung hat mit Schläfrigkeit, Dösen oder gar Schlafen nichts zu tun. Vielmehr geht es darum, einen Zustand »entspannter Wachheit« zu erreichen, d.h. entspannt und gelöst und zugleich wach und aufmerksam zu sein. Ein solcher Zustand ist durch eine charakteristische Hirnstromaktivität nachweisbar, wie EEG-Untersuchungen an Personen, die über längere Zeit das autogene Training praktizierten, gezeigt haben (vgl. Vaitl, 1993). Der Zeitpunkt für die häuslichen Übungen sollte so gewählt werden, dass die Gefahr des Einschlafens möglichst gering ist. Übungen, bei denen man einschläft, zählen nicht als volle Trainingseinheiten.

Unsachgemäße Durchführung

Andere Störungen sind auf eine unsachgemäße Durchführung der Übung zurückzuführen. Sei es, dass die Anspannung zu kräftig oder zu schwach erfolgt oder eine ungünstige Haltung eingenommen wird (besonders zu beachten ist die Lage des Kopfes) oder aber z.B. eine nicht abgenommene Brille eine Entspannung der Gesichtsmuskeln behindert. Auf diese Dinge hat der Kursleiter während der gemeinsamen Übung zu achten und die Teilnehmer hinzuweisen. Bisweilen können Teilnehmer die Übungen als »Gymnastik« missverstehen mit der Folge, dass sie das Schwergewicht v.a. auf eine möglichst starke Anspannung der Muskeln legen, sodass u. U. Verkrampfungen und »Muskelkater« entstehen. Hier ist seitens des Kursleiters wiederholt korrigierend darauf hinzuweisen, dass die Übungen primär auf die Sensibilisierung der Körperwahrnehmung abzielen. Die initiale Muskelanspannung dient dazu, diesen Wahrnehmungsprozess zu unterstützen.

Erwartungsdruck

Schließlich kann der Erfolg der Übungen auch durch zu große Erwartungen oder durch ein der Sache fremdes Leistungsdenken verhindert werden. Der Kursleiter sollte hierfür Verständnis zeigen, aber zugleich auch darauf hinweisen, dass Entspannung nicht erzwungen werden kann. Er kann dies am Beispiel des Einschlafens verdeutlichen: Viele Teilnehmer werden die Erfahrung teilen, dass gerade dann, wenn man unbedingt einschlafen will, der Schlaf sich nicht einstellt. Erst wenn man die Absicht, schlafen zu wollen, aufgibt und auch den vielleicht aufkommenden Ärger und die Sorge über zu wenig Schlaf loslässt, stellt der Schlaf sich unvermittelt ein. Bei der Entspannung verhält es sich ganz ähnlich. Auch sie ist durch eine noch so große bewusste Willensanstrengung nicht zu erreichen. Zu denken ist beispielsweise auch an das Suchen nach einem Wort, das man erst findet, wenn man sich nicht mehr krampfhaft darum bemüht. Besonders bemüht Übende, die ihren »ganzen Willen« einsetzen, oder solche, die glauben, man könne alles mit dem Willen erreichen, versagen. Man kann Spannung, Verkrampfung (und die damit einhergehenden Erscheinungen) nicht mit dem Willen beseitigen – lösen schon gar nicht; denn Wille ist Spannung. Auf dem Weg der Entspannung steht daher ganz am Anfang – und immer wieder neu – die Notwendigkeit, den bewussten Willen, die Absicht, die Dinge aktiv beeinflussen, beherrschen, managen zu wollen, loszulassen zugunsten einer mehr mitgehenden, aufnehmenden und sich hingebenden Haltung (▶ vgl. hierzu auch in Kap. 8 den Abschn. 8.3.3 zur »inneren Achtsamkeit«).

Zur Verdeutlichung dieser Haltung kann der Kursleiter an dieser Stelle die im Folgenden beschriebene **Übung zur Atembeobachtung** durchführen. Die Atmung gehört zu den Funktionen, die auf der einen Seite vegetativ gesteuert sind, d.h. automatisch ablaufen, auf der anderen Seite aber auch bewusst vom Willen gesteuert werden können. Wenn ich mich absichtlich um eine ruhige und gleichmäßige Atmung bemühe, so wird immer ein Rest an Spannung bleiben, der Atem nicht wirklich frei fließen; er ist gewissermaßen künstlich ruhig gestellt und festgehalten. Erst wenn es mir gelingt, von der Möglichkeit der aktiven Beeinflussung des Atems zu lassen, und mich stattdessen dem spontanen Rhythmus meines Atems zu überlassen, mich diesem hingebe und innerlich mitschwinge, wird es allmählich zu einer fortschreitenden Vertiefung und Harmonisierung des Atems kommen. So lautet denn auch die entsprechende Formel des autogenen Trainings nicht »Ich atme«, sondern »Es atmet mich« oder »Es atmet in mir«. Aufgrund ihrer »Mittelstellung« zwischen unwillkürlichem und willkürlichem Nervensystem gilt die Atmung besonders in vielen Meditationsschulen als Königsweg zur seelisch-körperlichen Entspannung. Dabei geht es nicht um das Erlernen einer bestimmten Technik des »richtigen« Atmens, sondern um das Erleben des eigenen unwillkürlichen Atems.

- **Instruktion zur Übung »Atembeobachtung«**
- *»Achten Sie darauf, dass Sie bequem und aufrecht sitzen. Die Füße stehen fest und sicher auf dem Boden, der Rücken ist angelehnt, die Hände ruhen locker auf den Oberschenkeln.*
- *Richten Sie Ihre Aufmerksamkeit nach innen, auf Ihren Körper. Schließen Sie Ihre Augen und nehmen Sie Ihren Körper von innen heraus wahr. Die Hände, den Rücken, die Füße.*
- *Richten Sie Ihre Aufmerksamkeit nun bitte auf Ihren Atem ... Beobachten Sie das Ein- und Ausströmen Ihres Atems ..., wie sich Ihre Bauchdecke beim Einatmen hebt und beim Ausatmen wieder senkt.*
- *Nehmen Sie einen tiefen Atemzug und atmen Sie langsam wieder aus ..., und lassen Sie dann Ihren Atem laufen ... Beobachten Sie einfach das Ein- und Ausströmen Ihres Atems ... beobachten einfach das Ein ... und Aus Ihres Atems ...: Ein ... und Aus ... Ein ... und Aus ... Wenn Gedanken Sie ablenken, dann hängen Sie ihnen nicht nach, son-*

dern lassen Sie sie vorüberziehen wie Wolken am Himmel, die kommen und gehen, und kehren Sie mit Ihrer Aufmerksamkeit immer wieder zu Ihrem Atem zurück.
- Beobachten Sie einfach das Ein ... und Aus Ihres Atems ... Ein ... und Aus ... und Ein ... und Aus ... Dies geschieht von ganz alleine ... Sie brauchen nichts dazu zu tun. Sie lassen es geschehen ..., und schwingen innerlich im Rhythmus Ihres Atems mit ... Ein ... und Aus ... und Ein ... und Aus ...
- Dies geschieht von ganz alleine ... Sie lassen es geschehen und beobachten ... Ein ... und Aus ... und Ein ... und Aus ... eine kurze Weile jeder für sich.
- (ca. 2 min)
- Sagen Sie sich nun bitte, dass Sie die Übung gleich beenden werden. Ballen Sie Ihre Hände zu Fäusten, strecken und räkeln Sie sich, atmen Sie ein paar Mal kräftig durch, ... und öffnen Sie dann die Augen.«

6.3.3 Verkürzung der Entspannungsübung

Nach etwa 4 Übungswochen beherrschen die meisten Teilnehmer die Methode in der Regel so gut, dass mit einer Verkürzung der Übung begonnen werden kann. Zu diesem Zweck werden einzelne Muskeln zu Gruppen zusammengefasst, die gemeinsam zunächst angespannt und anschließend entspannt werden. Die Übung wird – in Abweichung vom klassischen Vorgehen nach Bernstein und Borkovec (1990) – gleich auf 4 Muskelgruppen, entsprechend der 4 Übungsteile der Langform, verkürzt (◘ Tab. 6.2).

Die Teilnehmer sollten die Anspannung dieser Muskelgruppen wieder zunächst in einer »Trockenübung« ausprobieren. Hierbei ist darauf zu achten, dass die Anspannung nicht zu stark erfolgt und die Muskeln nicht verkrampfen. Der Kursleiter weist darauf hin, dass mit der Verkürzung der Übung zunächst das erreichte Entspannungsgefühl schwächer werden kann, dass aber die Verkürzung ein wichtiger Zwischenschritt ist auf dem Wege zu der angestrebten Anwendung der Entspannung im Alltag. Teilnehmer, die noch Schwierigkeiten mit der Langform haben, müssen nicht von der verkürzten Übung ausgeschlossen werden. Möglicherweise werden sie durch die lange Version konzentrationsmäßig überfordert und profitieren eher von der Kurzform. Eine schriftliche Instruktion für die Kurzform findet sich im Folgenden.

- **Instruktion zur Progressiven Relaxation: Kurzform**
- »Nehmen Sie die bekannte Entspannungshaltung ein. Die Füße stehen fest und sicher auf dem Boden. Der Rücken ist angelehnt. Die Hände ruhen locker auf den Oberschenkeln.
- Richten Sie Ihre Aufmerksamkeit nach innen, auf Ihren Körper und schließen Sie dabei die Augen.
- Nehmen Sie einen tiefen Atemzug, atmen Sie ein und dann langsam wieder aus. Und lassen Sie mit dem Ausatmen bereits Spannung aus Ihrem Körper weichen.
- Wir beginnen nun mit den Übungen.
- Richten Sie als Erstes Ihre Aufmerksamkeit auf die Muskeln in **beiden Armen**. Spannen Sie beide Arme gleichzeitig an – jetzt. – Achten Sie auf die Anspannung in beiden Armen, halten Sie die

◘ **Tab. 6.2** Progressive Relaxation/Kurzform: Anspannungsmodi für die einzelnen Muskelgruppen

(1)	Arme	Beide Hände zu Fäusten ballen und Ellenbogen anwinkeln
(2)	Kopf	Augenbrauen zusammenziehen, Nase rümpfen, Zähne und Lippen zusammenpressen, Kopf leicht einziehen und nach hinten drücken
(3)	Rumpf	Schultern nach hinten unten zusammendrücken, leicht ins Hohlkreuz gehen und Bauchdecke hart machen
(4)	Beine	Beide Fersen auf den Boden drücken, Zehenspitzen aufrichten, dabei Unterschenkel, Oberschenkel und Gesäßmuskeln anspannen

Spannung einen Moment, spüren Sie die Anspannung in den Armen – und mit dem nächsten Ausatmen lassen Sie wieder los und entspannen die Arme. Achten Sie ganz konzentriert auf das Nachlassen der Spannung und die aufkommende Entspannung. Spüren Sie den Unterschied zwischen der Anspannung vorher und der Entspannung jetzt. Lassen Sie die Entspannung der Arme mit jedem Ausatmen immer noch tiefer werden, bis auch Hände und Finger davon ergriffen sind.

▬ Lassen Sie die Arme ganz entspannt und ruhig und richten Sie Ihre Aufmerksamkeit nun auf die Muskeln im **Gesicht, Hals und Nacken**. Spannen Sie Gesicht, Hals und Nacken zusammen an – jetzt. – Spüren Sie die Anspannung, noch einen Moment halten, spüren – und dann mit dem nächsten Ausatmen lassen Sie die Spannung wieder los und entspannen. Beobachten Sie den Unterschied zwischen der Anspannung vorher und der Entspannung jetzt. Lassen Sie mit jedem Ausatmen die Entspannung immer noch tiefer werden und tiefer.

▬ Wenden Sie sich jetzt bitte den **Muskeln des Rumpfes** zu. Spannen Sie Schultern, Rücken und Bauch gleichzeitig an – jetzt. – Beobachten Sie das Gefühl von Anspannung im gesamten Rumpf, noch einen Moment halten und spüren – und mit dem nächsten Ausatmen lösen Sie die Spannung wieder und entspannen. Achten Sie wieder auf den Unterschied zwischen Anspannung und Entspannung, auf das Gefühl von Erleichterung, wenn die Spannung sich löst. Verstärken Sie dieses angenehme Gefühl von Entspannung, lassen Sie es mit jedem Atemzug tiefer und tiefer werden. Lassen Sie die Entspannung von den Schultern die Wirbelsäule hinabfließen, den ganzen Rücken hinunter.

▬ Richten Sie Ihre Aufmerksamkeit nun bitte auf Ihre **Beine**. Spannen Sie beide Beine gleichzeitig an – jetzt. – Achten Sie auf die Spannung in den Beinmuskeln, halten Sie die Spannung noch einen Moment, – und dann mit dem nächsten Ausatmen lassen Sie die Spannung wieder los und entspannen. Achten Sie auf das angenehme Gefühl der Entspannung, das sich allmählich in beiden Beinen ausbreitet. Folgen Sie den Gefühlen der Entspannung in den Gesäßmuskeln, den Oberschenkeln und den Unterschenkeln. Spüren Sie, wie die Entspannung bis in die Füße hineinreicht, bis in die Zehenspitzen.

▬ Überlassen Sie sich ganz diesem angenehmen Gefühl der Entspannung, und lassen Sie es überfließen auf den ganzen Körper. Genießen Sie dieses wohlige und angenehme Gefühl tiefer Entspannung noch für eine kleine Weile – jeder für sich.

▬ Sagen Sie sich nun bitte, dass Sie die Übung gleich beenden werden. Versuchen Sie, sich das Gefühl von Entspannung einzuprägen, um sich im Laufe des Tages daran zu erinnern und es angenehm zu spüren, in all Ihren Muskeln. Ballen Sie nun Ihre Hände zu Fäusten, strecken und räkeln Sie sich. Atmen Sie tief durch, und öffnen Sie dann die Augen.«

6.3.4 Einführung des »Ruhewortes«

In einem nächsten Schritt wird das Grundverfahren um die Einführung eines individuellen Ruhewortes erweitert. Dieses Ruhewort wird jeweils beim Ausatmen und Loslassen der Anspannung innerlich mitgesprochen. Durch die Verwendung des Ruhewortes wird die Konzentration auf die Übung gefördert und die Aufmerksamkeit gezielt auf Entspannungsempfindungen gelenkt, wodurch – vergleichbar den Formeln des autogenen Trainings – eine autosuggestive Vertiefung der Entspannung erfolgt. Außerdem wird mit dem Ruhewort ein interner diskriminativer Stimulus für die Auslösung der Entspannungsreaktion etabliert, was die spätere kurzfristige Anwendung der Entspannung in alltäglichen Situationen erleichtert.

Zur Einführung des Ruhewortes bittet der Kursleiter die Teilnehmer – am besten im Anschluss an eine gemeinsame Entspannungsübung – einmal zu beschreiben, wie sie ganz persönlich Entspannung erleben.

▬ Wie spüren Sie, dass die Spannung nachlässt?
▬ Wie fühlt es sich an, wenn die Entspannung sich ausbreitet?
▬ Welches Wort könnte Ihr persönliches Entspannungsgefühl am besten beschreiben?

Aus den Schilderungen der Teilnehmer hebt der Kursleiter solche möglichst kurzen und prägnanten Formulierungen hervor, die als Ruhewort geeignet sind. Dies sind insbesondere Adjektive wie »ruhig«, »schwer«, »tief«, »leicht«, »offen«, »frei«, »warm«, »gelassen« etc. oder Verben wie »loslassen«, »ausatmen«, »lösen«, »fließen« etc. Auch bildhafte Ausdrücke wie etwa »Sonne«, »Welle«, »Vogel« etc. sind möglich. Der Kursleiter kann diese Worte auf einer Wandzeitung oder Moderationskärtchen schriftlich festhalten.

Der Kursleiter erläutert dann Funktion und Einsatz des Ruhewortes während der Entspannung. Er macht deutlich, dass das Ruhewort durch die wiederholte Kopplung an die Entspannungsreaktion zu einem inneren Signal für Entspannung wird.

Jeder Teilnehmer wählt sich ein für ihn individuelles Ruhewort, in dem in kurzer und prägnanter Form subjektive Anzeichen der Entspannung angesprochen werden. Die Auswahl des Ruhewortes bleibt letztlich dem einzelnen Teilnehmer überlassen, der damit die Möglichkeit erhält, sein individuelles, vorherrschendes Entspannungsgefühl zum Ausdruck zu bringen. Allerdings sollte der Kursleiter darauf achten, dass das Ruhewort möglichst eng mit dem körperlichen Entspannungserleben verbunden, gewissermaßen im Körper »geerdet« ist. Eine klare Verknüpfung des Ruhewortes mit deutlichen körperlichen Entspannungsempfindungen als »somatische Marker« (Damasio, 1994) erhöht die Wahrscheinlichkeit, dass die Entspannungsreaktion auch in schwierigen Situationen abgerufen werden kann.

In einer anschließenden Entspannungsübung wird der Einsatz des Ruhewortes erprobt (s. folgendes Instruktionsbeispiel).

- **Instruktion zur Progressiven Relaxation: Kurzform mit Einsatz des Ruhewortes**
  – *»Nehmen Sie die bekannte Entspannungshaltung ein. Die Füße stehen fest und sicher auf dem Boden. Der Rücken ist angelehnt. Die Hände ruhen locker auf den Oberschenkeln.*
  – *Richten Sie Ihre Aufmerksamkeit nach innen, auf Ihren Körper und schließen Sie dabei die Augen.*
  – *Nehmen Sie einen tiefen Atemzug, atmen Sie ein und dann langsam wieder aus. Und lassen Sie mit dem Ausatmen bereits Spannung aus Ihrem Körper weichen.*
  – *Wir beginnen nun mit den Übungen.*
  – *Richten Sie als erstes Ihre Aufmerksamkeit auf die Muskeln in **beiden Armen**. Spannen Sie beide Arme gleichzeitig an – jetzt. – Achten Sie auf die Anspannung in beiden Armen, halten Sie die Spannung einen Moment – und mit dem nächsten Ausatmen sprechen Sie innerlich Ihr Ruhewort, lösen die Anspannung, und entspannen die Arme … Ruhewort, ausatmen und loslassen … Mit jedem Ausatmen sprechen Sie nun innerlich Ihr Ruhewort und lösen die Muskeln mehr und mehr – jeder für sich.*
  – *(45–60 s)*
  – *Lassen Sie die Arme ganz entspannt und ruhig und richten Sie Ihre Aufmerksamkeit nun auf die Muskeln im **Gesicht, Hals und Nacken**. Spannen Sie Gesicht, Hals und Nacken zusammen an – jetzt. – Spüren Sie die Anspannung, halten – und dann mit dem nächsten Ausatmen Ruhewort, loslassen, und entspannen … Mit jedem Ausatmen sprechen Sie innerlich Ihr Ruhewort und lösen die Muskeln mehr und mehr – jeder für sich.*
  – *(45–60 s)*
  – *Lassen Sie Gesicht und Nacken entspannt und ruhig, und wenden Sie Ihre Aufmerksamkeit jetzt bitte den **Muskeln des Rumpfes** zu. Anspannen – jetzt. – Halten, noch einen Moment halten – und mit dem Ausatmen Ruhewort, loslassen und entspannen … Mit jedem Ausatmen sprechen Sie innerlich Ihr Ruhewort und lösen die Muskeln mehr und mehr – jeder für sich.*
  – *(45–60 s)*
  – *Richten Sie Ihre Aufmerksamkeit nun bitte auf Ihre **Beine**. Anspannen – jetzt. – Halten, noch einen Moment, – und dann mit dem Ausatmen Ruhewort, loslassen und entspannen. Mit jedem Ausatmen sprechen Sie innerlich Ihr Ruhewort und lösen die Muskeln mehr und mehr – jeder für sich.*
  – *(45–60 s)*
  – *Überlassen Sie sich nun ganz diesem angenehmen Gefühl der Entspannung und lassen Sie es überfließen auf den ganzen Körper. Genießen Sie dieses wohlige und angenehme Gefühl tiefer Ent-*

spannung noch für eine kleine Weile – jeder für sich.
- Sagen Sie sich nun bitte, dass Sie die Übung gleich beenden werden. Versuchen Sie, sich das Gefühl von Entspannung einzuprägen, um sich im Laufe des Tages daran zu erinnern und es angenehm zu spüren, in all Ihren Muskeln.
- Ballen Sie nun Ihre Hände zu Fäusten, strecken und räkeln Sie sich. Atmen Sie tief durch und öffnen Sie dann die Augen.«

6.3.5 Anwendung der Entspannung im Alltag

Das letzte Kursdrittel ist für Übungen zur Anwendung der Entspannung reserviert. Es geht darum, die in den vorangegangenen Übungen trainierte Entspannungsfähigkeit jetzt auch gezielt in alltäglichen Situationen einzusetzen. Die Teilnehmer lernen, wie sie angenehme Gefühle der Entspannung nicht allein während der besonderen Entspannungsübungen gewissermaßen im »stillen Kämmerlein« erleben können, sondern in ihren normalen Alltag hinaustragen können. Dabei werden sie zunächst mit der Anwendung der Entspannung in einfachen, wenig belastenden Alltagssituationen beginnen und erst nach und nach mit schwierigeren Belastungssituationen experimentieren. Die inzwischen zur Gewohnheit gewordenen regelmäßigen Entspannungsübungen bleiben wichtig. Sie werden aber nun gewissermaßen zu einem Ausgangspunkt für »entspannte Ausflüge in den Alltag«.

»Ampelübungen«

Zur kurzfristigen zwischenzeitlichen Entspannung im Alltag dienen die so genannten »Ampelübungen«. In Analogie zum Stoppsignal einer Ampel werden mit dieser Übung gezielt Zäsuren im Tagesablauf gesetzt, kurzfristige Unterbrechungen, durch die einem kontinuierlichen Spannungsaufbau im Laufe des Tages entgegengewirkt werden soll. Während der Kurssitzungen sollte der Kursleiter verschiedentlich »Ampelübungen« einstreuen. Für die Übungen außerhalb der Kursstunden werden die Teilnehmer aufgefordert, 4–5 Gegenstände zu benennen, mit denen sie täglich, aber nicht allzu oft, in Berührung kommen. Diese Gegenstände sollen sie mit einem roten Signalpunkt, vergleichbar dem roten Ampellicht, versehen, der sie daran erinnern soll, ihre Muskelspannung zu überprüfen und sich kurz zu entspannen, wobei eine der nachfolgend beschriebenen Übungen eingesetzt werden kann.

Ganzkörper-Kurzentspannung

Bei dieser Übung werden nun nicht mehr einzelne Muskeln oder Muskelgruppen angesprochen, sondern gleich der ganze Körper. Der Kursleiter demonstriert zunächst das gleichzeitige Anspannen aller Muskelgruppen:
- beide Hände zu Fäusten ballen,
- Ellenbogen anwinkeln,
- Augenbrauen zusammenziehen, Nase rümpfen, Zähne und Lippen aufeinander pressen,
- Kopf leicht einziehen und nach hinten drücken, Schultern nach hinten unten ziehen,
- Bauchdecke hart machen,
- beide Fersen auf den Boden pressen und dabei Unterschenkel, Oberschenkel und Gesäß anspannen.

Die Teilnehmer probieren das gleichzeitige Anspannen der Muskelgruppen aus, wobei wieder auf eine nicht zu starke Anspannung zu achten ist.

- **Instruktion zur Progressiven Relaxation: Ganzkörper-Kurzentspannung**
- »Bitte halten Sie nun einen Moment inne und richten Sie Ihre Aufmerksamkeit nach innen. Schließen Sie die Augen. Spannen Sie alle Muskeln Ihres Körpers an – jetzt. – Halten Sie die Spannung einen Moment – und mit dem nächsten Ausatmen… Ruhewort, loslassen und entspannen. Sprechen Sie innerlich Ihr Ruhewort bei jedem Ausatmen. Versuchen Sie, mit jedem Ausatmen alle Muskeln ganz locker und entspannt werden zu lassen.
- (1–2 min)
- Ballen Sie nun ihre Hände zu Fäusten, atmen Sie tief durch und richten Sie Ihre Aufmerksamkeit wieder nach außen.«

Übung »King Kong«

Diese Übung (in Anlehnung an Brechtel, 1994) dient v.a. der Entspannung von Schultern, Armen und Händen. Für viele Teilnehmer stellt sie eine kurzfristig effektive Möglichkeit dar, innere Anspannung zu reduzieren. Die Übung kann im Sitzen oder Stehen durchgeführt werden.

- **Instruktion zur Übung »King Kong«**
- »Halten Sie die Arme vor der Brust angewinkelt. Die Ellenbogen sind in Schulterhöhe, die Hände zur Faust geballt. Schließen Sie die Augen und atmen Sie während der ganzen Übung weiter. Nicht die Luft anhalten. Spannen Sie die gesamte Arm- und Oberkörpermuskulatur kräftig an. Fäuste, Unterarme, Oberarme, Schultern und Brust – jetzt.
- Halten Sie die Spannung noch einen Moment, weiteratmen – und mit dem nächsten Ausatmen lassen Sie die Arme sinken, sprechen innerlich Ihr Ruhewort und entspannen. Lassen Sie die Arme ganz locker an der Seite hängen. Wenn es Ihnen angenehm ist, können Sie auch den Kopf nach vorne hängen lassen. Spüren Sie wie sich die Entspannung in Ihrem Oberkörper ausbreitet. In Händen, in Unterarmen, in Oberarmen. Auch die Schultern entspannen sich und die Brustmuskulatur. Atmen Sie ruhig und gleichmäßig ...
- Ballen Sie nun ihre Hände zu Fäusten, atmen Sie tief durch und richten Sie Ihre Aufmerksamkeit wieder nach außen.«

Übung »Quasimodo«

Diese Übung (in Anlehnung an Brechtel, 1994) dient v.a. der Entspannung der Nackenmuskulatur. Sie ist auch hilfreich bei aufkommenden Kopfschmerzen, nachlassender Konzentration und bei Bildschirmarbeit. Die Übung kann im Sitzen oder Stehen durchgeführt werden.

- **Instruktion zur Übung »Quasimodo«**
- »Stellen Sie sich aufrecht hin, der Kopf ist gerade. Ziehen Sie die Schultern ganz hoch. So, als ob Sie damit Ihre Ohrläppchen berühren wollen. Drücken Sie den Kopf jetzt zurück, ohne das Gesicht gegen die Decke zu richten. Drücken Sie den Kopf nach hinten, gegen das Polster, das sich im Nacken gebildet hat. Drücken Sie nun kräftig Hinterkopf und Nackenpolster zusammen. Atmen Sie dabei ruhig und gleichmäßig weiter. Spüren Sie die Anspannung in Schultern und Hals, bis in den Rücken ...
- Und mit dem nächsten Ausatmen lassen Sie den Kopf und die Schultern locker fallen und sprechen Ihr Ruhewort. Lassen Sie den Kopf auf die Brust fallen, bis Ihr Kinn die Brust berührt und atmen Sie ruhig und gleichmäßig. Spüren Sie die Entspannung in den Schultern, im Nacken und in den Armen ...
- Ballen Sie nun Ihre Hände zu Fäusten, atmen Sie tief durch und richten Sie Ihre Aufmerksamkeit wieder nach außen.«

Entspannung durch Vergegenwärtigung

Während die »Ampelübungen« immer noch eine, wenn auch nur kurzfristige, Unterbrechung des alltäglichen Handlungsvollzugs erfordern, kann diese Variante der Entspannung auch während unterschiedlichster Alltagssituationen eingesetzt werden. Bei der Entspannung durch Vergegenwärtigung entfällt die initiale Anspannung der Muskeln. Die Teilnehmer vergegenwärtigen sich lediglich unter Benutzung ihres individuellen Ruhewortes Entspannungsgefühle in den verschiedenen Bereichen ihres Körpers. Dabei wird die Aufmerksamkeit v.a. auf solche – jeweils individuellen – Muskelgruppen gerichtet, die nach den bisherigen Erfahrungen des jeweiligen Teilnehmers besonders zu Verspannungen neigen, bzw. auf solche Muskeln, von deren Lösung erfahrungsgemäß eine Generalisierung des Entspannungsgefühls auf den ganzen Körper ausgeht. Eine solche »Initialzündung« für die Entspannung wird besonders häufig durch das Fallenlassen der Schultern, die Entspannung von Stirn- oder Kiefermuskeln und eine Lockerung der Bauchmuskulatur ausgelöst.

- **Instruktion zur »Entspannung durch Vergegenwärtigung«**
- »Richten Sie Ihre Aufmerksamkeit nun bitte nach innen, auf Ihren Körper. Gehen Sie in Gedanken durch Ihren Körper. Achten Sie auf Anspannungen einzelner Muskeln. Sprechen Sie jeweils mit dem Ausatmen Ihr Ruhewort und lassen Sie die Spannung aus den Muskeln weichen. Spüren Sie die Entspannung der Muskeln mit jedem Ausatmen ...
- Bleiben Sie in Kontakt mit diesem Gefühl der Entspannung, atmen Sie einmal kräftig ein und aus, und richten Sie Ihre Aufmerksamkeit nun wieder nach außen.«

Die Entspannung durch Vergegenwärtigung hat vielfältige Anwendungsmöglichkeiten, z.B. im Bus, am Schreibtisch, während eines Telefongesprächs, beim Fernsehen und auch in Gesprächen mit anderen kann sie dazu dienen, den Spannungszustand der Muskulatur zu überprüfen und überflüssige Spannungen zu lösen. Hierzu sollten im Kurs vielfältige Anregungen gegeben werden (zahlreiche Beispiele hierzu finden sich bei Wendlandt, 1995). Je nach Art der Situation, in der sie eingesetzt wird, kann die Übung mit geschlossenen, aber auch mit geöffneten Augen (und dabei nach innen gerichteter Aufmerksamkeit) durchgeführt werden. Beide Varianten sollten im Kurs erprobt werden.

Die Durchführung der Entspannung durch Vergegenwärtigung ist auch im Stehen möglich, z.B. in einer Warteschlange vor der Kaufhauskasse oder in der Kantine, an der Bushaltestelle oder auf dem Bahnsteig, im Fahrstuhl oder während eines Gesprächs mit einem Bekannten auf der Straße. Auch dies sollte im Kurs praktisch geübt werden.

Die Teilnehmer können die Übung auch bereits in leicht belastenden Situationen versuchen, dürfen aber noch keine durchschlagenden Erfolge erwarten. Es ist noch Übung erforderlich, bis die Entspannung nach und nach in immer schwierigeren Situationen mit Erfolg eingesetzt werden kann.

Differenzielle Entspannung

Eine generelle psychophysische Entspannung ist in vielen Alltagssituationen weder möglich noch sinnvoll oder erwünscht. Um alltägliche Tätigkeiten verrichten zu können, ist die Anspannung jeweils spezifischer Muskelgruppen erforderlich. Allerdings kommt es häufig zu einer unphysiologischen Beanspruchung auch solcher Muskelgruppen, die für die Ausführung der aktuellen Tätigkeit nicht oder kaum erforderlich sind. Gut zu beobachten ist dies beispielsweise bei den ersten Schreibübungen von Grundschulkindern, die ihre ersten Buchstaben unter Einsatz aller Muskelkräfte von der Zunge bis zu den Füßen auf das Papier bringen. Auch bei Erwachsenen gehen gerade Schreibtisch- und auch Bildschirmtätigkeiten mit einer starken Anspannung besonders der Nacken-, Schulter- und Rückenmuskulatur einher. Dies ist auch bei vielen Tätigkeiten im Haushalt, z.B. Bügeln, Kartoffeln schälen oder Gemüse putzen, Abwaschen, Wiegen von Säuglingen, Tragen und Heben schwerer Gegenstände usw. der Fall.

Der Kursleiter fordert die Teilnehmer dazu auf, in ihrem Alltag gezielt darauf zu achten, bei welchen Tätigkeiten sich besonders leicht Verspannungen entwickeln. Sie sollen dann versuchen, unter Anwendung der bisher gemachten Entspannungserfahrungen unnötige Anspannungen einzelner Muskeln zu lösen. Für einige häufige Tätigkeiten kann dies auch während der Kurssitzung exemplarisch erprobt werden.

6.3.6 »Fantasiereisen«

Bei entsprechender Vorerfahrung des Kursleiters können die Entspannungsübungen während der Gruppensitzungen – zur Abwechslung und zur Vertiefung – auch mit »Fantasiereisen« kombiniert werden. Dies sollte im Rahmen dieses Trainingsprogramms allerdings mit der Eingrenzung auf positive Imaginationen geschehen mit dem Ziel, Möglichkeiten positiven Erlebens bei den Teilnehmern wachzurufen und zu beleben. In diesem Sinne eingesetzt, können die Fantasiereisen eine gute Vorbereitung und Ergänzung des Trainingsmoduls 4 sein, in dem es explizit um den Aufbau von Möglichkeiten positiven Erlebens und Verhaltens zum Ausgleich für Belastungen geht. Im Folgenden finden sich die Instruktionen (jeweils im Anschluss an eine kurze Entspannungsinduktion) für zwei in dieser Hinsicht bewährte Fantasiereisen.

- **Instruktion zur Fantasiereise »Ort der Ruhe«**
- *»Lassen Sie nun bitte vor Ihrem inneren Auge das Bild eines Ortes entstehen ... eines Ortes, an dem Sie sich wohl fühlen ..., eines Ortes, an dem Sie Ruhe und Entspannung finden ... Dies kann ein Ort aus Ihrer Erinnerung sein ... oder auch ein Ort, den es nur in Ihrer Fantasie gibt. Zu Beginn fällt es oft gar nicht leicht, ein solches Bild zu finden ... Vielleicht laufen vor Ihrem inneren Auge auch mehrere Bilder hintereinander ab ... wie in einem Film. Lassen Sie diese Bilder dann eine Zeit lang laufen ... Und versuchen Sie nun bitte, ein Bild festzuhalten ... Richten Sie Ihre Aufmerksamkeit nur auf dieses eine Bild ... auf diesen einen Ort, der Ruhe und Entspannung ausstrahlt.*

- *Und nun gehen Sie bitte in dieses Bild hinein ... und schauen Sie sich um an Ihrem Ort der Ruhe und Entspannung ... Schauen Sie nach links ... und nach rechts ... nach unten auf den Boden ... und nach oben zum Himmel ...*
- *Achten Sie auch auf Geräusche an diesem Ort ... Wenn Sie aufmerksam lauschen, können Sie vielleicht etwas hören.*
- *Vielleicht können Sie auch etwas spüren ... auf Ihrer Haut ... im Gesicht ... wo auch immer ...*
- *Und wenn Sie nun die Luft durch die Nase einziehen, können Sie vielleicht auch etwas riechen ...*
- *Verweilen Sie an diesem Ort der Ruhe und Entspannung und genießen Sie es, dort zu sein ... jeder für sich.*
- *(Nach 2–3 min)*
- *Verabschieden Sie sich nun bitte allmählich von Ihrem Ort der Ruhe und Entspannung ... Nehmen Sie wieder Ihren Körper wahr ... Ballen Sie Ihre Hände zu Fäusten und strecken und räkeln Sie sich ... Atmen Sie ein paar Mal kräftig tief durch ... und öffnen Sie dann die Augen.«*

- **Instruktion zur Fantasiereise »Boot«**

(nach Müller, 1983)
- *»Stellen Sie sich vor, Sie sind auf dem Meer. In einem Boot.*
- *Sie liegen im Boot. Sie spüren den warmen Boden aus Holz.*
- *Der Geruch des Holzes, sonnenwarm, ist angenehm.*
- *Sie spüren das sanfte Schaukeln des Bootes.*
- *Auf und ab ... auf und ab ...*
- *Im Rhythmus Ihres Atmens ... ein und aus ...*
- *Ruhig und entspannt.*
- *Sie schauen zum Himmel. Sehen Sie Wolken? ...*
- *Vielleicht können Sie Geräusche hören ... Das Plätschern der Wellen ... das Rauschen des Meeres ...*
- *Vielleicht auch können Sie das Meer riechen? ...*
- *Lassen Sie sich treiben.*
- *Ruhig, gelöst und entspannt.*
- *Genießen Sie das sanfte Schaukeln noch eine Weile.*
- *(Nach 2–3 min)*
- *Sagen Sie sich nun bitte, dass Sie die Übung allmählich beenden.*
- *Verabschieden Sie sich vom Meer, von Ihrem Boot ...*
- *Nehmen Sie wieder Ihren Körper wahr ... Ballen Sie Ihre Hände zu Fäusten und strecken und räkeln Sie sich ... Atmen Sie ein paar Mal kräftig tief durch ... und öffnen Sie dann die Augen.«*

Nach den Fantasiereisen soll den Teilnehmern etwas Zeit gelassen werden, um zurückzufinden. Dann folgt eine Gesprächsrunde, in der jeder Teilnehmer die Möglichkeit erhält, über seine Erlebnisse während der Übung zu berichten, sofern er dies möchte: Weitere Anleitungen für Fantasiereisen finden sich bei Müller (1983) und Vopel (2006).

6.4 Überblick über das Entspannungstraining

Im Folgenden ist der Ablauf des Entspannungstrainings zusammenfassend dargestellt (Tab. 6.3). Es sei daran erinnert, dass es sich hierbei nicht um einen verbindlichen Zeitplan handelt, wohl aber ist die Abfolge der einzelnen Elemente des Trainings zu beachten. Der Übergang von einer Variante des Trainings zur nächsten richtet sich nach den Übungsfortschritten der jeweiligen Gruppe.

Hinweis. Wird das Training in Blockform durchgeführt, ist ein systematisch aufgebautes Entspannungstraining nicht möglich. In diesem Fall kann die Kurzform der PR vorgestellt und ggf. auch mehrmals durchgeführt werden, um erste Erfahrungen mit der Methode zu vermitteln. Des Weiteren sollten die Teilnehmer über die Möglichkeit einer Teilnahme an entsprechenden Kursangeboten bei Volkshochschulen, Krankenkassen etc. informiert werden.

Tab. 6.3 Überblick über das Entspannungstraining

Sitzung	Inhalt	s. Abschnitt
2	Einführung der Methode der PR Demonstration des Grundprinzips Übung der PR-Langform – Übungsteil 1 Vorbereiten häuslicher Übungen	6.3.1
3/4/5	Besprechen der Übungserfahrungen Üben der PR-Langform – Übungsteile 2, 3 und 4	6.3.2
6	Verkürzung der Übung auf 4 Muskelgruppen	6.3.3
7/8	Einführung des »Ruhewortes«	6.3.4
9–11	Anwendung der Entspannung im Alltag: »Ampelübungen« Entspannung durch Vergegenwärtigung Differenzielle Entspannung	6.3.5
	ggf. Kombination mit »Fantasiereisen«	6.3.6

Trainingsmodul 2: Förderliche Denkweisen und Einstellungen entwickeln – das Mentaltraining

7.1   Ziele   – 104

7.2   Methode   – 105

7.3   Praktische Durchführung   – 106

7.4   Überblick über das Mentaltraining   – 118

7.1 Ziele

Die Reflexion stressverschärfender Bewertungsmuster und Einstellungen sowie deren Transformation in stressvermindernde, förderliche mentale Prozesse und Inhalte sind die Ziele dieses Programmbausteins. Die Teilnehmer sollen dazu Methoden des mentalen Stressmanagements kennen und anwenden lernen. Der Begriff »mental« bezieht sich dabei sowohl auf den Ansatzpunkt der Bewältigung, nämlich die individuellen Einstellungen und Bewertungen, als auch auf den Modus der Bewältigung, nämlich deren gedankliche Hinterfragung und den Aufbau von förderlichen, stressvermindernden Denkweisen und Einstellungen mittels gedanklicher Manöver. Grundsätzlich lassen sich vier Ebenen stressbezogener Kognitionen und damit vier Ansatzpunkte für das mentale Stressmanagement differenzieren.

Stressverschärfende »Sollwerte« und Einstellungen

Diese stellen die allgemeinste Form stressbezogener Kognitionen dar. Gemeint damit sind sowohl grundlegende menschliche Bedürfnisse und Motive (z.B. nach Zugehörigkeit und Liebe, nach Erfolg und Anerkennung, nach Sicherheit und Kontrolle, nach Autonomie) als auch verinnerlichte Normen, die in absolutistischer Weise als Anspruch an sich selbst, an andere oder an die Welt überhaupt formuliert sind. Kennzeichnend für stressverschärfende Sollwerte ist ein »Muss«-Denken. Bedürfnisse, Motive oder verinnerlichte Normen werden zu unbedingten Forderungen erhoben, deren Erfüllung als absolut notwendig für das eigene Wohlbefinden und Selbstwertgefühl angesehen wird. Ellis (1997) spricht von »Mußturbationen«, die als biografisch gewordene, generalisierte, situationsübergreifende, irrationale Einstellungen die Wahrnehmung und Interpretation von konkreten Situationen (»primäre Bewertung« sensu Lazarus) prägen. Sie stellen als interne Anforderungen gewissermaßen die Messlatte dar, an der konkrete externe Anforderungen als Bedrohung oder Schädigung bewertet werden.

Mentales Stressmanagement hat hier eine allmähliche »Aufweichung« derartiger rigider Sollwerte zum Ziel, so dass eine flexiblere Bewertung externer Anforderungen möglich wird. Darüber hinaus zählen hierzu auch generalisierte Einstellungen der Hilflosigkeit und fixierte Opferhaltungen sowie eine geringe Frustrationstoleranz. Diese prägen die Einschätzung der eigenen Bewältigungskompetenzen und der eigenen Belastbarkeit bzw. Widerstandskraft in konkreten Anforderungssituationen (»sekundäre Bewertung« sensu Lazarus). Mentales Stressmanagement zielt hier auf die Förderung einer optimistischen Selbstwirksamkeitsüberzeugung.

Stressverschärfende Bewertung von Störgrößen

Hier geht es um die Einschätzung konkreter situativer Anforderungen als Bedrohung, Schaden/Verlust bzw. Herausforderung (»primäre Bewertung« sensu Lazarus, ▶ s. Abschn. 2.4.1). Diese wird nicht nur durch die zugrunde liegenden Motive und Einstellungen, sondern auch durch spezifische Muster der Wahrnehmung und Interpretation geprägt. In Anlehnung an die von Beck et al. (1981) beschriebenen »Denkfehler« depressiver Personen können wir von einem »stressverschärfenden Denkmuster« sprechen. Dieser ist vor allem gekennzeichnet durch:
- selektive Wahrnehmung und Übergeneralisierung von negativen (bedrohlichen, schädigenden) Situationsaspekten,
- selektive Wahrnehmung und Überbewertung (»Katastrophisieren«) von möglichen negativen Folgen,
- einseitig personalisierende Wahrnehmung und Interpretation von Situationen (»Dinge zu persönlich nehmen«).

Im mentalen Stressmanagement geht es entsprechend darum, die Wahrnehmung auch auf positive Aspekte der Situation, auf Chancen, Sinn und mögliche positive Folgen zu orientieren sowie einen selbst-distanzierenden und relativierenden mentalen Umgang mit alltäglichen Belastungssituationen zu entwickeln.

Ein ungünstiger, weil die Stressreaktion aufrechterhaltender, mentaler Umgang mit akuten Stresssituation besteht darüber hinaus im Nicht-Akzeptieren und »Nicht-wahr-haben-Wollen« der Situation, das zu einem Hadern mit der Realität und zu einem Hineinsteigern in emotionale und körperliche Erregung führt. Förderlich im Sinne des mentalen Stressmanagements ist es hier, eine annehmende Grundhaltung gegenüber akuten Stresssituationen zu entwickeln, die allerdings nicht mit einem Gutheißen oder passivem Hinnehmen zu verwechseln ist.

Stressverschärfende Bewertung von Bewältigungskompetenzen und -ressourcen

Auch die Einschätzung eigener Bewältigungskompetenzen und -ressourcen (»sekundäre Bewertung« sensu Lazarus ▶ s. Abschn. 2.4.1 »Das transaktionale Stresskonzept«) kann durch selektive Wahrnehmungen in stressverschärfender Weise verzerrt sein. Eine Rolle spielen hierbei besonders:
- die selektive Wahrnehmung eigener früherer Misserfolge,
- die mangelnde Wahrnehmung und Wertschätzung von eigenen Kompetenzen sowie
- die mangelnde Wahrnehmung von externen Ressourcen und Unterstützungsmöglichkeiten.

Mentales Stressmanagement zielt daher auf die Orientierung der Wahrnehmung auf sowohl eigene Stärken, frühere Erfolge und positive Erfahrungen als auch auf externe Ressourcen und Unterstützungsmöglichkeiten ab.

Stressverschärfende Bewertung von Stresssymptomen

Auftretende emotionale (z.B. Nervosität, Angst-, Wut-, Ärgergefühle), körperliche (z.B. Herzklopfen, Schweißausbrüche, Schlafstörungen, muskuläre Anspannung, Kopfschmerzen) und behaviorale (z.B. »rot werden«, stottern, sich verhaspeln, den Überblick verlieren) Stressreaktionen unterliegen ebenfalls einer Bewertung durch die betroffene Person. Stressverschärfend wirkt sich hier insbesondere eine Bewertung derartiger Stressreaktionen als »fürchterlich«, »schrecklich«, »nicht aushaltbar«, »peinlich« u.Ä. aus. Im Hintergrund solcher Bewertungen stehen meist eine geringe Frustrationstoleranz und »discomfort-anxiety«, die Angst, Unangenehmes (Schmerz, Anstrengung etc.) nicht ertragen zu können (vgl. Ellis, 1997). Sie führen in der Regel zu einer Symptomverstärkung. Ellis (1997) spricht in diesem Zusammenhang von Symptomstress, der sich beispielsweise in Angst vor der Angst, Ärger über den Ärger, Nervosität wegen der Nervosität etc. äußert. Ein förderlicher mentaler Umgang mit akuten Stresssymptomen ist hier ebenfalls in einer annehmenden Haltung zu sehen, wodurch ein Aufschaukeln der Erregung unterbrochen werden kann.

Mentales Stressmanagement in dem hier vertretenen Sinne ist klar von manchen, zum Teil sehr populären Ansätzen des sog. »Positiven Denkens« abzugrenzen. Diese machen nicht nur völlig überzogene, nicht einlösbare Versprechungen von Gesundheit, Erfolg, Schönheit, Reichtum und immerwährendem Glück, sondern suggerieren auch, dass jeder positiv denke könne, wenn er nur wolle. Ein solcher Ansatz ist nicht nur naiv, da er weitgehend ignoriert, wie tief persönliche Denkmuster und Einstellungen in persönlichen Erfahrungen wurzeln, sondern führt bei manchen Menschen auch zu negativen Effekten in Form von Schuld- und Insuffizienzgefühlen (siehe z.B. Scheich, 2001). Mentales Stressmanagement zielt darauf, festgefahrene Denkmuster und Einstellungen allmählich zu lockern, »Bewegung in die Köpfe« zu bringen, in dem klaren Bewusstsein, dass dieses Bemühen an innere Grenzen stößt, dass eben nicht »alles möglich« ist.

7.2 Methode

Es erfolgt ein strukturiertes Vorgehen in 5 Schritten (vgl. auch Wilken, 1998):
1. **Die Rolle von Bewertungen und Einstellungen beim Stress** – eine Einführung: Anknüpfend an die bereits bekannte »Stress-Ampel« (vgl. ▶ Abschn. 5.2) wird das Verständnis der Teilnehmer für die stressverschärfende bzw. -vermindernde Wirkung von Bewertungen und Einstellungen vertieft und durch praktische Übungen erfahrbar gemacht.
2. **Stressverschärfende und förderliche Denkmuster**: »Es sind oft mehrere Sichtweisen möglich.« Hier geht es um eine differenzierte Auseinandersetzung mit stressverschärfenden und förderlichen mentalen Prozessen, also dem Wie des Denkens. Die Teilnehmer lernen fünf häufige stressverschärfende Denkmuster und darauf bezogene alternative förderliche Denkmuster kennen.

3. **Förderliche Denkmuster entwickeln:** ein Menü mentaler Strategien zur Stressbewältigung: Hier geht es um die Frage, wie eine allmähliche Veränderung stressverschärfender in förderliche Denkmuster gelingen kann. Es werden unterschiedliche Strategien des mentalen Stressmanagements (wie z.B. Realitätstestung, temporale Relativierung, Distanzierung durch Rollentausch, Entkatastrophisieren etc.) vorgestellt und erprobt. Die Teilnehmer erkennen, dass es prinzipiell möglich ist, mittels dieser Strategien förderliche stressvermindernde Sichtweisen zu entwickeln.
4. **Stressverschärfende und förderliche Einstellungen:** »Persönliche Stressverstärker und wie man sie entschärfen kann«: Ging es in den vorangegangenen Schritten um stressverschärfende bzw. förderliche mentale Prozesse, also um das Wie des Denkens, stehen im Folgenden stressverschärfende bzw. förderliche mentale Inhalte, also das Was des Denkens, im Mittelpunkt. Die Teilnehmer lernen die fünf häufigsten persönlichen Stressverstärker kennen. Diese werden hinsichtlich positiver und negativer Aspekte reflektiert und darauf aufbauend mögliche förderliche Einstellungen formuliert.
5. **Förderliche Einstellungen verankern:** Viele Teilnehmer erleben hinsichtlich der erarbeiteten förderlichen, potenziell stressvermindernden Kognitionen einen Widerspruch zwischen verstandesmäßiger (intellektueller) Einsicht und gefühlsmäßiger (emotionaler) Einsicht. Ziel dieses Schrittes ist es, stressvermindernde Gedanken stärker mit dem eigenen Gefühl zu integrieren, sodass eine überzeugende Vertretung dieses Gedankens sich selbst und anderen gegenüber möglich wird.

7.3 Praktische Durchführung

7.3.1 Die Rolle von Bewertungen und Einstellungen im Stressgeschehen – Einführung

»Es sind nicht die Dinge oder Ereignisse an sich, die uns beunruhigen, sondern die Einstellungen und Meinungen, die wir zu den Dingen haben.« (Epiktet, griechischer Philosoph der Stoa, 50–138 n. Chr.)

»Die letzte der menschlichen Freiheiten besteht in der Wahl der Einstellungen zu den Dingen.« (Viktor Frankl, österreichischer Psychotherapeut, Begründer der Logotherapie, 1905–1997)

Der Kursleiter knüpft an die bereits bekannte »Stress-Ampel« (▶ s. Abschn. 5.2 und Abb. A1, S. 187) an und erläutert, dass es im Folgenden darum gehen wird, die Rolle von persönlichen Einstellungen und Bewertungen im Stressgeschehen näher zu beleuchten.

Zur Einstimmung in das Thema kann der Kursleiter die Teilnehmer mit obigen Zitaten konfrontieren oder die folgende Geschichte vortragen.

Geschichte mit dem Hammer
Ein Mann will ein Bild aufhängen. Den Nagel hat er, nicht aber den Hammer. Der Nachbar hat einen. Also beschließt unser Mann hinüberzugehen und ihn auszuborgen. Doch da kommt ihm ein Zweifel: »Was, wenn der Nachbar mir den Hammer nicht leihen will? Gestern schon grüßte er mich nur so flüchtig. Vielleicht war er in Eile. Aber vielleicht war die Eile nur vorgeschützt, und er hat etwas gegen mich. Und was? Ich habe ihm nichts getan; der bildet sich da etwas ein. Wenn jemand von mir ein Werkzeug borgen wollte, ich gäbe es ihm sofort. Und warum er nicht? Wie kann man einem Mitmenschen einen so einfachen Gefallen abschlagen? Leute wie dieser Kerl vergiften einem das Leben. Und dann bildet er sich noch ein, ich sei auf ihn angewiesen. Bloß weil er einen Hammer hat. Jetzt reicht's mir wirklich.« – Und so stürmt er hinüber, läutet, der Nachbar öffnet, doch noch bevor er »Guten Tag« sagen kann, schreit ihn unser Mann an: »Behalten Sie Ihren Hammer, Sie Rüpel!« (Aus: Watzlawick, 1988, Anleitung zum Unglücklichsein)

7.3 · Praktische Durchführung

Durch die nachfolgenden Übungen soll den Teilnehmern eine lebendige Erfahrung davon vermittelt werden, wie sich mentale Prozesse (in Form von Gedanken, Vorstellungen, Erwartungen etc.) auf körperliche und emotionale Reaktionen auswirken können. Diese Erfahrungen werden auf mentale Vorgänge in belastenden Situationen übertragen, und es wird ein erstes Nachdenken über eigene stressverschärfende Denkweisen und Einstellungen angeregt.

Die **Vorstellungsübung »Zitrone«** veranschaulicht, wie durch kognitive Prozesse (hier: das innere Vorstellungsbild einer Zitrone) körperliche Reaktionen (hier: Speichelfluss) beeinflusst werden. Im Nachgespräch zu dieser Übung berichten zumindest einige Kursteilnehmer, dass bei dem Gedanken an eine Zitrone »sich im Mund etwas zusammengezogen hat«, »das Wasser im Mund zusammengelaufen ist« oder dass sie vermehrt schlucken mussten. Der Kursleiter verdeutlicht, dass diese körperlichen Reaktionen allein durch die mentale Vorstellung der Zitrone hervorgerufen wurden (»Es war real ja keine Zitrone da«) und regt die Teilnehmer dazu an, diesen Zusammenhang auf ihre Erfahrungen mit körperlichen Stressreaktionen zu übertragen.

- *Kennen Sie die Erfahrung, dass durch bestimmte Gedanken auch körperliche Anspannung, Nervosität, Herzklopfen u.Ä. ausgelöst oder verstärkt werden können? Welche Gedanken sind das?*

- **Instruktion zur Übung »Zitrone«**
- *»Achten Sie zunächst bitte darauf, dass Sie bequem sitzen. Die Füße stehen fest und sicher auf dem Boden, der Rücken ist angelehnt, die Hände ruhen locker auf den Oberschenkeln. Richten Sie Ihre Aufmerksamkeit nach innen, auf Ihren Körper. Schließen Sie die Augen. Beobachten Sie, wie sich Ihre Bauchdecke beim Einatmen hebt und beim Ausatmen langsam wieder senkt. Nehmen Sie einige tiefe Atemzüge und atmen Sie dann langsam wieder aus …*
- *Stellen Sie sich nun bitte eine Zitrone vor. Eine schöne, gelbe Zitrone …, die vor Ihnen auf einem Tisch liegt … Stellen Sie sich diese Zitrone vor, ihre Form … und ihre Farbe … Stellen Sie sich nun bitte vor, wie Sie ein Messer in die Hand nehmen und die Zitrone langsam in der Mitte durchschneiden …, wie der Saft der Zitrone an den Schnittflächen herausquillt … und die Zitrone jetzt in zwei Hälften vor Ihnen liegt … Wenn Sie nun die Luft durch die Nase einziehen, können Sie vielleicht auch einen Hauch des Zitronengeruchs spüren …*
- *Nehmen Sie nun eine Zitronenhälfte in die Hand und führen Sie sie langsam zu Ihrem Mund … Lecken Sie an der Zitrone … ganz leicht nur vielleicht … und spüren Sie den Geschmack der Zitrone auf der Zunge …*
- *Legen Sie die Zitronenhälfte nun bitte wieder zurück …, lassen Sie das Bild der Zitrone allmählich verblassen. Und nehmen Sie wieder Ihren Körper wahr …, die Füße auf dem Boden …, den Rücken …, die Hände …*
- *Ballen Sie nun bitte Ihre Hände zu Fäusten und strecken und räkeln Sie sich …, atmen Sie ein paar Mal kräftig tief durch … und öffnen Sie dann die Augen.«*

Eine weitere, sehr instruktive Möglichkeit zur Demonstration des Zusammenhangs zwischen Kognitionen einerseits und körperlichen Reaktionen andererseits stellt die folgende **Übung zur Stressinduktion** dar (nach einer Idee von Franke, 1984 sowie Schelp et al., 1990). Da hier mit einer gezielten Stressinduktion gearbeitet wird, sollte diese Übung erst dann durchgeführt werden, wenn in der Gruppe bereits ein Fundament an Sicherheit gewachsen ist. In (noch) vorsichtigen oder sehr ängstlichen Kursgruppen ist von der Durchführung abzuraten. Gegebenenfalls kann die Übung in spätere Kurssitzungen eingebaut werden.

- **Instruktion zur Übung »Stressinduktion«**
- *»Achten Sie zunächst bitte darauf, dass Sie bequem sitzen. Die Füße stehen fest und sicher auf dem Boden, der Rücken ist angelehnt, die Hände ruhen locker auf den Oberschenkeln. Richten Sie Ihre Aufmerksamkeit nach innen, auf Ihren Körper. Schließen Sie die Augen. Beobachten Sie, wie sich Ihre Bauchdecke beim Einatmen hebt und beim Ausatmen langsam wieder senkt. Nehmen Sie einige tiefe Atemzüge und atmen Sie dann langsam wieder aus …*
- *Erinnern Sie sich nun bitte an ein angenehmes Erlebnis aus der letzten Zeit. Ein Erlebnis, bei dem Sie sich wohl gefühlt haben … Versuchen Sie die Erin-*

nerung an dieses Erlebnis möglichst lebendig werden zu lassen … Erinnern Sie sich auch an Farben, Gerüche oder Geräusche … Bleiben Sie bei dieser Erinnerung jeder für sich eine kleine Weile.
- *Ich werde jetzt gleich aufstehen und jemanden von Ihnen auf die Schulter tippen, der oder die dann anschließend von dem angenehmen Erlebnis berichten soll.«*
- *(Kursleiter steht auf und geht möglichst hörbar im Kreis umher, bleibt gelegentlich hinter einem Teilnehmer stehen, tippt aber keinem Teilnehmer auf die Schulter. Schließlich setzt sich der Kursleiter wieder hin).*
- *»Bitte sagen Sie sich nun, dass Sie die Übung gleich beenden werden. Nehmen Sie wieder Ihren Körper wahr …, die Füße auf dem Boden …, den Rücken …, die Hände …*
- *Ballen Sie nun bitte Ihre Hände zu Fäusten und strecken und räkeln Sie sich …, atmen Sie ein paar Mal kräftig tief durch … und öffnen Sie dann die Augen.«*

Der Kursleiter bittet die Teilnehmer über ihre Erlebnisse während der Übung zu berichten.
- *Was ging in Ihnen vor, als ich herumging?*
- *Wie haben Sie sich in der Situation gefühlt?*
- *Was haben Sie körperlich gespürt?*

In dem Auswertungsgespräch sollte deutlich werden, dass
- die äußerlich gleiche Situation von verschiedenen Teilnehmern unterschiedlich bewertet wurde,
- verschiedene Teilnehmer auch körperlich in der äußerlich gleichen Situation unterschiedlich reagiert haben,
- bestimmte Gedanken (welche?) mit körperlicher und emotionaler Anspannung und andere Gedanken (welche?) eher mit Ruhe und Gelassenheit verbunden sind.

Bei der Auswertung der Übung ist es wichtig, nicht nur auf stressverschärfende, sondern ebenso auch auf förderliche mentale Prozesse und Inhalte einzugehen.

Auch die Erfahrungen mit dieser Übung werden dann auf das alltägliche Stresserleben übertragen:

- *Was können Sie aus dieser Übung für das alltägliche Stresserleben lernen? Welche Denkmuster kennen Sie auch aus Ihrem alltäglichen Umgang mit Belastungen?*

Damit ist dann ein guter Übergang zum nächsten Schritt geschaffen, in dem es um eine genauere Betrachtung stressverschärfender und förderlicher mentaler Prozesse geht.

7.3.2 Stressverschärfende und förderliche Denkmuster: »Es sind oft mehrere Sichtweisen möglich«

Hier geht es um eine differenzierte Auseinandersetzung mit stressverschärfenden bzw. förderlichen mentalen Prozessen, also dem Wie des Denkens, und in der Folge dann um die Frage, wie eine allmähliche Veränderung stressverschärfender in förderliche Denkmuster gelingen kann (▶ Abschn. 7.3.3).

Für einen illustrativen Einstieg eignen sich die aus der Wahrnehmungspsychologie bekannten »Kipp-Bilder (◘ Abb. 7.1). Diese machen deutlich, dass

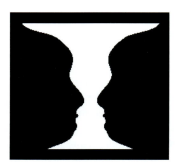  

◘ Abb. 7.1 »Es sind mehrere Sichtweisen möglich« (Kippbilder)

1. es mehrere Sichtweisen ein- und desselben Bildes gibt (und nicht eine einzige, »wahre« Sicht).
2. das Gehirn dazu neigt, eine einmal gewonnene Sichtweise immer wieder zu reproduzieren und
3. es daher gezielter Anstöße bedarf, um neue, veränderte Sichtweisen entwickeln zu können.

Dann schildert der Kursleiter verschiedene alltägliche Situationen (z.B. »Als Sie morgens zur Arbeit kommen, ruft Ihnen Ihr Kollege zu: Die Chefin hat schon nach Dir gefragt.« oder »Zusätzlich zu Ihrer vielen Arbeit bekommen Sie vom Chef eine neue Aufgabe zugeteilt mit der Bemerkung, dass er dafür einen fähigen Mitarbeiter brauche.« etc.). Er bittet die Teilnehmer, unterschiedliche, sowohl stressverschärfende als auch potenziell stressvermindernde Bewertungen dieser Situationen zusammenzutragen (▶ vgl. auch Beispiel in Abb. A12 im Anhang, S. 210):

- *Wie müsste jemand denken, um in der geschilderten Situation möglichst starken Stress zu erleben?*
- *Wie denkt jemand, der in der Situation wenig oder sogar keinen Stress erlebt?*

Der Kursleiter macht dann deutlich, dass stressverschärfende Bewertungen von alltäglichen Situationen oft auf bestimmte Denkmuster zurückgehen, und erläutert – möglichst mit Rückgriff auf die zuvor besprochenen Beispiele – die folgenden fünf stressverschärfenden Denkmuster und deren mögliche Konsequenzen für das Stresserleben (nähere Erläuterungen zu den stressverschärfenden Denkmustern siehe auch in dem Begleitbuch für Kursteilnehmer, Kaluza, 2007, Kap. 4).

- »Das gibt's doch nicht«-Denken
- »Blick auf das Negative«: einseitige Wahrnehmung und Verallgemeinerung von negativen Aspekten
- Defizit-Denken
- Negatives Konsequenzen-Denken
- Personalisieren

Die Teilnehmer werden gebeten, zu jedem der 5 stressverschärfenden Denkmuster alternative, potenziell stressvermindernde, förderliche Denkmuster zu entwickeln. Diese sollten schriftlich festgehalten werden. Zur evtl. Ergänzung und Zusammenfassung erhalten die Teilnehmer abschließend das Handout »Stressverschärfende und förderliche Denkmuster« (▶ s. Anhang, S. 211).

Die Gegenüberstellung von stressverschärfenden und förderlichen Denkmustern führt erfahrungsgemäß zu der – bisweilen mit deutlicher Skepsis geäußerten – Frage, ob und wie eine Veränderung von Denkweisen denn überhaupt möglich ist. Hier sollte der Kursleiter zunächst deutlich herausstellen, dass sich die stressverschärfenden Denkmuster durch ihre jahrelange und vielhundertfache Benutzung tief in das Gehirn »eingegraben« haben, dass ihre Veränderung nicht auf Knopfdruck, nicht durch das einfache, einmalige »Umlegen eines Schalters« im Gehirn bewerkstelligt werden kann, wie dies von manchen Propheten eines naiven »positiven Denkens« suggeriert wird, sondern dass es sich hierbei um einen längeren Lernprozess handelt, in dessen Verlauf das Gehirn immer wieder zu förderlichen Denkweisen angeregt werden und diese regelrecht trainieren muss. Wie eine solche Anregung des Gehirns zu förderlichen Denkweisen praktisch erfolgen kann, ist Gegenstand des nächsten Schrittes des Mentaltrainings.

7.3.3 Förderliche Denkmuster entwickeln: ein Menü mentaler Strategien zur Stressbewältigung

Chinesische Legende:
Der alte Mann und das Pferd
Hoch auf dem Felsen, abgeschieden,
Lebten der Alte und sein Sohn
In stiller Eintracht, wohlzufrieden …
Da lief den beiden das Pferd davon.
Der Nachbar nach geraumer Frist,
Kam, den Verlust mitzubeklagen.
Da hörte er den Alten fragen:
»Wer weiß, ob dies ein Unglück ist?«
Und bald darauf, im nahen Walde
Vernahmen sie des Pferdes Tritt:
Das kam und brachte von der Halde
Ein Rudel wilder Rosse mit.
Der Nachbar, schon nach kurzer Frist,
Pries den Gewinn nach Menschenweise.
▼

Da lächelte der Alte leise:
»Wer weiß, ob dies ein Glücksfall ist?«
Nun ritt der Sohn die neuen Pferde.
Sie flogen über Stock und Stein,
Ihr Huf berührte kaum die Erde ...
Da stürzte er und brach ein Bein.
Der Nachbar, nach geraumer Frist,
Kam, um das Leid mit ihm zu tragen.
Da hörte er den Alten fragen:
»Wer weiß, ob dies ein Unglück ist?«
Bald dröhnt die Trommel durch die Gassen:
Es ist die Kriegsproklamation.
Ein jeder muss sein Land verlassen.
Doch nicht des Alten lahmer Sohn.
(Aus: Mascha Kaleko, 1983, Heute ist morgen schon gestern)

In diesem Schritt geht es nun um die Frage, ob und wie es möglich ist, den eigenen Kopf zu förderlichen Denkweisen anzuregen und dadurch stressvermindernde selbstberuhigende und -ermutigende, bewältigungsorientierte Bewertungen von alltäglichen Belastungssituationen zu entwickeln.

Zum Einstieg eignet sich die chinesische Legende »Der alte Mann und das Pferd« (s. oben). Die Fragen des Alten in dieser Geschichte sind Beispiele für eine Strategie des mentalen Stressmanagements, die darin besteht, dass man sich selbst Fragen stellt, durch die der eigene Kopf dazu angeregt werden kann, als selbstverständlich angenommene Bewertungen von Ereignissen oder Personen zu hinterfragen und zu relativieren sowie alternative Bewertungen entstehen zu lassen. Möglichst verschiedene derartiger Fragen werden nun in der Gruppe zusammengetragen.

— *Welche Fragen können Sie sich selbst stellen, um stressverschärfende Denkmuster zu unterbrechen und förderliche, also stressvermindernde, aufbauende, ermutigende Gedanken anzuregen?*

Eine Zusammenstellung der wichtigsten Strategien findet sich in der folgenden Übersicht (vgl. auch Wilken, 1998; Schelp, Gravemeier & Maluck, 1997). Als Zusammenfassung und ggf. Ergänzung erhalten die Teilnehmer das **Handout »Wie man sich selbst auf förderliche Gedanken bringen kann – Mentale Strategien zur Stressbewältigung«** (▶ s. Anhang, S. 212).

Mentale Strategien zur Stressbewältigung
- Realitätstestung und Konkretisieren
  - Ist es wirklich so?
  - Welche Beweise/Tatsachen sprechen für meine Sichtweise?
  - Welche anderen Möglichkeiten gibt es, die Situation zu erklären?
  - Wie sehen die anderen beteiligten Personen die Sache? Wie fühlen die sich?
  - Wie sehen andere (neutrale, unabhängige, erfahrene) Personen die Sache?
  - Wie würde das Geschehen in einem Dokumentarfilm aussehen?
  - Was genau ist passiert? Was ist im Einzelnen geschehen oder gesagt worden?
  - Ist das immer so? Welche Ausnahmen gibt es?
- Blick auf das Positive, auf Chancen und Sinn.
  - Was ist das Gute an dieser Situation?
  - Wozu ist das gut?
  - Wo liegen Chancen?
  - Was kann ich in dieser Situation lernen?
  - Welche Aufgabe habe ich in dieser Situation?
  - Welchen Sinn finde ich in dieser Situation?
- Orientieren auf eigene Stärken und Erfolge.
  - Welche schwierigen Situationen in meinem Leben habe ich bereits gemeistert?
  - Wie habe ich das geschafft?
  - Welche Stärken und Tugenden habe ich dabei unter Beweis gestellt?
  - Worauf bin ich stolz?
  - Was gibt mir heute Mut und Sicherheit? Worauf kann ich mich verlassen?
- Orientieren auf positive Konsequenzen und Entkatastrophisieren.
  - Wie wird es sein, wenn ich die Anforderung erfolgreich bewältigt habe?
  - Wie werde ich mich dann fühlen?
  - Wie werden andere, die mir wichtig sind, auf meinen Erfolg reagieren?

- Wie wird das meine Lebenssituation positiv beeinflussen?
- Was würde schlimmstenfalls geschehen? Wie schlimm wäre das wirklich? Wie wahrscheinlich ist das?
— Relativieren und Distanzieren.
  - Wie werde ich später, in einem Monat oder in einem Jahr darüber denken?
  - Was denkt jemand, den die Situation weniger belastet als mich?
- Wie wichtig ist diese Sache wirklich für mich? Was ist wichtiger als diese Sache?
- Wie sieht die Situation von einer höheren Warte aus?
- Was würde mein/e Freund/in (jemand, der es gut mit mir meint) mir in dieser Situation sagen?
- Was würde ich einem/r Freund/in zur Unterstützung sagen, der/die sich in einer ähnlichen Situation befindet?

Die Anwendung dieser mentalen Strategien kann dann anhand von fiktiven Beispielen oder von persönlichen Beispielen einzelner Teilnehmer ausprobiert werden. Abschließend wählen sich die Teilnehmer aus dem »Menü mentaler Strategien« ein oder zwei Fragen aus, mit denen sie sich in der kommenden Zeit besonders auseinandersetzen möchten.

7.3.4 Stressverschärfende und förderliche Einstellungen: »Persönliche Stressverstärker und wie man sie entschärfen kann«

Ging es in den vorangegangenen Schritten um stressverschärfende bzw. förderliche mentale Prozesse, also um das Wie des Denkens, stehen im Folgenden stressverschärfende bzw. förderliche mentale Inhalte, also das Was des Denkens, im Mittelpunkt.

Die Kursteilnehmer erhalten die **Checkliste »Stressverschärfende Gedanken«** (▶ s. Anhang, S. 213) mit der Bitte, diese auszufüllen. Diese soll zu einer ersten Auseinandersetzung mit persönlichen stressverschärfenden Denkinhalten anregen. Es folgt ein kurzes Reflexionsgespräch in der Gruppe:

— »Auf welche Gedanken sind Sie gestoßen, die Ihnen persönlich vertraut sind?«

Der Kursleiter regt ein Gespräch über diese persönlichen stressverschärfenden Gedanken an und erläutert die fünf Stressverstärker, die hinter diesen Gedanken stehen. Er macht deutlich, dass es sich bei den Stressverstärkern zunächst um »ganz normale« menschliche Motive handelt, die zu Stressverstärkern dadurch werden, dass sie zu absoluten Forderungen übersteigert werden. Es geht hier gewissermaßen um interne Anforderungen, die wir an uns selbst richten, um innere »Sollwerte« in Form von grundlegenden menschlichen Motiven, die im Laufe der Biographie ihre je spezifische, individuelle Ausprägung erfahren haben, sowie um Wünsche und Ziele oder auch soziale Normen, die wir im Laufe unseres Lebens entwickelt bzw. verinnerlicht haben. Kennzeichnend für stressverschärfende Sollwerte ist ein »Muss«-Denken. Bedürfnisse, Wünsche oder verinnerlichte Normen werden zu absoluten Forderungen erhoben, deren Erfüllung als absolut notwendig für das eigene Wohlbefinden und Selbstwertgefühl angesehen wird (▶ s. folgende Übersicht »Die 5 Stressverstärker und was dahinter steckt«, s.a. Anhang S. 215 f.).

Der Kursleiter bittet die Teilnehmer dann, ihr persönliches Stressverstärkerprofil zu erstellen (◘ Abb. 7.2 und Anhang, S. 214) und macht abschließend deutlich, dass die Stressverstärkerprofile die jeweilige »persönliche Brille« formen, die die Wahrnehmung und Interpretation von konkreten Anforderungssituationen beeinflusst, ggf. in stressverschärfender Weise verzerrt.

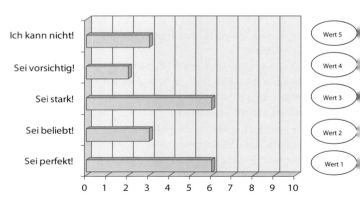

Abb. 7.2 Persönliches Stressverstärkerprofil (Beispiel)

Die 5 Stressverstärker und was dahinter steckt

- **Sei perfekt!**
  Im Hintergrund dieses Stressverstärkers steht das Leistungsmotiv, der Wunsch nach Erfolg und Selbstbestätigung durch gute Leistungen. Wenn dieses Motiv übermächtig und zur absoluten Forderung erhoben wird, dann verbindet es sich mit einer ausgeprägten Stressanfälligkeit vor allem gegenüber solchen Situationen, in denen ein Misserfolg, Versagen und eigene Fehler möglich sind oder drohen. Durch das perfektionistische Leistungsverhalten wird versucht, derartige Situationen unter allen Umständen zu vermeiden. Das Problem besteht hier nicht darin, sich ständig verbessern zu wollen oder nach Höchstleistungen zu streben. Auch gibt es selbstverständlich Aufgabenbereiche, in denen es auf höchste Genauigkeit und Perfektion ankommt. Problematisch wird es dann, wenn das perfektionistische Leistungsstreben in alle Lebensbereiche hineingetragen und auf jede beliebige berufliche Aufgabe oder private Aktivität übertragen wird. Dies führt über kurz oder lang unweigerlich in die Selbstüberforderung und schließlich Erschöpfung.
- **Sei beliebt!**
  Im Hintergrund dieses Stressverstärkers steht das Anerkennungsmotiv, der Wunsch nach Zugehörigkeit, nach Angenommensein und Liebe. Wenn dieses Motiv übermächtig und zur absoluten Forderung erhoben wird, dann verbindet es sich mit einer ausgeprägten Stressanfälligkeit vor allem gegenüber solchen Situationen, in denen Ablehnung, Kritik und Zurückweisung durch andere möglich sind oder drohen. Als besonders belastend wird auch erlebt, wenn man eigene Interessen vertreten und andere enttäuschen muss oder wenn Konflikte, Meinungsverschiedenheiten u.Ä. mit anderen bestehen. Derartige Situationen müssen unter allen Umständen vermieden oder entschärft werden. Dies wird versucht, indem man eigene Interessen zurückstellt und sich bemüht, es buchstäblich allen recht zu machen. Auch eine übergroße Hilfsbereitschaft steht bisweilen im Dienst des »Sei beliebt!«-Verstärkers. Sicher gibt es immer wieder Situationen, in denen es notwendig oder angemessen ist, Kompromisse zu schließen, nachzugeben und anderen zu helfen. Das Problem liegt auch hier wieder in der Übertreibung, in einem »Zuviel des Guten«, das auf längere Sicht in die Selbstüberforderung und ins Burn-out führt.
- **Sei stark!**
  Im Hintergrund dieses Stressverstärkers steht das Autonomiemotiv, der Wunsch nach persönlicher Unabhängigkeit und Selbstbestimmung. Wenn dieses Motiv übermächtig und zur absoluten Forderung erhoben wird, dann verbindet es sich mit einer ausgeprägten Stressanfälligkeit vor allem gegenüber solchen Situationen, in denen eine Abhängigkeit von ande-

▼

ren, eigene Hilfsbedürftigkeit und Schwächen erlebt werden oder drohen. Menschen, die den »Sei stark!«-Verstärker in sich tragen, erledigen deshalb ihre Aufgaben am liebsten allein und machen Schwierigkeiten, Sorgen und Ängste mit sich allein aus. Es fällt ihnen schwer, andere um Hilfe oder Unterstützung zu bitten und sich anderen anzuvertrauen. Sie versuchen unter allen Umständen gegenüber sich und anderen das Bild der Stärke und Unabhängigkeit aufrechtzuerhalten. Dass ein solches Verhalten längerfristig leicht in die Selbstüberforderung bis zur Erschöpfung führen kann, liegt auf der Hand. Stressverschärfend wirkt hier nicht das an sich gesunde Streben nach Unabhängigkeit, sondern wieder dessen einseitige Übertreibung, die es nicht erlaubt, sich auch einmal bei anderen anzulehnen und sich helfen zu lassen.

- Sei vorsichtig!
Im Hintergrund dieses Stressverstärkers steht das Kontrollmotiv, der Wunsch nach Sicherheit im und Kontrolle über das eigene Leben. Wenn dieses Motiv übermächtig und zur absoluten Forderung erhoben wird, dann verbindet es sich mit einer ausgeprägten Stressanfälligkeit vor allem gegenüber solchen Situationen, in denen Kontrollverlust, Fehlentscheidungen und Risiken möglich sind oder drohen. Um solche Situationen zu vermeiden, versuchen Menschen, die den »Sei vorsichtig!«-Verstärker in sich tragen, möglichst alles selbst unter Kontrolle zu haben. Es fällt ihnen schwer zu delegieren. Sie neigen dazu, sich ständig Sorgen über mögliche Risiken und Gefahren zu machen und es kostet sie viel Zeit und Kraft, Entscheidungen zu treffen, aus Angst, mögliche Risiken zu übersehen. So kann auch dieser Stressverstärker längerfristig Selbstüberforderung und Ausbrennen begünstigen, da eine hundertprozentige Sicherheit und Kontrolle nicht zu erreichen sind. Gerade in Zeiten zunehmender Unsicherheit bedarf das Sicherheitsstreben eines Ausgleichs durch Mut zum kalkulierten Risiko, durch Loslassen und durch Vertrauen.

- Ich kann nicht! (auch: Ich kann das nicht aushalten!)
Im Hintergrund dieses Stressverstärkers steht der Wunsch nach eigenem Wohlbefinden und einem bequemen Leben (»Life must be easy.«). Wenn dieses Motiv übermächtig und zur absoluten Forderung erhoben wird, dann verbindet es sich mit einer ausgeprägten Stressanfälligkeit vor allem gegenüber solchen Situationen, in denen unangenehme Aufgaben, Anstrengung oder Frustrationen möglich sind oder drohen. Derartigen Situationen wird versucht, aus dem Weg zu gehen, indem man sie auf die lange Bank schiebt (»Aufschieberitis«) und sich in Hilflosigkeit flüchtet. Menschen, die den »Ich kann nicht!«-Verstärker in sich tragen, haben früh gelernt, dass sie ihren eigenen Kompetenzen nicht vertrauen können und dass es besser ist, wenn sie sich vor Anstrengung und Schwierigkeiten hüten. Sie entwickeln eine übertriebene Schonhaltung. Da sich aber niemand allen Anforderungen entziehen kann, sind chronische Stressreaktionen mit den bekannten Folgen unausweichlich.

Die Teilnehmer entwickeln dann in Kleingruppen mögliche »mentale Gegenmittel« zu jeweils einem der 5 Stressverstärker in Form von stressentschärfenden förderlichen Gedanken (zur Anregung vgl. ◘ Tab. 7.1). Diese werden anschließend der gesamten Gruppe vorgestellt und diskutiert. Dabei sollte deutlich werden, dass es bei der Entschärfung der Stressverstärker nicht darum gehen kann, von einem Extrem ins andere zu fallen. Die Stressverstärker und die mit Ihnen jeweils verbundenen Verhaltensweisen beinhalten ja durchaus auch positive Aspekte. Es kann hier also nicht darum gehen, die Stressverstärker »einfach über Bord zu werfen« (was auch gar nicht möglich wäre), vielmehr kommt es darauf an, die positiven Seiten der jeweiligen Einstellungen und Verhaltensweisen zu bewahren und zugleich die negativen, stresserzeugenden Seiten, die ja in einer Übertreibung, einem »Zuviel des Guten« bestehen, möglichst zu verringern.

Tab. 7.1 Die 5 Stressverstärker und mögliche »mentale Gegenmittel«

	Förderliche Gedanken
1. Sei perfekt!	— Auch ich darf Fehler machen. — Aus Fehlern werd ich klug. — Oft ist gut gut genug. — Weniger ist manchmal mehr. — So gut wie möglich, so gut wie nötig. — Ab und zu lasse ich fünf gerade sein. — Ich gebe mein Bestes und achte auf mich. — Ich unterscheide zwischen wichtig und unwichtig. — Nichts wird so heiß gegessen wie es gekocht wird.
2. Sei beliebt!	— Ich darf »nein« sagen. — Ich achte auf meine Grenzen/meine Bedürfnisse. — Ich sorge auch für mich. — Ich bin gut zu mir. — Ich darf andere enttäuschen. — Ich kann/will/muss es nicht allen recht machen. — Nicht alle anderen müssen mich mögen. — Kritik gehört dazu. — Ich darf kritisieren/meine Meinung sagen. — Ich darf kritisiert werden.
3. Sei stark!	— Ich darf auch mal Schwäche zeigen. — Schwächen sind menschlich. — Ich darf um Hilfe/Unterstützung bitten. — Es gibt Hilfe/Unterstützung für mich. — Ich gebe anderen die Chance, mich zu unterstützen. — Ich lasse mich unterstützen. — Ich kann/darf mich auf andere verlassen. — Ich darf/kann delegieren. — Ich darf meine Gefühle zeigen. — Ich muss nicht alles selbst/allein machen.
4. Sei vorsichtig!	— Ich akzeptiere, was ich nicht ändern kann. — Ich kann/muss nicht alles kontrollieren/planen. — Risiko/Unsicherheit gehört dazu. — Störungen sind Teil des Jobs/des Plans. — Ich bleibe gelassen, auch wenn ich nicht weiß, was kommt. — No risk, no fun!
5. Ich kann nicht!	— Ich schaffe es. — Ich habe schon ähnliche Situationen gemeistert. — Ich nehme es als Herausforderung an. — Ich vertraue auf mich. — Ich weiß, was ich kann. — Ich kann es aushalten. — Alles geht auch wieder vorüber.

Abb. 7.3 Werte- und Entwicklungsquadrat beim »Sei beliebt!«-Verstärker

Um dies noch weiter zu verdeutlichen, kann der Kursleiter an dieser Stelle – je nach intellektuellem Niveau der Teilnehmer – auch das Instrument des »**Werte- und Entwicklungsquadrats**« einführen. Es handelt sich hierbei um ein dialektisches Denkwerkzeug, das ursprünglich von Helwig (1948) vorgestellt und später von Schulz von Thun (1989) im Rahmen seiner kommunikationspsychologischen Arbeiten aufgegriffen und weiterentwickelt wurde und heute in der Personalpsychologie vielfache Anwendung findet (z.B. Westermann, 2007). Es geht davon aus, dass der Wert von Verhaltensweisen, Tugenden oder Einstellungen immer relativ ist. Jede Stärke kann zu einer Schwäche werden, und zwar genau dann, wenn man des Guten zu viel tut. Aus Sparsamkeit wird dann Geiz und aus Mut wird Übermut. Um der Gefahr einer solchen entwertenden Übertreibung zu entgehen, ist es erforderlich, dass die jeweiligen Einstellungen und Verhaltensweisen in einer guten Balance zu einer jeweils komplementären Verhaltensweise bzw. Einstellung stehen, dass es jeweils einen Gegenpol gibt. Bei der Sparsamkeit wäre der Gegenpol beispielsweise Großzügigkeit, beim Mut wäre es die Vorsicht. Auch dieser Gegenpol birgt in sich wiederum die Gefahr einer entwertenden Übertreibung. Aus der Großzügigkeit wird dann Verschwendung und die Vorsicht entgleitet zur Feigheit. Das Werte- und Entwicklungsquadrat lässt sich gut auf die 5 Stressverstärker übertragen. Es hilft, das Denken in konträren Gegensätzen (»Schwarz-Weiß-Denken«) zu überwinden, und die Richtung zu erkennen, in der eine Entschärfung des jeweiligen Stressverstärkers erfolgen kann, ohne dabei in das andere Extrem zu verfallen.

Dies sei hier exemplarisch lediglich am Beispiel des »Sei beliebt!«-Verstärkers verdeutlicht (Abb. 7.3). Werte- und Entwicklungsquadrate für alle 5 Stressverstärker finden sich bei Kaluza (2007, Kapitel 7).

Positive Aspekte des »Sei beliebt!«-Verstärkers liegen u.a. in der Rücksichtnahme auf andere, in der Hilfsbereitschaft für andere sowie in der Bereitschaft, auch einmal »nachzugeben« und eigene Interessen zurückzustellen. Diese positiven Verhaltensweisen drohen in die entwertende Übertreibung einer völligen Selbstverleugnung abzugleiten, und zwar immer dann, wenn sie nicht durch komplementäre selbstbehauptende Verhaltensweisen ergänzt werden. Für Menschen mit einem stark ausgeprägten »Sei beliebt!«-Verstärker kommt es somit darauf an, Selbstbehauptung zu üben und zu lernen, eigene Grenzen und Interessen zu vertreten, ohne allerdings dabei in das gegenteilige Extrem von rücksichtslosem Egoismus zu fallen. Erste konkrete Schritte auf diesem Weg können beispielsweise darin bestehen, dass man zunächst in leichteren Situationen und gegenüber Menschen, die einem nicht so viel bedeuten, ein »Nein« sagt oder Aufgaben delegiert. Die Erfahrung, auf diese Weise Entlastung zu erfahren, ohne dass die Beziehung zu anderen Menschen dadurch nennenswert belastet wird, kann dann zu einer allmählichen Aufweichung des »Sei beliebt!«-Verstärkers führen.

Das Werte- und Entwicklungsquadrat kann eine konstruktive Auseinandersetzung mit stressver-

schärfenden Einstellungen strukturieren. Didaktisch kann dies vom Kursleiter so umgesetzt werden, dass er das Gruppengespräch über einen Stressverstärker entlang folgender Fragen moderiert:
– *Was ist das Gute an dem Stressverstärker? Was spricht für ihn?*
– *Was ist auf der anderen Seite nicht so gut daran? Was spricht gegen die mit diesem Stressverstärker verbundenen Einstellungen und Verhaltensweisen?*
– *Wie sieht der extreme Gegenpol zu dem Stressverstärker aus?*
– *Wie könnte eine förderliche Einstellung lauten?*

Zur Vorbereitung und Strukturierung des Gruppengesprächs dient das **Arbeitsblatt »Persönliche Stressverstärker hinterfragen«** (▶ s. Anhang, S. 217).

Eine interessante didaktische Variante besteht darin, zunächst in zwei Untergruppen positive bzw. negative Aspekte des jeweiligen Stressverstärkers zusammenzutragen. Anschließend werden die gesammelten Argumente ausgetauscht, wobei die Mitglieder der beiden Untergruppen abwechselnd jeweils ein Argument vortragen. Noch mehr Bewegung (auch in den Köpfen der Teilnehmer) wird erreicht, wenn in einem zweiten Durchgang die Rollen getauscht werden, d.h. Teilnehmer, die zunächst die positiven Aspekte vertreten haben, übernehmen nun die »Contra«-Seite und umgekehrt. Schließlich wird der Kursleiter die Mitglieder beider Untergruppen bitten, eine förderliche Einstellung zu formulieren, in der die Argumente beider Seiten angemessen berücksichtigt werden.

Abschließend erhalten die Teilnehmer das **Arbeitsblatt »Förderliche Einstellungen«** (▶ siehe Anhang, S. 218), auf dem sie ihre persönlichen stressvermindernden förderlichen Gedanken für die jeweils persönlich relevanten Stressverstärker notieren können. Im Ergebnis sollte möglichst jeder Teilnehmer wenigstens einen persönlich bedeutsamen, potenziell stressvermindernden Gedanken formuliert haben.

Dieser förderliche, stressvermindernde Gedanke sollte möglichst
– kurz und einfach,
– persönlich (es sollen die Worte »ich«, »mir« oder »mein« verwendet werden),
– positiv (es soll gesagt werden, was man will, nicht, was man nicht will, kann oder wird) und
– in der Gegenwart formuliert sein.

7.3.5 Förderliche Einstellungen verankern

Immer wieder äußern Teilnehmer, dass die zuvor formulierten, förderlichen, potenziell stressvermindernden Sätze zwar »ganz richtig und vernünftig« seien, bezweifeln aber, dass diese Gedanken ihnen »wirklich helfen könnten«, da sie, »wenn es darauf ankäme, doch nicht an sie glauben könnten«. Sie erleben einen Widerspruch zwischen Kopf und Bauch, zwischen verstandesmäßiger (intellektueller) Einsicht und gefühlsmäßiger (emotionaler) Einsicht. Ziel der im Folgenden beschriebenen Übungen ist es, die förderlichen, stressvermindernden Gedanken stärker mit dem eigenen Gefühl zu integrieren, sodass eine überzeugende Vertretung dieser Gedanken sich selbst und anderen gegenüber möglich wird.

Übung »Förderliche Gedanken ein- und ausatmen«

Diese Übung wird am besten durch eine aktivierende Bewegungsübung eingeleitet und im Stehen durchgeführt. Dadurch wird in aller Regel die Selbstwahrnehmung gestärkt. Die Übung (s. unten) besteht aus zwei Teilen, die zusammen oder auch getrennt durchgeführt werden können. Während beider Übungsteile kann sich der ursprüngliche stressvermindernde Satz in seiner Bedeutung oder Formulierung ändern. Hierauf sollten die Teilnehmer hingewiesen werden.

■ **Instruktion zur Übung »Förderliche Gedanken ein- und ausatmen«**
Einleitung
– *»Schließen Sie nun bitte die Augen und richten Sie Ihre Aufmerksamkeit nach innen, auf Ihren Körper. Spüren Sie Ihre Füße, die fest und sicher auf dem Boden stehen. Lassen Sie die Knie locker. Nehmen Sie einige tiefe Atemzüge … Und lassen Sie Ihren Atem dann frei laufen. Spüren Sie die Energie, das Pulsieren in Ihrem Körper …*

Legen Sie beide Hände nun bitte auf Ihren unteren Bauch, unterhalb des Bauchnabels ... und spüren Sie, wie Ihr Atem bis dort unten fließt ...«

Teil 1
- »Rufen Sie sich nun bitte Ihren stressvermindernden, förderlichen Satz ins Gedächtnis. Und stellen Sie sich vor, wie Sie diesen Satz mit dem Einatmen in sich aufnehmen und mit dem Ausatmen in sich hinein versenken, ganz tief, bis dort unten, wo Ihre Hände sind ...
- Einatmen und aufnehmen ... ausatmen und versenken ... Bleiben Sie eine Weile bei dieser Vorstellung ... Vielleicht verändert sich Ihr Satz dabei ... Einatmen und aufnehmen ... ausatmen und versenken ...«

Teil 2
- »Stellen Sie sich nun bitte vor, wie Sie Ihren Satz mit dem Einatmen von tief unten aus Ihrem Bauch hervorholen ... und wie Sie ihn mit dem Ausatmen durch Ihren Mund nach draußen geben, hinausgeben in die Welt.
- Einatmen und hervorholen ... ausatmen und nach außen geben ... Bleiben Sie auch bei dieser Vorstellung eine Weile ... Auch dabei kann sich Ihr Satz noch einmal verändern ... Einatmen und hervorholen ... ausatmen und nach außen geben ...«

Schluss
- »Sagen Sie sich nun bitte, dass Sie die Übung gleich beenden werden. Bewahren Sie Ihren Satz in Ihrem Bauch und prägen Sie sich das Gefühl ein, das damit verbunden ist ...
- Nehmen Sie Ihren Körper wahr, ballen Sie beide Hände zu Fäusten, atmen Sie ein paar Mal kräftig tief durch, strecken und räkeln Sie sich und öffnen Sie dann die Augen.«

Im Nachgespräch berichten die Teilnehmer über ihre Erfahrungen bei dieser Übung:
- *Wie sind Sie mit der Vorstellung des Ein- und Ausatmens des stressvermindernden, förderlichen Gedankens zurechtgekommen?*
- *Wie hat es sich angefühlt, den förderlichen Gedanken ein- bzw. auszuatmen?*
- *Hat sich Ihr förderlicher Gedanke während der Übung verändert? Falls ja, wie?*
- *Wie fühlen Sie sich jetzt mit Ihrem förderlichen Satz in Ihrem Bauch?*

Übung »Kreuzfeuer«

In dieser Übung erhalten die Teilnehmer Gelegenheit, ihren stressvermindernden Satz in der Gruppe öffentlich zu vertreten.

> **Übung: »Kreuzfeuer«**
> Hierzu stellt sich das betreffende Gruppenmitglied auf eine imaginäre Bühne vor die Gruppe und spricht so überzeugend wie möglich seine förderlichen Sätze (z.B. »Ich habe ein Recht, auch einmal ›Nein‹ zu sagen« oder »Jeder Mensch, auch ich, braucht einmal Hilfe« oder »Ich bleibe ruhig und weiß, dass ich es schaffe« etc.) aus. Die anderen Kursteilnehmer bilden ein kritisches Auditorium, übernehmen gewissermaßen die Rolle eines »advocatus diaboli«. Sie äußern Zweifel, Bedenken und Einwände (z.B. »Man darf andere aber nicht enttäuschen« oder »Am besten ist, man kommt ganz alleine klar« oder »Und was ist, wenn Sie doch versagen?« etc.). Der jeweilige Teilnehmer versucht, ggf. mit Unterstützung des Kursleiters, seine Haltung gegenüber diesen Einwänden zu vertreten. Dies kann ein paar Mal hin und her gehen. Der Kursleiter beendet die Übung dann, unmittelbar nachdem der Teilnehmer mit einer besonders starken Überzeugungskraft aufgetreten ist. Die anderen Kursteilnehmer sollten kräftig Beifall spenden. Wichtig ist, dass die Übung für den betreffenden Kursteilnehmer mit einem Erfolgserlebnis endet. Die Gruppe darf es dem Teilnehmer auf der Bühne nicht zu schwer machen, sondern im Idealfall gerade so viel an Widerspruch formulieren, dass der Teilnehmer daran seine neue, förderliche Einstellung stärken kann.

Diese Übung kann zu einem bewegenden Erlebnis in der Gruppe werden, erfordert jedoch eine bereits gute Gruppenkohäsion und ein hohes Maß an Einfühlungsvermögen aufseiten der Kursteilnehmer und sollte von daher in der Regel erst in späteren Kurssitzungen durchgeführt werden. Zur Vorbereitung kann es sinnvoll sein, dass der betreffende Teilnehmer zunächst selbst mögliche Einwände, die »alten stressverschärfenden« Kognitionen, benennt, und diese dann auf Kärtchen geschrieben und an die übrigen Kursteilnehmer verteilt werden.

Der letzte Schritt des Mentaltrainings besteht darin, die erarbeiteten stressvermindernden Gedanken auch im Alltag zu verankern. Hierzu weist der Kursleiter zunächst darauf hin, dass die alten stressverschärfenden Gedanken häufig noch »stärker« und »mächtiger« sind als die neuen stressvermindernden Einstellungen. Dies ist ganz natürlich und auch zu erwarten, da es sich dabei um Gedanken handelt, die häufig schon seit vielen Jahren bestehen. Die Ausschaltung derartiger festgefahrener, automatisierter Denkgewohnheiten kann nicht von heute auf morgen gelingen (»Die verstandesmäßige Einsicht tröpfelt nur langsam in die Seele«). Hierfür sind Übung und beständige Wiederholung unerlässlich. Es werden dann in der Gruppe unterschiedlichste Möglichkeiten zusammengetragen, wie die stressvermindernden Gedanken im Alltag erinnert, wiederholt und damit geübt werden können.

Stressvermindernde Gedanken üben
- Den stressvermindernden Gedanken laut vor sich hin sagen, mindestens 20-mal am Tag.
- Den stressvermindernden Gedanken vor dem Einschlafen still für sich wiederholen.
- Den stressvermindernden Gedanken unter der Dusche vor sich hin singen.
- Den stressvermindernden Gedanken beim Spazieren gehen vor sich hin sagen.
- Den stressvermindernden Gedanken auf dem PC als Bildschirmschoner verwenden, in einem Bilderrahmen aufhängen oder auf einem Kärtchen im Portemonnaie immer bei sich tragen.

7.4 Überblick über das Mentaltraining

Die folgende Tabelle 7.2 gibt einen Überblick über den Ablauf des Mentaltrainings. Die im Rahmen dieses Moduls erreichten Veränderungen oder zumindest Relativierungen stressverschärfender

Tab. 7.2 Überblick über das Mentaltraining

Sitzung	Inhalt	s. Abschnitt
2	Die Rolle von Bewertungen und Einstellungen beim Stress – Einführung	7.3.1
2	Stressverschärfende und förderliche Denkmuster	7.3.2
3	Förderliche Denkmuster entwickeln: ein Menü mentaler Strategien	7.3.3
4	Stressverschärfende und förderliche Einstellungen: 5 Stressverstärker und wie man sie entschärfen kann	7.3.4
5	Förderliche Einstellungen verankern	7.3.5

Einstellungen und Bewertungen stellen wichtige Voraussetzungen für die im Rahmen des Problemlösetrainings (Trainingsmodul 3) und des Genusstrainings (Trainingsmodul 4) angestrebten Verhaltensänderungen dar. Insofern sollte mit diesem Trainingsmodul möglichst früh im Kursverlauf begonnen werden.

Trainingsmodul 3: Stress-situationen wahrnehmen, annehmen und verändern – das Problemlösetraining

8.1   Ziele   – 120

8.2   Methode   – 120

8.3   Praktische Durchführung im Kurs   – 121

8.4   Überblick über das Problemlösetraining   – 137

8.1 Ziele

Im Rahmen dieses Bausteins findet eine Konfrontation und problembezogene Auseinandersetzung mit konkreten Belastungen einzelner Teilnehmer statt.

Im Einzelnen verfolgt das Problemlösetraining die folgenden Ziele:
1. Es sollen konkrete Bewältigungsmöglichkeiten für die individuellen Belastungen erarbeitet und realisiert werden, die den einzelnen Teilnehmer zum Besuch des Trainings veranlassten. Dies kann im Rahmen eines zeitlich begrenzten Trainings allerdings immer nur exemplarisch geschehen.
2. Die Teilnehmer sollen zu einer problemorientierten Bewältigung zukünftiger Belastungen befähigt werden. Mit anderen Worten: Die Fähigkeit der Teilnehmer zur Problemlösung soll verbessert werden. Es sollen Problemlösungsdefizite, die auf den verschiedenen Stufen des Problemlösungsprozesses angesiedelt sein können, ausgeglichen werden und die Teilnehmer zu einem systematischen Problemlösungsverhalten angeleitet werden.
3. Das Problemlösetraining dient implizit dem Erwerb einer allgemeinen, problemlösenden Grundhaltung, die (nach Goldfried & Goldfried, 1976) aus folgenden Aspekten besteht:
   – der Einsicht, dass Problemsituationen zum normalen Leben gehören,
   – der Annahme, dass man solche Situationen aktiv meistern kann,
   – der Bereitschaft, Problemsituationen im Augenblick ihres Auftretens wahr- und anzunehmen und
   – der Entschlossenheit, der Versuchung zu impulsivem Handeln zu widerstehen.

Mit anderen Worten: Die Teilnehmer sollen im Laufe des Trainings eine emotionale Distanzierung gegenüber ihren Belastungen erfahren und die Suche nach Bewältigungsmöglichkeiten als einen kreativen und lustvollen Prozess erleben. Es sollen Einstellungen der Hilf- und Hoffnungslosigkeit allmählich revidiert und ein Wechsel von der Opferrolle in die Rolle des Akteurs angestoßen werden. Entscheidend dafür ist, dass es gelingt, einseitige und festgefahrene Sichtweisen, selbstgesetzte Grenzen und Blockaden zu lockern und den Suchraum, innerhalb dessen die Teilnehmer kreativ Ideen zur Bewältigung einer belastenden Situation entwickeln, so offen wie möglich zu halten.

8.2 Methode

Es liegen in der Literatur unterschiedliche Konzeptionalisierungen des Problemlöseansatzes vor, die v.a. hinsichtlich der Anzahl der verwandten Problemlöseschritte variieren. In Anlehnung an Grawe et al. (1980) sowie Kämmerer (1983) wird hier eine Gliederung in 6 Schritten vorgenommen. Dadurch werden sowohl eine ausreichende inhaltliche Strukturierung als auch die Überschaubarkeit der Problemlösesequenz für die Teilnehmer gewährleistet.

Die 6 Schritte der Problemlösestrategie:

- Schritt 1: »Dem Stress auf die Spur kommen«
  Die Teilnehmer werden zu einer systematischen Selbstbeobachtung von Belastungssituationen und -reaktionen angeleitet. Sie lernen, anhand eines vereinfachten verhaltensanalytischen Schemas ihre zunächst umgangssprachlich und allgemein formulierten Stresserfahrungen als Verhalten-in-Situationen zu konkretisieren.
- Schritt 2: »Ideen zur Bewältigung sammeln«
  Hier erfolgt, unter Beteiligung der gesamten Kursgruppe, eine kreative bewertungsfreie Suche nach Möglichkeiten der Bewältigung der belastenden Situation.
- Schritt 3: »Den eigenen Weg finden«
  Unter Berücksichtigung der zu erwartenden Konsequenzen trifft der betreffende Teilnehmer eine Positivauswahl unter den vorgeschlagenen Bewältigungsmöglichkeiten und entscheidet sich für einen der (ggf.

- auch eine Kombination mehrerer) Vorschläge.
- Schritt 4: »Konkrete Schritte planen«
  Hier geht es darum, das konkrete Vorgehen bei der Realisierung des ausgewählten Vorschlags möglichst genau zu planen. Rollenspiele und Vorstellungsübungen können eingesetzt werden, um den Teilnehmer möglichst gut auf die Durchführung der Schritte im Alltag vorzubereiten.
- Schritt 5: »Im Alltag handeln«
  Dieser zentrale Schritt des Problemlöseprozesses, auf den letztlich alle vorhergehenden Schritte hinführen, findet außerhalb der Kursstunden statt.
- Schritt 6: »Bilanz ziehen«
  In diesem letzten Schritt der Problemlösesequenz geht es darum, die Ergebnisse der Durchführung (Schritt 5) zu bewerten und nach Gründen für Erfolg bzw. Misserfolg zu suchen.

Diese 6 Schritte stellen den roten Faden für die Beschäftigung mit konkreten Belastungssituationen einzelner Teilnehmer dar. Der entscheidende methodische »Kniff« besteht darin, diese einzelnen Arbeitsschritte sauber voneinander zu trennen. So gehört es beispielsweise zu den wichtigsten Aufgaben des Kursleiters, dafür zu sorgen,

- dass Lösungsvorschläge in Form von schnellen Ratschlägen unterbleiben, solange die belastende Situation selbst noch nicht wirklich geklärt ist (Schritt 1),
- dass während des Sammelns von Bewältigungsmöglichkeiten diese noch nicht bewertet werden (Schritt 2) und
- dass bei der Auswahl von Bewältigungsmöglichkeiten noch nicht die Umsetzung diskutiert wird (Schritt 3).

Dadurch wird verhindert, dass sich der Prozess im Kreis dreht und immer dieselben Argumente, Sichtweisen oder Schuldzuschreibungen wiederholt werden und in die Sackgasse führen. Erst durch die klar strukturierte und systematische Vorgehensweise kann es möglich werden, neue Sichtweisen zu entwickeln und kreativ neue Bewältigungsmöglichkeiten zu erarbeiten.

In manchen Gruppen ist – kontextbedingt oder wegen der Zusammensetzung der Teilnehmer – eine solche personenorientierte Arbeit mit konkreten Belastungssituationen einzelner Teilnehmer nicht möglich. Um den Teilnehmern dennoch die Problemlösestrategie mit ihren einzelnen Schritten vermitteln zu können, empfiehlt es sich dann, mit fiktiven Beispielsituationen zu arbeiten, die möglichst der Lebenswirklichkeit und der Erfahrungswelt der jeweiligen Teilnehmer entsprechen sollten.

8.3 Praktische Durchführung im Kurs

8.3.1 Einführung und Gruppengespräch: »Meine persönlichen Stressoren«

Zur Einführung kann der Kursleiter ein Gespräch über moderne Stressfaktoren anregen:

- *Manche Menschen sind der Meinung, dass Stress ein Luxusproblem unserer heutigen Wohlstandsgesellschaft ist. Die Menschen früher mit ihren viel härteren Lebensbedingungen hätten wirklich Stress gehabt. Aber heute? Wie sehen Sie das?*

Im Laufe des Gesprächs sollte herausgearbeitet werden, dass die Belastungsfaktoren gegenüber früher nicht unbedingt gravierender, aber andersartig sind. Im Unterschied zu früheren Generationen besteht für viele Menschen heute der Schwerpunkt der Belastungen weniger im körperlichen als vielmehr im sozialen und mentalen Bereich. Die gesellschaftlichen Entwicklungen, die diesen Veränderungen zugrunde liegen, sollten zumindest ansatzweise reflektiert werden. Stichworte sind hier: Arbeitsverdichtung, Beschleunigung, erhöhte Mobilität, Informationsflut, Individualisierung und Auflösung traditioneller sozialer Verbände, Veränderung traditioneller sozialer Rollen, die Verlagerung von Hand- zur Kopfarbeit in der Wissens- und Dienstleistungsgesellschaft und erhöhte Lebensunsicherheit in einer globalisierten Welt. Weitergehende Denkanstöße hierzu finden sich in dem Begleitbuch für die Kursteilnehmer (Kaluza, 2007, Kap. 3). Sinn und Zweck einer solchen Reflexion bestehen in der Entpersönlichung und damit Relativierung und Distanzierung von individuellen Stresserfahrungen. Der Kursleiter kann zur Information und Gesprächsanregung – je nach Kontext und Zielgruppe – auch Befunde der Arbeitsstress-Forschung (▶ vgl. Kap. 2.3.2.) sowie Ergebnisse aktueller Umfragen zur Häufigkeit und Art von beruflichen und privaten Belastungen (▶ s. Abb. A14–A18, S. 220–224) darstellen.

Im nächsten Schritt erfolgt eine erste Annäherung an die persönliche Stressthematik der Kursteilnehmer. Zur Vorbereitung dient die **Checkliste »Alltägliche Belastungen«** (▶ s. Anhang, S. 225 f.), die von den Teilnehmern bearbeitet wird.

— *Stress bedeutet für jeden etwas anderes. Was bedeutet Stress für Sie persönlich? Was sind das für Dinge, die Sie persönlich belasten und beunruhigen, von denen Sie sich überfordert fühlen, die Sie hilflos machen oder über die Sie sich ärgern? Bitte nehmen Sie sich etwas Zeit, um für sich darüber nachzudenken! Wählen Sie einen Bereich aus, in dem Sie häufig unter Stress geraten. Das muss nicht unbedingt der Bereich sein, in dem Sie sich momentan am stärksten belastet fühlen, sondern eine Stressquelle, mit der Sie in Ihrem Alltag häufig zu kämpfen haben und für die Sie im weiteren Verlauf unseres Kurses neue Möglichkeiten zur Bewältigung erarbeiten wollen.*

In der Gesprächsrunde sollte jeder Teilnehmer über einen für ihn persönlich wichtigen Bereich von Stresserfahrungen berichten, z.B. über Probleme mit dem Chef, ständigen Termindruck, Ärger mit den Kindern, Schwierigkeiten, Berufs- und Privatleben miteinander zu verbinden, Reibereien mit anderen Menschen etc. Dabei geht es noch nicht um eine umfassende und genaue Problembeschreibung, schon gar nicht um Problemlösungen. Die Runde dient einem ersten Kennenlernen der individuellen Stressprobleme der Teilnehmer. Diese können stichwortartig auf einer Wandzeitung oder auf Moderationskärtchen schriftlich festgehalten werden. Implizit wird durch eine klientenzentrierte, akzeptierende Gesprächsführung durch den Kursleiter und durch die Erfahrung, dass auch alle anderen Teilnehmer über Belastungen berichten, die Entwicklung einer problemorientierten Grundeinstellung auf Seiten des Teilnehmers gefördert.

In Bezug auf die Kursgruppe dient diese Gesprächsrunde der Entwicklung von Offenheit und Vertrauen in der Gruppe. Dabei können Unsicherheiten und Ängste auftreten, auf die der Kursleiter einfühlsam und akzeptierend reagieren sollte. Der Kursleiter sollte zwar durch Paraphrasieren und explorierendes Nachfragen den jeweiligen Teilnehmer zum Weitersprechen ermuntern, er sollte aber auch akzeptieren können, wenn dieser – jetzt – nicht mehr sagen möchte. Der Kursleiter stellt damit als »aktiver Zuhörer« für die Teilnehmer ein Modell für einen partnerorientierten Gesprächsstil dar, wie er sich in der Gruppe insgesamt entwickeln sollte.

Als wichtigste Grundregel dieses und aller folgenden Gruppengespräche kann der Satz gelten:

❯ **Jeder hat das Recht auf seinen eigenen Stress.**

Der Kursleiter sollte von Anbeginn des Kurses den Sinn dieser Regel transparent machen, z.B. immer dann, wenn ein Teilnehmer das Problem eines anderen nicht ernst nimmt (»Wie kann man sich bloß über so etwas aufregen?«) oder auch sich vorschnell solidarisiert (»Bei mir ist das ganz genauso …«). Auch vorschnelle Ratschläge sind nicht gefragt. Der Kursleiter kann hier daran erinnern, dass die meisten Teilnehmer solche Ratschläge sicher schon oft gehört haben, dass Ratschläge meistens wenig helfen und dass sie oft das Gefühl eigener Unfähigkeit zurücklassen. Das Zitat aus dem Buch »Momo« von M. Ende (▶ s. unten) illustriert gut die heilsame Wirkung des »Zuhörens«. Es kann den Kursteilnehmern ggf. vorgelesen werden.

Über das »Zuhören«

So wie man sagt: Alles Gute! oder Gesegnete Mahlzeit! oder: Weiß der liebe Himmel, genauso sagt man also bei allen möglichen Gelegenheiten: Geh doch zu Momo! Aber warum? War Momo so unglaublich klug, dass sie jedem Menschen einen guten Rat geben konnte? Fand sie immer die richtigen Worte, wenn jemand Trost brauchte? Konnte sie weise und gerechte Urteile fällen? Nein, das alles konnte Momo ebenso

▼

wenig wie jedes andere Kind. Konnte Momo dann vielleicht irgendetwas, das die Leute in gute Laune versetzte? Konnte sie z.B. besonders schön singen? Oder konnte sie irgendein Instrument spielen? Oder konnte sie – weil sie doch in einer Art Circus wohnte – am Ende gar tanzen oder akrobatische Kunststücke vorführen? Nein, das war es auch nicht.

Konnte sie vielleicht zaubern? Wusste sie irgendeinen geheimnisvollen Spruch, mit dem man alle Sorgen und Nöte vertreiben konnte? Konnte sie aus der Hand lesen oder sonstwie die Zukunft voraussagen? Nichts von allem. Was die kleine Momo konnte, wie kein anderer: das war zuhören. Das ist auch nichts Besonderes, wird nun vielleicht mancher Leser sagen, zuhören kann doch jeder.

Aber das ist ein Irrtum. Wirklich zuhören können nur ganz wenige Menschen. Und so wie Momo sich aufs Zuhören verstand, war es ganz und gar einmalig.

Momo konnte so zuhören, dass dummen Leuten plötzlich sehr gescheite Gedanken kamen. Nicht etwa, weil sie etwas sagte oder fragte, was den anderen auf solche Gedanken brachte, nein, sie saß nur da und hörte einfach zu, mit aller Aufmerksamkeit und aller Anteilnahme. (Aus: Michael Ende, »Momo«, 1973)

Der Kursleiter schließt die Runde zusammenfassend ab, indem er auf Gemeinsamkeiten in den Berichten der Teilnehmer hinweist, aber auch Unterschiede in der Wahrnehmung und im Umgang mit Problemen verdeutlicht. Die meisten Teilnehmer empfinden die Erfahrung, dass nicht sie allein Probleme haben (»Anderen geht es ja noch schlechter als mir ...«) bereits als Entlastung. Es gibt aber auch Teilnehmer, die die Konfrontation mit eigenen und fremden Problemen als Belastung empfinden und darauf eher ängstlich oder depressiv reagieren. Der Kursleiter sollte hierauf ein Augenmerk haben, Verständnis signalisieren und ggf. in entlastender und normalisierender Weise intervenieren.

Abschließend erläutert der Kursleiter, dass es im weiteren Verlauf des Kurses darum gehen wird, die geschilderten Belastungen genauer zu betrachten und geeignete Bewältigungsmöglichkeiten zu finden und auszuprobieren. Anhand des Schemas »6 Schritte zur Problemlösung« (Abb. 8.1 und Anhang, S. 227) stellt der Kursleiter das weitere Vorgehen dar.

6 Schritte zur Problemlösung

- Schritt 1 : »Dem Stress auf die Spur kommen«
- Schritt 2 : »Ideen zur Bewältigung sammeln«
- Schritt 3 : »Den eigenen Weg finden«
- Schritt 4 : »Konkrete Schritte planen«
- Schritt 5 : »Im Alltag handeln«
- Schritt 6 : »Bilanz ziehen«

Abb. 8.1 6 Schritte zur Problemlösung

8.3.2 »Dem Stress auf die Spur kommen«: Selbstbeobachtung von Belastungssituationen und -reaktionen

Konkretisieren von Stresserfahrungen als Verhalten-in-Situationen

Der 1. Schritt zu einer problemorientierten Bewältigung von Belastungen besteht in der genauen Beschreibung der Situationen, in denen die Belastungen auftreten. Die häufig allgemeinen, diffusen, wenig greifbaren Belastungsgefühle sollen dadurch möglichst an konkrete Situationen gebunden werden. Die genaue Kenntnis der belastenden Situationen und der eigenen Reaktionen ermöglicht es dem Teilnehmer, diese frühzeitig wahrzunehmen (Sensibilisierungseffekt) und Maßnahmen zu ihrer Bewältigung zu ergreifen.

Der Kursleiter bittet einen Teilnehmer, eine konkrete Situation zu schildern, in der die von ihm berichtete Belastung auftritt. Die Einstiegsfrage hierzu lautet:
— *Wie war das beim letzten Mal?*
oder
— *Wie sieht eine typische Situation aus?*

Beispiel

»Frau M., Sie haben in der letzten Stunde davon berichtet, wie sehr Sie die Anwesenheit Ihrer schon etwas senilen Schwiegermutter in Ihrem Haushalt belastet, dass Sie ständig angespannt und besorgt darüber sind, es könne ihr etwas zustoßen und dass Sie sich häufig darüber ärgern, dass die Schwiegermutter sich in Ihre Haushaltsführung einmischt. Bitte versuchen Sie nun, sich einmal daran zu erinnern, wann dies das letzte Mal der Fall war, und schildern Sie uns bitte die Situation.«

● **Abb. 8.2** Schema zur Beschreibung von Stresserfahrungen

Dem Stress auf die Spur kommen

SITUATION
Wann?   Wo?   Wer?   Was?

BEWERTUNGEN
Wie bewerte ich die Situation, das Verhalten anderer, mich selbst? Welche Erwartungen/Wünsche an mich oder andere habe ich? Welche Befürchtungen habe ich?

REAKTION
Was spüre ich körperlich?   Was fühle ich?   Was tue oder sage ich?

Im Sinne eines verhaltensanalytischen Interviews werden die einzelnen Bestimmungsstücke der Belastungssituation exploriert. Dabei muss der Kursleiter in seinen Wiederholungen, Zusammenfassungen und Fragen immer wieder die Unterscheidung zwischen der **Situation** einerseits und deren **Einschätzung** durch die Teilnehmer sowie seinen **Reaktionen** andererseits deutlich machen. Im Rahmen einer solchen konkreten und präzisen Problembeschreibung ist diese Unterscheidung von zentraler Bedeutung. So werden in die Definition der Belastung die eigenen Bewertungsmuster und das eigene Verhalten des jeweiligen Teilnehmers ausdrücklich mit hineingenommen. Erst dadurch wird es möglich, in den nächsten Schritten solche Wege der Bewältigung zu entwickeln, die eine Veränderung eigenen Verhaltens und Denkens beinhalten.

Schwierig gestaltet sich anfangs die Exploration der in der Situation auftauchenden Gedanken. Statt den Teilnehmer direkt nach seinen Gedanken zu fragen (»Was haben Sie da gedacht?«), kann man auch zunächst indirekt danach fragen, wie der Teilnehmer die Situation einschätzt (»Was halten Sie von dem Verhalten des anderen?«, »Was befürchten Sie in der Situation?«, »Wer ist schuld?« etc.). Die Antworten des Teilnehmers hierauf können dann in direkte Selbstverbalisationen zurückübersetzt werden. Eine weitere Möglichkeit besteht darin, den Teilnehmer in der Vorstellung in die geschilderte Belastungssituation hineinzuführen und dadurch die jeweiligen kognitiven und emotionalen Reaktionen zumindest ansatzweise hervorzurufen.

Der Kursleiter reflektiert dann mit den Teilnehmern die Elemente der Situationsbeschreibung und hält die einzelnen Bestimmungsstücke auf einer Wandzeitung anhand von W-Fragen fest (● Abb. 8.2).

Je nach zur Verfügung stehender Zeit können entlang dieser Fragen anschließend noch weitere Situationsbeschreibungen in der Gruppe exemplarisch erarbeitet werden.

Der »Stressdetektiv«: Einführung der Selbstbeobachtung

Dann bereitet der Kursleiter die Teilnehmer auf die Aufgabe der nächsten Woche vor: Bisher wurden die Situationen aus der Erinnerung heraus geschildert. Um die belastenden Momente der Situation und das eigene Verhalten in diesen Situationen noch genauer kennen zu lernen, sollen die Teilnehmer sich nun in diesen Situationen direkt systematisch selbst beobachten und ihre Beobachtungen protokollieren. Sie erhalten dazu einen Protokollbogen mit dem vereinfachten verhaltensanalytischen Schema (»W«-Fragen), wie es in der Kursstunde erarbeitet wurde (● Abb. A19, s. Anhang, S. 228). Der Kursleiter sollte sicherstellen, dass die Teilnehmer die Aufgabe verstanden und deren Bedeutung akzeptiert haben. Er sollte versuchen, die Teilnehmer zu motivieren, indem er ihre Neugier, gewissermaßen den »Stressdetektiv« in ihnen weckt, und betonen, dass die genaue Beschreibung der Belastungen den ersten Schritt zu ihrer Bewältigung darstellt.

Auswertung der Selbstbeobachtung

Im Mittelpunkt der nächsten Stunde steht dann die Auswertung der Ergebnisse der Selbstbeobachtung. Auf Anregung des Kursleiters tauschen die Teilnehmer zunächst ihre Erfahrungen mit der Selbstbeobachtung aus:

- *Wie ist es Ihnen gelungen, in die Rolle des »Stressdetektivs« zu schlüpfen?*
- *Welche Erkenntnisse hat der »Stressdetektiv« gewonnen?*
- *Auf welche Schwierigkeiten ist der »Stressdetektiv« gestoßen?*

Erfahrungsgemäß gehen die Teilnehmer ganz unterschiedlich mit dem Selbstbeobachtungsbogen um. Während einige überhaupt nichts oder nur wenige Stichworte notieren, haben andere sich den Bogen mehrfach kopiert, um genügend Platz für ausführliche Schilderungen zu haben. Der Umfang des schriftlichen Protokolls hat aber letztlich keine Bedeutung. Entscheidend ist, inwieweit der Zweck der Aufgabe, nämlich die Selbstbeobachtung in belastenden Situationen und damit die Entwicklung einer distanziert-neugierigen, »detektivischen« Haltung gegenüber den eigenen Stresserfahrungen, erreicht wurde.

Schwierigkeiten bei der Selbstbeobachtung

Für manche Teilnehmer ist es ungewohnt und Angst erzeugend, in einer derart konkreten und verbindlichen Form über ihre Probleme zu sprechen. Einige wehren sich dagegen, indem sie darauf hinweisen, dass ihr Problem allgemeiner Natur sei und sich nicht an einzelnen Situationen festmachen lasse, oder aber dass sie keine entsprechende Situation erlebt hätten. Der Kursleiter sollte bedenken, dass die detailgenaue Schilderung eigener Probleme, wie sie hier von den Teilnehmern verlangt wird, ein hohes Maß an Offenheit und Vertrauen voraussetzt und wahrscheinlich mehr Angst erzeugt als ein im Allgemeinen verbleibendes Gespräch. Die konkrete Schilderung von Belastungssituationen kann auch leicht den Eindruck von alltäglicher Banalität vermitteln. Bildlich gesprochen legt der Teilnehmer Hemd und Kragen ab und zeigt sich im Schlafanzug. Hier sind Sensibilität und Ermunterung nötig, um aufkommende Peinlichkeitsgefühle aufzufangen.

Schließlich kann die konkrete Betrachtung von Belastungssituationen und -reaktionen auch zu einer Konfrontation mit vorgefassten Problemdefinitionen, persönlichen Ideologien und Schuldzuschreibungen führen, vor der der Teilnehmer möglicherweise zurückschreckt. Der Kursleiter sollte beharrlich, aber mit viel Geduld und Fingerspitzengefühl auf das Ziel einer möglichst konkreten Situationsbeschreibung hinarbeiten. Manchmal allerdings ist auch lediglich das Missverständnis auszuräumen, dass es sich bei den Belastungssituationen um besonders herausragende, dramatische Begebenheiten handeln müsse. Gemeint sind vielmehr die kleinen alltäglichen Anlässe für Ärger, Enttäuschungen, Hast etc. Gerade belastende Gedanken treten bevorzugt in solchen Situationen auf, in denen äußerlich »eigentlich nichts los ist«.

Das größte Hindernis für die Durchführung dieses ersten Schrittes stellen die Erwartungen der Teilnehmer nach schnellen, rezeptartigen Lösungen dar, die mehr oder weniger direkt (»Sagen Sie doch mal als Psychologe, was man da machen soll!«) an den Kursleiter gerichtet werden, oder sich darin ausdrücken, dass die Teilnehmer sich gegenseitig Ratschläge erteilen. Hier ist es die Aufgabe des Kursleiters, das Gespräch immer wieder auf die Analyse der Situation zurückzuführen, und den Teilnehmern zu vermitteln, dass das genaue Verständnis der belastenden Situation den ersten ganz wichtigen Schritt zu ihrer Bewältigung darstellt. Dies darf jedoch nicht in der Form geschehen, dass die Teilnehmer auf spätere Sitzungen vertröstet werden, in denen man sich dann endlich dem »Eigentlichen«, nämlich den Lösungen zuwenden wird; vielmehr soll deutlich werden, dass die Problemanalyse selbst bereits ein Teil der Problembewältigung ist. Gerade noch unerfahrene Kursleiter laufen an dieser Stelle Gefahr, sich dem Erwartungsdruck der Teilnehmer zu beugen und selbst konkrete Lösungsvorschläge zu machen, etwa um damit ihre psychologische Kompetenz zu unterstreichen und ihre Leiterposition zu festigen. Der Kursleiter sollte sich vor Augen halten, dass es nicht seine Aufgabe ist, die Probleme der Teilnehmer zu lösen, sondern dass es seine Verantwortung ist, Bedingungen zu schaffen, die es dem einzelnen Teilnehmer ermöglichen, mit Unterstützung der Gruppe eigene Bewältigungsmöglichkeiten selbst zu erarbeiten.

Fortsetzung der Selbstbeobachtung

Die Selbstbeobachtung wird in der nächsten Woche fortgesetzt. Die Teilnehmer sollen besonders auf solche Aspekte von Belastungssituationen und -reaktionen achten, die bisher erst unvollständig oder gar nicht beschrieben sind. Für einige Teilnehmer sind dies die genauen körperlichen Stressreaktionen, für andere die in der Belastungssituation auftauchenden Gedanken und Gefühle und für wieder andere beispielsweise das spezifische Verhalten eines Dritten, das eine Stressreaktion ausgelöst hat. Für viele Teilnehmer wird das Spezifizieren ihrer zuvor abstrakter definierten Belastungen selbst schon einen bedeutsamen Lernschritt darstellen, der sie für die Zukunft fähiger macht, ihre Probleme allein leichter zu lösen. Gerade der 1. Schritt des Problemlösungsvorgehens kann dazu dienen, ein für effektives Problemlösen ungünstiges Verhalten, nämlich eine ungenügende Spezifizierung von Problemen aufzudecken und hierdurch neue Lösungsmöglichkeiten zu erschließen.

Anregung zur Reflexion von konkreten Stresserfahrungen

Über die Beobachtung und möglichst konkrete Beschreibung von Stressoren und Stressreaktionen hinaus sollen die Teilnehmer auch zu einer bewussten Selbstreflexion ihrer Stresserfahrungen angeleitet werden. Oft führt die Konkretisierung bereits zu einer größeren Bewusstheit über die äußeren Stressoren und auch den »eigenen Anteil« am jeweiligen Stressgeschehen. Dies soll hier gezielt durch entsprechende Fragen unterstützt werden (◘ Abb. 8.3 und ► Anhang, S. 229, ◘ Abb. A20).

8.3.3 Exkurs: »Innere Achtsamkeit«

Der Effekt der Selbstbeobachtung ist nicht darauf beschränkt, neue, konkrete Informationen über belastende Situationen zu gewinnen. Mit der Selbstbeobachtung wird darüber hinaus eine innere Distanzierung vom aktuellen Stressgeschehen angestrebt. Der Teilnehmer beobachtet das Stressgeschehen von einem inneren, quasi neutralen Beobachterposten aus, eben als »Stressdetektiv«, der in die aktuellen Stressereignisse nicht involviert ist. Ein solcher reaktiver Distanzierungseffekt der Selbstbeobachtung kann sich bisweilen in einem leisen Schmunzeln oder auch in einem befreienden Lachen über sich selbst zeigen, oder er kommt einfach darin zum Ausdruck, dass der Teilnehmer in sachlicher und quasi neutraler Weise über die jeweilige Situation berichtet (»Ja, so läuft das bei mir ab!«). Bei der Reflexion der Erfahrungen der Teilnehmer mit der Selbstbeobachtungsaufgabe sollte der Kursleiter derartige Anzeichen einer gewonnenen inneren Distanz aufmerksam registrieren und hervorheben. Sie bilden den Ausgangspunkt für die angestrebte Entwicklung einer **Haltung der »inneren Achtsamkeit«**, die folgendermaßen charakterisiert werden kann (für eine ausführliche Darstellung des Achtsamkeitskonzepts siehe Weiss & Harrer, 2010):

- Die Haltung ist offen, rezeptiv und neugierig,
- die Haltung ist ohne Bewertung gegenüber den beobachteten Situationen und Reaktionen und
- die Haltung ist ohne Veränderungswillen.

Die Realisierung einer solchen Haltung der inneren Achtsamkeit ermöglicht eine Disidentifikation mit den z.T. hochautomatisierten emotionalen und körperlichen Stressreaktionen (► vgl. hierzu auch Abschn. 2.4.2) und die Entwicklung von Stresstoleranz. Gemeint ist die Fähigkeit, sowohl die aktuelle Belastungssituation als auch die eigenen Reaktionen in einer nicht bewertenden Weise anzunehmen.

> **Stresstoleranz** ist die Fähigkeit, die eigene Umgebung wahrzunehmen, ohne dabei zu erwarten, dass sie anders sein sollte, die Fähigkeit, sich des eigenen momentanen emotionalen Befindens gewahr zu werden, ohne zu versuchen, es zu verändern, und die Fähigkeit, die eigenen Gedanken und Handlungsmuster zu beobachten, ohne den Versuch, sie zu stoppen oder zu kontrollieren (Linehan, 1996, S. 124).

8.3 · Praktische Durchführung im Kurs

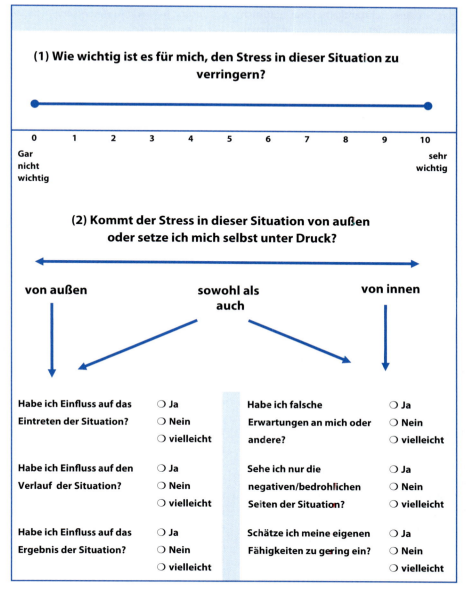

Abb. 8.3 Fragen zur Selbsterforschung von Stresserfahrungen

Es geht also um eine Haltung des Nicht-Bewertens, die aber nicht mit einem Billigen oder Gutheißen gleichzusetzen ist. Dies ist wichtig zu betonen. Das Annehmen der Realität entspricht nicht einem Gutheißen der Realität.

Eine solche nichtwertende, akzeptierende Haltung der »inneren Achtsamkeit« erweist sich insbesondere in schwierigen, akuten Belastungssituationen als hilfreich. Sie durchbricht sich immer weiter aufschaukelnde emotionale und körperliche Stressreaktionen und kann das Auftreten von Symptomstress verhindern helfen.

Um die »innere Achtsamkeit« zu steigern, bedarf es der Übung. Die systematische Selbstbeobachtung in belastenden Situationen stellt eine solche, allerdings bereits relativ anspruchsvolle Übungsmöglichkeit dar. »Innere Achtsamkeit« kann natürlich auch in nicht belastenden, alltäglichen Situationen und beim Verrichten alltäglicher Aktivitäten geübt werden, so z.B. beim Gehen, bei der Haus- oder Gartenarbeit. Vielfältige Anregungen für entsprechende praktische Übungen der »inneren Achtsamkeit« finden sich bei Kabat-Zinn (1998) und Linehan (1996). Auch Entspannungsübungen dienen, wie in Kap. 6 dargestellt, der Entwicklung einer rezeptiven, nicht-wertenden inneren Haltung (▶ s. insbesondere Abschn. 6.3.2 »Übung zur Atembeobachtung«).

Mit der nachfolgenden Übung kann die mit »innerer Achtsamkeit« gemeinte Haltung exemplarisch verdeutlicht werden.

- **Instruktion zur Übung »Innere Achtsamkeit«**
- — *»Nehmen Sie eine bequeme Haltung ein und schließen Sie die Augen. Nehmen Sie Ihren Körper wahr: die Füße, den Rücken, die Hände. Wenn Sie den Wunsch danach verspüren, nehmen Sie einige tiefe Atemzüge. Atmen Sie ein und dann langsam wieder aus. Und lassen Sie Ihren Atem dann einfach wieder laufen und beobachten Sie das Ein- und Ausströmen Ihres Atems. Sie müssen nichts dazu tun, das geht von ganz alleine. Nehmen Sie einfach nur wahr, wie Ihr Atem ein- und wieder ausströmt.*
- — *Stellen Sie sich nun bitte vor, es kommt jemand zu Ihnen, der sagt: »Es ist schön, dass es dich gibt.« Und beobachten Sie wieder einfach nur, was in Ihnen geschieht, wenn Sie diesen Satz hören. »Es ist schön, dass es dich gibt«. Welche Gefühle? Welche Gedanken? Welche Bilder? Welche körperlichen Empfindungen? Sie müssen gar nichts tun, nur aufmerksam beobachten und wahrnehmen …*
- — *Nehmen Sie nun bitte wieder Ihren Körper wahr. Richten Sie Ihre Aufmerksamkeit auf Ihren Atem und beobachten Sie das Ein- und Ausströmen Ihres Atems.*
- — *Stellen Sie sich nun bitte vor, es kommt jemand zu Ihnen, der sagt: »Du bist an allem schuld« (oder: »Du bist ein Versager« oder »Du wirst es nie schaffen« etc.). Und beobachten Sie wieder einfach nur, was in Ihnen geschieht, wenn Sie diesen Satz hören: »Du bist an allem schuld«. Welche Gefühle? Welche Gedanken? Welche Bilder? Welche körperlichen Empfindungen? Sie müssen gar nichts tun, nur aufmerksam beobachten und wahrnehmen …*
- — *Nehmen Sie nun bitte wieder Ihren Körper wahr und sagen Sie sich, dass Sie die Übung gleich beenden werden. Ballen Sie Ihre Hände zu Fäusten, atmen Sie ein paar Mal kräftig tief durch, strecken und räkeln Sie sich und öffnen Sie dann die Augen.«*

8.3.4 »Ideen zur Bewältigung sammeln«: Brainstorming

In diesem 2. Schritt der Problemlösestrategie geht es nun um die Sammlung von Möglichkeiten der Bewältigung. Diese erfolgt zunächst ohne eine Bewertung der einzelnen Vorschläge. Im Sinne eines Brainstormings steht die Generierung von möglichst vielen unterschiedlichen Ideen im Vordergrund. Die Quantität ist der Qualität vorgeordnet. Die Vorschläge zur Bewältigung können sich auf die Veränderung situativer Aspekte beziehen (z.B. Arbeitsplatz- oder Wohnungswechsel, Umorganisation des Tagesablaufs, Aufgabe ehrenamtlicher Posten usw.), auf ein verändertes Verhalten gegenüber anderen abzielen (z.B. deutlicher eigene Gefühle ausdrücken, eigene Interessen vertreten usw.) und auch Umbewertungen der belastenden Situation und damit verbundene Einstellungsänderungen beinhalten (z.B. eigene Leistungsansprüche überprüfen). Auch zunächst unsinnig erscheinende oder sozial unangepasste Vorschläge sind erlaubt; der Fantasie wird freier Lauf gelassen. Kombinationen und Verbesserungen der einzelnen Vorschläge werden angeregt. Die Instruktion, so viele Ideen wie möglich zu produzieren, erhöht die Wahrscheinlichkeit einer erfolgreichen Lösung. Die strikte Trennung von Ideengenerierung und Ideenbewertung verhindert eine Einengung des Lösungsspektrums aufgrund vorschneller und unreflektierter Bewertungen (so genannte Killerphrasen wie z.B. »Das schaffe ich nie!« oder »Das würde mein Mann/meine Frau niemals mitmachen!«, »Das geht doch nicht …!« etc.).

Auswahl einer Belastungssituation

Zur Auswahl einer konkreten Situation kann der Kursleiter entweder einen Teilnehmer direkt ansprechen oder dazu einladen, dass die Teilnehmer von sich aus eigene Belastungssituationen einbringen. Sofern mehrere Situationen zur Auswahl stehen, kann die Gruppe darüber entscheiden, mit der Bearbeitung welcher Situation begonnen werden soll.

Bei den Belastungssituationen, für die Bewältigungsideen in der Gruppe gesammelt werden, sollte es sich möglichst um solche Situationen handeln,
- für die eine vollständige und möglichst konkrete Beschreibung vorliegt,
- die für den betreffenden Teilnehmer zentral und aktuell sind,
- die auch bei den übrigen Teilnehmern auf Resonanz stoßen und
- die nach Möglichkeit aus verschiedenen Belastungsbereichen (Familie, Beruf, Freizeit) stammen.

Die ausgewählte Situation wird vom betreffenden Teilnehmer ausführlich beschrieben, sodass sie für alle Mitglieder der Gruppe klar ist.

- **Hinweis**

In Trainingsgruppen, in denen es – warum auch immer – schwierig ist, mit konkreten Belastungssituationen einzelner Teilnehmer zu arbeiten, kann auch, um die Strategie zu verdeutlichen, mit fiktiven Beispielen, die möglichst eng an die Lebenswirklichkeit und die Erfahrungswelt der Teilnehmer anknüpfen, gearbeitet werden. Im Folgenden finden sich hierfür einige mögliche Beispielsituationen:

Beispiel: »Zeitstress«

Frau K. (38 J.), verheiratet, 1 Tochter (9 J.), halbtags tätig als Ärztin in einem Arbeitsmedizinischen Zentrum, schildert folgende immer wiederkehrende Belastungssituation:

»Es ist ca. 12.50, kurz vor Dienstschluss. Ein wichtiger Firmenkunde ruft an mit einem Anliegen, das ein längeres Gespräch erfordert. Ich gerate innerlich total unter Druck, da meine Tochter um 13.15 zu Hause auf mich wartet. Sie hat zwar einen Schlüssel, aber ich möchte nicht, dass niemand da ist, wenn sie aus der Schule kommt. Ich kann mich nur schlecht auf das Gespräch mit dem Kunden konzentrieren, höre nicht richtig zu, und das Gespräch endet unbefriedigend. Ich hetze nach Hause, komme aber doch zu spät. Ich bin fix und fertig und unzufrieden, weil ich weder dem Kunden noch meiner Tochter gerecht geworden bin.«

Beispiel: »Feierabend«

Herr M. (39 J.), Filialleiter einer Sparkasse, verheiratet, 3 Kinder (9, 5 und 3 Jahre) schildert folgende sehr häufige Belastungssituation:

»Abends zwischen 18.00 und 19.00. Ich komme von der Arbeit nach Hause. Ich fühle mich müde und abgespannt. Ich öffne die Wohnungstür und sofort überfallen mich die Kinder. Sie haben schon länger auf mich gewartet. Sie wollen erzählen, spielen, vorlesen. Meine Frau hat auch auf mich gewartet. Sie möchte, dass ich Sie jetzt ablöse. Mit den Kindern zu Abend esse, die Kinder ins Bett bringe. Ich fühle mich überfordert, reagiere gereizt. Der Druck ist riesengroß. Ich habe nicht einmal Zeit, ins Bad zu gehen und mich umzuziehen. Oft kommt es zum Streit mit den Kindern, auch mit der Frau.«

Beispiel: »Zusatzauftrag«

Herr S. (35 J.), alleinstehend, Fernmeldetechniker, Mitarbeiter im Kundendienst, schildert folgende häufige Belastungssituation:

»Ich bin draußen bei einem Kunden und erhalte einen Anruf vom Chef aus der Zentrale. Ein Zusatzauftrag bei einem Kunden, der einen Störfall gemeldet hat. Der Chef ruft immer zuerst mich an. Das schmeichelt mir zwar, aber es ärgert mich auch, vor allem, weil er den Kunden Versprechungen macht und ich kann das dann ausbaden. Die anderen Kollegen schalten da eher mal auf stur. Ich bin dann den Rest des Tages nur noch im Stress und hetze meinen terminierten Kundenbesuchen hinterher. Einen pünktlichen Feierabend kann ich mir dann auch abschminken.«

Anleitung zum Brainstorming

Der Kursleiter erläutert zunächst die Spielregeln (siehe Kasten) und eröffnet dann das Brainstorming mit einer möglichst allgemein gehaltenen **Leitfrage**:
- Was könnte man in der geschilderten Situation alles tun, damit kein Stress oder zumindest weniger Stress entsteht und bereits entstandener Stress abgebaut wird? Denken Sie dabei in verschiedene Richtungen und scheuen Sie sich nicht, auch ungewöhnliche Ideen zu äußern.

Spielregeln des Brainstorming
- Jede Idee wird am Flipchart oder an der Pinnwand notiert.
- Jeder soll ungehemmt so viele Ideen wie möglich entwickeln.
- Jeder soll die Ideen des anderen aufgreifen und weiter entwickeln.
- Die Ideen sind als Leistung der Gruppe, nicht des Einzelnen anzusehen.
- Quantität geht vor Qualität: auch unvernünftige Ideen sind erwünscht; sie beflügeln die Kreativität.
- Lachen ist o.k., auslachen nicht.
- Bewertung oder Kritik hemmen die Kreativität und müssen unterbleiben.

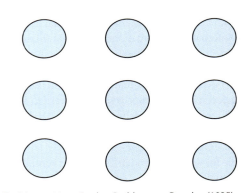

Abb. 8.4 Neun-Punkte-Problem von Duncker (1935)

Sinn und Zweck des Brainstormings können einer Anregung von Watzlawick et al.(1979, S. 44ff) folgend auch mit Hilfe des »Neun-Punkte-Problems« von Duncker (1935) veranschaulicht werden (Abb. 8.4):

Die Aufgabe besteht darin, alle neun Punkte der Abbildung 8.4 mit vier geraden Strichen ohne Absetzen des Stiftes miteinander zu verbinden. Die Lösung dieser Aufgabe gelingt nicht, solange man sich innerhalb des durch die neun Punkte gebildeten quadratischen Rahmens bewegt. Erst wenn man über den – selbst gewählten – begrenzten Lösungsrahmen hinaustritt, wird eine Lösung der Aufgabe möglich (Abb. 8.5). Auch für die Entwicklung von Ideen zur Bewältigung belastender Alltagssituationen ist es hilfreich und oft erforderlich, eingeschränkte Suchräume zu erweitern.

Hinweise zur Durchführung des Brainstorming

Dieser Schritt steht und fällt damit, dass es gelingt, in der Gruppe einen kreativen Prozess in Gang zu setzen, der Spaß macht. Voraussetzung dafür ist, dass alle – auch heimliche – Bewertungen sowohl negativer als auch positiver Art einzelner Vorschläge unterbleiben. Der Kursleiter notiert jeden (!) Vorschlag für alle sichtbar auf einer Wandzeitung, und zwar möglichst wörtlich so, wie der Vorschlag vom jeweiligen Teilnehmer formuliert worden ist. Dadurch wird es ihm erleichtert, seine persönli-

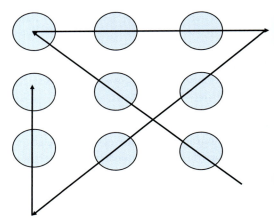

Abb. 8.5 Lösung des Neun-Punkte-Problems von Duncker (1935)

chen Bewertungen einzelner Vorschläge zurückzuhalten.

Der Teilnehmer, dessen Belastungssituation bearbeitet wird, darf sich nun zurücklehnen. Auch er muss sich bewertender Kommentare zu einzelnen Vorschlägen enthalten. Dies kann ihm u.U. schwer fallen und ihn unter Druck bringen, etwa weil er sich durch einen bestimmten Vorschlag missverstanden, nicht ernst genommen oder sogar angegriffen fühlt. Der Kursleiter sollte hierauf ein genaues Augenmerk haben, während des Brainstormings immer wieder kurz Kontakt zu diesem Teilnehmer herstellen und ihm ggf. schützend und unterstützend zur Seite stehen (z.B. »Das sind ja alles Vorschläge. Nachher dürfen Sie auswählen«, »Auch wenn es schwer fällt, lehnen Sie sich zurück und hören Sie erst mal nur zu«). Im Interesse des kreativen Suchprozesses in der Gruppe müssen Bewertungen einzelner Vorschläge in dieser Phase unterbleiben.

Experimentelle Untersuchungen haben gezeigt, dass bei einem Brainstorming in Gruppen weniger und weniger gute Ideen produziert werden können als bei einem individuell durchgeführten Brainstorming (zusammenfassend: Stroebe & Nijstad, 2004). Mögliche Gründe hierfür sind
1. Bewertungsangst und in der Folge Selbstzensur bei den Gruppenmitgliedern,
2. das sog. Trittbrettfahren, womit das Profitieren von den Leistungen anderer gemeint ist und das vor allem in größeren und anonymen Gruppen auftritt, und
3. als Hauptursache die gegenseitige Produktionsblockierung, die durch Wartezeiten beim Gruppenbrainstorming bedingt ist. Derartige Wartezeiten sind aufgrund des Umstandes, dass in der Gruppe zu jedem Zeitpunkt immer nur eine Person sprechen kann und die geäußerten Ideen dann aufgeschrieben werden müssen, was ebenfalls Zeit benötigt, letztlich unvermeidlich. Um negative Effekte auf die Ideengenerierung gering zu halten, kann es sinnvoll sein, dass die Teilnehmer zunächst ihre Ideen individuell aufschreiben und auch beim anschließenden Brainstorming in der Gruppe die Möglichkeit haben, neu aufkommende Ideen kurz für sich zu notieren.

Für den Kursleiter stellt sich die Frage, inwieweit er sich mit eigenen Vorschlägen an dem kreativen Suchprozess beteiligen kann, darf oder sollte. Hierfür lässt sich schwer eine allgemein verbindliche Regel formulieren. Aufgrund meiner Erfahrung plädiere ich eher für eine Zurückhaltung des Kursleiters in dieser Frage. Besonders zu Beginn eines Brainstormings ist die Gefahr nicht zu unterschätzen, dass das besondere Gewicht eines Vorschlags des Kursleiters die Kreativität der Kursteilnehmer einengt, u.U. sogar entmutigt. Letzteres wird dann der Fall sein, wenn der Kursleiter vorschnell aus der »Angst vor der leeren Tafel« handelt. Der Kursleiter braucht Vertrauen in das kreative Potenzial der Gruppe und sollte dieses Vertrauen auch ausstrahlen.

Manchmal allerdings ist es erforderlich, dass der Kursleiter der Gruppe Impulse zur Anregung der Kreativität gibt, z.B. wenn die Gruppe immer nur »in eine Richtung denkt«. Er kann dann beispielsweise auf die drei Hauptwege der individuellen Stressbewältigung zurückverweisen (vgl. ▶ Abschn. 5.3) und die Teilnehmer fragen, ob bereits für jeden dieser drei Hauptwege Ideen gefunden wurden. Eine weitere Möglichkeit ist das »Kopfstand-Brainstorming« (nach einer Idee von Tietze, 2003). Dabei wird die Leitfrage in das genaue Gegenteil formuliert (»Was könnte man tun, um den Stress in dieser Situation zu verstärken?«) und die Teilnehmer werden um Ihre Ideen dazu gebeten. Der »Kopfstand« kann nicht nur Vergnügen bereiten, sondern führt oft auch zu einer Lockerung von Denkblockaden und zu einer Erweiterung des Suchraumes.

Der Verlauf eines Brainstormings weist oft zwei klar unterscheidbare Phasen auf. Zu Beginn ist der Ideenfluss sehr groß. Die meisten dieser Ideen sind jedoch wenig innovativ, sondern entsprechen eher bekannten oder nahe liegenden Lösungen. Danach entsteht zunächst ein »Ideenloch« mit mehr oder weniger langen Denkpausen. Hier sind unerfahrene Kursleiter leicht versucht, das Brainstorming abzuschließen. Doch diese Denkpausen sind »Inkubationsphasen«, die die Gruppe braucht, um Assoziationen zu bilden und neue Verknüpfungen zwischen eigenen Gedanken und den bereits visualisierten Beiträgen herzustellen. Der Kursleiter sollte sich und der Gruppe diese Phasen der Inaktivität und innerlichen Kreativität gönnen. Er wartet das 2. Stadium der Ideenfindung ab. Nach der ersten Flaute steigt die Ideenhäufigkeit in den allermeisten Fällen wieder an. In dieser 2. Periode ist die kreative Qualität deutlich höher, und es werden die wirklich neuen und originellen Ideen produziert.

Beispiel

Herr M. (39 J.), Filialleiter einer Sparkasse, verheiratet, 3 Kinder (9, 5 und 3 Jahre) schildert folgende sehr häufige Belastungssituation:

»Abends zwischen 18.00 und 19.00. Ich komme von der Arbeit nach Hause. Ich fühle mich müde und abgespannt. Ich öffne die Wohnungstür und sofort überfallen mich die Kinder. Sie haben schon länger auf mich gewartet. Sie wollen erzählen, spielen, vorlesen. Meine Frau hat auch auf mich gewartet. Sie möchte, dass ich Sie jetzt ablöse. Mit den Kindern zu
▼

Abend esse, die Kinder ins Bett bringe. Ich fühle mich überfordert, reagiere gereizt. Der Druck ist riesengroß. Ich habe nicht einmal Zeit, ins Bad zu gehen und mich umzuziehen. Oft kommt es zum Streit mit den Kindern, auch mit der Frau.«

Ideen zur Bewältigung
»Gibt es etwas, was M. tun, sagen oder denken könnte, um die Stresssituation am Abend anders zu bewältigen?«
− Mit der Frau sprechen
− Gegenseitige Erwartungen klären
− Um Verständnis für die eigene Situation werben
− Sich selbst umprogrammieren: »Ich freue mich auf die Kinder«
− Verantwortung als Vater annehmen
− Sich für hinterher (wenn die Kinder im Bett sind) etwas Schönes vornehmen
− Den Abend gemeinsam mit der Frau ausklingen lassen
− Das Abendessen mit den Kindern schön gestalten
− Das Essen mit den Kindern genießen
− Spielen lernen (und dabei entspannen)
− Etwas mit den Kindern machen, was mir auch Spaß macht
− Vorher Entspannungsübungen machen (im Büro)
− Früher nach Hause kommen
− Später nach Hause kommen
− Ausziehen
− Sich zum Abendessen mit der Familie auswärts verabreden (z.B. McDonalds)
− Den Kindern etwas mitbringen
− Den Kindern ein neues Video reinschieben
− Der Frau etwas mitbringen (Blumen, Parfum)
− Kopfschmerzen vortäuschen und sich in einen ruhigen Raum zurückziehen
− Kinder beim Zubereiten des Abendbrotes (Tisch decken …) beteiligen
− Feste Rituale einführen (Papa geht erst ins Bad; Kinder dürfen Tasche tragen etc.)
− Vor dem Betreten der Wohnung tief durchatmen (frische Luft)
− Vorher flotter Gang um den Block
− Mit dem Fahrrad fahren
− Daran denken, wie schnell die Kinder groß werden
− Sich fragen: Wie werde ich die Situation in 10 Jahren ansehen?
▼

− Kindermädchen anstellen
− Hilfe für die Frau im Haushalt organisieren
− Berufstätigkeit der Frau? Mit Frau besprechen
− Oma/Opa mehr einspannen

Die bewertungsfreie Suche nach möglichen Problemlösungen wird für viele Teilnehmer eine wichtige Lernerfahrung darstellen, die sie für die Zukunft zu einem kreativeren und flexibleren Umgang mit Belastungen befähigt.

8.3.5 »Den eigenen Weg finden«: Auswählen und entscheiden

Beim 3. Schritt der Problemlösestrategie steht jetzt der Teilnehmer, dessen Belastungssituation bearbeitet wird, wieder im Mittelpunkt. Er hat die Aufgabe, aus den Ideen zur Belastungsbewältigung diejenigen auszuwählen, von denen er sich am ehesten eine Stressreduzierung verspricht. Fragen hierzu können lauten:
− *Von welchen Ideen fühlen Sie sich spontan angesprochen?*
− *Mit welchen Vorschlägen lässt sich der Stress am ehesten abbauen?*

Nach einer ersten spontanen Auswahl werden dann auch alle anderen Vorschläge systematisch durchgegangen. Kein Vorschlag darf unerwähnt unter den Tisch fallen. Bei diesem Bewertungs- und Auswahlprozess ist Folgendes zu beachten:

Die Auswahl sollte sich an den vom betreffenden Teilnehmer antizipierten Konsequenzen des jeweiligen Vorschlages im Hinblick auf die Reduzierung von Belastungserfahrungen orientieren (»Durch welche Ideen könnte der Stress reduziert werden?«). Daneben wird verschiedentlich die subjektive Einschätzung der Durchführbarkeit des jeweiligen Vorschlages als weiteres Entscheidungskriterium genannt. Dieser Aspekt sollte jedoch nicht zu früh betont werden. Denn die Einschätzung des Teilnehmers darüber, ob er eine bestimmte Idee umsetzen kann oder nicht, ist möglicherweise selbst Bestandteil des Problems. Erfolg versprechende Lösungen würden vorschnell verworfen, die Problemlösung würde sich letztlich im Kreise drehen.

Es soll sich um eine **Positivauswahl** handeln, d.h. positiv bewertete Vorschläge werden auf der Wandzeitung angekreuzt, während solche Vorschläge, die vom betreffenden Teilnehmer gegenwärtig negativ beurteilt werden, nicht etwa durchgestrichen werden, sondern als Ideen zur Bewältigung, als mögliche Optionen stehen bleiben. Dies geschieht zum einen aus Gründen der Wertschätzung gegenüber dem Teilnehmer, von dem der entsprechende Vorschlag während des Brainstormings kam. Für diesen macht es einen großen Unterschied, ob sein Vorschlag lediglich von einem Gruppenmitglied nicht ausgewählt wurde, oder aber – möglicherweise sogar vom Kursleiter selbst – endgültig aus der Liste der Bewältigungsideen gestrichen wird. Zum anderen soll der auswählende Teilnehmer nicht auf sein aktuelles »Nein« zu einem bestimmten Vorschlag festgenagelt werden. Die Möglichkeit für eventuell spätere Neubewertungen einzelner Vorschläge soll offen gehalten werden. Dem Teilnehmer muss es ohne »Gesichtsverlust« möglich sein, in späteren Sitzungen auf solche Vorschläge zurückzukommen, die jetzt noch abgelehnt werden (müssen). Mit dem expliziten Hinweis auf die Vorläufigkeit der aktuellen Auswahl wird dem Teilnehmer daher die Wandzeitung mit allen Vorschlägen zur Belastungsbewältigung, die in der Gruppe gesammelt wurden, mit nach Hause gegeben.

Der **Auswahlprozess** soll ohne Erfolgsdruck erfolgen. Es ist verständlich, wenn die Kursteilnehmer die Bewertung ihrer Vorschläge erwartungsvoll und mit der Hoffnung begleiten, dass ihr Vorschlag ausgewählt wird. Der Kursleiter sollte sich und den auswählenden Kursteilnehmer jedoch von diesem Erwartungsdruck befreien. Er muss sich innerlich mit der – allerdings äußerst seltenen – Situation konfrontieren, dass am Ende kein Vorschlag positiv beurteilt wurde. (In einem solchen Fall bleiben die vielfältigen Wege der reaktionsorientierten Bewältigung sowie die Möglichkeit, dass sich die Bewertungen einzelner Vorschläge zu einem späteren Zeitpunkt verändern.) Erst dann wird eine offene und freie Auswahl einzelner Vorschläge möglich. Der Kursleiter muss der Versuchung widerstehen, den betreffenden Teilnehmer zur Annahme von – aus seiner Sicht guten – Vorschlägen zu überreden. Er sollte vielmehr bei positiv bewerteten Vorschlägen kritisch nach den erwarteten stressreduzierenden Effekten fragen, um zu vermeiden, dass der Teilnehmer sich letztlich unter einem wahrgenommenen Erfolgsdruck den anderen Teilnehmern oder dem Kursleiter zu Liebe nur halbherzig für einen Vorschlag entscheidet.

Bei der Bewertung und Auswahl der einzelnen Vorschläge können Entscheidungsschwierigkeiten dadurch auftreten, dass bei keinem der Vorschläge ausschließlich positive Konsequenzen bzw. bei jedem Vorschlag auch negative Konsequenzen antizipiert werden. In einem solchen Fall kann es sinnvoll sein, Kombinationen einzelner Vorschläge anzuregen oder die Vorschläge in eine Rangreihe zu bringen und zu einer evtl. vorläufigen Entscheidung für eine suboptimale Lösung zu motivieren. Bisweilen fallen dem betreffenden Teilnehmer hierbei selbst neue Bewältigungsmöglichkeiten ein, die dann mit aufgenommen werden können.

Grundsätzlich gilt: Es ist der Teilnehmer selbst, der entscheidet! Manchmal allerdings kann es sinnvoll sein, die Gruppe in den Prozess mit einzubeziehen, z.B. um dem Teilnehmer Mut zu machen oder Alternativen aufzuzeigen. Wichtig dabei ist, keinen Druck auszuüben, der Reaktanz erzeugen könnte. Die Frage an die übrigen Kursteilnehmer lautet:

- *Welche Ideen können Sie für die Bewältigung Ihrer eigenen Belastungssituation gebrauchen?*

Die Teilnehmer erhalten farbige Klebepunkte, die sie auf die Wandzeitung bei dem entsprechenden Vorschlag anheften. Die Punkte können sowohl auf mehrere Vorschläge verteilt als auch für einen Vorschlag vergeben werden.

8.3.6 »Konkrete Schritte planen«

Ist im vorangegangenen Schritt eine Entscheidung für eine (oder mehrere) generelle Möglichkeit der Bewältigung gefallen, geht es nun darum, das konkrete Vorgehen zu ihrer Realisierung zu planen.
- *Welche der ausgewählten Ideen wollen Sie in der nächsten Woche angehen?*
- *Welche konkreten Schritte wollen und können Sie in der kommenden Woche durchführen?*

Dabei ist zu überlegen, welche einzelnen Teilschritte nötig sind, und in welcher Reihenfolge, an welchem Ort und zu welchem Zeitpunkt sie durchgeführt werden sollen. Auch mögliche Hindernisse müssen (selbst)kritisch antizipiert und Möglichkeiten zu deren Überwindung gefunden werden. Der Handlungsplan ist so realitätsnah wie möglich zu erarbeiten, sodass der entscheidende nächste Schritt, nämlich dessen selbstständige Durchführung durch den jeweiligen Teilnehmer, so klein wie möglich gehalten wird. Der Teilnehmer muss genau wissen, welche konkreten Schritte er in der kommenden Woche durchführen will und sich dazu verpflichten. Auf eine solche ausdrückliche Selbstverpflichtung sollte nicht verzichtet werden, gibt sie doch insbesondere solchen Teilnehmern, deren Veränderungsmotivation gespalten ist, noch einmal Gelegenheit, Bedenken, Zweifel und Unsicherheiten zu äußern und zu bearbeiten. Es ist auch möglich, dass motivationale Schwierigkeiten erst jetzt zutage treten, während alle vorherigen Problemlöseschritte reibungslos durchlaufen wurden. Darüber hinaus wird auf diese Weise deutlich gemacht, dass die nun zu erfolgende Durchführung der geplanten Veränderungen Aufgabe des jeweiligen Teilnehmers ist. Die Problembewältigung tritt damit gewissermaßen in ihre »heiße Phase«.

Einsatz von Rollenspielen

In manchen Fällen ist es möglich und sinnvoll, das angestrebte Bewältigungsverhalten zunächst im Rollenspiel zu erproben. Besonders immer dann, wenn es um eine selbstsichere Vertretung eigener Interessen (Tab. 8.1) geht, sollte von dieser Möglichkeit ausgiebig Gebrauch gemacht werden, gibt sie doch Gelegenheit, evtl. vorhandene Verhaltensdefizite und/oder Hemmungen, die einer Realisierung des geplanten Verhaltens entgegenstehen, zu bearbeiten und Ängste und Unsicherheiten aufseiten des Teilnehmers abzubauen. Im Folgenden werden einige praktische Hinweise zur Rollenspieltechnik gegeben.

Anfängliche Hemmungen und Unsicherheiten bei den Teilnehmern sollte der Kursleiter gleichsam zu unterlaufen versuchen, indem er das Rollenspiel – ohne den Begriff selbst zu verwenden – möglichst organisch, wie selbstverständlich aus dem Gruppengespräch heraus entwickelt. Er greift dazu einen

Tab. 8.1 Bereiche selbstsicheren Verhaltens

1. Berechtigte Wünsche äußern und berechtigte Forderungen stellen	
Zum Beispiel:	Auskünfte erfragen Sich beschweren Auf etwas bestehen Jemanden um einen Gefallen bitten Etwas für sich oder andere verlangen Gegen Unrecht protestieren Recht verlangen
2. Unberechtigte Forderungen oder Bitten abschlagen, Grenzen setzen	
Zum Beispiel:	»Nein« (»Ohne mich«; »Jetzt nicht«) sagen Etwas ablehnen Etwas zurückgeben Aufdringliche Leute wegschicken Eine Bitte abschlagen Einen Vorschlag zurückweisen
3. Umgang mit Kritik – Bewerten und bewertet werden	
Zum Beispiel:	Kritik offen äußern Berechtigte Kritik ertragen Komplimente machen Schwächen eingestehen Lob annehmen Sich entschuldigen
4. Kontaktverhalten	
Zum Beispiel:	Ein Gespräch beginnen und aufrechterhalten Ein Gespräch beenden Auf Kontaktangebote reagieren

bestimmten Vorschlag auf, bittet den betreffenden Teilnehmer einmal vorzumachen, wie er sich dessen Realisierung vorstellt, und beginnt gleichzeitig, die Szenerie des Rollenspiels im Gruppenraum zu arrangieren (z.B. »Dies ist der Schreibtisch Ihres Chefs, hier ist die Türe, durch die Sie jetzt hereinkommen. Was sagen Sie?«).

Der Kursleiter sollte sich nicht scheuen, einzelne Gruppenmitglieder zum Mitspielen aufzufordern (»Frau H., Sie sind jetzt einmal die Schwiegermutter. Setzen Sie sich bitte hier auf den Stuhl in der Küche und verhalten Sie sich möglichst genau so, wie Frau G. uns ihre Schwiegermutter beschrieben hat«). Langwierige Diskussions- und Entscheidungsprozesse darüber, wer welche Rolle in welcher

Situation übernimmt, sollten vermieden werden. Erfahrungsgemäß werden auch dadurch Hemmungen vor dem Rollenspiel eher gefördert denn abgebaut.

Auch sollten anfangs die Rollenspielübungen ganz kurz gehalten und bei Wiederholungen kurze, klare Instruktionen gegeben werden. Auch dadurch können anfängliche Hemmungen überwunden werden. Außerdem wird durch eine klar definierte, kurze Spielsequenz eine konkrete, verhaltensorientierte, auf Beobachtung, nicht auf Interpretation basierende Rückmeldung (s. unten) erleichtert.

Nicht zuletzt sollte der Leiter den spielerischen und experimentellen Charakter der Rollenspiele unterstreichen, indem er z.B. zu Überzeichnungen eines bestimmten Verhaltens einlädt oder indem er einen Teilnehmer auffordert, sich im Rollenspiel einmal so zu verhalten, wie er es »im wirklichen Leben« niemals tun würde (Gegen-Rolle).

Sind einige erste Rollenspiele durch einen solchermaßen aktiven und direktiven Einsatz des Kursleiters durchgeführt worden, so entwickeln sich in der Folge häufig gerade die Rollenspiele zu einem lebendigen und fruchtbaren Bestandteil der Gruppenarbeit. Nicht vergessen werden sollten auch die Möglichkeiten des Modell-Rollenspiels. Hierbei übernimmt ein anderes Gruppenmitglied, das sich die erarbeitete Problemlösung zutraut, die Rolle des Protagonisten und spielt die Szene durch.

Von besonderer Bedeutung für den Lernerfolg ist die Art der **Rückmeldung**, die der Hauptspieler erhält, wenn er das Rollenspiel beendet hat. Negative Kritik und Tadel wirken sich sehr ungünstig auf die weitere Bereitschaft zur Mitarbeit aus. Die Teilnehmer sollten daher aufgefordert werden, nur über das Rückmeldung zu geben, was positiv zu beurteilen ist. Zumindest für die Anfangsphase ist es günstiger, solche Verhaltensweisen, wie z.B. sich versprechen, Erröten, häufiges Entschuldigen, Anklagen und unangebrachte Aggressionen nicht zu beachten. Alle Ansätze in Richtung selbstsicheren Verhaltens sollten dagegen lobend hervorgehoben werden (◘ Tab. 8.2), z.B., wenn die Sprache laut, deutlich und klar war, wenn Mimik und Gestik mit dem Gesagten übereinstimmten, wenn eigene Gefühle zum Ausdruck gebracht wurden, wenn von »ich« statt »man« gesprochen wurde usw. Auch wenn der Hauptspieler sich unmittelbar nach seinem Rollenspiel selbst beurteilt, sollte er zunächst nur das Positive aufzeigen (»Was haben Sie gut gemacht?«).

Die Aufgaben des Kursleiters bestehen darin, auf Folgendes zu achten:

- Nach dem Spiel soll der Hauptspieler als Erster zu Wort kommen, um sein Verhalten zu beurteilen. Dann erst reden die Mitspieler, die anderen Teilnehmer und zum Schluss – häufig in Form einer Zusammenfassung – der Kursleiter.
- Der Hauptspieler soll im Mittelpunkt der Rückmeldung durch die anderen Teilnehmer stehen. Die Mitspieler sollen zur Verstärkung ihrer Mitarbeit zwar auch Rückmeldung erhalten, sie spielen hierbei aber eine untergeordnete Rolle.
- Der Hauptspieler soll keine negative Kritik erhalten, die ihm nicht hilft, selbstsicheres Verhalten aufzubauen. Vielmehr sollen alle in Richtung Selbstsicherheit weisenden Handlungsansätze lobend hervorgehoben werden. Auch

◘ **Tab. 8.2** Merkmale selbstsicheren Verhaltens

Merkmal	sicher	schüchtern	aggressiv
Körperhaltung	aufrecht, entspannt, zugewandt	unterwürfig, verspannt, abgewandt	verkrampft, unkontrolliert, distanzlos
Mimik/Gestik	unterstreichend, lebhaft, zum Inhalt passend	kaum vorhanden oder verkrampft	unkontrolliert, drohend wild gestikulierend
Blickkontakt	häufig und andauernd, den Inhalt unterstreichend	flüchtig und selten, wegschauen, wenn man selbst redet	kein Blickkontakt oder »Anstarren«
Stimme	laut, klar, deutlich, ausdrucksreich	zu leise, unruhig, zittrig, stotternd	zu laut, brüllend, Stimme überschlägt sich

Sätze, die mit »Ja, aber ...« beginnen, sind unerwünscht (»Ich fand das gut, aber ...«).
- Dem Hauptspieler sollen Erfolgserlebnisse vermittelt und Misserfolgserlebnisse erspart werden.

8.3.7 »Im Alltag handeln«

Dieser 5. Schritt steht im Zentrum des Problemlöseprozesses, auf den alle vorgenannten Problemlöseschritte hinführen. Entweder führt die Durchführung der geplanten Schritte im Alltag zu einer verbesserten Bewältigung der Belastung mit den erwarteten positiven Konsequenzen, dann ist das Ziel des Problemlösevorgehens erreicht. Oder aber die Durchführung führt nicht zum erwarteten Erfolg, dann liefert sie neue Informationen, die für die Planung weiterer Schritte verwertet werden können. Viele Problemaspekte werden überhaupt erst deutlich, wenn der Teilnehmer in der für ihn relevanten Situation handelt, sodass auf diese Weise die Problembeschreibung ergänzt und vertieft werden kann. Aus diesem Grunde ist es günstig (s. auch Grawe et al., 1980) schon möglichst frühzeitig, auch wenn die Problemdefinition noch unvollständig ist, den Problemlöseprozess bis zum Durchführen von Schritten voranzutreiben.

Dieser wichtige Schritt der Problemlösung geschieht außerhalb der Kursstunden. Wenngleich es wünschenswert wäre, wird es doch in dem gegebenen Rahmen des Kurses kaum möglich sein, Methoden der Fremdbeobachtung, Videofeedback usw. einzusetzen. Der betreffende Teilnehmer sollte jedoch zur Selbstbeobachtung angeleitet werden. In einzelnen Fällen mag es auch möglich sein, ein anderes Gruppenmitglied als Fremdbeobachter mit einzubeziehen. Die so gewonnenen Informationen bilden die Grundlage für den 6. und damit letzten Schritt der Problemlösestrategie.

8.3.8 »Bilanz ziehen«

Am Beginn der nächsten Kurseinheit steht die Rückmeldung über den Erfolg der durchgeführten Schritte, die nie vergessen werden darf und für die immer ausreichend Zeit eingeräumt werden muss. Es ist möglich, dass der Teilnehmer mit dem Ergebnis seiner Handlung unzufrieden ist, obgleich die erwarteten Konsequenzen eingetreten sind. Eine solche Diskrepanz kann darauf hindeuten, dass der Teilnehmer »eigentlich« andere Ziele anstrebt und die ausgewählte Strategie (Schritt 3) letztlich nicht seinen Wünschen entspricht. Denkbar ist auch, dass der Teilnehmer sein Verhalten an zu hohen Maßstäben misst, die selbst als problematisch anzusehen sind. Um den Transfer des Problemlösevorgehens auch auf andere, nicht im Kurs behandelte Belastungen zu fördern, sollte abschließend reflektiert werden, welche Schritte besonders hilfreich gewesen sind, bzw. im Falle einer nicht erfolgreichen Problemlösung, auf welcher Stufe der Problemlösesequenz Fehler gemacht wurden:
- War die Problembeschreibung zu ungenau?
- Wurde eine Situation ausgewählt, die für das Problem nicht typisch ist?
- Wurden bestimmte Vorschläge vorschnell ausgeschlossen?
- Wurde die falsche Lösung ausgewählt, d.h. eine Lösung, die nicht zu einer befriedigenden Bewältigung der Belastung führte oder nicht den eigentlichen Wünschen des Teilnehmers entsprach?
- War das konkrete Vorgehen nicht genau genug geplant, sodass nicht wirklich klar war, was zu tun ist?
- Stellte die Durchführung der geplanten Schritte eine Überforderung dar? Wurden mögliche Schwierigkeiten übersehen?

Es ist darauf zu achten, dass eine solche Reflexion des Problemlösevorgehens auch dann erfolgt, wenn die Bewältigung vom betreffenden Teilnehmer als erfolgreich eingeschätzt wird. Dabei werden dann die positiven, hilfreichen Aspekte der einzelnen Problemlösungsschritte herausgestellt. Auf diese Weise werden den Teilnehmern Sinn und Zweck der einzelnen Problemlöseschritte transparent, und eine selbstständige Anwendung der Strategie durch die Teilnehmer nach und nach vorbereitet. Letztlich kommt es darauf an, dass die Teilnehmer in ihre alltägliche Auseinandersetzung mit Belastungen die zentralen Prinzipien der Problemlösestrategie übernehmen, nämlich:
- die möglichst genaue Beschreibung von Stresserfahrungen als Verhalten-in-Situationen,
- die strikte Trennung von Generierung und Bewertung von Ideen zur Bewältigung,

- die Positivauswahl einzelner Bewältigungsideen und
- die genaue Planung konkreter Schritte.

Zum Kursende wird die Frage immer wichtiger werden, in welchen Belastungssituationen eher eine instrumentelle, problemorientierte Bewältigung und in welchen eher eine palliative, reaktionsorientierte Bewältigung angebracht ist. Hierfür gibt es keine verbindlichen Regeln. Der einzelne Teilnehmer muss mit der Zeit ein Gespür dafür entwickeln, wann er selbst zur Problemlösung beitragen kann bzw. will und wann nicht. Das Vertrauen in die eigene Fähigkeit, Probleme lösen zu können, sollte es ihm erlauben, sich auch bei noch nicht gelösten Problemen Ausgleich zu verschaffen, und sich nicht in die Probleme zu »verbeißen«, wie andererseits ein regelmäßiger Belastungsausgleich ihm die nötige innere Ausgeglichenheit für eine problembezogene Auseinandersetzung mit aktuellen Belastungen vermitteln sollte. Beides zusammengenommen eröffnet dem Teilnehmer die Möglichkeit, im konkreten Fall situationsangepasst und flexibel zwischen verschiedenen Bewältigungsformen zu wählen.

8.4 Überblick über das Problemlösetraining

Die Auseinandersetzung mit konkreten Stressproblemen einzelner Teilnehmer beginnt ab der 3. Kurssitzung mit der Einführung in dieses Trainingsmodul und einem ersten Gruppengespräch zum Thema »Meine persönlichen Stressoren«. In der 4. Kursstunde fährt der Kursleiter dann mit der Konkretisierung von Stresserfahrungen als Verhalten-in-Situationen und der Einführung der Selbstbeobachtung von Belastungssituationen und -reaktionen (»Stressdetektiv«) fort. Hieran schließt sich die exemplarische Anwendung der Problemlösestrategie auf einzelne Belastungssituationen der Teilnehmer an, für die in allen nachfolgenden Kurseinheiten ausreichend Zeit eingeräumt wird. Anzumerken ist hier noch, dass die Bearbeitung einer Situation nicht unbedingt im Rahmen einer Kurssitzung bis zur konkreten und verbindlichen Planung von Schritten erfolgen muss. Für den betreffenden Teilnehmer stellt es nicht selten eine Überforderung dar, so lange im Mittelpunkt der Gruppe zu stehen. Hier empfiehlt es sich, den Prozess z.B. nach dem Brainstorming (Schritt 2) oder nach der Auswahl von Vorschlägen (Schritt 3) vorerst zu unterbrechen, dem Teilnehmer Zeit zum »Verdauen« zu geben und die Problemlösung dann in der nächsten Kurssitzung fortzusetzen. Auch für die Gruppe insgesamt kommt es dadurch zu mehr Bewegung und Abwechslung und es kann vermieden werden, dass die Bereitschaft der Teilnehmer überstrapaziert wird, sich einem einzelnen Gruppenmitglied aufmerksam zuzuwenden. Hierzu gehört dann auch, nachdem die Beschäftigung mit dem Stressproblem eines Teilnehmers beendet ist, dass den anderen Teilnehmern Gelegenheit gegeben wird, eigene Erfahrungen und Gedanken auszutauschen (»sharing«, Tab. 8.3).

Tab. 8.3 Überblick über das Problemlösetraining

Sitzung	Inhalt	s. Abschnitt
3	Einführung und Gruppengespräch »Meine persönlichen Stressoren«	8.3.1
4	Verhaltensanalyse von Stresserfahrungen Anleitung zur Selbstbeobachtung von Belastungssituationen und -reaktionen (»Stressdetektiv«)	8.3.2
5/6	Auswertung der Erfahrungen und Ergebnisse der Selbstbeobachtung Fortsetzen einer gezielten Selbstbeobachtung	8.3.2
	Evtl. Exkurs: »Innere Achtsamkeit«	8.3.3
7 bis 11	Exemplarische Anwendung der Problemlösestrategie auf ausgewählte Belastungssituationen einzelner Teilnehmer	8.3.4 bis 8.3.7

Trainingsmodul 4: Erholen und genießen – das Genusstraining

9.1 Ziele – 140

9.2 Methode – 141

9.3 Praktische Durchführung im Kurs – 142

9.4 Überblick über das Genusstraining – 153

9.1 Ziele

In diesem Programmbaustein geht es um den Ausgleich für bestehende Belastungen, um die Stärkung regenerativer Stresskompetenz. Das Ziel besteht in der Herstellung einer ausgeglichenen Beanspruchungs-Erholungsbilanz, insbesondere einer Balance zwischen Arbeit und Freizeit.

Der Zwang zur Produktivitätssteigerung im globalisierten Wettbewerb hat eine immer stärkere Verdichtung und Intensivierung der Arbeit zur Folge. Gleichzeitig sind traditionelle Sinn-, Werte- und Sozialstrukturen zunehmend in Auflösung begriffen. Arbeit, Leistungsfähigkeit und beruflicher Erfolg bestimmen den Platz und Wert des Einzelnen in der Gesellschaft und sichern nicht nur die materielle Existenz, sondern verbleiben oft als der letzte verlässliche Kristallisationspunkt für die innere Stabilität und Identitätsbildung. Die gesellschaftliche Überbetonung von Arbeit, Leistung und Produktivität findet ihren individuellen Niederschlag in zunehmenden Tendenzen zur Selbstüberforderung, (über)langen Arbeitszeiten, dem Zerbrechen sozialer Bindungen und der Geringschätzung von »Frei-Zeit« als einem Freiraum für nicht zweckbestimmtes Tun. Arbeitssucht stellt hier nur eine Übersteigerung des normalen, erwünschten Lebensstils in der modernen Arbeitsgesellschaft dar, in der die Arbeit Lebensmittelpunkt und alleiniges Zentrum der eigenen Identität ist (▶ vgl. auch Abschn. 2.4.3).

Oft fehlt auch das Bewusstsein dafür, dass regelmäßige Erholung notwendig ist, um die eigene Leistungsfähigkeit und Gesundheit zu erhalten. In der sportwissenschaftlichen Trainingslehre hat sich längst die Erkenntnis durchgesetzt, dass Höchstleistung auch auf systematisch geplanten Regenerationszeiten beruht, ohne die die Gefahr des Übertrainings mit Leistungsabfall droht. Diese Erkenntnis gilt gleichermaßen auch für die Leistungsfähigkeit im beruflichen Bereich.

Moderne Unternehmen erkennen zunehmend die negativen mittel- und längerfristigen Folgen einer einseitigen Fokussierung auf die Arbeit für die Leistungsfähigkeit und Gesundheit ihrer Mitarbeiter. Unter dem Schlagwort der »work-life-balance« versuchen sie z.B. durch flexible Arbeitszeitmodelle bis hin zum Angebot von so genannten »sabbaticals« oder durch die Einrichtung von Kinderbetreuungs- und Familienservices und von Fitness- und Wellness-Angeboten ihren Mitarbeitern die Vereinbarkeit von Berufs- und Privat- bzw. Familienleben zu erleichtern und die Ausübung regenerativer Tätigkeiten zu unterstützen.

Vor diesem Hintergrund sollen die Teilnehmer im Rahmen dieses Bausteins dazu angeregt werden, ihre persönliche Beanspruchungs-Erholungsbilanz zu reflektieren, jeweils individuelle Möglichkeiten der Erholung und des Belastungsausgleichs zu erkennen und in ihrem Alltag zu verankern. Sie sollen erkennen, dass die eigene Leistungsfähigkeit Erholung braucht und ihre ganz persönliche regenerative Gegenwelt (Eberspächer, 1998) entdecken. Die Sehnsucht danach ist bei den meisten Menschen – wie vergraben auch immer – vorhanden, ihre Erfüllung wird aber meist auf irgendeine ferne Zukunft (den »Ruhestand«) verschoben. Diese Sehnsucht gilt es zu wecken und dazu zu motivieren, im gegenwärtigen Alltag diese Gegenwelt wenigstens ansatzweise zu realisieren.

Viele Menschen neigen dazu, unter Belastung Freizeitaktivitäten in Form von Hobbys, Sport und Spiel aufzugeben, soziale Kontakte einzuschränken und außerberufliche Interessen verkümmern zu lassen. Solange es sich um eine nur kurzfristige, zeitlich begrenzte Belastungsphase handelt, kann dies im Sinne einer Konzentration der eigenen Kräfte eine durchaus angemessene und Erfolg versprechende Strategie darstellen. Bei länger andauernden Belastungen hingegen führt eine solche Selbsteinschränkung in einen fatalen Teufelskreis: Fehlende Erholungs- und Kompensationsmöglichkeiten führen auf die Dauer zu einer Abnahme der Widerstandskraft gegenüber Belastungen. Das subjektive Belastungsgefühl nimmt zu. Körperliche wie psychische Stresssymptome nehmen einen immer breiteren Raum ein. Positive Erlebnisse werden immer seltener, während depressive Stimmungen und diffuse Angstgefühle zunehmen.

Dies trifft ganz besonders auf die Einschränkung sozialer Kontakte zu, denen eine wichtige Aufgabe als emotionaler Schutzfaktor bei der Stressprävention zukommt (▶ s. auch Ergänzungsmodul 2, Abschnitt 10.2). Ein **intaktes soziales Netz** bietet vielfältige Möglichkeiten der praktischen und emotionalen Unterstützung, die dem Einzelnen die Bewältigung einer Belastung erleichtern können. Eine zunehmende soziale Isolierung und ein fortschreitender Mangel an positiven Erfahrungen und Erlebnissen in der Freizeit begünstigen das Auftreten depressiver Stimmungen. Ein depressiver Mensch aber wird eher dazu neigen, bestehende Anforderungen als hoch und eigene Bewältigungsmöglichkeiten als gering einzuschätzen, und so vermehrt stressbezogene Transaktionen erleben, die er dann möglicherweise mit einem noch weitergehenden sozialen Rückzug und einer weiteren Einschränkung seiner Aktivitäten zu bewältigen sucht.

Es ist das Ziel dieses Programmteils, einen solchen *circulus vitiosus* dort, wo er besteht, zu unterbrechen. Die Teilnehmer sollen hierzu an frühere Kontakte und Tätigkeiten anknüpfen, die sie aufgrund von Belastungen vernachlässigt haben, aber sich ebenso auch neue Bereiche erschließen und darin unterstützt werden, möglicherweise anfänglich bestehende äußere Hemmnisse oder innere Hemmungen zu überwinden.

Bei nicht wenigen Menschen beruht das Problem einer unausgeglichenen Beanspruchungs-Erholungsbilanz jedoch weniger auf arbeitssüchtigen Tendenzen oder depressivem Rückzug, sondern im »**Freizeitstress**«. Sie füllen ihre Freizeit zwar mit vielfältigen Aktivitäten, erleben jedoch keine wirkliche Erholung. Sie stecken in der »Freizeitfalle«. Die Normen und Kriterien der Arbeitswelt werden auf die Freizeit übertragen. Leistungsdenken, Perfektionismus, Ehrgeiz, Prestige und Konsumzwang bestimmen auch das Freizeitverhalten. Hektische Betriebsamkeit, Ungeduld und die Angst, etwas verpassen zu können, lassen keinen Raum für innere Ruhe und Muße. Die Freizeit stellt somit keine regenerative Gegenwelt zum Arbeitsleben, sondern eher deren Verdopplung dar.

Im Rahmen dieses Programmbausteins wird es daher auch darum gehen, ein solches »getriebenes« Freizeitverhalten zu reflektieren und Erlebnisse von Muße und Genuss zu fördern.

> Sowohl für Teilnehmer mit Tendenzen zu arbeitssüchtigem Verhalten als auch für Teilnehmer, die zu depressivem Rückzug neigen, und für solche mit »Freizeitstress« ist von entscheidender Bedeutung,
> - dass sie ein Gespür für Signale der Erholungsbedürftigkeit entwickeln,
> - dass sie ihre Freizeitaktivitäten auch tatsächlich als erholsam und entspannend erleben,
> - dass sie die Aktivitäten nicht als zusätzliche Anforderung missverstehen, der sie aufgrund eines abstrakten Gesundheitsinteresses oder um bestimmte gesellschaftliche Normen zu erfüllen glauben nachkommen zu müssen,
> - dass sie an ihre Freizeitaktivitäten (auch sportliche) nicht unter dem Gesichtspunkt von Wettbewerb und Leistung herangehen,
> - dass sie sich dabei nicht durch interferierende Gedanken an vergangene und zukünftige Belastungen stören lassen,
> - kurz: dass sie sich auf ausgleichende Aktivitäten einlassen und diese genießen, Spaß daran haben können, und schließlich
> - dass sie auch das »Nichtstun«, den Müßiggang, die »leere Zeit« als wichtige Quelle der Regeneration für sich entdecken.

9.2 Methode

Wie lassen sich die genannten Ziele erreichen? Die Erfahrungen aus vielen Kursen zeigen, dass die – auch wiederholte – Aufforderung »Machen Sie doch mal etwas Schönes!« allein in den meisten Fällen nicht ausreicht. Zwar gibt es immer wieder Teilnehmer, die hierdurch den nötigen letzten Anstoß erhalten, etwas zu verwirklichen, was sie sich u.U. schon lange gewünscht haben. Für die überwiegende Mehrzahl der Teilnehmer trifft dies jedoch nicht zu. Viele Teilnehmer haben im Laufe der Jahre den inneren Bezug zu angenehmen Aktivitäten verloren, sind unsicher und einfallslos im Hinblick darauf, was ihnen überhaupt Spaß machen könnte. Der

Zugang zu positiven, genussvollen Emotionen ist gewissermaßen durch den Stress des Alltags verschüttet. Andere Teilnehmer haben durchaus Ideen für angenehme Aktivitäten, sind aber wegen ihrer vielfältigen alltäglichen Anforderungen so sehr von der Unmöglichkeit ihrer Realisierung überzeugt, dass obige Aufforderung in ihren Ohren nur zynisch klingt. Wieder andere schließlich zeichnen sich dadurch aus, dass sie einer Vielzahl von Aktivitäten nachgehen, diese aber nur selten wirklich als angenehm erleben und genießen können (»Freizeitstress«). Für diese würde besagte Aufforderung lediglich ein »Mehr desselben« bedeuten. Hier wie dort macht es wenig Sinn, allzu schnell und forsch auf das bloße Ausführen von – potenziell angenehmen – Aktivitäten zu fokussieren. Erst muss gewissermaßen der erlebnismäßige Boden bereitet werden, auf dem dann bestimmte Aktivitäten auch tatsächlich als angenehm erlebt werden bzw. in spezifischer, nämlich in genussvoller Weise ausgeführt werden können.

Die im Rahmen dieses Bausteins eingesetzten Methoden zielen daher neben der Information über grundlegende Erkenntnisse der Erholungsforschung (Allmer, 1996) zunächst darauf ab, einen neuen Zugang zu positiven Emotionen zu finden, frühere positive Erlebnisse wieder zu beleben und Lust auf neue Erfahrungen zu wecken.

Hierzu werden Erlebnis aktivierende Methoden eingesetzt, insbesondere werden Übungen aus dem Therapieprogramm zum Aufbau positiven Erlebens und Handelns bei depressiven Patienten (die so genannte »Kleine Schule des Genießens«, Koppenhöfer, 2004; Lutz, 1993) in modifizierter Form durchgeführt. Erst in einem 2. Schritt wird dann von der Erlebnisebene auf die Verhaltensebene übergegangen. Hier geht es dann darum, konkrete, individuelle Aktivitäten bzw. »Passivitäten« verbindlich zu planen und umzusetzen. Dabei gewonnene Erfahrungen werden reflektiert und bei der Überwindung von Hindernissen besonders das soziale Unterstützungspotenzial der Gruppe angesprochen. In einem letzten Schritt geht es dann um die Planung und Realisierung eines »persönlichen Gesundheitsprojekts«, das dem Teilnehmer eine konkrete Perspektive über die Dauer des Kurses hinaus vermittelt.

9.3 Praktische Durchführung im Kurs

9.3.1 Einführung: Erholung – aber richtig!

Der Kursleiter sollte zunächst mit einführender Worten erklären, worum es in diesem Modul geht:

— *Wir beschäftigen uns in diesem Kurs nicht nur mit Problemen und Belastungen, sondern auch mit den positiven Seiten des Lebens. Damit, was uns Freude macht. Dinge, bei denen wir uns wohl fühlen können, bei denen wir abschalten und uns erholen können. Das können Freundschaften und gesellige Kontakte sein, Hobbys denen man sich widmet, oder sportliche oder kreative Aktivitäten. Was es im Einzelnen ist, ist für jeden sicher verschieden. Gemeinsam aber ist all diesen Dingen, dass sie für die Bewältigung von Belastungen eine ganz wichtige Bedeutung haben; denn sie sorgen dafür, dass wir den nötigen Ausgleich für unsere Belastungen finden. Viele Menschen neigen dazu, unter Belastungen ihre Hobbys aufzugeben und Kontakte einzuschränken. Sie konzentrieren sich dann ganz auf die Belastung, können überhaupt nicht mehr abschalten und empfinden keine Freude mehr an anderen Dingen. Dies ist zwar verständlich, führt aber – vor allem, wenn die Belastung länger anhält, wie das ja häufig der Fall ist – dazu, dass Ausgleich und Erholung fehlen. Diese Menschen werden dann immer anfälliger für Stress, sind weniger belastbar und reagieren eher gereizt, hektisch oder nervös. Andere Menschen stopfen ihre Freizeit mit einer Vielzahl von Aktivitäten voll. Sie erleben dabei allerdings nicht wirklich Erholung, sondern vielmehr Freizeitstress. Und wieder andere kennen überhaupt keine Freizeit mehr, da sich ihr Leben nur noch um die Arbeit oder familiäre Verpflichtungen dreht. Wir brauchen aber Erholung, um unsere Leistungsfähigkeit und Gesundheit langfristig zu sichern. Ein Leistungssportler, der immer auf höchstem Niveau trainiert ohne regelmäßige Regenerationsphasen, wird keinen Leistungszuwachs, sondern im Gegenteil einen Leistungs-*

abfall erleben. Wir werden uns in dieser und in den nächsten Kursstunden deshalb auch damit beschäftigen, wie jeder von Ihnen regelmäßig für Erholung und Ausgleich für seine Belastungen sorgen kann.

Der Kursleiter knüpft dann an die bisherigen Erfahrungen der Teilnehmer mit Möglichkeiten regenerativer Stressbewältigung an (▶ s. Abschn. 5.3). Diese Erfahrungen werden unter zwei Gesichtspunkten reflektiert:

1. Solche Merkmale, die Erholungsaktivitäten im Unterschied zu leistungsbetonten, beanspruchenden Aktivitäten kennzeichnen, werden herausgearbeitet. Dabei geht es sowohl um äußere Bedingungen als auch um Motive und innere Haltungen, unter denen bzw. mit denen Aktivitäten durchgeführt werden (sollten), damit sie tatsächlich eine erholende Wirkung entfalten. Dies lässt sich in der Regel gut am Beispiel einzelner einfacher Tätigkeiten wie Gartenarbeit, Sport oder Heimwerken, die zwar potenziell erholsam sind, aber auch leicht zu einer zusätzlichen Belastung werden können, verdeutlichen:
- Wodurch können Tätigkeiten wie beispielsweise Gartenarbeit, Sport oder Hobbys erholsam sein?
- Wie verhindern Sie, dass diese Tätigkeiten für Sie zu einer weiteren zusätzlichen Belastung werden?

Ziel dieses Gesprächs ist eine Gegenüberstellung von wichtigen Unterschieden zwischen der Leistungswelt und der regenerativen »Gegenwelt« (◘ Abb. 9.1).

2. Die Vielfalt potenziell erholsamer Aktivitäten soll herausgestellt und die verschiedenen Erholungsfunktionen sollen verdeutlicht werden. Hierzu können die von den Teilnehmern beschrifteten Kärtchen mit Möglichkeiten der regenerativen Stressbewältigung nach der jeweils vorherrschenden Erholungsfunktion bzw. den jeweils angestrebten Erholungszielen sortiert werden. Die Teilnehmer reflektieren, welche Erholungsziele für sie persönlich vor dem Hintergrund ihrer speziellen Beanspruchungssituation besonders wichtig sind (hierzu dienen die nachfolgenden Informationen, ▶ s. auch Anhang, S. 231 und Abb. A21).

Der Kursleiter kann die zentralen Botschaften abschließend etwa wie folgt zusammenfassen:

- *Was auch immer Sie in Ihrer Freizeit unternehmen, für den Erholungswert kommt es entscheidend darauf an, dass Ihre Freizeitaktivitäten tatsächlich ein Gegengewicht zu den Belastungen in Alltag und Beruf schaffen. Zeitdruck und Leistungsdenken sind hier in aller Regel kontraproduktiv ebenso wie eine Wettbewerbshaltung und Prestigedenken. Erholsame Freizeitaktivitäten sind eher prozess- als ergeb-*

◘ **Abb. 9.1** Arbeitswelt und »regenerative Gegenwelt«

Arbeitswelt	Regenerative »Gegenwelt«
ergebnis-, zielorientiert	prozessorientiert
oft fremdbestimmt	selbstbestimmt
Zeitdruck, Zeitvorgaben	Muße
Verpflichtung	Freiwilligkeit
Vernunft, Logik	Lust, Gefühl, Freude, Genuss
oft »kopflastig«	Sinnes-, körperbetont
Konkurrenz	Geselligkeit, Intimität
Für andere da sein	Etwas für sich tun

nisorientiert. Sie sind bestimmt durch die Freude weniger am Ergebnis als am Tun selbst. Nicht der Zweck der Tätigkeit steht im Vordergrund, sondern Spaß, Lust und Genuss. Ganz wichtig ist auch, dass die Aktivitäten in der Freizeit auf Freiwilligkeit und nicht auf einem Gefühl der Verpflichtung beruhen. Sich von Normen und Ansprüchen und Erwartungen Dritter frei zu machen, ist die Voraussetzung dafür, um die Freizeit als eigene »freie Zeit«, als »Ich-Zeit«, genießen zu können. Nicht mehr »Das muss ich tun!«, sondern »Das gönne ich mir!« ist der Leitspruch, der auf dem Eingangstor zur regenerativen Gegenwelt steht.

Erholung – aber richtig!

Vielleicht teilen auch Sie diese Erfahrungen: Nach einem »geruhsamen« Wochenende oder einem Kurzurlaub fühlen Sie sich immer noch gestresst und ausgelaugt. Trotz 8 Stunden Schlaf sind Sie immer noch nicht ausgeruht. Wenn die erhoffte Erholung ausbleibt, dann liegt das oft an einer falschen Vorstellung von Erholung. Allein durch passives Pausieren, so glauben viele, stellt sich die gewünschte und nötige Erholung ein. Die moderne Erholungsforschung aber zeigt, dass wir nicht allein passiv auf Erholung warten müssen, sondern dass wir den Erholungsprozess selbst aktiv gestalten können und müssen, um den gewünschten Erholungseffekt zu erzielen.

Dazu müssen wir wissen, wovon und wozu wir uns eigentlich erholen wollen. Erholung ist nicht gleich Erholung. Welche Form der Erholung die richtige ist, hängt davon ab, welche Form der Beanspruchung wir zuvor erlebt haben. Bitte überlegen Sie einmal: Wie fühlen Sie sich nach einem anstrengenden Arbeitstag oder nach einer langen Arbeitswoche?

- Sie fühlen sich vor allem innerlich unruhig, aufgekratzt, nervös und überreizt? Dann geht es für Ihre Erholung vornehmlich darum, zur Ruhe zu finden. Entspannende Aktivitäten, durch die die körperliche und seelische Aktivierung reduziert wird, sind hier der optimale Weg zur Erholung. Beispiele dafür sind systematische Entspannungsübungen, Aufenthalte und Spaziergänge in der Natur, an Orten der Stille, um die Reizüberflutung einzudämmen. Auch sportliche Ausdaueraktivitäten, die mit einem gleichmäßigen Rhythmus über eine längere Zeit ausgeübt werden, können, sofern sie ohne falschen Ehrgeiz und Leistungswillen ausgeübt werden, zur Beruhigung beitragen. Auch das unterhaltsame gesellige Beisammensein mit anderen trägt zur Entspannung bei, vorausgesetzt, es ist nicht mit neuen belastenden Anforderungen (z.B. als Gastgeber) verbunden.
- Sie fühlen sich vor allem missgelaunt, frustriert und haben einfach die Nase gestrichen voll? Dann werden Sie wahrscheinlich in Ihrem Alltag zu einseitig beansprucht. Dann sollten Sie für Ihre Freizeitgestaltung vor allem solche Aktivitäten finden, die geeignet sind, ihre brachliegenden Interessen und Fähigkeiten zu stimulieren und einseitige Beanspruchungen auszugleichen. Wer den ganzen Tag »Kopfarbeit« leistet, braucht als Ausgleich Körpertätigkeit. Wer hingegen in seinem Beruf körperlich stark gefordert ist, sollte in seiner Freizeit eine Beschäftigung wählen, die den Geist anregt. Wer z.B. als Manager oder in einem helfenden Beruf viele Gespräche führen muss und abends selten auf »greifbare« Ergebnisse zurückblicken kann, für den kann ein sinnvoller Ausgleich darin bestehen, etwas mit den Händen zu schaffen, kreativ tätig zu werden.
- Sie fühlen sich vor allem unausgefüllt, gelangweilt oder unterfordert? Sie empfinden in Ihrem beruflichen und privaten Alltag immer weniger positive Herausforderungen? In Ihrem Leben herrscht ein Mangel an lustvollen Spannungszuständen? Dann ist es ratsam, in der Freizeit vor allem etwas Sinnvolles zu tun, sich neue persönliche Herausforderungen zu suchen und neue Erfahrungsfelder zu erschließen. Zum Beispiel, indem Sie beginnen, etwas Neues zu lernen (eine Sportart, ein Musikins-

trument, eine Sprache). Auch ehrenamtliches Engagement für eine Idee oder ein Projekt, das Ihnen persönlich wichtig ist, ist ein Weg, die »innere Leere« zu überwinden.
- Sie fühlen sich vor allem erschöpft, ausgelaugt, einfach nur fix und fertig? Dann geht es in der Freizeit vor allem darum, sich auszuruhen und neue Energien zu tanken.

Gönnen Sie sich eine Auszeit, in der Sie sich selbst verwöhnen, z.B. durch ein Vollbad, ein Sonnenbad, ein Saunabad. Erlauben Sie sich, einfach einmal »nichts zu tun«, zu dösen und Körper und Seele baumeln zu lassen. Sorgen Sie für ausreichenden und erholsamen Schlaf. Und gönnen Sie sich leckeres und gesundes Essen!

9.3.2 »Angenehmes Erleben im Alltag«: Gruppengespräch

Zur Einstimmung auf das anschließende Gruppengespräch eignen sich das Gedicht »Vergnügungen« von Bertolt Brecht (s. unten) oder auch der nachfolgende Auszug aus Marcel Proust »Swanns Welt« (zit. nach Frank et al., 1995):

»Viele Jahre hatte von Combray … nicht für mich existiert, als meine Mutter an einem Wintertage, an dem ich durchfroren nach Hause kam, mir vorschlug, ich solle entgegen meiner Gewohnheit eine Tasse Tee zu mir nehmen. Ich lehnte erst ab, besann mich dann aber, ich weiß nicht warum, eines anderen. Sie ließ darauf eines jener dicken ovalen Sandtörtchen holen, die man »Madelaine« nennt und die aussehen, als habe man als Form dafür die gefächerte Schale einer St. Jakobs-Muschel benutzt. Gleich darauf führte ich, bedrückt durch einen trüben Tag und die Aussicht auf den traurigen folgenden, einen Löffel Tee mit dem aufgeweichten kleinen Stück Madelaine darin an die Lippen. In der Sekunde nun, als dieser mit dem Kuchengeschmack gemischte Schluck Tee meinen Gaumen berührte, zuckte ich zusammen und war wie gebannt durch etwas Ungewöhnliches, das sich in mir vollzog. Ein unerhörtes Glücksgefühl, das ganz für sich allein bestand und dessen Grund mir unbekannt blieb, hatte mich durchströmt. Mit einem Schlag waren mir die Wechselfälle des Lebens gleichgültig, seine Katastrophen zu harmlosen Missgeschicken, seine Kürze zu einem bloßen Trug unserer Sinne geworden … Woher strömte diese mächtige Freude in mir? Ich fühlte, dass sie mit dem Geschmack des Tees und des Kuchens in Verbindung stand, aber darüber hinausging und von ganz anderer Wesensart war. Woher kam sie? Was bedeutete sie? Wo konnte ich sie fassen? Ich trinke einen zweiten Schluck und finde nichts anderes darin als im ersten … Es ist ganz offenbar, dass die Wahrheit, die ich dort suche, nicht in ihm ist, sondern in mir. Er hat sie dort geweckt … Sicherlich muss das, was so in meinem Inneren in Bewegung geraten ist, das Bild, die visuelle Erinnerung sein, die zu diesem Geschmack gehört und die nun versucht, mit jenem bis zu mir zu gelangen … Wird sie bis an die Oberfläche meines Bewußtseins gelangen, diese Erinnerung, jener Augenblick von einst, der, angezogen durch einen ihm gleichen Augenblick, von so weit her gekommen ist, um alles in mir zu wecken, in Bewegung zu bringen und wieder heraufzuführen? … Und dann, mit einem Male, war die Erinnerung da. Der Geschmack war der jener Madelaine, die mir am Sonntagmorgen in Combray … meine Tochter Leonie anbot, nachdem sie sie in ihren schwarzen Lindenblütentee getaucht hatte. Der Anblick jener Madelaine hatte mir nichts gesagt, bevor ich davon gekostet hatte …«. (Marcel Proust, »Swanns Welt«, zit. nach Frank et al., 1995)

Vergnügungen
Der erste Blick
aus dem Fenster am Morgen
Das wieder gefundene alte Buch
Begeisterte Gesichter
Schnee, der Wechsel der Jahreszeiten
Die Zeitung
Der Hund
Die Dialektik
Duschen, Schwimmen
Alte Musik

Bequeme Schuhe
Begreifen
Neue Musik
Schreiben, Pflanzen
Reisen
Singen
Freundlich sein.
(Aus: B. Brecht, 1967)

Nach diesen einleitenden Worten bittet der Kursleiter die Teilnehmer, einmal darüber nachzudenken, welche Dinge sie in den vergangenen 24 Stunden als angenehm erlebt haben.
- *Was haben Sie in den letzten 24 Stunden Angenehmes erlebt?*
- *Worüber haben Sie sich gefreut?*
- *Was hat Ihnen Spaß bereitet?*
- *Was haben Sie genossen?*
- *Wobei haben Sie sich wohl gefühlt?*
- *Was hat Ihnen gut getan?*
- *Was war einfach schön?*

Der Kursleiter lässt etwas Zeit, in der jeder Teilnehmer für sich über diese Fragen nachdenkt. Anschließend bittet der Kursleiter die Teilnehmer, sich in Kleingruppen über ihre angenehmen Erlebnisse auszutauschen. Dabei kommt es darauf an, das jeweilige Erlebnis möglichst plastisch und lebendig zu schildern, sodass für die jeweils zuhörenden Teilnehmer die damit verbundenen positiven Gefühle nachvollziehbar werden.

Sowohl das Nachdenken als auch das Sprechen über angenehme Dinge wird für viele Teilnehmer ungewohnt sein. Man ist eher daran gewöhnt, über Ärger, Belastungen, Unangenehmes zu schimpfen, zu klagen etc. Dies sollte mit den Teilnehmern reflektiert werden als ein Hinweis darauf, dass das eigene Leben und Erleben bereits zu stark vom Alltagsstress beherrscht wird. Das Sprechen über angenehme Dinge lässt die positiven Erlebnisse wieder lebendig werden und kann damit einen Beitrag gegen den »inneren Stress« leisten.

9.3.3 »Acht Gebote des Genießens«

Oft zeigen sich die Teilnehmer überrascht darüber, dass sie überhaupt und wie viele Gelegenheiten für angenehmes Erleben sie an einem ganz normalen Alltag entdecken können, wenn sie einmal bewusst darüber nachdenken. Diese Erfahrung kann zum Ausgangspunkt für ein anschließendes Gruppengespräch über persönliche Voraussetzungen und Bedingungen für genussvolles Erleben im Alltag genommen werden:
- *Was gehört dazu, was brauchen Sie, um auch im normalen Alltag Dinge genießen, Angenehmes erleben zu können?*
- *Wie schaffen Sie es, im alltäglichen Leben mit seinen Anforderungen und Belastungen Angenehmes zu erleben?*

Der Kursleiter sollte wichtige Punkte, die von den Teilnehmern genannt werden (wie etwa sich Zeit nehmen, innere Bereitschaft, Sinn für den Augenblick, offene Sinne, Aufmerksamkeit besonders auch für die kleinen Dinge etc.) auf einer Wandzeitung festhalten. Abschließend wird – als Zusammenfassung – das Blatt »Acht Gebote des Genießens« (modifiziert nach Lutz & Koppenhöfer, 1983, ▶ s. Anhang, S. 233) ausgeteilt und durchgesprochen.

Vielfältige Anregungen und Übungen zum Thema »Tägliches Genusstraining« liefert auch das Buch von Handler (2008).

»Acht Gebote des Genießens«

1. **Gönne dir Genuss**
   »Tun hätte ich schon gewollt, dürfen habe ich mich nicht getraut« (Karl Valentin). Viele Menschen haben Hemmungen, ein schlechtes Gewissen oder schämen sich, wenn sie sich selbst etwas Gutes tun. Ganz so, als stünde ihnen Genuss oder Lebensfreude nicht zu. Vielleicht weil sie in ihrer Kindheit entsprechende Verbote von ihren Eltern bekommen haben, können sie heute sich selbst einen Genuss nicht erlauben. Hier kommt es darauf an, sich über unnötig gewordene Genussverbote klar zu werden und diese fallen zu lassen.

▼

2. **Nimm dir Zeit zum Genießen**
   Das klingt banal, ist aber eine ganz wichtige Voraussetzung für das Genießen. Genuss geht nicht unter Zeitdruck – aber manchmal genügt schon ein Augenblick.
3. **Genieße bewusst**
   »Willst Du immer weiter schweifen? Sieh, das Gute liegt so nah! Lerne nur das Glück begreifen, denn das Glück ist immer da.« (Johann Wolfgang von Goethe, 1749–1832). Wer viele Dinge gleichzeitig tut, wird dabei kaum genießen können. Wollen Sie Genuss erleben, dann müssen Sie die anderen Tätigkeiten ausschalten und sich ganz auf diesen besinnen. Genuss geht nicht nebenbei. Auch das ständige Denken an zukünftige oder zurückliegende Aufgaben verstellt oft den Blick für das Angenehme. Genuss findet in der Gegenwart statt.
4. **Schule deine Sinne für Genuss**
   Genießen setzt eine fein differenzierte Sinneswahrnehmung voraus, die sich durch Erfahrung gebildet hat. Beim Genießen kommt es auf das Wahrnehmen von Nuancen an. Es gilt hier, die eigenen Sinne zu schärfen.
5. **Genieße auf deine eigene Art**
   Das weiß auch der Volksmund: »Was dem einen sin Uhl ist, ist dem anderen sin Nachtigall«. Genuss bedeutet für jeden etwas anderes. Hier kommt es darauf an, herauszufinden, was einem gut tut und – genauso wichtig – was einem nicht gut tut und was einem wann gut tut.
6. **Genieße lieber wenig, aber richtig**
   Ein populäres Missverständnis über Genießen ist, dass derjenige mehr genießt, der mehr konsumiert. Für den Genuss ist jedoch nicht die Menge, sondern die Qualität entscheidend. Ein Zuviel wirkt auf die Dauer sättigend und langweilig. Wir plädieren deshalb dafür, sich zu beschränken, nicht aus Geiz oder aus falscher Bescheidenheit, sondern um sich das jeweils Beste zu gönnen.
7. **Planen schafft Vorfreude**
   Eine Redensart besagt, dass man die Feste feiern soll, wie sie fallen. Das Zufällige, Spontane, Unerwartete bringt häufig einen ganz besonderen Genuss. Es erscheint jedoch nicht günstig, den Genuss alleine dem Zufall zu überlassen. Im Alltag wird es oft nötig sein, angenehme Erlebnisse zu planen, d.h. die Zeit dafür einzuteilen, die entsprechenden Vorbereitungen zu treffen, Verabredungen zu vereinbaren usw. Das hat den zusätzlichen angenehmen Effekt, dass Sie sich auf das bevorstehende angenehme Ereignis schon länger vorher freuen können.
8. **Genieße die kleinen Dinge des Alltags**
   »Glück entsteht oft durch Aufmerksamkeit in kleinen Dingen, Unglück oft durch Vernachlässigung kleiner Dinge.« (Wilhelm Busch, 1832–1908) Genuss ist nicht immer zwangsläufig etwas ganz Außerordentliches. Nicht wenige Menschen versäumen das kleine Glück, während sie auf das große vergebens warten. Es gilt, Genuss im normalen Alltag zu finden – in kleinen Begebenheiten und alltäglichen Verrichtungen. Wer sich selbst im Alltag innerlich dafür offen hält, kann eine Vielzahl von Quellen für angenehme Erlebnisse gerade auch im alltäglichen Leben entdecken. Alltägliche Dinge einmal aus einer anderen, nicht zweckbestimmten Warte wahrzunehmen, kann unerwartete Genüsse bescheren.

9.3.4 Praktische Übungen zum Genießen

Die genannten Genussprinzipien werden nun in einem nächsten Schritt in der Gruppe praktisch erprobt. Hierzu wird eine Sequenz von Übungen durchgeführt, bei denen es darum geht, zu einer bewussten und differenzierten sinnlichen Wahrnehmung alltäglicher Gegenstände anzuregen, damit verbundene positive innere Bilder und Erinnerungen wachzurufen und so einen Zugang zu genussvollem, angenehmem Erleben zu finden. Hierfür sind besonders das olfaktorische und das taktile System geeignet. Riechen und Tasten sind erfahrungsgemäß unmittelbar mit emotionalen Reaktionen verknüpft, wohingegen insbesondere visuelle Eindrücke eher kognitiv verarbeitet werden.

Einführung

Der Kursleiter knüpft zunächst kurz an die in der vorangegangenen Kurssitzung besprochenen Genussgebote an, und macht deutlich, dass es bei den nachfolgenden Übungen darum gehen wird, diese praktisch zu erproben. Er bittet die Teilnehmer darum zu versuchen, sich ohne viel Nachdenken auf die Übungen einzulassen, auch wenn sie ungewohnt oder sogar »kindisch« erscheinen, und sich dabei ausschließlich auf angenehme Empfindungen zu konzentrieren.

Erste Übung

Der Kursleiter teilt dann an jeden Teilnehmer einen – jeweils den gleichen – Gegenstand aus (z.B. eine Orange (unbehandelt!) im Winter, eine duftende Blüte im Sommer). Er fordert die Teilnehmer dazu auf, ihre Aufmerksamkeit einmal ausschließlich auf den Geruch dieses Gegenstands zu richten, gibt wiederholt Instruktionen entsprechend den Genussgeboten (sich Zeit lassen, Aufmerksamkeit bewusst lenken, sich Genuss erlauben etc.) und regt auch zu Assoziationen, Bildern und Erinnerungen zu dem jeweiligen Geruch an (s. folgende Genussübung). Anschließend findet ein kurzer Austausch statt, bei dem die Teilnehmer ihre Eindrücke einander mitteilen können, diese aber tunlichst nicht »zerredet« werden.

- **Instruktion zur Genussübung (Beispiel)**
  - »Bitte versuchen Sie nun, Ihre Aufmerksamkeit einmal ganz auf die angenehmen Geruchsempfindungen zu lenken, die von Ihrer Orange ausgehen. Versuchen Sie, sich ganz auf diesen Duft zu konzentrieren, die Orange mit der Nase zu erfahren. Das Wichtigste dabei ist: Sie haben Zeit. Lassen Sie sich Zeit, solange Sie wollen, um Ihre Orange zu beschnuppern. Konzentrieren Sie sich ganz auf den augenblicklichen Geruch. Nur dieser ist im Augenblick wichtig. Wenn Sie möchten, dann schließen Sie jetzt die Augen …
  - Spüren Sie den angenehmen Geruch in Ihrer Nase. Ziehen Sie den Duft ganz bewusst mit Ihrer Nase ein und erlauben Sie sich, diesen angenehmen Duft der Orange zu genießen. Lassen Sie sich Zeit dabei …
  - Vielleicht tauchen vor Ihrem inneren Auge schöne Bilder oder Erinnerungen auf. Lassen Sie auch dafür Platz und genießen Sie die angenehmen Gefühle, die damit verbunden sind …
  - Achten Sie bitte auch darauf, wann Sie ›die Nase voll haben‹, wann Sie die Orange ausreichend lange beschnuppert haben. Verabschieden Sie sich dann allmählich vom Duft der Orange. – Jeder in seiner Zeit! – Kehren Sie mit Ihrer Aufmerksamkeit allmählich zurück, strecken und räkeln Sie sich und öffnen Sie dann bitte die Augen.«

Zweite Übung

In einem nächsten Schritt geht es nun darum, mit einem größeren Angebot von Sinneseindrücken zu experimentieren und aus diesem Angebot allmählich einen Gegenstand auszuwählen, der momentan besonders angenehme Empfindungen auslöst. Der Kursleiter hat hierzu eine Reihe unterschiedlicher Materialien vorbereitet (zum Riechen: z.B. Gewürze, Blumen, Kräuter, Früchte, Parfums und auch alltägliche Gegenstände wie Schuhcreme, Bohnerwachs, Babylotion, Rum usw.; zum Tasten: z.B. Watte, Seide, Steine, Baumrinde, Wurzeln, Metall, Kork, Holzscheiben, Tannenzapfen etc.) und breitet diese in der Mitte des Gruppenraumes aus. Die Teilnehmer werden dazu eingeladen, sich in gleicher Weise wie zuvor der Orange nun auch anderen Eindrücken zuzuwenden (»Probieren Sie nun bitte aus, wie sich diese anderen Dinge anfühlen oder wie sie riechen. Vielleicht entdecken Sie Altbekanntes wieder, gehen Sie auch auf Neues zu. Lassen Sie sich Zeit. Tauchen angenehme Bilder oder schöne Erinnerungen auf, so lassen Sie diese ruhig zu«). Wichtig ist auch die Beachtung des Prinzips »Genieße lieber wenig, aber richtig« (»Nehmen Sie sich nicht zu viel vor. Überfordern Sie sich nicht. Versuchen Sie lieber einige Gegenstände intensiv zu erfahren als viele nur oberflächlich«). Nach einer Weile werden die Teilnehmer aufgefordert, sich den Gegenstand auszuwählen, der ihnen jetzt die angenehmsten Empfindungen vermittelt (»Genieße auf deine Art«) und sich noch einmal Zeit zu nehmen, sich ganz auf diesen Gegenstand zu konzentrieren.

Austausch

Es findet dann in Kleingruppen ein Austausch statt, bei dem die Teilnehmer den anderen jeweils ihren Gegenstand vorstellen, die von diesem ausgelösten Empfindungen beschreiben und über die ggf. damit verknüpften Assoziationen und Erinnerungen berichten. Der Kursleiter kann hierzu zunächst ein Beispiel geben:

Beispiel

»Ich habe mir den Geruch der Zitrone gewählt. Das ist ein frischer angenehmer Geruch, der prickelt etwas in der Nase und auch auf der Zunge. Ich darf die Zitrone nicht zu dicht vor die Nase halten, dann wird der Geruch zu intensiv und unangenehm. Mich erinnert der Geruch an ein Glas heißer Zitrone, das meine Mutter uns Kindern früher an kalten Wintertagen gemacht hat, wenn wir vom Spiel draußen ins Haus kamen. Meist hat sie uns dabei etwas vorgelesen. Das war schon sehr gemütlich dann in der molligen Küche und angenehm das Gefühl, ganz langsam von innen heraus wieder warm zu werden …«

Durch das Verbalisieren der angenehmen Empfindungen können diese verstärkt und gefestigt werden. Es ist jedoch wieder darauf zu achten, dass durch ein zu langes »Darüber-Reden« die Empfindungen selbst nicht zerredet werden. Auch gibt es immer wieder Teilnehmer, die ihre Erlebnisse zunächst lieber für sich behalten möchten. Dies sollte selbstverständlich respektiert werden.

Alltagsbezug

Zum Abschluss dieser Übungssequenz orientiert der Kursleiter die Teilnehmer dann wieder auf den Alltag außerhalb der Kursstunden:

- *Bitte achten Sie in der kommenden Woche in Ihrem Alltag einmal ganz bewusst auf angenehme Sinneseindrücke, auf angenehme Düfte oder auf Gegenstände, die sich schön anfühlen. So wie wir es heute hier in der Gruppe getan haben. Lassen Sie sich von Ihrer Nase durch den Tag begleiten. Vielleicht machen Sie auch – allein oder mit Freunden – einen Schnupperspaziergang im Wald oder im Garten. Wenn Sie im Laufe der Woche ein solches angenehmes Sinneserlebnis haben, dann bringen Sie, wenn möglich, den Gegenstand, von dem es ausgelöst wurde, das nächste Mal bitte mit. Sollte dies nicht möglich sein, weil es z.B. Regentropfen, Sonnenstrahlen oder der Geruch eines anderen Menschen waren, dann bringen Sie Ihre Erinnerung an dieses angenehme Erlebnis mit.*

Als Erinnerungsstütze dient der Bogen »Genießen im Alltag« (▶ s. Anhang, S. 234), der an die Teilnehmer ausgeteilt wird.

Bei der Durchführung dieser praktischen Genussübungen sind folgende allgemeine Hinweise von Bedeutung:

- Bei der Zusammenstellung der Materialien ist das Prinzip der Beschränkung (»Genieße lieber wenig, aber richtig«) zu beachten. Es soll keine Duftorgie veranstaltet werden. Die Materialien sollten zum überwiegenden Teil aus dem alltäglichen Erfahrungsbereich der Teilnehmer stammen. Gut aufgenommen werden immer frische, der jeweiligen Jahreszeit entsprechende Dinge. Diese vom Markt oder im Garten zu besorgen, stellt für den Kursleiter eine gute Einstimmung auf die Kurssitzung dar. Natürlich ist auch für ein ansprechendes und liebevolles Arrangement der Materialien im Gruppenraum zu sorgen.
- Bei den Übungen sollte sich der Kursleiter selbst aktiv als Modell beteiligen. Durch sein Verhalten kann er zum Abbau anfänglicher Scheu und Hemmungen beitragen. Dies wird allerdings nur dann der Fall sein, wenn er sich mit seinem Verhalten nicht zu sehr von den Möglichkeiten der jeweiligen Gruppe entfernt. Ein Kursleiter, der sich in einer noch scheuen und vorsichtigen Gruppe als »hemmungsloser Genussfreak« produziert, wird Hemmungen eher noch verstärken denn abbauen.
- Auch wenn die Instruktionen des Kursleiters eindeutig auf angenehme Empfindungen und Assoziationen abstellen, kann es vorkommen, dass durch den Kontakt mit bestimmten Gegenständen negative Empfindungen ausgelöst werden. Im Hinblick auf das 5. Genussgebot (»Genieße auf deine Art«) kommt es hier darauf an, derartige negative Empfindungen zwar wahrzunehmen, sie aber jetzt nicht zu vertiefen, sondern sich bewusst davon zu distanzieren und sich gezielt solchen Objekten zuzuwenden, die im Moment als angenehm erlebt werden kön-

nen. Solange dies gelingt, stellt das Auftreten negativer Empfindungen während der Übungen kein Problem dar. Die eigenen Empfindungen bewusst beeinflussen zu können, die eigene Entscheidungsmöglichkeit und -freiheit dabei zu erleben, stellt vielmehr eine wichtige und wertvolle Erfahrung dar, die auch auf das alltägliche Erleben zu übertragen ist. Wenn z.B. durch bestimmte Erinnerungen tiefere negative Gefühle wachgerufen werden, stößt diese emotionale Selbstregulationsfähigkeit allerdings an ihre Grenzen. Dies tritt bei den Übungen erfahrungsgemäß zwar selten auf, ist aber nicht ausgeschlossen. Insbesondere kann die mit einem bestimmten Gegenstand assoziierte positive Erinnerung zugleich mit einer Verlusterfahrung verbunden sein (z.B. ein inzwischen verstorbener Mensch, ein nicht mehr vorhandener Garten etc.), die jetzt ebenfalls lebendig wird. Der Kursleiter sollte hierauf empathisch und akzeptierend eingehen, ohne allerdings die jeweiligen Trauergefühle zu vertiefen. Für die übrigen Gruppenmitglieder kann es eine Belastung darstellen, wenn ein Teilnehmer weint. Einige reagieren darauf damit, dass sie eigene genussvolle Empfindungen nicht mehr zulassen, sich diese nicht mehr erlauben (»Genussverbot«). Durch einen einfachen, von Empathie und Akzeptanz getragenen menschlichen Kontakt mit dem betreffenden Gruppenmitglied kann der Kursleiter hier Druck von der Gruppe nehmen und auch die Erfahrung vermitteln, dass Tränen Erleichterung verschaffen können. Auch der Hinweis darauf, dass der Verlust nicht absolut ist, da die positive Erinnerung zugänglich und lebendig ist, kann entlastend wirken.

9.3.5 »Ich nehme mir etwas Schönes vor«: Planen angenehmer Erlebnisse

Nachdem das Thema »Angenehmes Erleben im Alltag« auf die beschriebene Weise von der Erlebensseite her vorbereitet worden ist, besteht der nächste Schritt im Rahmen dieses Programmbausteins nun darin, angenehme Erlebnisse als Ausgleich für bestehende Belastungen gezielt zu planen. Über das bewusste und genussvolle Erleben spontan auftretender angenehmer Eindrücke hinausgehend geht es hier jetzt um das **gezielte, geplante Herbeiführen angenehmer Erlebnisse** im Alltag. Zur Vorbereitung wird den Teilnehmern die »Liste angenehmer Erlebnisse« (▶ s. Anhang, S. 235–238) mit nach Hause gegeben. Diese Liste enthält eine Reihe von potenziell angenehmen Tätigkeiten, die der Teilnehmer jeweils danach beurteilen soll, wie gern und wie häufig er sie ausführt. In der folgenden Kursstunde werden die Ergebnisse ausgewertet mit dem Ziel, erste Anknüpfungspunkte für die (Wieder-)Aufnahme ausgleichender Tätigkeiten im Alltag zu finden:

- *Gibt es Aktivitäten oder »Passivitäten«, die Sie zwar gern, aber nur selten oder nie erleben?*
- *Gibt es Dinge, die Ihnen früher Spaß gemacht haben oder die Sie schon immer einmal gern machen wollten?*

Jeder Teilnehmer sollte sich in einer Runde hierzu äußern. Hier geht es zunächst ausschließlich um das Benennen von potenziell angenehmen Dingen, also um das Äußern von Wünschen, noch nicht aber um deren Realisierungsmöglichkeiten. Häufig sind vorschnelle Teilnehmeräußerungen wie »Ich würde ja gerne …, aber …«, die dazu führen, dass angenehme Dinge als solche nicht mehr angenommen, Wünsche gar nicht erst zugelassen werden. Für den Kursleiter besteht hier die Gefahr, dass er vorschnell und einseitig die »Aber«-Seite anspricht mit dem Bestreben, hier zu einer schnellen Lösung zu kommen. Dies ist in den meisten Fällen kontraproduktiv. Stattdessen sollte der Kursleiter sich mit viel Empathie um eine Exploration der mit der jeweiligen Aktivität verbundenen positiven Gefühle und der Wünsche bemühen.

- *Was ist für Sie das Angenehme an dieser Aktivität?*
- *Wie werden Sie sich fühlen, wenn Sie das tun?*
- *Was ist für Sie das Schönste daran?*
- *Haben Sie das früher schon einmal erlebt? Wie war das damals?*

Dann macht der Kursleiter deutlich, dass es ein Ziel dieses Kurses ist, nicht bei Wünschen (und guten Vorsätzen) stehen zu bleiben, die dann häufig im Alltag mit seinen Belastungen doch wieder vergessen werden, sondern dabei zu helfen, diese Wünsche, so gut es geht, zu verwirklichen. In dieser und den folgenden Kurssitzungen soll jeder Teilnehmer daher möglichst ein angenehmes Erlebnis für die jeweils folgende Woche konkret planen. Das heißt, dass Ort, Zeit, Dauer und ggf. Partner der jeweiligen Aktivität festgelegt und nach Möglichkeit in den Terminkalender des jeweiligen Teilnehmers eingetragen werden.

Die konkrete Planung ausgleichender Aktivitäten bietet viele Möglichkeiten für eine gegenseitige Unterstützung und Kontaktaufnahme der Teilnehmer untereinander. Informationen über kulturelle Veranstaltungen, Programme von Einrichtungen der Erwachsenenbildung, Angebote örtlicher Sportvereine etc. können eingeholt, Bastelanleitungen, Kochrezepte, Bücher, Gesellschaftsspiele etc. ausgetauscht und gemeinsame Unternehmungen verabredet werden.

Es ist nicht zu erwarten, dass die Umsetzung der geplanten Vorhaben auf Anhieb gelingt. In den nächsten Kursstunden werden daher die jeweils in der vorangegangenen Woche gewonnenen Erfahrungen reflektiert. Auch hierbei sollte der Kursleiter konsequent darauf achten, dass die Teilnehmer viel Raum bekommen, um positive Erfahrungen zu berichten.

- Wer von Ihnen konnte seinen Plan für das angenehme Erlebnis in der letzten Woche verwirklichen?
- Wie haben Sie sich gefühlt? Was hat Ihnen wirklich gut getan?
- Wie haben Sie das geschafft? Wie haben Sie Hindernisse überwunden?
- Gibt es etwas, das Sie das nächste Mal anders machen werden?

Im Folgenden werden Hinweise zum Umgang mit einigen häufig auftretenden Problemen gegeben.

Häufig geäußerte Probleme von Teilnehmern beim Genusstraining

»Keine Zeit!« lautet schlicht das erste und häufigste Problem, das von Teilnehmern spontan geäußert und durch eine Aufzählung all der Aufgaben und Verpflichtungen illustriert wird, die sich dem Teilnehmer im Alltag stellen. Dies ist ein »Totschlag-Argument«, das letztlich jedes Gespräch über die Planung angenehmer Erlebnisse erübrigt. Nach meiner Erfahrung ist es wenig sinnvoll, sich hier an einzelnen Teilnehmern »festzubeißen«, mit dem Ziel, diesen aufzuzeigen, dass es doch zeitliche Freiräume für ausgleichende Aktivitäten gibt. Dies führt in der Regel dazu, dass vorhandene Widerstände eher noch verfestigt denn abgebaut werden. Der Kursleiter sollte lediglich versuchen, deutlich zu machen, dass die Aussage »Keine Zeit!« nicht nur eine objektive Sachlage beschreibt, sondern auch eine Selbstaussage enthält (etwa: »Ich verfüge nicht über meine Zeit« oder »Ich nehme mir keine Zeit« oder auch »Ich will mir keine Zeit nehmen«) und diese als solche stehen lassen. Ansonsten empfiehlt es sich, hier wie auch bei vielen anderen Schwierigkeiten in diesem Kontext auf das Beispiel anderer Teilnehmer zu setzen und auf den Prozess, den jeder Teilnehmer – wenn auch mit unterschiedlichem Anfangspunkt und Tempo – durchläuft, vorausgesetzt, er wird nicht vorschnell auf ein erstes vordergründiges »Aber« festgelegt (▶ zum Thema Zeitplanung s. auch Ergänzungsmodul 4, Abschn. 10.4).

Ein verändertes Freizeitverhalten bringt auch für die mit im Haushalt lebenden Familienangehörigen Veränderungen des **familiären Alltags** mit sich: Geht beispielsweise die Frau abends zu ihrem VHS-Kurs, dann muss der Mann die Kinder ins Bett bringen und ist anschließend allein zu Hause, woran er möglicherweise nicht gewöhnt ist. Sofern es bei einzelnen Teilnehmern Widerstand von Seiten der Familienangehörigen gibt, werden in der Gruppe Lösungsmöglichkeiten besprochen. Dabei wird der Teilnehmer darin unterstützt, sich gegen diesen Widerstand im Interesse seiner Gesundheit aktiv zu behaupten. Andererseits ist darauf zu achten, dass durch die Gruppensolidarität einzelne Teilnehmer nicht in zu starke Konflikte mit ihren Angehörigen geraten. Es sollte auch überlegt werden, ob es möglich ist, die Angehörigen in die neuen Aktivitäten mit einzubeziehen.

Ein weiteres Problem kann in **sozialen Ängsten und Unsicherheiten** bestehen, die die Kontaktaufnahme mit anderen Personen beeinträchtigen. Hier bieten sich Rollenspiele an, um beispielsweise zu üben, eine Einladung auszusprechen, eine Verabredung zu treffen, ein Gespräch aufrechtzuerhalten etc. Eine weitere Möglichkeit besteht darin, sich auf das Hier und Jetzt der Gruppe zu beziehen und Kontaktmöglichkeiten der Kursteilnehmer untereinander zu ermuntern. Besonders dann, wenn ein Teilnehmer für ein bestimmtes Vorhaben in seinem privaten Umfeld keinen Partner finden kann, es aber auch nicht allein durchführen möchte.

Die Aufnahme neuer Aktivitäten, z.B. sportlicher Art, kann auch durch **anfängliche Hemmungen** verhindert werden, z.B. durch die Befürchtung, sich ungeschickt anzustellen und von anderen ausgelacht zu werden. In der Regel wird allein die Möglichkeit, über solche Befürchtungen sprechen und sie mit anderen Gruppenmitgliedern teilen zu können, sowie das Verständnis, das der Kursleiter dafür zeigt, ausreichen, um sie zu überwinden. Gerade bei sportlichen Aktivitäten stellt neben dem Verständnis für Anfangsschwierigkeiten auch die Vermittlung von Sachinformationen z.B. über trainingsphysiologische Grundtatbestände und Trainingslehre (Aufstellen von Trainingsplänen) eine wichtige Hilfe dar. Hierauf kann je nach Interesse der Kursteilnehmer (und des Kursleiters) in einer Kursstunde gesondert eingegangen werden (▶ s. Ergänzungsmodul 1, Abschn. 10.1).

»Das mache ich ja schon alles!« oder »Nur nicht noch mehr!« können Reaktionen von Teilnehmern sein, die in ihrer Freizeit bereits sehr aktiv sind, möglicherweise sogar über »**Freizeitstress**« klagen. Statt noch mehr »Aktivitäten« erscheint es sinnvoll, hier eher »Passivitäten« zu fördern, solche Dinge, die einen stärker rezeptiven oder meditativen Charakter haben (s. z.B. die Rubrik »Naturerlebnisse« in der »Liste angenehmer Erlebnisse« im Anhang) bzw. eine »leere« Zeit für »Nichtstun« zu planen.

Ein weiteres Problem tritt dann auf, wenn der Teilnehmer eine bestimmte **Aktivität** zwar ausführt, diese aber **nicht als erholsam und angenehm erleben** kann. Sei es, dass er gedanklich nicht abschalten kann oder dass er innerlich so unruhig ist bzw. erst unruhig wird, dass es ihm nicht möglich ist, sich mit etwas anderem zu beschäftigen. Der Kursleiter kann hier auf das Entspannungstraining und die dort gemachten Erfahrungen im Umgang mit störenden Gedanken verweisen. Hier wie dort kommt es darauf an, störende Gedanken nicht angestrengt zu unterdrücken, sich aber auch nicht gezielt mit ihnen zu beschäftigen, sondern sie gelassen »vorüberziehen zu lassen« in der Gewissheit, sich ihnen später umso konzentrierter widmen zu können. Folgende Hinweise können hier außerdem hilfreich sein:

- Die ausgleichende Aktivität sollte nicht unter Zeitdruck durchgeführt werden.
- Zur Einstimmung kann es sinnvoll sein, zunächst eine Entspannungsübung zu machen.
- Man sollte sich nicht zu viel vornehmen, nicht ein einmal aufgestelltes Programm durchziehen müssen. Es sollte Platz für Zufälliges und Unvorhergesehenes bleiben.

Ein weiteres Problem schließlich hängt damit zusammen, dass einige Teilnehmer Schuldgefühle entwickeln, wenn sie etwas nicht zweckgebunden »nur für sich« tun. Sich selbst etwas Gutes zu gönnen, ist jedoch eine Voraussetzung – als basale Einstellung zu sich selbst – für das genussvolle und angenehme Erleben einer Situation oder Aktivität. Änderungen werden hier nur allmählich erreicht werden können: Dadurch, dass die mit den Schuldgefühlen verbundenen Einstellungen der Aufopferung immer wieder neu hinterfragt und ihre langfristigen Konsequenzen deutlich gemacht werden; durch das Beispiel der anderen Gruppenmitglieder, die etwas für sich tun, ohne dabei »schlechte Menschen« zu sein oder andere Dinge zu vernachlässigen; schließlich durch erste eigene Erfahrungen, die ihnen zeigen können, um wie viel ausgeglichener und gelassener man sich seinen Aufgaben widmen kann, wenn man zwischendurch auch einmal an sich denkt.

Das nachfolgende Zitat des Zisterziensermönches Bernhard von Clairvaux (1090–1153), einem der bedeutendsten Theologen des Mittelalters, illustriert – in einer ganz anderen Sprache – die Bedeutung einer selbstfürsorglichen Haltung. In einer Papst Eugen III. gewidmeten Abhandlung mahnt er den Papst, der sein früherer Mönch war, eindringlich, nicht nur für andere da zu sein, sondern auch an sich selbst zu denken (siehe Kasten).

Gönne Dich Dir selbst!
»Wenn Du ganz und gar für alle da sein willst, lobe ich Deine Menschlichkeit, aber nur wenn sie voll und echt ist. Wie kannst Du aber voll und echt Mensch sein, wenn Du Dich selbst verloren hast? Auch Du bist ein Mensch. Damit Deine Menschlichkeit allumfassend und vollkommen sein kann, musst Du also nicht nur für alle anderen, sondern auch für Dich selbst ein aufmerksames Herz haben … Ja, wer mit sich selbst schlecht umgeht, wem kann der gut sein? Denk also daran: Gönne Dich Dir selbst. Ich sage nicht: tu das immer, ich sage nicht: tu das oft, aber ich sage: tue es immer wieder einmal.« (Bernhard von Clairvaux (1090–1153), zitiert nach Hoffmann (2005))

9.3.6 Exkurs: Erholsam schlafen

Der Schlaf ist das wohl wichtigste und effizienteste biologische Regenerationsprogramm. Allerdings kann das Schlafprogramm durch starke oder anhaltende Stressreaktionen auch leicht beeinträchtigt werden. Einschlaf- oder Durchschlafstörungen sind ein häufiges und ernstzunehmendes Warnsignal für Dauerstress. Es ist daher häufig sinnvoll, im Kurs grundlegende Informationen zum Thema »Schlaf und Schlafhygiene« zu vermitteln. Ein entsprechendes Informationsblatt »Erholsam schlafen – 9 Regeln für einen gesunden Schlaf« mit einer Zusammenstellung der wichtigsten Hinweise für einen gesunden, erholsamen Schlaf, das mit den Teilnehmern durchgesprochen werden kann, findet sich im Anhang (▶ s. Anhang, S. 239 f.). Vertiefende Informationen finden sich z. B. bei Zulley & Knab (2002).

9.3.7 Exkurs: Erholsamer Urlaub

Während der Schlaf die wichtigste passive Maßnahme zur Regeneration ist, ist der Urlaub für viele Menschen die wichtigste – und nicht selten auch einzige – aktive Erholungsmaßnahme. Der Urlaub ist oft die einzige Zeit im Jahr, in der man sich von den Zwängen und der Hektik des Alltags wirklich frei machen kann. Im Urlaub können die im Alltag verbrauchten Energien zurückgewonnen, die Akkus wieder aufgeladen werden. Der Urlaub bereichert auch über die eigentliche Urlaubszeit hinaus das Leben, indem er neue Anregungen, Erfahrungen und Eindrücke vermittelt. Wir werden positiv stimuliert durch neue Menschen, Länder, Kulturen, die wir kennen lernen, oder dadurch, dass wir uns selbst in neuen Situationen erfahren und neue Dinge ausprobieren. Das zumindest sind die Chancen, die ein wirklich erholsamer Urlaub bietet.

Nicht selten allerdings werden diese Chancen nicht nur nicht wirklich genutzt, sondern der Urlaub gerät selbst zu einer stressreichen Erfahrung. Im Rahmen des Stressbewältigungstrainings können daher ein Gespräch über erholsame Urlaubsgestaltung, ggf. auch konkrete Anregungen für die Planung des nächsten Jahresurlaubs sinnvoll und hilfreich sein. Ein Teilnehmer-Handout »Erholsamer Urlaub«, das als Gesprächsgrundlage dienen kann, findet sich im Anhang (▶ s. Anhang, S. 241 f.).

9.4 Überblick über das Genusstraining

In ◘ Tabelle 9.1 wird der Ablauf des Genusstrainings zusammenfassend dargestellt.

◘ **Tab. 9.1** Überblick über das Genusstraining

Sitzung	Inhalt	s. Abschnitt
5	Einführung: Erholung – aber richtig!	9.3.1
6	Gruppengespräch »Angenehmes Erleben im Alltag«, Acht Gebote des Genießens	9.3.2/9.3.3
7	Praktische Übungen zum Genießen, Selbstbeobachtung »Genießen im Alltag«	9.3.4
8	Auswertung der »Liste angenehmer Erlebnisse«, Planung angenehmer Erlebnisse für die nächste Woche	9.3.5
9 bis 11	Rückmeldung zu den angenehmen Erlebnissen der letzten Woche und neue Planung ggf. thematische Exkurse zu »Erholsam schlafen« und »Erholsamer Urlaub« sowie EM 1: Sport und Bewegung	9.3.5/9.3.6/ 9.3.7/10.1

Ergänzungsmodule

10.1 Ergänzungsmodul 1: Stressbewältigung durch Sport und mehr Bewegung im Alltag – 156

10.2 Ergänzungsmodul 2: Soziales Netz – 162

10.3 Ergänzungsmodul 3: Blick in die Zukunft – 164

10.4 Ergänzungsmodul 4: Keine Zeit? – Sinnvolle Zeiteinteilung im Alltag – 168

10.5 Ergänzungsmodul 5: Die Quart-A-(4A-)Strategie für den Akutfall – 170

10.1 Ergänzungsmodul 1: Stressbewältigung durch Sport und mehr Bewegung im Alltag

Dieses Ergänzungsmodul thematisiert Sport und Bewegung als eine basale Strategie der regenerativen Stressbewältigung. Die Teilnehmer werden über die positiven Auswirkungen körperlicher Aktivität auf die körperliche und psychische Gesundheit informiert und es werden ihnen praktikable Wege zur Steigerung körperlicher Aktivität im Alltag aufgezeigt. Die hierzu nötigen Informationen finden sich im Folgenden (▶ s. Informationsblatt im Anhang, S. 244–247). Ferner werden einige praktische Bewegungsübungen dargestellt, die im Kurs selbst durchgeführt werden können, und eine unmittelbare Erfahrung der wohltuenden Wirkung von Bewegung vermitteln.

10.1.1 Informationen für Kursteilnehmer

Bewegungsmangel: Gefahr für die Gesundheit

Der technische Fortschritt hat in den letzten 100 Jahren das Leben der Menschen radikal verändert. Maschinen, Autos, Fahrstühle, Rolltreppen und Rasenmäher – um nur einige Beispiele zu nennen – haben uns mehr und mehr körperliche Arbeiten erleichtert oder ganz abgenommen. Während unsere Großeltern und auch Eltern häufig noch schwere körperliche Arbeit verrichten mussten und z.B. regelmäßig weitere Strecken zu Fuß gingen, verbringen viele Menschen heute die meiste Zeit des Tages sitzend: im Auto oder öffentlichen Verkehrsmitteln, im Büro, vor dem Computer oder in Besprechungen, auf dem heimischen Sofa, vor dem Fernseher. Das Leben ist bequemer und angenehmer geworden. Was soll daran schlecht sein? Während die technische Entwicklung immer weiter fortschreitet, ist der menschliche Körper noch weitgehend vergleichbar mit dem des Urmenschen, der in den weiten Savannen Nordafrikas zu Hause war. Dieser menschliche Körper ist auf Bewegung programmiert. Der menschliche Körper funktioniert grundsätzlich anders als eine Maschine, die durch häufige Benutzung verschleißt. Der menschliche Körper verliert seine Leistungsfähigkeit und wird anfällig für Krankheiten gerade dann, wenn er nicht in ausreichendem Maße beansprucht wird. Die Ergebnisse vieler wissenschaftlicher Untersuchungen zeigen immer deutlicher, dass Bewegungsmangel

- zu Übergewicht führen kann,
- das Herz selbst in Ruhe hochtourig arbeiten lässt,
- den Blutdruck erhöht,
- zu Krampfadern führen kann, weil das Blut in den Venen »versackt«,
- zur Erschlaffung von bestimmten Muskelgruppen und andererseits zur Verspannung von anderen Muskelgruppen beitragen kann,
- Haltungsschwächen bedingt,
- zu übermäßigem Knochenabbau (Osteoporose) führen kann,
- den Blutzucker steigen lässt,
- anfälliger für Virus-Erkrankungen (Erkältungen, Grippe) macht,
- Abnutzungserscheinungen an Gelenken (Hüfte, Knie) und an Bandscheiben fördern kann,
- Alterungsprozesse beschleunigt,
- depressive und ängstliche Stimmungen verstärkt.

Viele Krankheiten und Beschwerden, die man als normale und unvermeidbare Verschleißerscheinungen des Alterns betrachtet hat, beruhen in Wirklichkeit auf einem jahrelangen Bewegungsmangel.

Bewegungsmangel erhöht das Risiko für das Auftreten schwerer Erkrankungen wie:

- Herz-Kreislauf-Erkrankungen bis hin zum Herzinfarkt,
- Schlaganfall,
- Diabetes-mellitus-Typ-2 (so genannter »Altersdiabetes«),
- Osteoporose,
- Dickdarmkrebs,
- Angstzustände und Depressionen.

Stress abbauen durch Bewegung

Die positiven körperlichen Auswirkungen regelmäßiger sportlicher Aktivität sind wissenschaftlich hinreichend dokumentiert (vgl. Bouchard et al., 1991; Kaluza et al., 1998a). Viele wissenschaftliche Studien haben ferner einen Zusammenhang zwischen sportlicher Aktivität und dem psychischen

Befinden bzw. der psychischen Gesundheit gezeigt und rechtfertigen die Aussage, dass insbesondere der Ausdauersport mit erhöhtem Wohlbefinden und positiven Veränderungen depressiver und ängstlicher Verstimmungen verbunden ist (Schlicht, 1993; Tuson & Sinyor, 1993, zusammenfassend Fuchs, 2003).

Regelmäßige körperliche Aktivität trägt wesentlich dazu bei,
- den Blutdruck zu senken,
- den Blutfett- und Blutzuckerspiegel zu senken,
- den Herzmuskel zu kräftigen,
- die Sauerstoffaufnahmekapazität der Lungen zu steigern,
- Wohlbefinden und Lebensfreude zu steigern,
- Ängste und Depressionen zu mildern,
- das Selbstwertgefühl zu steigern.

Körperliche Aktivität ist auch eine gute Möglichkeit, den Organismus vor den schädigenden Auswirkungen von chronischem Stress zu schützen. Durch körperliche Aktivität wird wie bei Kampf- und Fluchtverhalten die unter Stress zur Verfügung gestellte Energie verbraucht und die eigene Widerstandskraft gegenüber Belastungen erhöht. Laborstudien zeigten, dass körperliche Fitness zu abgeschwächten physiologischen Stressreaktionen und schnellerer Erholung nach Konfrontation mit einem Stressor führt. Neben einer reduzierten physiologischen Stressreagibilität führt regelmäßige sportliche Aktivität auch zu gesteigerten Selbstwirksamkeitsüberzeugungen und zu weniger stressinduzierenden Bewertungen von Anforderungen (Kaluza, Keller & Basler, 2001). Man ist gelassener und vertraut mehr auf die eigenen Kompetenzen.

Zwei Wege zum Abbau von Bewegungsmangel

Sportmediziner und Trainingswissenschaftler empfehlen zwei Wege zu mehr körperlicher Aktivität, die einen gesundheitlichen Nutzen bringt (vgl. Deutsche Gesellschaft für Sportmedizin und Prävention, 2007; American College of Sports Medicine: Haskell et al. 2007).
- Weg 1: Mehr Bewegung in den Alltag bringen,
- Weg 2: Regelmäßig Sport treiben.

Weg 1: Mehr Bewegung in den Alltag bringen

Bereits körperliche Aktivitäten mit einer mittleren Intensität, wie sie häufig im Alltag vorkommen, können die Gesundheit verbessern. Beispiele für derartige Aktivitäten sind:
- Gartenarbeit,
- zügiges Gehen,
- Fahrrad fahren,
- Treppen steigen,
- Schnee schieben oder Blätter kehren.

Derartige körperliche Aktivitäten haben dann einen gesundheitlichen Nutzen, wenn sie möglichst **täglich, mindestens aber an 5 Tagen pro Woche jeweils 30 min** oder länger durchgeführt werden. Die gute Nachricht ist, dass es nicht erforderlich ist, immer 30 min am Stück körperlich aktiv zu sein. Auch mehrere kürzere Phasen körperlicher Aktivität pro Tag bringen bereits einen gesundheitlichen Nutzen. Eine Aktivitätsdauer von 10 min sollte allerdings nicht unterschritten werden. Jede regelmäßige körperliche Aktivität, die zumindest zu einer Beschleunigung der Atmung führt und wenigstens für 10 min durchgeführt wird, fördert bereits die Gesundheit.

Hier sollte mit den Teilnehmern besprochen werden, welche konkreten Möglichkeiten, mehr Bewegung in den Alltag zu bringen, sie für sich persönlich sehen. Anregungen hierzu gibt das **Informationsblatt »Stressbewältigung durch Sport und mehr Bewegung im Alltag«** (▶ s. Anhang, S. 244–247).

Weg 2: Regelmäßig Sport treiben

Die beste Möglichkeit, einen gesundheitlichen Nutzen zu erzielen, stellt die intensive und regelmäßige sportliche Aktivität dar. Besonders günstig sind Sportarten, die
- die Ausdauer fördern,
- ein geringes Verletzungsrisiko haben und
- leicht auszuüben sind.

Dazu zählen Sportarten wie
- Joggen,
- Walking (flottes Gehen),
- Nordic Walking
- Bergwandern,
- schnelles Radfahren,

– Schwimmen,
– Skilanglauf.

Um nachhaltige positive Effekte für die Gesundheit zu erreichen, ist es ausreichend, wenn diese Aktivitäten regelmäßig mindestens 3-mal in der Woche durchgeführt werden. Jede Trainingseinheit sollte dabei mindestens 20 min dauern.

Welche Belastung ist richtig?
Eine stabile Fitness und Kondition erreicht man nur durch regelmäßiges, vernünftig aufgebautes Training. Daher ist es wichtig, mit der richtigen Belastungsintensität zu trainieren. Bei den grundverschiedenen Voraussetzungen hinsichtlich Leistungsfähigkeit, Alter und Körpergewicht ist es schwierig, allgemein gültige Rezepte zu verschreiben. Als leicht messbare Größe für die richtige Belastung steht der Pulsschlag (Herzfrequenz, HF) zur Verfügung. Ausgehend von der maximalen Herzfrequenz (220 minus Lebensalter = Maximale Herzfrequenz, MHF) kann anhand der in der folgenden Übersicht aufgeführten Prozentsätze der Trainingspuls für jeweils unterschiedliche Trainingsziele berechnet werden (◘ Tab. 10.1).

> **Unterschiedliche Trainingsziele in Abhängigkeit von der Herzfrequenz**
> – Mehr als 85% der MHF = Anaerobe Zone
>   Anaerobes Training bedeutet, dass unter Sauerstoffmangelbedingungen Kohlenhydrate zur Energiegewinnung verstoffwechselt werden. Das führt zur Übersäuerung der Muskulatur (Laktatbildung) und kann zum vorzeitigen Abbruch der Belastung zwingen.
> – Bis 85% der MHF = Aerobe Zone
>   Aerobes Training bedeutet, dass der eingeatmete Sauerstoff den Bedarf des Körpers für die gewählte Geschwindigkeit und Herzarbeit beim Training abdeckt; es muss keine zusätzliche Energie mobilisiert werden. Daraus erklären sich der gesundheitsfördernde Aspekt des aeroben Trainings sowie die Aussage, dass Belastungen über 85% der MHF nur für Leistungssportler sinnvoll sind.
> ▼

> – 70–85% der MHF = Training zur Verbesserung der Fitness
>   Ein Training bei 70–85% der MHF eignet sich zur Verbesserung der kardiovaskulären Fitness. Hier ist das Training schon anstrengender, aber es lohnt sich – vorausgesetzt Sie haben Spaß daran.
> – 60–70% der MHF = Training zur Aktivierung des Fettstoffwechsels
>   Wenn die Herzfrequenz auf 60–70% der MHF gesteigert wird, wird insbesondere der Fettstoffwechsel aktiviert. Diese Herzfrequenz ist gut für die Fitness und fördert besonders die Gewichtsreduktion.
> – 50–60% der MHF = Training zur Stabilisierung der Gesundheit
>   Ein Training bei einer Herzfrequenz von 50–60% der MHF fördert die Stabilisierung der Gesundheit. Dabei handelt es sich um leichtes Training (z.B. rasches Gehen), das jedoch auch schon einen gesundheitlichen Nutzen bringt.

◘ Tabelle 10.1 gibt eine nach Alter gestaffelte Übersicht über die aeroben Herzfrequenz-Zielzonen in Herzschlägen pro Minute.

Es bietet sich an, im Rahmen des Kurses die Pulsmessung am Handgelenk und an der Halsschlagader zu demonstrieren und zu üben. Dies kann z.B. auch vor und nach einer gemeinsamen Bewegungsübung (s. unten) geschehen.

Teilnehmern, die mit dem Laufen beginnen möchten, kann das Buch von Wessinghaage & Ebmeyer (2009) empfohlen werden.

10.1.2 Durchführung von Bewegungsübungen im Kurs

Während einer Kurssitzung sollten möglichst regelmäßig Bewegungspausen eingelegt werden, in denen kleine Bewegungsübungen gemeinsam durchgeführt werden. Diese dienen der körperlichen und geistigen Lockerung, der Aktivierung und Vitalisierung, fördern die Körperwahrnehmung und damit auch die Selbstwahrnehmung, bringen Spaß und

Tab. 10.1 Trainingspulsfrequenzen

Alter	MHF[a] (220−Alter)	Stabile Gesundheit 50–60% der MHF	Aktiver Fettstoffwechsel 60–70% der MHF	Verbesserte Fitness 70–85% der MHF
25	195	97–117	117–136	136–165
30	190	95–114	114–133	133–161
35	185	92–111	111–129	129–157
40	180	90–108	108–126	126–153
45	175	87–105	105–122	122–148
50	170	85–102	102–119	119–144
55	165	82–99	99–115	115–140
60	160	80–96	96–112	112–136
65	155	77–93	93–108	108–131

[a] Maximale Herzfrequenz

fördern auf spielerischem Weg den Kontakt der Teilnehmer untereinander. Die Übungen eignen sich auch zur kurzfristigen Aktivierungsregulation in, vor oder nach akuten Stresssituationen. Sie tragen dazu bei, starre körperliche Anspannungen zu lösen und lebendige Energien freizusetzen.

In aller Regel erleben die meisten Teilnehmer, nachdem die erste Scheu überwunden ist, diese Bewegungsübungen als äußerst angenehm. Erfahrungen, wie gut es tun kann, sich zwischendurch einmal kräftig zu strecken, den Kreislauf in Schwung zu bringen und die Atmung zu vertiefen, können kurz reflektiert und als Motivationsspritze für die Durchführung solcher Übungen auch im Alltag genutzt werden.

Im Folgenden werden einige, einfach durchzuführende Bewegungsübungen beschrieben. Weitere Übungen finden sich z.B. bei Hennig (2001).

Übung
»Klopfen«

Die Teilnehmer stehen im Kreis mit dem Gesicht zur Mitte.

1. Hände reiben (als wolle man sie waschen) und dann ausschütteln (als wolle man das Wasser abschütteln).
2. Mit der linken flachen Hand den ausgestreckten rechten Arm von unten nach oben, innen und außen beklopfen. Dann den rechten Arm »ausstreichen« und ausschütteln.
3. Mit der rechten Hand den linken Arm in gleicher Weise beklopfen, »ausstreichen« und ausschütteln.
4. Mit den Fingerkuppen beider Hände Kopf, Gesicht und Nacken vorsichtig beklopfen.
5. Mit beiden flachen Händen das rechte Bein von unten nach oben innen und außen bis hoch zum Gesäß kräftig beklopfen. Anschließend das Bein »ausstreichen« und ausschütteln.
6. Wie (5.) mit dem linken Bein.
7. Mit beiden flachen Händen den Oberkörper beklopfen und anschließend »ausstreichen«.
8. Paare bilden. Ein Partner beugt sich vor (die Füße etwa schulterbreit auseinander, die Knie leicht gebeugt) und lässt dabei Kopf und Arme nach unten hängen, während der andere Partner mit beiden flachen Händen seinen Rücken von oben nach unten beklopft. Anschließend langsam Wirbel für Wirbel wieder aufrichten mit dem Kopf zuletzt.
9. Wie (8.) mit Rollenwechsel innerhalb der Paare.

Übung
»Bogen«

Die Teilnehmer stehen im Kreis mit dem Gesicht zur Mitte. Die Füße stehen etwa schulterbreit fest und sicher auf dem Boden. Die Knie sind locker.

1. Beide Arme waagerecht nach vorn ausstrecken.
2. Mit jedem Atemzug die ausgestreckten Arme langsam ein Stück höher nehmen, bis sie senkrecht über dem Kopf stehen.
3. Die Arme noch weiter hinter den Kopf strecken. Dabei den ganzen Körper wie einen »Bogen« spannen. Die Füße bleiben ganz auf dem Boden. Spannung eine Zeit lang halten und dabei tief atmen! Achtung: nicht überdehnen!
4. Die ausgestreckten Arme langsam mit jedem Ausatmen wieder ein Stück heruntersinken lassen, bis sie ganz herunterhängen.
5. Mit jedem Ausatmen auch den Oberkörper langsam vom Gewicht der herabhängenden Arme nach unten ziehen lassen. Dann mit vornübergebeugtem Oberkörper, hängendem Kopf und herunterbaumelnden Armen ausruhen und entspannen. Anschließend wieder langsam Wirbel für Wirbel aufrichten, mit dem Kopf zuletzt. Hinweis: Diese Übung kann 2- bis 3-mal wiederholt werden. Wichtig ist, auf eine tiefe Ausatmung zu achten. Beim Ausatmen darf auch »gestöhnt« werden.

Übung
»Früchte ernten«

Die Teilnehmer stehen im Kreis mit dem Gesicht zur Mitte. Die Füße stehen etwa schulterbreit fest und sicher auf dem Boden. Die Knie sind locker.

1. Beide Arme und Hände zur Decke strecken und mit den Händen greifen (so als wolle man Früchte, die über dem Kopf hängen, ernten). Die Füße bleiben mit der ganzen Fußsohle auf dem Boden.
2. Den Oberkörper nach rechts zur Seite strecken und mit den Händen nach rechts oben greifen. Auch dabei bleiben die Füße auf dem Boden stehen.
3. Wie (2.) zur linken Seite.
4. Die ausgestreckten Arme langsam mit jedem Ausatmen wieder ein Stück heruntersinken lassen, bis sie ganz herunterhängen.
5. Mit jedem Ausatmen auch den Oberkörper langsam vom Gewicht der herabhängenden Arme nach unten ziehen lassen. Dann mit vornübergebeugtem Oberkörper, hängendem Kopf und herunterbaumelnden Armen ausruhen und entspannen. Anschließend langsam Wirbel für Wirbel aufrichten, mit dem Kopf zuletzt.

Übung
»Schütteln«

Die Teilnehmer stehen im Kreis mit dem Gesicht zur Mitte. Beginnend mit der rechten Hand werden möglichst viele Körperteile ausgeschüttelt, wobei nach und nach immer ein Körperteil in folgender Reihenfolge hinzugenommen wird: rechte Hand, rechter Unterarm, rechter Oberarm und Schulter, linke Hand, linker Unterarm, linker Oberarm und Schulter, Kopf, rechter Fuß, rechtes Bein, linker Fuß, linkes Bein, Gesäß. Die Teilnehmer werden aufgefordert, möglichst viele Körperteile gleichzeitig gründlich »auszuschütteln«.

Übung
»Hüpfschütteln«

Dies ist eine Variation der obigen Übung. Die Teilnehmer stehen im Kreis und beginnen langsam auf beiden Beinen zu hüpfen. Dabei wird beim Hochspringen ein- und beim »Landen« ausgeatmet. Beim Hüpfen werden wieder möglichst viele Körperteile (Arme, Schultern, Beine, Kopf) ausgeschüttelt und gelockert. Das Hüpfen sollte allmählich gesteigert werden und zum Schluss langsam wieder abklingen, bis die Teilnehmer wieder ruhig im Kreis stehen.

Hinweis: Die Wirkung der Übung wird unterstützt, wenn man mit dem Ausatmen einen kräftigen Ton (z.B. »Ho« oder »Ha« o.Ä.) von sich gibt.

Übung
»Erden«

Diese Übungen dienen dazu, einen guten Kontakt zum Boden (»Bodenhaftung«) herzustellen. Sie werden im Stehen durchgeführt.

1. Füße spüren: Zehen nach oben spreizen und möglichst »breit« wieder aufsetzen, sodass der Kontakt jeder einzelnen Zehe zum Boden spürbar wird. Fersen hochnehmen und anschließend ebenfalls möglichst breit wieder aufsetzen. Füße nach außen drehen und wieder aufsetzen; Füße

▼

nach innen drehen und wieder aufsetzen. Beide Füße möglichst breit auf dem Boden spüren und das Gewicht des Körpers über den Füßen so ausrichten, dass der Schwerpunkt zwischen Ferse und Ballen liegt. Eine Weile ausprobieren lassen.
2. Bewusstes Gehen: Im Raum umhergehen und dabei bewusst darauf achten, die Füße ganz aufzusetzen.
3. Stampfen: Abwechselnd den linken und rechten Fuß kräftig in den Boden stampfen. Intensität langsam steigern. Mit jedem Stampfen ausatmen. Abschließend Beine ausschütteln und einen Moment bewusst stehen.
4. Beine beleben: Die Füße stehen etwa hüftbreit auseinander fest auf dem Boden. Die Knie sind locker. Die Beine nach außen drücken, die Füße bleiben dabei ganz auf dem Boden, »als wolle man den Boden zwischen den Füßen auseinander ziehen«. Dies erzeugt eine starke Spannung an den Außenseiten der Beine. Diese Spannung kurz halten, atmen und anschließend wieder lösen und entspannen. Dann die Beine nach innen drücken, wobei die Füße wieder ganz auf dem Boden bleiben, »als wolle man den Boden zwischen den Füßen zusammenziehen«. Dies erzeugt eine starke Spannung an den Innenseiten der Beine. Diese Spannung wieder einen Moment halten, atmen und anschließend entspannen.
5. In den Boden atmen: Die Füße stehen etwa hüftbreit auseinander fest auf dem Boden. Die Knie sind locker. Mit jedem Einatmen ein bisschen in die Knie (nach unten) gehen; mit jedem Ausatmen die Knie ein bisschen strecken, ohne dass die Knie »einrasten«, als würde man mit dem Ausatmen die Füße in den Boden drücken. Eine Weile bei der Vorstellung des »Atmens in den Boden« bleiben und den Kontakt zum Boden vertiefen.

Übung
»Hüftkreisen«

Die Teilnehmer stehen im Kreis; die Füße stehen etwa hüftbreit auseinander fest und sicher auf dem Boden, die Knie sind locker.

Arme hoch über den Kopf nehmen und langsam eine leichte Bewegung in die Hüfte kommen lassen. Die Bewegung in der Hüfte allmählich stärker und stärker werden lassen. Dabei kräftig atmen. Die Füße bleiben ganz auf dem Boden, während die Hüfte – abwechselnd in beide Richtungen – kreist.

Dann die Bewegung in der Hüfte wieder abklingen lassen, die Arme nach unten nehmen. Einen Moment mit geschlossenen Augen stehen, atmen und die Energie im Körper spüren.

Übung
Lockerung von Schultern und Nacken

Diese Übungen können im Sitzen oder Stehen durchgeführt werden:
1. Nackenmassage: Die Hände am Hinterkopf verschränken, den Kopf nach vorne beugen. Mit den Daumen die Muskeln an der Schädelbasis fühlen und vorsichtig massieren.
2. Kopfrollen: Kopf nach vorn fallen lassen und im Uhrzeigersinn über die rechte Schulter, nach hinten (nicht zu weit!), über die linke Schulter kreisen lassen. Dabei langsam und ruhig atmen, die Schultern möglichst locker lassen. Mindestens 3 Kreise in eine Richtung, dann in die andere Richtung wechseln.
3. Schulterzucken: Schultern langsam heben, Arme hängen und dabei locker an den Seiten, und dann Schultern fallen lassen. Mehrmals wiederholen. Beim Heben der Schultern einatmen, beim Fallenlassen ausatmen.
4. Schulterrollen: Mit seitwärts ausgestreckten Armen die Schultern hoch zu den Ohren, nach hinten unten zurückrollen. Mit der Aufwärtsbewegung einatmen, mit der Abwärtsbewegung ausatmen. Mehrmals wiederholen.
5. Schultern strecken: Arme und Hände nach vorn ausstrecken. Dann auch die Schultern nach vorn bringen und dadurch die Streckung erweitern. Dabei ausatmen. Mit dem Einatmen die Schultern wieder langsam zurücknehmen. Mehrmals wiederholen.

Übung
»Joggeln«

Auf der Stelle langsam anfangen zu traben und allmählich schneller werden. Dann beim Traben die Knie möglichst hoch nehmen (»es geht bergauf«), und anschließend die Fersen möglichst hoch – bis zum Gesäß – bringen (»es geht bergab«). Mehrmals im Wechsel wiederholen. Abschließend langsam auslaufen.

10.2 Ergänzungsmodul 2: Soziales Netz

In diesem Ergänzungsmodul werden soziale Beziehungen, soziale Integration und soziale Unterstützung als wichtige Ressourcen der problem- wie emotionsregulierenden Bewältigung thematisiert (▶ vgl. Abschn. 2.5.1). Die Teilnehmer werden zu einer Reflexion ihres eigenen sozialen Beziehungsnetzes angeregt. Der Fokus liegt dabei auf positiv erlebten, unterstützenden, vertrauensvollen Beziehungen. Die Teilnehmer erkennen Ansatzpunkte und Möglichkeiten der Vertiefung dieser unterstützenden Beziehungen.

10.2.1 Übung »Vertrauen schaffen, Vertrauen fassen«

Einen guten erlebnisorientierten Einstieg in das Thema stellt eine klassische gruppendynamische Übung, der so genannte »Vertrauenskreis«, dar.

Übung
»Vertrauenskreis«
Die Gruppenmitglieder bilden stehend einen engen Kreis. Ein Teilnehmer geht in die Mitte des Kreises, schließt die Augen und lässt sich nach hinten fallen. Dabei wird der Körper aufrecht und steif gehalten, die Füße bleiben auf dem Boden in der Mitte des Kreises. Die Gruppenmitglieder im Kreis fangen den Teilnehmer in der Mitte mit den Händen auf und geben ihn mit einem leichten Schwung zurück, sodass der Teilnehmer in eine andere Richtung fällt, wo er wiederum von den dort stehenden Teilnehmern im Kreis aufgefangen und zurückgependelt wird. Das Gruppenmitglied schwingt also in einer Pendelbewegung in der Mitte der Gruppe hin und her. Beendet wird die Übung, indem der Teilnehmer in der Mitte die Augen öffnet und wieder in den Stand kommt. Jedes Gruppenmitglied kommt einmal in die Mitte und wird von der Gruppe hin und her gependelt.

In dem anschließenden Nachgespräch tauschen die Teilnehmer zunächst ihre Erfahrungen während der Übung aus.
- *Wie haben Sie sich im Kreis, wie in der Mitte gefühlt?*
- *Hat sich Ihr Gefühl während der Übung verändert? Wie?*

Diese Erfahrungen werden dann möglichst auf alltägliche Beziehungen, genauer den Prozess der Vertrauensbildung in Alltagsbeziehungen übertragen. Hierbei sind insbesondere folgende Aspekte hervorzuheben:
- Vertrauen ist nicht von vornherein gegeben. Vertrauen muss und kann wachsen.
- Um wachsen zu können, braucht Vertrauen Zeit, ggf. Geduld sowie Aufmerksamkeit, Behutsamkeit und einfühlendes Mitgehen.
- Vertrauensbildung setzt auch die Bereitschaft voraus, ein Risiko einzugehen. Nur wenn ich etwas wage, mich öffne, verletzlich zeige, mich »fallen lasse« etc., besteht die Chance, nicht die absolute Gewissheit, aufgefangen zu werden.
- Sich fallen lassen und aufgefangen werden kann zu einem starken angenehmen Gefühl der Entlastung, Erleichterung und Entspannung führen. Aber auch jemanden auffangen, jemandem Aufmerksamkeit schenken ist oft mit angenehmen Gefühlen verbunden.
- Körperkontakt: Berühren und berührt werden kann in starkem Maße zur Bildung vertrauensvoller Beziehungen beitragen.
- Die Angst, anderen zu sehr zur Last zu fallen, aber auch die mangelnde Sensibilität für eine Überforderung anderer können die Vertrauensbildung stören.

10.2.2 Visualisieren: Mein soziales Netz

Um sich der eigenen sozialen Unterstützungspotenziale bewusst zu werden, lädt der Kursleiter die Teilnehmer dazu ein, das eigene soziale Netz zu visualisieren. Hierfür steht das Arbeitsblatt »Mein soziales Netz« (▶ s. Anhang, S. 248 f.) zur Verfügung. Ein Vorgehen in folgenden Teilschritten hat sich bewährt:
- Zunächst zeichnen die Teilnehmer alle Personen ihres sozialen Umfeldes auf dem Arbeitsblatt ein. Die Intensität der jeweiligen Beziehung wird durch die Entfernung zum »Ich«-Kreis symbolisiert. Teilgruppen des sozialen Netzes (Familie, Kollegen, Nachbarn etc.) werden

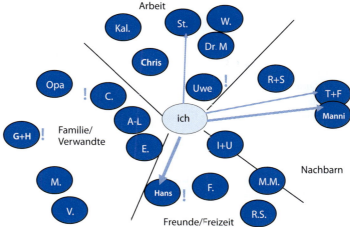

Abb. 10.1 Soziales Netzwerk (Beispiel)

durch verschiedene Farben unterschieden (als Beispiel ◘ Abb. 10.1).
- Es erfolgt ein kurzer Austausch (ggf. in Kleingruppen), in dem zentrale strukturelle Netzwerkmerkmale (Anzahl und Zusammensetzung der Netzwerkmitglieder, Dichte bzw. Weite des Netzwerkes) vergleichend reflektiert werden.
- Die Beschäftigung mit dem eigenen sozialen Netz kann unterschiedlichste Gefühle und Entdeckungen hervorrufen: Von Traurigkeit und Betroffenheit über die eigene soziale Isolation oder die Erinnerung an einen schmerzlichen Verlust bis hin zum Erstaunen über die Vielfalt der Menschen, mit denen man in Kontakt steht, und die Überraschung darüber, einen lieben Menschen »wieder entdeckt« zu haben. Für alle diese unterschiedlichen Gefühle sollten die Teilnehmer in der Gruppe Akzeptanz und Empathie erfahren.
- Im nächsten Schritt wird die Aufmerksamkeit der Teilnehmer gezielt auf solche Beziehungen fokussiert, die sie als – zumindest überwiegend – positiv, unterstützend, bereichernd, nährend, lustvoll etc. erleben. Der Kursleiter bittet hierzu die Teilnehmer, diese Beziehungen durch entsprechende Pfeile auf dem Arbeitsblatt zu kennzeichnen. Die Dicke des Pfeils symbolisiert den Grad der Zufriedenheit mit der jeweiligen Beziehung.
- Im letzten Schritt sollen die Teilnehmer dann überlegen und ebenfalls durch – andersfarbige – Pfeile kennzeichnen, zu welchen Personen ihres sozialen Netzes sie gern den Kontakt intensivieren oder auffrischen möchten.

Es erfolgt ein Austausch in der Gruppe unter der Frage:
- *Zu welchen Personen aus Ihrem sozialen Netz möchten Sie den Kontakt gerne verstärken? Welche Möglichkeiten sehen Sie dafür?*
- *Welche Möglichkeiten gibt es für Sie, neue Kontakte zu knüpfen?*

10.2.3 Pflegetipps für das soziale Netz

»Wer seine Netze nicht pflegt, braucht sich über mangelnden Ertrag nicht zu wundern« (Fischer-Weisheit).

Abschließend weist der Kursleiter darauf hin, dass das soziale Netz der Pflege bedarf und regt ein Gruppengespräch an zu der Frage:
- *Was tun Sie selbst, was können Sie selbst tun, um Ihr soziales Netz zu pflegen, zu erhalten oder auszubauen?*

Die Ergebnisse dieses Gruppengesprächs werden als »Pflegetipps für das soziale Netz« am Flipchart schriftlich festgehalten.
  Hier einige Beispiele:
- Jemandem Grüße ausrichten
- Sich nach jemandem erkundigen
- Um Rat fragen
- Jemanden um einen kleinen Gefallen bitten

- Etwas von sich erzählen
- Sich für andere erreichbar halten
- Regelmäßigkeit aufbauen (z.B. jeden 3. Mittwoch im Monat …)
- An Geburtstage, Jubiläen u.Ä. denken
- Anlässe für Kontaktaufnahmen merken und suchen
- Sich vorstellen (gegenüber fremden Personen)
- Freundlich sein, lächeln
- Jemanden direkt ansprechen, offen und neugierig sein
- Loben, Wertschätzung ausdrücken
- Komplimente machen
- Sich bedanken
- Einfach mal eine E-Mail/Postkarte/SMS schicken (ohne Anlass)
- Angenehme Nachrichten teilen
- Seine Hilfe anbieten
- Interesse an anderen zeigen, Nachfragen
- Zuhören
- Mache anderen eine Freude!
- Teile positive Nachrichten mit anderen – sofort!
- Bereits bestehende Beziehungen als »Kontaktbrücken« nutzen (um neue Beziehungen zu knüpfen)

Hinweis
Bringen Sie als Kursleiter Postkarten mit und laden Sie die Teilnehmer dazu ein, jetzt einen Postkartengruß an einen Menschen aus ihrem sozialen Netz zu schreiben, der »garantiert nicht damit rechnet«.

10.3 Ergänzungsmodul 3: Blick in die Zukunft

»Wer ein Wozu zu leben hat, erträgt fast jedes Wie.« (Friedrich Nietzsche, Philosoph, 1844–1900)

»Wer nicht weiß, wohin er segeln will, für den ist kein Wind der richtige.« (Seneca, römischer Dichter und Philosoph, 4 v. Chr.–65 n. Chr.)

Mit diesem Ergänzungsmodul werden die Teilnehmer zu einer Reflexion und Klärung persönlicher Zukunfts- und Zielvorstellungen angeregt. Die Beschäftigung mit konkreten gegenwärtigen Belastungen im Alltag, wie sie im Mittelpunkt des vorliegenden Gesundheitsförderungsprogramms steht, wird damit um eine Zukunftsperspektive erweitert. Durch die Auseinandersetzung mit ihren persönlichen Zielen treten die Teilnehmer gewissermaßen einen Schritt von den Alltagsbelastungen der Gegenwart zurück und entwickeln eine über den aktuellen Alltag hinausweisende Perspektive. Dies erscheint insbesondere hilfreich für solche Personen, die das Gefühl haben, aufgrund der Menge an alltäglichen Anforderungen in ihrem Alltag zu »versinken«. Die Klärung und Definition von eigenen Zielen kann hier helfen, eigene Prioritäten zu finden und im gegenwärtigen Alltag entsprechend zu handeln.

Die moderne offene Gesellschaft eröffnet jedem Einzelnen die Chance auf ein höheres Maß an Selbstbestimmung über die eigene Lebensgestaltung und -planung. Wo zu früheren Zeiten der Lebensweg des Einzelnen durch Traditionen und Normen vorgegeben waren, da dürfen wir heute selbst entscheiden. Das beginnt bei so alltäglichen Dingen wie der Wahl der Kleidung, des Haarschnitts, der Ernährungsweise und des Telekommunikationsanbieters, geht weiter über so existenzielle Entscheidungen wie die Berufswahl, die Wahl des Lebenspartners und der Art und Weise, wie das Zusammenleben gestaltet wird, der Entscheidung über die Anzahl von Kindern und dem Zeitpunkt und der Methode von deren Geburt, bis hin zur Wahl der eigenen Religion oder Weltanschauung und der Bestimmung des Ritus, nach dem die eigene Beerdigung erfolgen soll. Die moderne Multi-Options-Gesellschaft bietet zu jedem Zeitpunkt eine Vielfalt an Angeboten und Möglichkeiten, zwischen denen wir wählen dürfen und – und darin sieht der Philosoph Wilhelm Schmid (1998) ein Dilemma der modernen Wahlfreiheit – eben auch wählen müssen. Wahlfreiheit wird zur Wahlnotwendigkeit. Damit verbunden sind hohe Anforderungen an die individuelle Entscheidungs- und Urteilskraft. Nicht wenige Menschen fühlen sich von der großen Wahlfreiheit überfordert. Sie erleben die Freiheit der Wahl vor allem als Verunsicherung. Es fällt ihnen schwer, Entscheidungen nach eigenen Zielen und Prioritäten zu treffen. Einige versuchen, sich so lange wie möglich alle Optionen offenzuhalten, und treiben sich damit selbst in die Überforderung. Für das Überleben in der Multi-Optionsgesellschaft ist ein innerer Kompass erforderlich, der auf die eigenen Zukunftsvorstellungen und Ziele geeicht ist.

Vor dem Hintergrund von einem positiven Zukunftskonzept und definierten Zielen können sich auch stressbezogene Bewertungen von alltäglichen Anforderungen so verändern, dass diese eher als Herausforderungen auf dem Weg zum Ziel wahrgenommen werden können. Mit Zielen vor Augen erhöhen sich die eigene Stresstoleranz und die Bereitschaft, sich mit unangenehmen, anstrengenden Situationen zu konfrontieren. Auch Personen, die ihren gegenwärtigen Alltag als wenig sinnvoll erleben, oder solche, die im Zusammenhang mit Verlustereignissen (Tod, Scheidung, Krankheit, Arbeitslosigkeit) Sinnverluste erlebt haben, können durch die Beschäftigung mit Zukunft und Zielen eine neue Sinnorientierung gewinnen. Ziele stellen, indem sie sinn- und identitätsstiftend wirken, selbst eine wichtige Ressource der Stressbewältigung dar. Sie können das Sinnhaftigkeitsgefühl sensu Antonovsky (▶ s. Abschn. 2.5.5) stärken.

10.3.1 Einführung

Der Kursleiter regt einleitend ein Gespräch über die Bedeutung von möglichst klaren Zukunftsvorstellungen und Zielen für die tagtägliche Bewältigung von Belastungen in Beruf und Alltag an, z.B. indem er die Teilnehmer mit den o.g. Zitaten von Seneca und Nietzsche konfrontiert. Erfahrungsgemäß kann das Gespräch hierüber durchaus kontrovers verlaufen, denn für manche Teilnehmer hat das Thema »Ziele« aversiven Charakter, da sie es mit unangenehmen Erfahrungen z.B. mit beruflich veranlassten Zielvereinbarungsgesprächen assoziieren. »Ich will mir nicht auch noch Ziele setzen, das macht nur noch zusätzlichen Stress«, so oder so ähnlich lautet der Einwand. Hier kommt es darauf an, den Unterschied zwischen fremd gesetzten und selbst gestellten, persönlich bedeutsamen Zielen zu verdeutlichen.

Zusammenfassend kann der Kursleiter Sinn und Zweck der Beschäftigung mit und Klärung von eigenen Zukunfts- und Zielvorstellungen im Kontext von alltäglicher Stressbewältigung etwa wie folgt darstellen:

— »Im Stress findet eine Konzentration aller körperlichen und geistigen Kräfte für eine Auseinandersetzung mit der als gefahrvoll eingeschätzten Situation statt. Im Falle einer akuten Stress-Situation ist dies eine sinnvolle Reaktion. Im Falle chronischer Belastungssituationen, wie sie häufig unser alltägliches und berufliches Leben bestimmen, verliert eine solche Reaktionsweise allerdings ihren Sinn. Wir hetzen mit einem »Tunnelblick« durch unseren Alltag, immer mit der nächsten Anforderung vor Augen. Wir bekommen nicht mehr mit, was links oder rechts von uns passiert. Es geschieht dann leicht, dass wir die Richtung verlieren und von unserem Weg abkommen, ohne dass wir dies bemerken. Wir verlieren unsere Ziele aus den Augen und können günstige Winde als Chancen, die sich zu deren Verwirklichung bieten, nicht mehr erkennen. Wir reagieren nur noch statt aktiv zu gestalten.

Um also im stressreichen Alltag nicht die Orientierung zu verlieren, ist es notwendig, sich von Zeit zu Zeit die Frage vorzulegen: ›Wo will ich hin?‹ und eine möglichst deutliche und positive Zukunftsvision und darauf bezogene, persönliche Ziele zu entwickeln.«

10.3.2 Der »Zeitstrahl«

Mithilfe des »Zeitstrahls« (▶ s. Anhang Abb. A23, S. 250) werden die Teilnehmer dann dazu angeregt, ihren nächsten kalkulierbaren Zukunftsschritt zu definieren. Gemeint ist eine zeitliche Zone in der Zukunft, die vom betreffenden Teilnehmer als noch überschaubarer und inhaltlich sinnvoller Abschnitt des eigenen Lebens erlebt wird. Als Kriterien für die Definition dieses Zeitraums können z.B. runde Geburtstage, Jubiläen, das Ende der Schulausbildung der Kinder, die letzte Rate des Hypothekenkredits etc. herangezogen werden. Es sollte sich um eine Zukunftsperspektive handeln, die einerseits deutlich über den gegenwärtigen Alltag hinausweist, andererseits nicht zu weit gefasst ist, sodass die Entwicklung einer lebendigen Zukunftsvorstellung möglich ist. Die meisten Teilnehmer wählen einen Zeitraum zwischen 1 und 5 Jahren.

Die Beschäftigung mit dem »Zeitstrahl« führt auch zu einer Konfrontation mit der Endlichkeit des eigenen Lebens und u.U. zu Reflexionen über die »verlorene Zeit«, die »so schnell vergeht«. Je nach zur Verfügung stehender Zeit kann der Kursleiter diese aufgreifen, indem er die Teilnehmer auffordert, in den »Zeitstrahl« wichtige »Meilensteine« ihres Lebens einzutragen, also z.B. familiäre oder berufliche Ereignisse, besondere Leistungen, auf die der Teilnehmer stolz ist, oder einschneidende persönliche Erlebnisse. Anschließend kann hierüber ggf. in Kleingruppen ein Austausch stattfinden, der insbesondere positive Aspekte fokussieren sollte (»Worauf bin ich stolz?«, »Was habe ich schon geschafft?«, »Was ist mir besonders wertvoll?«). Die Teilnehmer sollten dann aber auf die verbleibende Lebenszeit, die Zukunft, orientiert werden.

10.3.3 Blick nach vorn – eine positive Zukunftsvision entwickeln

Im nächsten Schritt geht es dann darum, eine – möglichst konkrete – positive Vision für den jeweiligen nächsten Zukunftsabschnitt zu entwickeln. Diese positive Zukunftsvision sollte sich auf unterschiedliche Lebensbereiche beziehen. Die Unterscheidung von vier großen Lebensbereichen (▶ s. folgende Übersicht) ist für die meisten Menschen sinnvoll. Diese sollten mit den Teilnehmern besprochen und durch Beispiele illustriert werden. Für Teilnehmer, in deren aktuellem Leben bestimmte Lebensbereiche über- und andere unterbetont sind oder gänzlich fehlen, kann es bei der Entwicklung der Zukunftsvision auch darum gehen, eine neue Gewichtung und Balance der Lebensbereiche zu finden.

Der Unterstützung bei der Entwicklung einer konkreten positiven Zukunftsvision dient die Vorstellungsübung »Mein nächster Zukunftsschritt«, für die sich im Folgenden eine Instruktion findet.

Lebensbereiche
- Beruf:
  - Aufgaben, Projekte
  - Karriere
  - Einkommen
  - Einfluss
  - Sicherheit
- Familie:
  - Partnerschaft
  - Kinder
  - Familienalltag
  - Eltern
  - Geschwister
- Person:
  - Hobbys – Sport – Gesundheit
  - Was ich persönlich erleben, lernen, entwickeln möchte
  - Was mir persönlich wichtig ist
  - Wofür ich mich engagieren möchte
- Gemeinschaft/Kontakt:
  - Freundschaften
  - Zugehörigkeit zu einer Gruppe – Vereinsmitgliedschaft – Ehrenamt

Instruktion zur Vorstellungsübung »Mein nächster Zukunftsschritt«
- *Lehnen Sie sich entspannt zurück und schließen Sie die Augen. Nehmen Sie ein paar tiefe Atemzüge. Atmen Sie ein und dann langsam wieder aus. Und lassen Sie mit dem Ausatmen Spannung aus Ihrem Körper weichen.*
- *Stellen Sie sich nun bitte vor, wie Sie in die Zukunft gebeamt werden – genau in die Zeit, in der Sie Ihren nächsten Zukunftsschritt verwirklicht haben. Welches Jahr schreiben wir? Wie alt sind Sie jetzt? Wie alt sind Ihre wichtigsten Angehörigen? Wo und wie leben Sie?*
- *Malen Sie sich möglichst deutlich aus, wie Ihr Leben jetzt aussieht, wenn alles so gelaufen ist, wie Sie es sich vorstellen.*
- *Betrachten Sie Ihre berufliche Situation. Welcher beruflichen Tätigkeit gehen Sie nach? Welche Leistungen erbringen Sie? Worin besteht Ihre tägliche Arbeit? Wie sieht Ihr Arbeitsumfeld aus? Was ist Ihr beruflicher Status? Welchen Stellenwert haben Beruf und Arbeit in Ihrem Leben?*

– *Betrachten Sie Ihre familiäre Situation. Leben Sie mit anderen Menschen in einer häuslichen familiären Gemeinschaft? Wer gehört dazu? Wie ist Ihre Beziehung zu den Mitgliedern der Gemeinschaft, zu Ihrem Partner, zu Ihren Kindern und zu den weiteren Familienangehörigen? Wie gestalten Sie den Alltag mit diesen Menschen? Welchen Stellenwert hat die Familie, die häusliche Gemeinschaft in Ihrem Leben?*
– *Betrachten Sie Ihr soziales Umfeld. Wie sieht Ihr soziales Netz aus? Welche Freundschaften und Bekanntschaften pflegen Sie? Haben Sie sich einer Gruppe, einem Verein o. Ä. angeschlossen? Wo fühlen Sie sich zugehörig? Was tun Sie für andere? Was tun andere für Sie? Welchen Stellenwert hat das soziale Netz, haben Freunde und Bekannte in Ihrem Leben?*
– *Und betrachten Sie bitte auch Ihre ganz persönliche Situation. Wie sehen Sie aus? Wie fühlen Sie sich körperlich? In Bezug auf Ihre Fitness? Welchen persönlichen Interessen gehen Sie nach? Welche Hobbys pflegen Sie? Welche neuen Erfahrungen haben Sie persönlich gemacht? Was haben Sie gelernt, erfahren und erlebt, das Sie bereichert und persönlich erfüllt? Was tun Sie nur für sich? Welchen Stellenwert haben diese ganz persönlichen Dinge in Ihrem Leben?*
– *Betrachten Sie abschließend Ihr Leben nach Ihrem nächsten Zukunftsschritt noch einmal als Ganzes. Wie sieht die Gewichtung der verschiedenen Lebensbereiche aus? Welcher Lebensbereich hat vielleicht im Vergleich zu der heutigen Lebenssituation an Bedeutung gewonnen, welcher Lebensbereich hat an vielleicht an Bedeutung verloren?*
– *Prägen Sie sich Ihre Bilder von Ihrem Leben nach Ihrem nächsten Zukunftsschritt ganz genau ein …*
– *Und sagen Sie sich nun bitte, dass Sie die Übung gleich beenden werden. Kehren Sie mit Ihrer Aufmerksamkeit zurück hierher in den Raum. Nehmen Sie Ihren Körper wahr, die Füße auf dem Boden, den Rücken, den Atem …*
– *Ballen Sie jetzt Ihre Hände zu Fäusten, strecken und räkeln Sie sich, atmen Sie ein paar Mal tief durch und öffnen Sie dann die Augen.«*

Nach dieser »Reise in die Zukunft« brauchen die Teilnehmer erfahrungsgemäß etwas Zeit, um das Erlebte nachklingen zu lassen. Oft haben Teilnehmer den Wunsch, die während der Übung gewonnenen Ideen und Bilder in Text- oder Bildform festzuhalten. Der Kursleiter sollte diesem Wunsch Rechnung tragen und die Teilnehmer zu einer entsprechenden »Stillarbeit« einladen (▶ s. entsprechende **Teilnehmerunterlage »Mein nächster Zukunftsschritt«** im Anhang, S. 251, Abb. A24).

Abschließend findet dann ein Austausch über die Erfahrungen mit der Vorstellungsübung statt:
– *Was haben Sie während der Übung erlebt?*
– *Wie ist es Ihnen gelungen, eine Zukunftsvision zu entwickeln? Wie war das unterschiedlich für die verschiedenen Lebensbereiche?*
– *Wie fühlen Sie sich jetzt mit Ihrem Zukunftsbild?*

10.3.4 Von der Vision zum Ziel

Im nächsten Schritt werden die Teilnehmer dazu angeleitet, einzelne besonders bedeutsame Aspekte der entwickelten Zukunftsvision in ein (oder mehrere) Ziele zu übersetzen. Dabei geht es hier noch nicht um die Entwicklung von konkreten Zielformulierungen und Handlungsplänen (dies ist Gegenstand des Abschlussmoduls, ▶ s. Kap. 11), sondern um die Formulierung von eher allgemeinen Handlungsintentionen, die von den Teilnehmern gewissermaßen als attraktives positives Leitmotiv in den Alltag mitgenommen werden (vgl. auch das Konzept des »Motto-Ziels« von Storch, 2009).

Bei der Zielformulierung sind folgende Kriterien zu beachten, die den Teilnehmern erläutert werden (▶ s. auch entsprechendes Handout »Ziele formulieren« im Anhang, S. 252):

Von Wunschzielen zu Handlungszielen

Wunschziele formulieren erstrebenswerte Zielzustände, wobei offen gelassen wird, inwieweit diese durch eigenes Handeln, durch äußere Einflüsse, durch das Verhalten anderer Personen, vielleicht aber auch nur durch Zufall erreicht werden können. Wunschziele beinhalten positive Zustände, aber keine eigenen Handlungen, diese auch zu erreichen.

Handlungsziele formulieren dagegen die eigenen Möglichkeiten, die eigene Bereitschaft und den eigenen Willen, das angestrebte Ziel zu erreichen. Sie beinhalten die Handlungen, die man auf dem Weg zum Ziel selbst unternehmen kann und unternehmen will. Zum Beispiel: »Ich nehme regelmäßig Kontakt zu meinen Kindern auf.« statt als Wunschziel formuliert: »Meine Kinder halten regelmäßig Kontakt mit mir.«

Annäherungsziele statt Vermeidungsziele

Ziele sollten positiv formuliert sein. Sie sollten beinhalten, was man erreichen bzw. tun möchte. Zum Beispiel: »Meine Kinder und ich verstehen uns gut.« oder »Ich bemühe mich darum, meine Kinder zu verstehen.« Vermeidungsziele sind dagegen negativ formuliert und beinhalten, was man vermeiden bzw. nicht tun möchte. Zum Beispiel: »Meine Kinder und ich haben weniger Streit.« oder » Ich streite mich mit meinen Kindern nicht mehr.« Wie ein Magnet ziehen Vermeidungsziele die Gedanken immer wieder auf das Negative. Gut formulierte Annäherungsziele dagegen sind mit angenehmen Gefühlen verbunden, beleben und beflügeln.

Persönliche Attraktivität

Das klingt banal, ist aber enorm wichtig: Ziele sind umso motivierender, je persönlich attraktiver sie sind. Wie attraktiv ein Ziel ist, erkennt man daran, wie sehr es positive Gefühle wie z.B. (Vor-)Freude und Lust auslöst. Im Gegensatz dazu stehen rein von der Vernunft gesteuerte Ziele, die emotional neutral sind oder sogar mit negativen Gefühlen wie Angst oder Schuldgefühlen verbunden sind.

> Zusammenfassend kommt es darauf an, positiv formulierte Handlungsziele von möglichst hoher persönlicher Attraktivität zu formulieren.

10.4 Ergänzungsmodul 4: Keine Zeit? – Sinnvolle Zeiteinteilung im Alltag

> Ein in Meditation erfahrener Mann wurde einmal gefragt, warum er trotz seiner vielen Beschäftigungen immer so gesammelt sein könne.
> Er sagte:
> Wenn ich stehe, dann stehe ich
> wenn ich gehe, dann gehe ich
> wenn ich sitze, dann sitze ich
> wenn ich esse, dann esse ich
> wenn ich spreche, dann spreche ich
> Da fielen ihm die Fragesteller ins Wort und sagten:
> Das tun wir auch, aber – was machst du noch darüber hinaus?
> Er sagte wiederum:
> Wenn ich stehe, dann stehe ich
> wenn ich gehe, dann gehe ich
> wenn ich sitze, dann sitze ich
> wenn ich spreche, dann spreche ich
> Wieder sagten die Leute: Das tun wir doch auch.
> Er aber sagte zu ihnen:
> Nein, wenn ihr sitzt, dann steht ihr schon
> wenn ihr steht, dann lauft ihr schon
> wenn ihr lauft, dann seid ihr schon am Ziel.
> (Aus dem Zen-Buddhismus)

Zeitdruck ist ein nahezu ubiquitärer Hintergrundstressor für sehr viele heutige Menschen (▶ vgl. Abschn. 2.3). Ständiger Zeitdruck, das chronische Gefühl des Zeitmangels und Hetze sind nicht nur ein häufiger Auslöser für Belastungsreaktionen, sondern stellen auch ein großes Hindernis für eine palliative und regenerative Stressbewältigung dar. Wenn dieses Thema in der Kursgruppe gesondert behandelt wird, dann geschieht dies mit dem Ziel, den je persönlichen Umgang der Teilnehmer mit ihrer Zeit zu reflektieren, eigene Verhaltensweisen und Einstellungen als mitverursachend für Zeitprobleme zu erkennen und Anregungen zu einer gesundheitsförderlichen Zeiteinteilung zu geben. Eine Vermittlung von Einzeltechniken zur effizienten und ökonomischen Zeitplanung und ausgefeilten Zeitplansystemen, die dazu dienen »Zeit zu sparen«, findet nicht statt. Es geht darum, ein möglichst hohes Maß an Zeitsouveränität zu gewinnen und den Gebrauch der Zeit möglichst an den eigenen beruflichen, familiären und persönlichen Zielen (▶ vgl. Abschn. 10.3) auszurichten. Das Ziel ist nicht ein möglichst »gefülltes«, sondern ein möglichst »er-fülltes« Leben, in dem eine ausgewogene Balance zwischen Zeit für Arbeit und »freier« Zeit, zwischen Zeit für sich und Zeit für andere herrscht.

10.4.1 Gründe für Zeitdruck

Der Kursleiter bittet die Teilnehmer zunächst, häufige Gründe für Zeitdruck zu sammeln und auf Karteikärtchen zu notieren.

> *Jeder Tag hat für jeden Menschen 24 Stunden. Für den einen ist das gerade richtig, für andere eher zu viel und für wieder andere zu wenig. Worin sehen Sie mögliche Gründe dafür, warum einige Menschen immer wieder unter Zeitdruck geraten?*

Diese werden anschließend in der Gesamtgruppe auf einer Pinnwand zusammengetragen, sortiert und diskutiert. Das in der folgenden Übersicht aufgeführte Ordnungsschema lässt sich erfahrungsgemäß gut anwenden (▶ s. auch Blatt »Keine Zeit? – Gründe und Hintergründe« im Anhang S. 253):

Gründe für Zeitdruck
- Äußere Faktoren (»Zeitfresser«):
  - Telefon
  - Ständige Unterbrechungen
  - Zu viele, zu lange Besprechungen
  - Mangelnde oder fehlerhafte Informationen, die zu Verzögerungen führen
  - Unklare oder ständig wechselnde Aufgaben
  - Überflüssiger Papierkram
  - Verkehrsstau
  - Weite Wege
  - Schlange stehen in der Kantine
- Allgemeine Einstellungen und Verhaltensweisen:
  - Schwierigkeit, Prioritäten zu setzen
  - Dinge zu perfekt machen wollen
  - Entscheidungen vor sich her schieben
  - Alles gleichzeitig erledigen wollen
  - Unangenehmes vor sich her schieben
  - Alles selber machen wollen, nicht delegieren können
  - Nicht »Nein« sagen können
  - Immer für andere da sein wollen
  - Sich immer wieder Unvorhergesehenes aufdrängen lassen
  - Übersteigerte Suche nach Anerkennung
  - Falscher Ehrgeiz
  - Angst vor »Leere«, vor dem »Nichtstun«, vor Langeweile
- Fehler bei der Zeitplanung:
  - Hinausgezögerter Anfang
  - Sich mit Unwichtigem aufhalten, keine klaren Prioritäten
  - Überlange Arbeitszeiten
  - Eine Arbeit nicht abschließen
  - Fehlender oder zu später Schlusspunkt
  - Verzicht auf Pausen
  - Hastiges und deshalb fehlerhaftes Arbeiten
  - Häufiger Wechsel von einer angefangenen Arbeit zur anderen
  - Den eigenen Biorhythmus missachten
  - Zu enger Zeitplan, kein Platz für Unvorhergesehenes
  - Benötigte Zeit für einzelne Aufgaben unterschätzen oder überschätzen
  - »Ordnungswahn« oder mangelhafte Ordnung

10.4.2 Strategien gegen Zeitstress

»Und ob ich will!«, rief Herr Fusi. »Was muss ich tun?« »Aber, mein Bester«, antwortete der Agent und zog die Augenbrauen hoch, »Sie werden doch wissen, wie man Zeit spart! Sie müssen z.B. einfach schneller arbeiten und alles Überflüssige weglassen … Sie vermeiden zeitraubende Unterhaltungen. Sie verkürzen die Stunde bei ihrer alten Mutter auf eine halbe. Am besten geben Sie sie überhaupt in ein gutes, billiges Altersheim, wo für sie gesorgt wird, dann haben Sie bereits eine ganze Stunde täglich gewonnen. Schaffen Sie den unnützen Wellensittich ab! Besuchen Sie Fräulein Daria nur noch alle vierzehn Tage, wenn es überhaupt sein muss. Lassen Sie die Viertelstunde Tagesrückschau ausfallen und vor allem, vertun Sie Ihre kostbare Zeit nicht mehr so oft mit Singen, Lesen oder gar mit Ihren so genannten Freunden« (Michael Ende, »Momo«, 1973, S. 67).

In einem nächsten Schritt entwickeln die Teilnehmer in Kleingruppen für die wichtigsten Gründe für Zeitdruck **Gegenstrategien** und tragen diese anschließend in der Gruppe vor. Alternativ und/oder ergänzend können die »**Hinweise für einen gesunden Gebrauch der Zeit: Zeit richtig planen**« (▶ s. Anhang, S. 256) ausgeteilt und durchgesprochen werden. Diese Hinweise sollen nicht dazu dienen, Zeit zu »sparen« – gewissermaßen als Selbstzweck wie bei den grauen Herren in Michael Endes modernem Märchen »Momo« (s. oben). Sondern sie wollen zu einem bewussten Umgang mit der eigenen – begrenzten – Zeit anregen, um sich von selbst erzeugtem Zeitdruck zu befreien, die Zeit möglichst für die wichtigen Dinge zu nutzen sowie Freiräume für Regeneration und angenehme Erlebnisse zu schaffen. Die antike Formel »Carpe diem« wird heute zumeist mit »Nutze den Tag« übersetzt. Dies ist eine utilitaristische Verkürzung des antiken Verständnisses des Umgangs mit der Zeit. Gemeint ist eher »Pflücke den Tag, genieße den Tag«. In diesem Sinne sind auch die »Hinweise für einen gesunden Gebrauch der Zeit« zu sehen.

Gesondert zu behandeln ist das Thema »**Prioritäten setzen**« (▶ s. Anhang »Wichtig oder dringlich – Prioritäten setzen«, S. 254f.). Im Vordergrund steht dabei zunächst, überhaupt eigene Freiheitsgrade für das Setzen von Prioritäten zu erkennen, denn manche Teilnehmer erleben ihren beruflichen und persönlichen Alltag als durch äußere Anforderungen und Vorgaben vollständig oder doch zumindest überwiegend determiniert. Erst in einem nächsten Schritt, erst dann, wenn zumindest eine begrenzte Autonomie in bestimmten Lebensbereichen gesehen werden kann, geht es um die Methode des Setzens von Prioritäten. Das Vierfelder-Schema nach Eisenhower (▶ s. Anhang, S. 254) wird als eine Möglichkeit vorgestellt, aber es können durchaus auch andere Möglichkeiten je nach individueller Situation besprochen werden (z.B. Priorisieren durch Bilden einer Rangreihe, Priorisieren nach »Heute zu erledigen« und »Kann warten« etc.).

Weitere Hinweise zum Thema Zeitplanung finden sich u.a. bei Steiner (2005) sowie Seiwert (2003, 2005).

10.5 Ergänzungsmodul 5: Die Quart-A-(4A-)Strategie für den Akutfall

Der kurzfristige Umgang mit akuten Belastungssituationen ist das Thema dieses Ergänzungsmoduls. Es ist besonders für solche Teilnehmer gedacht, die in ihrem beruflichen und/oder privaten Alltag häufiger in schlecht vorhersehbare Belastungssituationen geraten, die durch proaktive Bewältigungsbemühungen kaum kontrollierbar sind. Für solche belastenden Situationen soll hier eine Strategie vermittelt werden, die zum Ziel hat, körperliche und seelische Erregung in diesen Situationen zu kontrollieren, Symptomstress zu vermeiden bzw. Stresstoleranz zu entwickeln sowie Handeln, falls erforderlich, möglich und gewollt, zu ermöglichen.

Die vorgeschlagene Strategie besteht aus 4 Schritten, die den Teilnehmern anhand von Beispielen erläutert werden (◯ Abb. 10.2 und entsprechende Arbeitsblatt im Anhang, S. 257f.).

Annehmen

»Das, was ist, das ist, und erst wie ich damit umgehe, ist mein Beitrag zum Leben.« (Laotse, legendärer chinesischer Philosoph, 6. Jahrhundert v. Chr.)

Annehmen bedeutet, die Situation so zu akzeptieren, wie sie ist – als Teil meines Jobs, als Teil meines

10.5 · Ergänzungsmodul 5: Die Quart-A-(4A-)Strategie für den Akutfall

Abb. 10.2 Die Quart-A-(4A)-Strategie für den Akutfall

Lebens. Ärger, Vorwürfe und Schuldgefühle helfen ebenso wenig weiter wie Weggucken und Nichtwahr-haben-Wollen. Annehmen der Situation beinhaltet zweierlei:
1. Das möglichst frühzeitige Wahrnehmen von Stresssignalen und
2. eine klare und bewusste Entscheidung für das Annehmen (und damit gegen das Hadern mit der Realität).

Dabei bezieht sich das Annehmen sowohl auf die äußeren Stressoren als auch auf die eigenen körperlichen, emotionalen und mentalen Stressreaktionen. Annehmen verändert noch nicht wirklich etwas, verhindert aber, dass man sich noch mehr in die Erregung hineinsteigert und ermöglicht oft erst eine konstruktive Auseinandersetzung mit den jeweiligen Anforderungen der Situation. Annehmen eröffnet einen Ausweg aus dem Teufelskreis, der durch Stress durch Stress, Ärger über Ärger, Angst vor Angst angetrieben wird.

Das Annehmen der Realität entspricht nicht einem Gutheißen der Realität. Annehmen ist auch nicht gleichbedeutend mit Hinnehmen oder passivem Erdulden der Situation. Im Gegenteil: Oft ist es so, dass wir erst durch das Annehmen die Freiheit zurückgewinnen, um konstruktiv zu handeln. Erst wenn wir uns in einer annehmenden Grundhaltung der Realität stellen, gelingt es oft, eigene Handlungsmöglichkeiten (wieder) zu entdecken und zu ergreifen.

Bei der Erläuterung dieses Schrittes kann der Kursleiter an die Erfahrungen mit der Selbstbeobachtung in belastenden Situationen und ggf. mit den Übungen zur »inneren Achtsamkeit« (▶ s. Abschn. 8.3.3) anknüpfen. Er sollte die Teilnehmer bitten, selbst Beispiele von akuten Stresssituationen aus ihrem Alltag zu nennen, in denen das Annehmen der Realität der erste Schritt zur Bewältigung ist (z.B. im Stau stehen, warten müssen, Ausfall von Maschinen oder Mitarbeitern, Krankheit und Schmerz etc.).

Abkühlen

Das bedeutet, überschießende Erregung in einer akuten Stresssituation in den Griff zu bekommen, wenn man »aus dem Häuschen ist«, »an die Decke gehen« will oder »nicht mehr weiß, wo vorne und hinten ist«. Es geht hier darum, sich zu sammeln, die eigene Mitte (wieder) zu finden, Bodenhaftung und einen klaren Kopf zu bewahren. Wie kann das gelingen? Wichtig ist auch wieder die bewusste Entscheidung für das Abkühlen (und damit gegen das Hineinsteigern in die Erregung). Das Abkühlen selbst kann dann durch gezielte kurze Übungen erreicht werden. Manchmal reicht bereits ein bewusstes verlängertes Ausatmen, mit dem »der Dampf abgelassen« wird. In anderen Situationen sind kurze Entspannungsübungen oder Bewegungsübungen hilfreich.

Bei der Erläuterung dieses Schrittes kann der Kursleiter an die Erfahrungen mit den Übungen zur Anwendung der Entspannung (Ampelübungen, Entspannung durch Vergegenwärtigung; ▶ vgl. Abschn. 6.3.5) sowie mit den Bewegungsübungen (▶ Abschn. 10.1.2) anknüpfen. Jeder Teilnehmer sollte für sich auf wenigstens eine konkrete Übung zum Abkühlen in akuten Stresssituationen zurückgreifen können.

Analysieren

Dies bedeutet, sich einen kurzen Moment Zeit zu nehmen, um zu einer bewussten und schnellen Einschätzung eigener Handlungsoptionen zu kommen (»Kann ich momentan etwas tun?«). Werden eigene Handlungsmöglichkeiten erkannt, so erfolgt deren Einschätzung unter dem Gesichtspunkt von Aufwand und Nutzen (»Ist es mir die Sache wert?«). Diese ist wichtig, um der Gefahr von überstürzten oder zu aufwändigen Handlungen (»zu viel Wirbel machen«) zu begegnen. Nicht jede erkannte Handlungsoption muss man auch nutzen.

Dieses Schema zur Kurzanalyse sollte anhand von konkreten Beispielsituationen einzelner Teilnehmer, ggf. auch an fiktiven Beispielen, durchgespielt werden. Bei der Erläuterung dieses Schrittes kann der Kursleiter auch auf Beispiele, die im Rahmen des Problemlösetrainings bereits behandelt wurden, zurückgreifen.

Ablenkung oder Aktion

Je nach Ausgang der Kurzanalyse geht es hier entweder um Ablenkung von der Situation oder um gezielte Aktionen zur Änderung der Situation.

Welche Möglichkeiten der Ablenkung bzw. welche Aktionsmöglichkeiten es jeweils gibt, ist natürlich in starkem Maße abhängig von der konkreten Situation.

Ablenkung kann beispielsweise durch Musik, durch Lesen, durch angenehme Gedanken, durch Beobachtung von anderen Menschen usw. geschehen.

Direkte Aktionen können beispielsweise darin bestehen, dass man Grenzen zieht und »Nein« sagt, dass man Aufgaben delegiert oder Unterstützung sucht, dass man kurzfristig Termine umlegt oder Aufgaben umdisponiert.

Abschließend sollten mit den Teilnehmern mögliche Beispielsituationen besprochen werden, in denen die Anwendung der Quart-A-Strategie hilfreich sein kann.

Beispiele
- Sie möchten jemanden dringend anrufen und landen immer in der Mailbox.
- Sie haben es eilig und finden keinen Parkplatz.
- Sie stehen im Stau und müssen zu einem Termin.
- Sie werden wegen zu schnellem Fahren geblitzt.
- Sie sind abends zum Theater verabredet und Ihr Partner kommt zu spät.
- Der IC auf dem Bahnhof hat 20 Minuten Verspätung und Sie werden Ihren Anschluss voraussichtlich nicht erreichen.
- Sie gehen aus dem Haus, schlagen die Haustür zu und der Schlüssel steckt noch innen.
- Sie haben falsch geparkt und Ihr Auto ist abgeschleppt.
- Sie haben Gäste zuhause und werden mit den Vorbereitungen nicht rechtzeitig fertig.
- Der PC stürzt ab und die Arbeit von einer Stunde ist weg.
- Sie sollen vor einer Gruppe etwas vortragen und verhaspeln sich fürchterlich.
- Ihnen ist der Kugelschreiber in der Hemdtasche ausgelaufen.
- Sie haben morgens um eine Stunde verschlafen.
- Sie haben Ihre Brieftasche verloren. Alle Ausweise und Karten sind weg.

Ausstieg und Transfer

11

Im Mittelpunkt der letzten Sitzung des Gesundheitsförderungsprogramms »Gelassen und sicher im Stress« steht die Entwicklung eines »persönlichen Gesundheitsprojektes«. Damit sollen die Teilnehmer einen möglichst konkreten Plan dafür entwerfen, was sie über die Dauer des Kurses hinaus zukünftig für einen gesundheitsförderlichen Umgang mit Belastungen in Beruf und Alltag tun werden. Dieses »persönliche Gesundheitsprojekt« kann sich inhaltlich sowohl auf instrumentelle als auch regenerative oder mentale Strategien des individuellen Stressmanagements beziehen. Darüber hinaus geht es in dieser Abschlusssitzung darum, Bilanz zu ziehen, Rückmeldung anzuregen und schließlich darum, Abschied zu nehmen.

Der Kursleiter wird einleitend zunächst wesentliche Inhalte der vergangenen Kurssitzungen rekapitulieren und als knappe Zusammenfassung das »3 x 4 der individuellen Stresskompetenz« (vgl. ◘ Abb. 11.1 sowie Abb. A27 im Anhang, S. 260) vorstellen.

Anschließend bearbeiten die Teilnehmer die entsprechende Checkliste »Das 3 x 4 der individuellen Stresskompetenz« (siehe Anhang, S. 261 f.). Es folgt ein kurzer Austausch in der Gruppe:

— Wo liegen Ihre Stärken in Sachen Stresskompetenz?
— In welchem Bereich möchten Sie zukünftig Ihre Stresskompetenz noch weiterentwickeln?

Dann macht der Kursleiter deutlich, dass »gute Vorsätze« erfahrungsgemäß im Alltag oft in Vergessenheit geraten und es daher im nächsten Schritt darum gehen wird, einen möglichst konkreten Plan zu entwickeln, wie die Vorsätze verwirklicht werden können. Als Unterlage hierfür dient das Arbeitsblatt »Persönliches Gesundheitsprojekt« (▶ s. Anhang, Abb. A28, S. 263). Anhand von Beispielen (◘ Abb. 11.2 und 11.3) erläutert der Kursleiter zunächst dieses Schema. Folgende Aspekte sind dabei bedeutsam:

1. Als Ziel wird zunächst eine – noch – allgemeine positive Handlungsintention von hoher persönlicher Attraktivität formuliert (▶ s. auch Abschn. 10.3).
2. Es werden die erwarteten positiven Konsequenzen (»Vorteile«) einer Realisierung des Ziels zusammengetragen. Hier zeigt sich, wie attraktiv das Ziel tatsächlich ist. Je mehr persönlich bedeutsame Vorteile, desto besser!
3. Das Ziel wird dann in Form möglichst konkreter Handlungen spezifiziert. Nach Möglichkeit sollten die Handlungen auch hinsichtlich der Häufigkeit, Dauer, Intensität etc. quantifiziert werden. Je konkreter, desto besser!
4. Es werden die ersten konkreten Schritte zur Umsetzung festgelegt und terminiert. Das erhöht die Verbindlichkeit.
5. Es werden mögliche äußere und innere Hindernisse, die bei der Umsetzung auftreten können, antizipiert und Möglichkeiten, diese zu überwinden, erarbeitet (sog. »antizipatorisches Barrierenmanagement«).
6. Schließlich sollte nach Möglichkeit wenigstens eine Person benannt werden, die über das »persönliche Gesundheitsprojekt« informiert und um Unterstützung gebeten wird. Dabei kann es sich ggf. auch um ein Mitglied der Kursgruppe handeln.

◘ Abb. 11.1 Das 3 x 4 der individuellen Stresskompetenz

Instrumentelle Stresskompetenz	Mentale Stresskompetenz	Regenerative Stresskompetenz
1. Lernen – Fachliche Kompetenzen	1. Das Annehmen der Realität	1. Erholung aktiv gestalten (Pausen, Schlaf, Urlaub)
2. Soziales Netz aufbauen	2. Anforderungen konstruktiv bewerten	2. Genießen im Alltag
3. Grenzen setzen/ sich selbst behaupten	3. Überzeugung in die eigene Kompetenz stärken	3. Entspannen und abschalten
4. Selbst- und Zeitmanagement: sich selbst führen	4. Stressverstärker entschärfen	4. Sport und Bewegung

Persönliches Gesundheitsprojekt

Mein Ziel

Ausgleich schaffen durch regelmäßigen Sport

Davon verspreche ich mir:

1. *besseres körperliches Befinden, mehr Energie*

2. *»Abschalten« beim Laufen*

3. *bessere Figur*

Um dieses Ziel zu erreichen, werde ich Folgendes tun:

3x/Woche mindestens 30 min joggen

Meine nächsten Schritte sind:

Was?	(bis) wann?
1. Check-up beim Hausarzt	nächste Woche
2. 3 x ¾ Std. fest im Terminkalender einplanen	ab April
3. mit Training beginnen	1. Aprilwoche

Welche Hindernisse könnte es geben?	Damit gehe ich folgendermaßen um:
1. »innerer Schweinehund«	nicht beachten
2. keine Zeit	fest einplanen
3.	

Wer unterstützt mich?

Abb. 11.2 Persönliches Gesundheitsprojekt (Beispiel 1)

Die Erarbeitung der »persönlichen Gesundheitsprojekte« anhand des Schemas erfolgt dann am besten in kleinen Gruppen oder Paaren. Der Kursleiter steht beratend zur Seite. In einer abschließenden Runde stellt jedes Gruppenmitglied sein »persönliches Gesundheitsprojekt« in der Gruppe vor.

Am Ende der Sitzung bittet der Kursleiter die Teilnehmer um ihre Rückmeldungen zum abgelaufenen Kurs. Dies kann ggf. auch schriftlich erfolgen. Bei der zeitlichen Gestaltung der Abschlusssitzung sollte der Kursleiter darauf achten, dass am Ende genügend Zeit für diese Kurskritik, aber auch für persönliches Feedback und für persönliches Abschiednehmen zur Verfügung steht. Zeitdruck und Hektik sollten in dieser Schlussphase tunlichst vermieden werden.

Persönliches Gesundheitsprojekt

Mein Ziel

Privaten Freundeskreis (wieder-)aufbauen, Kontakte außerhalb der Arbeit pflegen

Davon verspreche ich mir:

1. *mehr Lebensfreude, Spaß haben, gemeinsam lachen*

2. *auf andere Gedanken kommen*

3. *weniger »Kleinfamilien-Stress«*

Um dieses Ziel zu erreichen, werde ich Folgendes tun:

Alle 14 Tage mindestens 1 private Verabredung treffen

Meine nächsten Schritte sind:

Was?	(bis) wann?
1. *mit Partnerin sprechen*	*morgen*
2. *zum Wochenende befreundete Familie einladen*	*innerhalb 14 Tagen*
3. *alte Skatrunde wieder ins Leben rufen?*	*???*
4. *am nächsten Geburtstag eine kleine Party geben*	*24.08.*

Welche Hindernisse könnte es geben?	Damit gehe ich folgendermaßen um:
1. *sich abends nicht mehr aufraffen können*	*fest verabreden*
2. *von Absagen entmutigt werden*	*???*
3.	

Wer unterstützt mich?

meine Frau

Abb. 11.3 Persönliches Gesundheitsprojekt (Beispiel 2)

Übersicht über das Gesundheitsförderungsprogramm »Gelassen und sicher im Stress«

Die nachfolgende ◘ Tabelle 12.1 gibt einen zusammenfassenden Überblick über die 12 Sitzungen des Gesundheitsförderungsprogramms »Gelassen und sicher im Stress«. Dieser Überblick stellt jedoch keinen verbindlichen »Stoffverteilungsplan« dar. Er will vielmehr eine Hilfestellung für die inhaltliche und zeitliche Gestaltung des Kurses geben. Die Einführung einzelner Programmelemente, der Übergang von einem Programmschritt zum nächsten sowie besonders auch inhaltliche Schwerpunktsetzungen müssen und dürfen vom Kursleiter in Abhängigkeit von der jeweiligen Zielgruppe gehandhabt werden. Auch die in ◘ Tabelle 12.1 aufgeführten Zeitangaben sind nicht als verbindliche Soll-, sondern als Erfahrungswerte zu verstehen, die dem Kursleiter bei der Planung einzelner Kurssitzungen behilflich sein sollen.

Wie in Abschnitt 4.2 dargestellt, ist das Gesundheitsförderungsprogramm »Gelassen und sicher im Stress« grundsätzlich als ein fortlaufendes Gruppentraining mit 12 wöchentlich stattfindenden Trainingssitzungen konzipiert. Dies ist zweifelsohne die intensivste Trainingsform. Wo sich diese aufgrund äußerer Rahmenbedingungen nicht verwirklichen lässt, ist auch eine Durchführung in Form von Block- oder Intervalltrainings möglich.

◘ **Tabelle 12.1** Überblick über den Ablauf des Gesundheitsförderungsprogramms »Gelassen und sicher im Stress«

Sitzung				
1	Ankommen und Kennenlernen, Information: »Stress – was ist das eigentlich?«, Gruppenarbeit: »Meine Kompetenzen zur Stressbewältigung«, Erwartungen und Befürchtungen			
	120 min			
	Entspannungstraining	Mentaltraining	Problemlösetraining	Genusstraining
2	Einführen der PMR – Langform Teil 1 Planen häuslicher Übungen	Die Rolle von Bewertungen und Einstellungen im Stressgeschehen – Einführung Stressverschärfende und förderliche Denkmuster		
	50 min	70 min		
3	Rückmeldung über häusliche Übungen PMR – Langform Teil 2	Förderliche Denkmuster entwickeln: ein Menü mentaler Strategien	Einführung und Gruppengespräch »Meine persönlichen Stressoren«	
	30 min	50 min	40 min	
4	Rückmeldung PMR – Langform Teil 3	Stressverschärfende Einstellungen: »5 Stressverstärker und wie man sie entschärfen kann«	Verhaltensanalyse von Stresserfahrungen, Einführen der Selbstbeobachtung (»Stressdetektiv«)	
	30 min	60 min	30 min	
5	Rückmeldung PMR – Langform, Teil 4	Förderliche Einstellungen verankern	Auswerten und Fortsetzen der Selbstbeobachtung	
	30 min	60 min	30 min	

◘ **Tabelle 12.1** (Fortsetzung)

Sitzung				
6	Rückmeldung Einführung der PMR – Kurzform		Auswertung der Selbstbeobachtung, ggf. Exkurs: »Innere Achtsamkeit«	Einführung: Erholung – aber richtig! Gruppengespräch »Angenehmes Erleben im Alltag«, Acht Gebote des Genießens
	30 min		30 min	60 min
7	Rückmeldung Einführung des »Ruhewortes«		Anwendung der Problemlösestrategie auf ausgewählte Belastungssituationen	Praktische Übungen zum Genießen, Selbstbeobachtung »Genießen im Alltag«
	30 min		60 min	30 min
8	Rückmeldung Entspannungsübung mit Hilfe des »Ruhewortes«		wie Sitzung 7 ggf. EM 2: »Sozialer Rückhalt«	Ggf. weitere praktische Übungen zum Genießen, Planen angenehmer Erlebnisse
	20 min		60 min	40 min
9	Rückmeldung Anwendung der Entspannung im Alltag: »Ampelübungen«		wie Sitzung 7, ggf. EM 3: »Ziele klären«	Rückmeldung und neue Planung angenehmer Erlebnisse ggf. Exkurs: »Erholsamer Urlaub«
	20 min		60 min	40 min
10	Anwendung der Entspannung: Entspannung durch Vergegenwärtigung		wie Sitzung 7, ggf. EM 4 »Keine Zeit – sinnvolle Zeiteinteilung im Alltag«	wie Sitzung 9 ggf. EM 1 »Sport und Bewegung«
	20 min		60 min	40 min
11	Wie Sitzung 9 Ggf. Kombination mit Fantasiereisen		wie Sitzung 7, ggf. EM 5: »Quart-A-Strategie«	Wie Sitzung 9 ggf. Exkurs: »Erholsam schlafen«
	20 min		60 min	40 min
12	Zusammenfassung: Das 3 x 4 der Stresskompetenz, Planen eines persönlichen Gesundheitsprojektes, Rückmeldung, Evaluation, Abschied nehmen			
	120 min			

Anhang

Trainingsmaterialien – 183

Literatur – 265

Stichwortverzeichnis – 271

Trainingsmaterialien

Hinweis – 184

Übersicht – 185

I. Zum Einstieg – 186

II. Trainingsmodul 1: Entspannungstraining – 201

III. Trainingsmodul 2: Mentaltraining – 209

IV. Trainingsmodul 3: Problemlösetraining – 219

V. Trainingsmodul 4: Genusstraining – 230

VI. Ergänzungsmodule – 243

VII. Ausstieg und Transfer – 259

Alle Trainingsmaterialien finden Sie auch auf der beiliegenden CD-ROM.

Hinweis

Liebe Leserin, lieber Leser,

in diesem Anhang finden Sie alle Materialien in Form von Informations- und Arbeitsblättern sowie Folienvorlagen, die Sie für die Durchführung des Gesundheitsförderungsprogramms »Gelassen und sicher im Stress« benötigen. Die dem Manual beiliegende CD-Rom enthält die entsprechenden Druckvorlagen. Die Nutzung der Materialien setzt die zertifizierte Teilnahme an einer Schulung zum Kursleiter für das Programm »Gelassen und sicher im Stress« voraus.

Informationen zu den Schulungen erhalten Sie beim
GKM – Institut für Gesundheitspsychologie
Liebigstr. 31a
35037 Marburg
www.gkm-institut.de
info@gkm-institut.de

Trainingsmaterialien

Übersicht

I. Zum Einstieg
- »Stress-Ampel« (Abb. A1) – 187
- Stress – was ist das eigentlich? (Abb. A2 bis A9) – 188–195
- Checkliste »Warnsignale für Stress« – 196 f.
- Individuelle Stresskompetenz (Abb. A10) – 198
- Information »Drei Säulen der persönlichen Stresskompetenz« – 199 f.

II. Trainingsmodul 1: Entspannungstraining
- Progressive Relaxation: Grundprinzip (Abb. A11) – 202
- Anleitung zum Entspannungstraining: Progressive Relaxation (PR) nach Jacobson – 203 ff.
- Progressive Relaxation: Übungen der Langform – 206
- Progressive Relaxation: Übungen der Kurzform – 207
- Entspannungsprotokoll – 208

III. Trainingsmodul 2: Mentaltraining
- Stress ist das Resultat von persönlichen Bewertungen (Beispiel, Abb. A12) – 210
- Stressverschärfende und förderliche Denkmuster – 211
- »Wie man sich selbst auf förderliche Gedanken bringen kann«: Ein Menü mentaler Strategien zur Stressbewältigung – 212
- Checkliste »Stressverschärfende Gedanken« – 213
- Persönliches Stressverstärker-Profil (Abb. A13) – 214
- Information »Die 5 Stressverstärker und was dahinter steckt« – 215 f.
- Arbeitsblatt »Persönliche Stressverstärker hinterfragen« – 217
- Arbeitsblatt »Förderliche Einstellungen« – 218

IV. Trainingsmodul 3: Problemlösetraining
- Stressoren – was uns stresst (Abb. A14 bis A18) – 220–224
- Checkliste »Alltägliche Belastungen« – 225 f.
- Information »6 Schritte zur Problemlösung« – 227
- Stressdetektiv: »Dem Stress auf die Spur kommen« (Abb. A19) – 228
- Arbeitsblatt »Fragen zur Selbstreflexion« (Abb. A20) – 229

V. Trainingsmodul 4: Genusstraining
- Information »Erholung – aber richtig!« – 231
- Arbeitswelt und regenerative »Gegenwelt« (Abb. A21) – 232
- »Acht Gebote des Genießens« – 233
- Arbeitsblatt »Genießen im Alltag« – 234
- Liste angenehmer Erlebnisse – 235–238
- Information »Erholsam schlafen« – 239 f.
- Information »Erholsamer Urlaub« – 241 f.

VI. Ergänzungsmodule
- Stressbewältigung durch Sport und mehr Bewegung im Alltag: Informationen für Kursteilnehmer – 244–247
- Arbeitsblatt »Mein soziales Netz« (Abb. A22) – 248 f.
- Zeitstrahl (Abb. A23) – 250
- Arbeitsblatt »Mein nächster Zukunftsschritt« (Abb. A24) – 251
- Arbeitsblatt »Ziele formulieren« – 252
- Keine Zeit? – Gründe und Hintergründe – 253
- Wichtig oder dringlich? Prioritäten setzen (Ab. A25) – 254 f.
- Hinweise für einen gesunden Gebrauch der Zeit: Zeit richtig planen – 256
- Für den Akutfall: Die Quart-A-(4A)-Strategie (Abb. A26) – 257 f.

VII. Ausstieg und Transfer
- Das 3 x 4 der Stresskompetenz (Abb. A27) – 260
- Checkliste: Das 3 x 4 der Stresskompetenz – 261 f.
- Persönliches Gesundheitsprojekt (Abb. A28) – 263

© 2011, Springer-Verlag GmbH. Aus: Kaluza, G.: Stressbewältigung

I. Zum Einstieg

- »Stress-Ampel« (◘ Abb. A1) – 187
- Stress – was ist das eigentlich? (◘ Abb. A2 bis A9) – 188–195
- Checkliste »Warnsignale für Stress« – 196 f.
- Individuelle Stresskompetenz (◘ Abb. A10) – 198
- Information »Drei Säulen der persönlichen Stresskompetenz« – 199 f.

Trainingsmaterialien

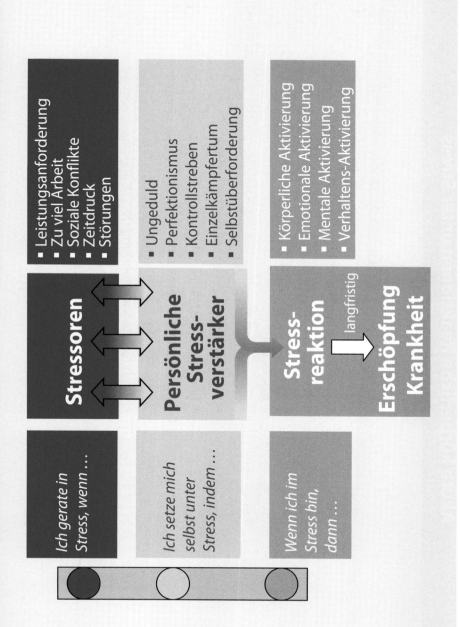

Abb. A1 Die 3 Ebenen des Stressgeschehens (»Stress-Ampel«)

© 2011, Springer-Verlag GmbH. Aus: Kaluza, G.: Stressbewältigung

Abb. A2 Akute körperliche Reaktionen unter Stress

Abb. A3 Die Funktion der Stressreaktion

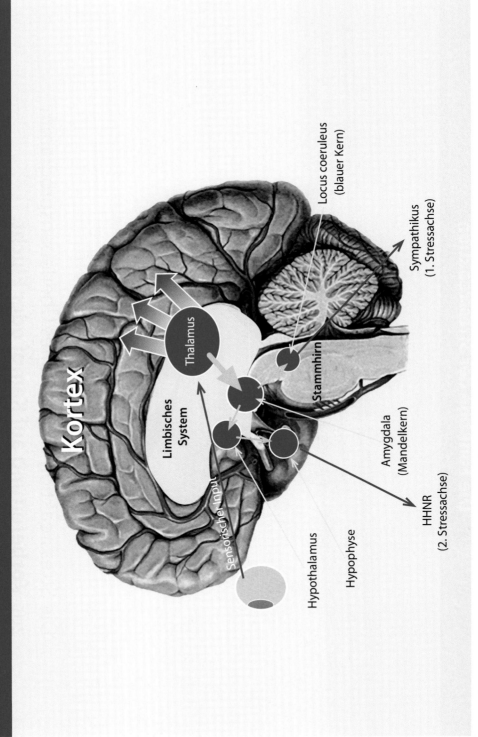

Abb. A4 Stress entsteht im Gehirn

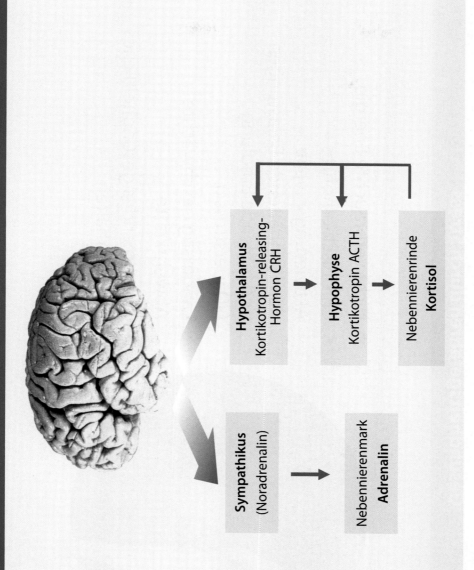

Abb. A5 Die 2 Achsen der Stressreaktion

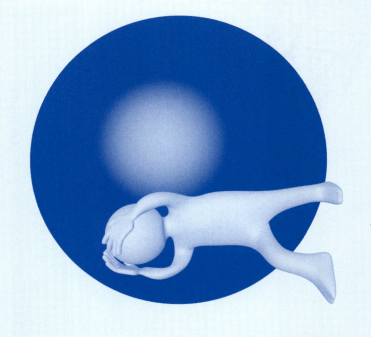

Abb. A6 Gesundheitsgefahren durch Stress

Trainingsmaterialien

Mögliche Folgen von chronischem Stress

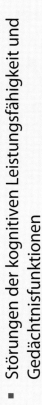

- Störungen der kognitiven Leistungsfähigkeit und Gedächtnisfunktionen
- Depressionen
- Tinnitus, Hörsturz, erhöhter Augeninnendruck
- Atemstörungen
- Muskelverspannungen, Kopf-Rückenschmerzen
- Bluthochdruck, Koronare Herzerkrankung, Gefäßverengungen, Infarkt
- Erhöhte Blutfette, erhöhtes Diabetesrisiko
- Magen-Darmbeschwerden
- Potenzstörungen, Zyklusstörungen
- Schlafstörungen
- verminderte Schmerztoleranz
- Fehlregulationen der Immunkompetenz: häufige Infekte, Auto-Immunerkrankungen

Abb. A7 Mögliche Folgen von chronischem Stress

© 2011, Springer-Verlag GmbH. Aus: Kaluza, G.: Stressbewältigung

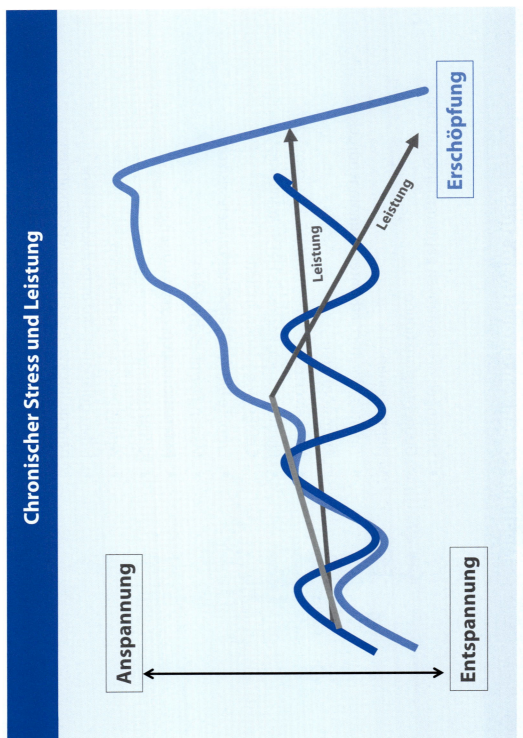

Abb. A8 Chronischer Stress und Leistung

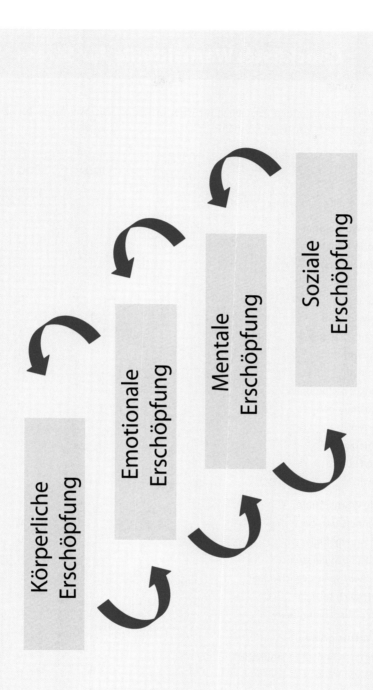

Abb. A9 Das Burn-out-Syndrom

Checkliste: Warnsignale für Stress

Die folgenden Punkte können Anzeichen für Überforderung sein. Welche davon haben Sie in der letzten Woche an sich feststellen können?

	stark	leicht	kaum/gar nicht	Punkte
Körperliche Warnsignale				
Herzklopfen/Herzstiche	2	1	0	
Engegefühl in der Brust	2	1	0	
Atembeschwerden	2	1	0	
Einschlafstörungen	2	1	0	
Chronische Müdigkeit	2	1	0	
Verdauungsbeschwerden	2	1	0	
Magenschmerzen	2	1	0	
Appetitlosigkeit	2	1	0	
Sexuelle Funktionsstörungen	2	1	0	
Muskelverspannungen	2	1	0	
Kopfschmerzen	2	1	0	
Rückenschmerzen	2	1	0	
Kalte Hände/Füße	2	1	0	
Starkes Schwitzen	2	1	0	
Emotionale Warnsignale				
Nervosität, innere Unruhe	2	1	0	
Gereiztheit, Ärgergefühle	2	1	0	
Angstgefühle, Versagensängste	2	1	0	
Unzufriedenheit/Unausgeglichenheit	2	1	0	
Lustlosigkeit (auch sexuell)	2	1	0	
Innere Leere, »ausgebrannt sein«	2	1	0	
Kognitive Warnsignale				
Ständig kreisende Gedanken/Grübeleien	2	1	0	
Konzentrationsstörungen	2	1	0	
Leere im Kopf (»black out«)	2	1	0	
Tagträume	2	1	0	
Albträume	2	1	0	
Leistungsverlust/häufige Fehler	2	1	0	

© 2011, Springer-Verlag GmbH. Aus: Kaluza, G.: Stressbewältigung

	stark	leicht	kaum/ gar nicht	Punkte
Warnsignale im Verhalten				
Aggressives Verhalten gegenüber anderen, »aus der Haut fahren«	2	1	0	
Fingertrommeln, Füße scharren, Zittern, Zähne knirschen	2	1	0	
Schnelles Sprechen oder Stottern	2	1	0	
Andere unterbrechen, nicht zuhören können	2	1	0	
Unregelmäßig essen	2	1	0	
Konsum von Alkohol (oder Medikamenten) zur Beruhigung	2	1	0	
Private Kontakte »schleifen lassen«	2	1	0	
Mehr Rauchen als gewünscht	2	1	0	
Weniger Sport und Bewegung als gewünscht	2	1	0	
Gesamtpunktzahl				_____

Bewertung:

0–10 Punkte
Sie können sich über Ihre relativ gute gesundheitliche Stabilität freuen. Ein Entspannungstraining wird bei Ihnen vor allem vorbeugende Wirkung haben.

11–20 Punkte
Die Kettenreaktionen von körperlichen und seelischen Stressreaktionen finden bei Ihnen bereits statt. Sie sollten möglichst bald damit beginnen, Ihre Kompetenzen zur Stressbewältigung zu erweitern.

21 und mehr Punkte
Sie stecken bereits tief im Teufelskreis der Verspannungen, emotionalen Belastungen und Gesundheitsstörungen. Sie sollten auf jeden Fall etwas gegen Ihren Stress und für mehr Gelassenheit, Ruhe und Leistungsfähigkeit tun.

© 2011, Springer-Verlag GmbH. Aus: Kaluza, G.: Stressbewältigung

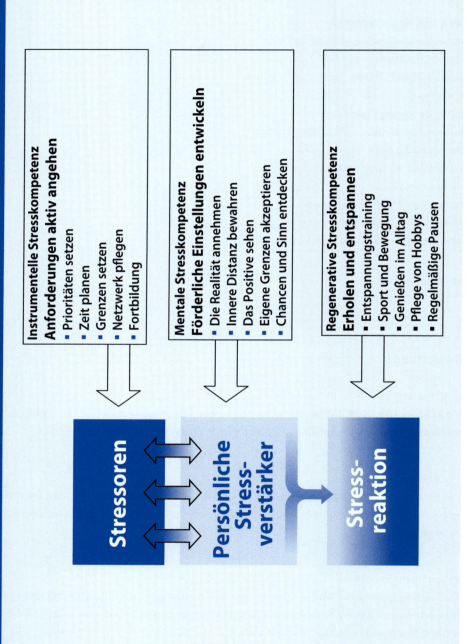

Abb. A10 Individuelle Stresskompetenz

Die drei Säulen der persönlichen Stresskompetenz

■ ■ 1. Instrumentelle Stresskompetenz: Ansatzpunkt Stressoren

Hier geht es darum, äußere Belastungen und Anforderungen im beruflichen und privaten Bereich zu verändern, soweit möglich zu verringern oder ganz abzubauen. Das Ziel besteht darin, den eigenen Alltag stressfreier zu gestalten, um so die Entstehung von Stress möglichst von vornherein zu verhindern.

Zum Beispiel:
- Fachliche Kompetenzen erweitern (Information, Fortbildung, kollegialer Austausch)
- Organisatorische Verbesserungen (Aufgabenverteilung, Ablaufplanung, Ablagesysteme etc.)
- Selbstmanagement: persönliche Arbeitsorganisation optimieren (klare Definition von Prioritäten, realistische Zeitplanung, Delegation)
- Sozialkommunikative Kompetenzen entwickeln (anderen Grenzen setzen, häufiger »Nein«, »Ohne mich«, »Jetzt nicht« sagen, sich aussprechen, Klärungsgespräche führen)
- Nach Unterstützung suchen (Netzwerk aufbauen, etwas positiv sagen, andere verstehen, sich helfen lassen)
- Problemlösekompetenzen entwickeln

■ ■ 2. Mentale Stresskompetenz: Ansatzpunkt Persönliche Stressverstärker

Hier geht es darum, sich selbstkritisch eigener stresserzeugender oder -verschärfender Einstellungen und Bewertungen bewusst zu werden, diese allmählich zu verändern und förderliche Einstellungen und Denkweisen zu entwickeln.

Beispiele hierfür sind:
- Perfektionistische Leistungsansprüche kritisch überprüfen und eigene Leistungsgrenzen akzeptieren lernen
- Schwierigkeiten nicht als Bedrohung, sondern als Herausforderung sehen
- Sich mit alltäglichen Aufgaben weniger persönlich identifizieren, mehr innere Distanz wahren
- Sich nicht im alltäglichen Kleinkrieg verlieren, den Blick für das »Wesentliche«, für das, was mir wirklich wichtig ist, bewahren
- Sich des Positiven, Erfreulichen, Gelungenen bewusst werden und dafür Dankbarkeit empfinden
- An unangenehmen Gefühlen von Verletzung oder Ärger nicht festkleben, sondern diese loslassen und vergeben lernen
- Weniger feste Vorstellungen und Erwartungen an andere haben, die Realität akzeptieren
- Sich selbst weniger wichtig nehmen, falschen Stolz ablegen und »Demut« lernen

© 2011, Springer-Verlag GmbH. Aus: Kaluza, G.: Stressbewältigung

■ ■ 3. Regenerative Stresskompetenz: Ansatzpunkt Stressreaktionen

Nicht alle – äußeren oder inneren – Stressfaktoren können (oder sollen) vermieden, abgebaut oder vermindert werden. Es ist daher unvermeidlich, dass Stressreaktionen immer wieder auftreten. Hier geht es darum, körperliche und psychische Erregung zu dämpfen und abzubauen, für regelmäßige Erholung zu sorgen und damit langfristig die eigene Belastbarkeit zu erhalten.

Dies kann beispielsweise geschehen durch:
- regelmäßiges Praktizieren einer Entspannungstechnik
- regelmäßige Bewegung
- eine gesunde, abwechslungsreiche Ernährung
- Pflege außerberuflicher sozialer Kontakte
- regelmäßiger Ausgleich durch Hobbys und Freizeitaktivitäten
- lernen, die kleinen Dinge des Alltags zu genießen
- ausreichender Schlaf
- Tagesablauf mit ausreichenden kleinen Pausen zwischendurch

Anregung zur Selbstreflektion:

- Wo liegen meine Stärken in Sachen Stressmanagement?

- Welche der drei Säulen der Stresskompetenz sind bei mir stark, welche weniger stark ausgeprägt?

- Was möchte ich lernen, um meine persönliche Stresskompetenz zu erweitern?

- Was möchte ich aus diesem Seminar für mich persönlich mitnehmen?

© 2011, Springer-Verlag GmbH. Aus: Kaluza, G.: Stressbewältigung

II. Trainingsmodul 1: Entspannungstraining

- Progressive Relaxation: Grundprinzip (Abb. A11) – 202
- Anleitung zum Entspannungstraining: Progressive Relaxation (PR) nach Jacobson – 203 ff.
- Progressive Relaxation: Übungen der Langform – 206
- Progressive Relaxation: Übungen der Kurzform – 207
- Entspannungsprotokoll – 208

Grundprinzip der Progressiven Relaxation (PR)

Aufmerksamkeit auf die jeweilige Körperregion lenken

Muskeln anspannen

Spannung kurz (ca. 5–7 sec.) halten (dabei weiteratmen)

Mit dem Ausatmen Spannung lösen und entspannen (30–45 sec.)

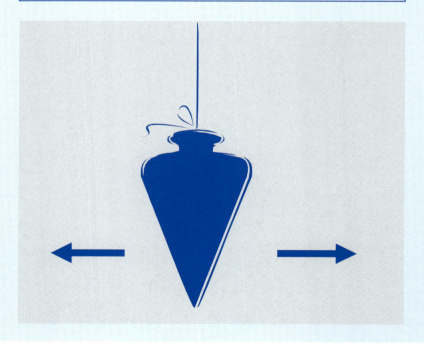

Abb. A11 Grundprinzip der Progressiven Relaxation (PR)

© 2011, Springer-Verlag GmbH. Aus: Kaluza, G.: Stressbewältigung

Progressive Relaxation (PR) nach Jacobson
Anleitung zum Entspannungstraining

Bitte lesen Sie diesen Text aufmerksam durch. Er wird Ihnen dabei behilflich sein,
- das, was Sie bereits über das Entspannungstraining erfahren haben, nochmals aufzufrischen,
- Antwort auf noch offene Fragen zu finden,
- die Übungen zu Hause korrekt durchzuführen.

■ ■ Worum geht es?

Die Technik, die Sie erlernen werden, heißt Progressive Relaxation. Dabei lernen Sie, einige wesentliche Muskelgruppen Ihres Körpers in einer bestimmten Reihenfolge zu entspannen, indem Sie diese Muskelgruppen erst anspannen und dann lockern, während Sie gleichzeitig sehr konzentriert und sorgfältig auf die Empfindungen achten, die dabei an Ihren Muskeln auftreten. Mit einiger Übung werden Sie dazu kommen, Ihre Muskelspannung weit unter das normale Spannungsniveau zu senken, und zwar wann immer Sie wollen und wann immer Sie es brauchen. Sich entspannen lernen geht ähnlich wie das Erlernen anderer Fertigkeiten, wie Schwimmen, Autofahren oder Klavierspielen. Sie brauchen dazu Übung, Konzentration und Engagement. Dies bedeutet, dass Sie sich Zeit nehmen müssen, Zeit für sich selbst. Schon Wilhelm Busch wusste:

Es gibt nichts Gutes, außer man tut es!

■ ■ Wozu Muskelentspannung?

Mit etwas Übung werden Sie feststellen, dass durch die Entspannung der Muskulatur auch andere Zeichen körperlicher Unruhe und Erregung, wie z.B. Herzklopfen, Schwitzen, Zittern zurückgehen oder verschwinden, dass Sie sich insgesamt viel ruhiger und gelassener fühlen. Mit der Muskelentspannung haben Sie also eine Technik zur Hand, mit der Sie körperliche und seelische Anspannung und Nervosität verringern und alltägliche Stresssituationen gelassener bewältigen können.

■ ■ Was Sie beim Üben berücksichtigen sollten!

▬ Zeitpunkt

Üben Sie möglichst täglich und legen Sie den Zeitpunkt so, dass Sie nicht gestört werden und sich auch nicht unter Zeitdruck fühlen. Diese Übungszeit soll also voll und ganz der Entspannung zur Verfügung stehen.

▬ Äußere Umgebung

Gerade zu Beginn des Trainings ist es hilfreich, wenn Sie während des Übens nicht abgelenkt und in Ihrer Konzentration gestört werden. Ideal ist deshalb ein ruhiger, evtl. abgedunkelter Raum. Achten Sie darauf, weder durch Personen oder Haustiere im Zimmer noch durch das Klingeln des Telefons oder der Türklingel unterbrochen zu werden.

▬ Sitzgelegenheit

Die Sitzgelegenheit sollte so beschaffen sein, dass keine Anstrengung für die Körperhaltung nötig ist. Ideal ist ein gut gepolsterter Sessel, in dem Sie Kopf, Nacken, Rücken und Arme bequem anlehnen bzw. auflegen können. Die Füße sollten einen guten Kontakt zum Boden haben.

▬ Kleidung

Achten Sie darauf, dass Sie während der Übung nicht durch beengende Kleidungsstücke (Jackett, Krawatte, Gürtel, unbequeme Schuhe etc.) oder Brillen, Kontaktlinsen, Uhren in Ihrer Bewegungsfreiheit und Konzentrationsfähigkeit eingeschränkt werden. Legen Sie diese vorher ab.

© 2011, Springer-Verlag GmbH. Aus: Kaluza, G.: Stressbewältigung

- **Klarer Beginn**

Bitte gewöhnen Sie sich von Anfang an daran, jede Entspannungsübung mit einem kleinen Ritual zu beginnen. Dieses Startritual sieht wie folgt aus:

1. Sie entscheiden sich ganz bewusst dafür, die Übung jetzt durchführen zu wollen, und sagen sich: »Jetzt entspanne ich mich.«
2. Sie nehmen ganz bewusst Ihre Entspannungsposition ein (mit dem Gesäß auf die gesamte Sitzfläche setzen und Rücken anlehnen, Füße fest auf den Boden stellen, Hände auf die Oberschenkel und dabei die Schultern fallen lassen) und
3. Sie wenden Ihre Aufmerksamkeit ganz bewusst nach innen, auf Ihren Körper, und schließen dabei die Augen.

- **Körperhaltung**

Wenn Sie im Sitzen üben, achten Sie darauf, dass die Füße bequem stehen, dass die Beine gelockert sind, dass Sie sich überall richtig anlehnen können, dass Sie für Ihren Kopf eine angenehme Lage finden, dass die Schultern locker herabhängen und Hände und Unterarme entspannt auf der Lehne oder im Schoß aufliegen.

Sie können natürlich auch im Liegen üben. Legen Sie sich dazu auf den Rücken, die Arme liegen leicht angewinkelt, die Beine liegen ausgestreckt nebeneinander, die Füße zeigen nach außen. Vielleicht ist es bequemer, wenn Sie ein Kissen oder eine Rolle in den Nacken, den Rücken oder in die Kniekehlen legen. Probieren Sie die für Sie angenehmste Lage aus.

- - **Worauf es bei der Übung ankommt!**
- **Anspannen und Entspannen**

Indem Sie eine Muskelgruppe anspannen und dann die so entstandene Spannung anschließend mit dem Ausatmen wieder lockern, ermöglichen Sie diesen Muskeln, sich weit unter ihr normales Spannungsniveau zu entspannen. Die Wirkung ist ähnlich wie bei einem unbewegt herabhängenden Pendel. Wenn wir es stark nach links (»Entspannung«) ausschwingen lassen wollen, könnten wir es stark in diese Richtung stoßen. Leichter wäre es jedoch, es zunächst ganz in die entgegengesetzte Richtung (»Anspannung«) zu ziehen und es dann fallen zu lassen. Es wird über die Senkrechte hinaus in die gewünschte Richtung schwingen. Die Muskeln vor der Entspannung anzuspannen ist, als ob wir uns zu einem »fliegenden Start« in die tiefe Entspannung verhelfen. Dabei sollte das Anspannen 5–7 s nicht überschreiten, um die Muskeln nicht zu verkrampfen. Atmen Sie beim Anspannen ganz normal weiter und halten Sie den Atem bitte nicht an. Nach dem Lockern einer Muskelgruppe sollten Sie sich ca. 30–45 s Zeit nehmen, um die Entspannung wirken zu lassen.

- **Auf Empfindungen achten**

Ein weiterer Vorteil dieser Technik, erst Spannung zu erzeugen und dann zu lockern, liegt darin, dass Sie durch den Kontrast die mit Anspannung und Entspannung verbundenen Empfindungen leichter erkennen und unterscheiden lernen. Wenn Sie eine Muskelgruppe anspannen, so spüren Sie, wie die Muskeln hart werden und sich zusammenziehen. Achten Sie während des Anspannens immer genau auf diese Empfindungen. Wenn Sie dann die Muskelgruppe entspannen, d.h. alle Spannung gleichzeitig herauslassen, verschwinden diese Empfindungen und angenehme Entspannungsgefühle treten an ihre Stelle. Diese können von Mensch zu Mensch ganz unterschiedlich sein. Manche Menschen spüren Wärme in ihre Muskeln fließen oder ein angenehmes Kribbeln, andere empfinden Schwere und wieder andere ein Gefühl der Schwerelosigkeit. Wichtig ist nur, dass Sie während des Entspannens 30 s ganz aufmerksam auf diese Empfindungen achten, ihnen nachspüren und so die Entspannung tiefer und tiefer werden lassen. Die Vorstellung, nach dem Loslassen der Anspannung mit jedem Ausatmen die Muskeln noch mehr zu lockern, ergibt bei vielen Übenden eine spürbare zusätzliche Wirkung.

© 2011, Springer-Verlag GmbH. Aus: Kaluza, G.: Stressbewältigung

▪ Richtig atmen

Beim Anspannen der Muskeln sollten Sie ganz normal weiteratmen. Beim Lösen der Anspannung atmen Sie tief aus. Ansonsten sollten Sie Ihre Atmung nicht weiter beachten oder gar zu kontrollieren versuchen. Sie werden während der Übung ganz von alleine zu einer ruhigen und entspannten Atmung kommen.

▪ Konzentration

Sie werden feststellen, dass es nicht einfach ist, sich nur auf sich selbst bzw. auf die Muskelentspannung zu konzentrieren. Ihre Aufmerksamkeit wird häufiger durch Geräusche, andere Körperempfindungen oder abschweifende Gedanken abgelenkt werden. Das ist ganz normal und sollte Sie nicht beunruhigen. Wenn Sie feststellen, dass Sie abgeschweift sind, so nehmen Sie es ruhig hin und richten Sie dann Ihre Aufmerksamkeit wieder auf Ihren Körper. Denken Sie also nicht weiter darüber nach, sondern fahren Sie einfach mit der Übung fort. Häufig hilft es, sich die Anweisungen für die Übung durch innerliches Sprechen selbst zu geben und auch die Empfindungen, die beim Entspannen auftreten, innerlich zu kommentieren. Zum Beispiel so: »... atme aus und entspanne. Lass alle Spannung raus und konzentriere dich ganz auf die Empfindungen, die beim Entspannen der Muskeln auftreten. Achte darauf, wie sie weicher und entspannter werden ...« usw.

▪ Klares Ende: Das Zurücknehmen

Um die Entspannungsübung zu beenden, sagen Sie sich ganz bewusst, dass Sie die Entspannung beenden wollen. Prägen Sie sich die Entspannungsgefühle ein. Ballen Sie dann Ihre Hände zu Fäusten, strecken und räkeln Sie sich, atmen Sie ein paar Mal kräftig tief durch und öffnen Sie dann die Augen und richten Ihre Aufmerksamkeit wieder nach außen. Durch dieses sog. »Zurücknehmen« wird der Körper nach der Entspannung – ähnlich wie nach dem Schlafen – wieder auf den Wachzustand eingestellt. Das Zurücknehmen soll nach jeder Übung erfolgen.

Nur wenn Sie abends im Bett unmittelbar vor dem Schlafen üben, nehmen Sie die Entspannung nicht zurück. Andernfalls kann es vorkommen, dass Sie sich frisch und ausgeruht fühlen und deswegen in den darauf folgenden Stunden nicht schlafen können. Wenn Sie im Bett das Zurücknehmen der Entspannung auslassen, werden Sie besser einschlafen.

▪ Entspannung lässt sich nicht erzwingen

Wir haben betont, wie wichtig Konzentration und regelmäßiges Üben für den Erfolg des Trainings sind. Sich entspannen können erfordert jedoch noch etwas mehr, nämlich: sich gehen lassen können, sich Zeit für sich selbst nehmen können und Geduld mit sich haben, wenn es einmal nicht so gut klappt. Viele von Ihnen werden auch die Erfahrung kennen, dass gerade dann, wenn man unbedingt einschlafen will, der Schlaf sich nicht einstellt. Erst wenn man die Absicht, schlafen zu wollen, aufgibt und auch den vielleicht aufkommenden Ärger und die Sorge über zu wenig Schlaf loslässt, stellt der Schlaf sich unvermittelt ein.

Bei der Entspannung verhält es sich ganz ähnlich. Auch sie ist durch eine noch so große bewusste Willensanstrengung nicht zu erreichen. Denken Sie z.B. auch an das Suchen nach einem Wort, das man erst findet, wenn man sich nicht mehr krampfhaft darum bemüht. Besonders bemüht Übende, die ihren »ganzen Willen« einsetzen, oder solche, die glauben, man könne alles mit dem Willen erreichen, versagen. Man kann Spannung, Verkrampfung (und die damit einhergehenden Erscheinungen) nicht mit dem Willen beseitigen – lösen schon gar nicht; denn Wille ist Spannung. Auf dem Weg der Entspannung steht daher ganz am Anfang – und immer wieder neu – die Notwendigkeit, den bewussten Willen, die Absicht, die Dinge aktiv beeinflussen, beherrschen, managen zu wollen, loszulassen zugunsten einer mehr passiven, mitgehenden, aufnehmenden und sich hingebenden Haltung.

Progressive Relaxation – Langform: Wie Sie die Muskeln anspannen können

1. Übungsteil: Hände und Arme

(1)	Dominante Hand und Unterarm	Hand zur Faust ballen
(2)	Dominanter Oberarm	Ellenbogen anwinkeln (mit geöffneter Hand)
(3)	Nichtdominante Hand und Unterarm	Hand zur Faust ballen
(4)	Nichtdominanter Oberarm	Ellenbogen anwinkeln (mit geöffneter Hand)

2. Übungsteil: Füße, Beine, Gesäß

(5)	Füße	Zehen einkrallen oder: Zehen spreizen
(6)	Unterschenkel	Fersen vom Boden abheben (Achtung: Bei Neigung zu Wadenkrämpfen Fersen nur leicht anheben!)
(7)	Oberschenkel	Fersen in den Boden drücken und Zehen vom Boden abheben
(8)	Gesäß	Pobacken zusammendrücken

3. Übungsteil: Kopf und Gesicht

(9)	Stirn und Kopfhaut	Augenbrauen hochziehen und dabei die Stirn in horizontale Falten legen oder: Augenbrauen zusammenziehen, sodass auf der Stirn tiefe senkrechte Falten (»Zornesfalten«) entstehen
(10)	Augen und obere Wangenpartie	Augen zusammenkneifen und die Nase nach oben ziehen (»rümpfen«)
(11)	Untere Wangenpartie, Kiefer, Mund	Zähne aufeinander beißen, Lippen aufeinander pressen, Zunge nach oben gegen den Gaumen drücken
(12)	Hals und Nacken	Kopf etwas einziehen und nach hinten drücken oder: Kopf nach vorne auf die Brust ziehen oder: Kopf leicht geneigt nach rechts (bzw. links) drehen, das Kinn zeigt jeweils zur rechten (bzw. linken) Schulter oder: Kopf mit dem Gesicht nach unten zur rechten (bzw. linken) Schulter neigen (»das Ohr auf die Schulter legen«)

4. Übungsteil: Schultern, Rücken, Brust, Bauch

(13)	Schultern und obere Rückenpartie	Schultern hochziehen (»bis zu den Ohren«) oder: Schulterblätter nach hinten unten drücken (»als wollten sich die Schulterblattspitzen berühren«) oder: Schultern nach vorne vor die Brust ziehen
(14)	Brust	Tief einatmen und Atem kurz anhalten, dabei Brustmuskulatur anspannen
(15)	Untere Rückenpartie	Leichtes Hohlkreuz machen, indem das Becken nach vorne gekippt wird oder: den Rumpf nach vorne überbeugen
(16)	Bauch	Bauch hart machen (»als wolle man einen leichten Schlag abfangen«) oder: Bauchdecke einziehen oder: Bauchdecke nach außen wölben

© 2011, Springer-Verlag GmbH. Aus: Kaluza, G.: Stressbewältigung

Progressive Relaxation –
Kurzform: Wie Sie die Muskeln anspannen können

(1)	Arme	Beide Hände zu Fäusten ballen und Ellenbogen anwinkeln
(2)	Kopf	Augenbrauen zusammenziehen, Nase rümpfen, Zähne und Lippen zusammenpressen, Kopf leicht einziehen und nach hinten drücken
(3)	Rumpf	Schultern nach hinten unten zusammendrücken, leicht ins Hohlkreuz gehen und Bauchdecke hart machen
(4)	Beine	Beide Fersen auf den Boden drücken, Zehenspitzen aufrichten, dabei Unterschenkel, Oberschenkel und Gesäßmuskeln anspannen

© 2011, Springer-Verlag GmbH. Aus: Kaluza, G.: Stressbewältigung

Entspannungsprotokoll für die Woche von ...... bis ......

In dieser Woche übe ich: _____

Datum	Zeit	Übung durchgeführt?	Wie war der Erfolg? (1 = sehr gut bis 6 = sehr schlecht)
		☐ ja ☐ nein	1 2 3 4 5 6
		☐ ja ☐ nein	1 2 3 4 5 6
		☐ ja ☐ nein	1 2 3 4 5 6
		☐ ja ☐ nein	1 2 3 4 5 6
		☐ ja ☐ nein	1 2 3 4 5 6
		☐ ja ☐ nein	1 2 3 4 5 6
		☐ ja ☐ nein	1 2 3 4 5 6
		☐ ja ☐ nein	1 2 3 4 5 6

Bemerkungen:

_____

_____

_____

_____

_____

III. Trainingsmodul 2: Mentaltraining

- Stress ist das Resultat von persönlichen Bewertungen (Beispiel) (◘ Abb. A12) – 210
- Stressverschärfende und förderliche Denkmuster – 211
- »Wie man sich selbst auf förderliche Gedanken bringen kann«: Ein Menü mentaler Strategien zur Stressbewältigung – 212
- Checkliste »Stressverschärfende Gedanken« – 213
- Persönliches Stressverstärker-Profil (◘ Abb. A13) – 214
- Information »Die 5 Stressverstärker und was dahintersteckt« – 215 f.
- Arbeitsblatt »Persönliche Stressverstärker hinterfragen« – 217
- Arbeitsblatt »Förderliche Einstellungen« – 218

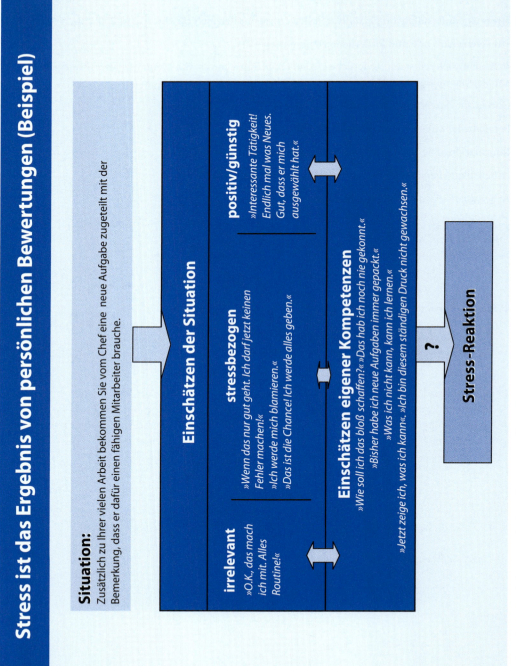

Abb. A12 Stress ist das Ergebnis von persönlichen Bewertungen (Beispiel)

Stressverschärfende und förderliche Denkmuster

Stressverschärfend	Förderlich
»Das gibt's doch nicht!«-Denken — mit der Realität hadern — sich in Ärger und Frust hineinsteigern	**Annehmen der Realität** — Stressoren und eigene Stressreaktionen als Realität akzeptieren (»Es ist, wie es ist.«)
»Blick auf das Negative« — einseitig negative Aspekte der Situation wahrnehmen — negativen Aspekten eine zu große Bedeutung geben — negative Aspekte zu sehr verallgemeinern	**»Blick auf das Positive«** — sich auf positive Aspekte der Situation, auf Chancen und Sinn orientieren — Realitätsüberprüfung — Konkretisieren
Defizit-Denken — einseitig eigene Defizite, Schwächen, Misserfolge wahrnehmen	**Kompetenz-Denken** — sich auf eigene Stärken, Erfolge und Ressourcen (externe Hilfen) konzentrieren — auf die eigenen Kompetenzen vertrauen
Negatives Konsequenzen-Denken — einseitig mögliche negative Konsequenzen und Misserfolge ausmalen und übersteigern (Katastrophisieren)	**Positives Konsequenzen-Denken** — sich auf mögliche Erfolge und positive Konsequenzen orientieren — Ent-Katastrophisieren (Was könnte schlimmstenfalls geschehen?)
Personalisieren — äußere Situationen oder das Verhalten anderer zu persönlich nehmen — sich vorschnell persönlich betroffen, angegriffen, verantwortlich, beschuldigt oder schuldig fühlen	**Relativieren und Distanzieren** — die Sache aus einem anderen Blickwinkel, mit den Augen eines anderen sehen — innere Distanz bewahren

- Selbstreflektion: Welche Denkmuster sind in meinem Gehirn stark ausgeprägt?

Stressverschärfende Denkmuster:

_____

Förderliche Denkmuster:

_____

Welche Denkmuster möchte ich in meinem Gehirn stärker abbauen bzw. verankern?

_____

© 2011, Springer-Verlag GmbH. Aus: Kaluza, G.: Stressbewältigung

Wie man sich selbst auf förderliche Gedanken bringen kann: Ein Menü zur Stressbewältigung

Stress entsteht zu einem erheblichen Teil im Kopf. Wie wir Situationen einschätzen und unsere eigenen Kompetenzen bewerten, hat großen Einfluss darauf, ob es zu Stress kommt oder nicht. Ein wichtiger Weg zur Stressbewältigung besteht daher darin, eigene stressverschärfende Gedanken zu erkennen und zu verändern. Dies ist leichter gesagt als getan, denn die stressverschärfenden Denkmuster haben sich durch jahrelange Benutzung tief in unser Gehirn eingegraben. Sie sind dadurch ein fester Bestandteil von uns selbst geworden und unsere Sicht der Dinge erscheint uns oft als einzig mögliche und richtige. Um Bewegung in den eigenen Kopf und sich selbst in Stresssituationen auf neue, förderliche Gedanken zu bringen, kann es hilfreich sein, sich mit einer (oder auch mehreren) der folgenden Fragen zu konfrontieren:

Realitätstestung und Konkretisieren
- Ist es wirklich so?
- Welche Beweise/Tatsachen sprechen für meine Sichtweise?
- Welche anderen Möglichkeiten gibt es, die Situation zu erklären?
- Wie sehen die anderen beteiligten Personen die Sache? Wie fühlen die sich?
- Wie sehen andere (neutrale, unabhängige, erfahrene) Personen die Sache?
- Wie würde das Geschehen in einem Dokumentarfilm aussehen?
- Was genau ist passiert? Was ist im Einzelnen geschehen oder gesagt worden?
- Ist das immer so? Welche Ausnahmen gibt es?

Blick auf das Positive, auf Chancen und Sinn
- Was ist das Gute an dieser Situation?
- Wozu ist das gut?
- Wo liegen Chancen?
- Was kann ich in dieser Situation lernen?
- Welche Aufgabe habe ich in dieser Situation?
- Welchen Sinn finde ich in dieser Situation?

Orientieren an eigenen Stärken und Erfolgen
- Welche schwierigen Situationen in meinem Leben habe ich bereits gemeistert?
- Wie habe ich das geschafft?
- Welche Stärken und Tugenden habe ich dabei unter Beweis gestellt?
- Worauf bin ich stolz?
- Was gibt mir heute Mut und Sicherheit? Worauf kann ich mich verlassen?

Orientieren an positiven Konsequenzen und Entkatastrophisieren
- Wie wird es sein, wenn ich die Anforderung erfolgreich bewältigt habe?
- Wie werde ich mich dann fühlen?
- Wie werden andere, die mir wichtig sind, auf meinen Erfolg reagieren?
- Wie wird das meine Lebenssituation positiv beeinflussen?
- Was würde schlimmstenfalls geschehen? Wie schlimm wäre das wirklich? Wie wahrscheinlich ist das?

Relativieren und Distanzieren
- Wie werde ich später, in einem Monat oder in einem Jahr darüber denken?
- Was denkt jemand, den die Situation weniger belastet als mich?
- Wie wichtig ist diese Sache wirklich für mich? Was ist wichtiger als diese Sache?
- Wie sieht die Situation von einer höheren Warte aus?
- Was würde mein/e Freund/in (jemand, der es gut mit mir meint) mir in dieser Situation sagen?
- Was würde ich einem/r Freund/in zur Unterstützung sagen, der/die sich in einer ähnlichen Situation befindet?

© 2011, Springer-Verlag GmbH. Aus: Kaluza, G.: Stressbewältigung

Checkliste: Stressverschärfende Gedanken

Wie vertraut sind Ihnen die folgenden Gedanken?

		sehr	etwas	nicht
1.	Am liebsten mache ich alles selbst.	2	1	0
2.	Ich halte das nicht durch.	2	1	0
3.	Es ist entsetzlich, wenn etwas nicht so läuft, wie ich will oder geplant habe.	2	1	0
4.	Ich werde versagen.	2	1	0
5.	Das schaffe ich nie.	2	1	0
6.	Es ist nicht akzeptabel, wenn ich eine Arbeit nicht schaffe oder einen Termin nicht einhalte.	2	1	0
7.	Ich kann diesen Druck (Angst, Schmerzen etc.) einfach nicht aushalten.	2	1	0
8.	Ich muss immer für meinen Betrieb da sein.	2	1	0
9.	Probleme und Schwierigkeiten sind einfach nur fürchterlich.	2	1	0
10.	Es ist wichtig, dass ich alles unter Kontrolle habe.	2	1	0
11.	Ich will die anderen nicht enttäuschen.	2	1	0
12.	Es gibt nichts Schlimmeres, als Fehler zu machen.	2	1	0
13.	Auf mich muss 100%iger Verlass sein.	2	1	0
14.	Es ist schrecklich, wenn andere mir böse sind.	2	1	0
15.	Starke Menschen brauchen keine Hilfe.	2	1	0
16.	Ich will mit allen Leuten gut auskommen.	2	1	0
17.	Es ist schlimm, wenn andere mich kritisieren.	2	1	0
18.	Wenn ich mich auf andere verlasse, bin ich verlassen.	2	1	0
19.	Es ist wichtig, dass mich alle mögen.	2	1	0
20.	Bei Entscheidungen muss ich mir 100% sicher sein.	2	1	0
21.	Ich muss ständig daran denken, was alles passieren könnte.	2	1	0
22.	Ohne mich geht es nicht.	2	1	0
23.	Ich muss immer alles richtig machen.	2	1	0
24.	Es ist schrecklich, auf andere angewiesen zu sein.	2	1	0
25.	Es ist ganz fürchterlich, wenn ich nicht weiß, was auf mich zukommt.	2	1	0

© 2011, Springer-Verlag GmbH. Aus: Kaluza, G.: Stressbewältigung

Persönliches Stressverstärkerprofil

Auswertung der Checkliste »Stressverschärfende Gedanken«

(1) Addieren Sie die Punkte zu den Gedanken 6, 8, 12, 13 und 23.

Wert 1 = _____

(2) Addieren Sie die Punkte zu den Gedanken 11, 14, 16, 17 und 19.

Wert 2 = _____

(3) Addieren Sie die Punkte zu den Gedanken 1, 15, 18, 22 und 24.

Wert 3 = _____

(4) Addieren Sie die Punkte zu den Gedanken 3, 10, 20, 21 und 25.

Wert 4 = _____

(5) Addieren Sie die Punkte zu den Gedanken 2, 4, 5, 7 und 9.

Wert 5 = _____

(6) Übertragen Sie die errechneten Werte 1 bis 5 in ◘ Abb. A13.

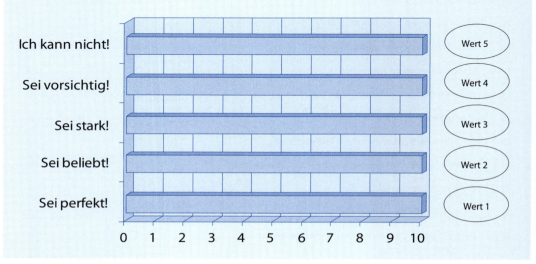

◘ **Abb. A13** Persönliches Stressverstärker-Profil

© 2011, Springer-Verlag GmbH. Aus: Kaluza, G.: Stressbewältigung

Die 5 Stressverstärker und was dahinter steckt

■ Sei perfekt!

Im Hintergrund dieses Stressverstärkers steht das Leistungsmotiv, der Wunsch nach Erfolg und Selbstbestätigung durch gute Leistungen. Wenn dieses Motiv übermächtig und zur absoluten Forderung erhoben wird, dann verbindet es sich mit einer ausgeprägten Stressanfälligkeit vor allem gegenüber solchen Situationen, in denen ein Misserfolg, Versagen und eigene Fehler möglich sind oder drohen. Durch das perfektionistische Leistungsverhalten wird versucht, derartige Situationen unter allen Umständen zu vermeiden. Das Problem besteht hier nicht darin, sich ständig verbessern zu wollen oder nach Höchstleistungen zu streben. Auch gibt es selbstverständlich Aufgabenbereiche, in denen es auf höchste Genauigkeit und Perfektion ankommt. Problematisch wird es dann, wenn das perfektionische Leistungsstreben in alle Lebensbereiche hineingetragen und auf jede beliebige berufliche Aufgabe oder private Aktivität übertragen wird. Dies führt über kurz oder lang unweigerlich in die Selbstüberforderung und schließlich Erschöpfung.

■ Sei beliebt!

Im Hintergrund dieses Stressverstärkers steht das Anerkennungsmotiv, der Wunsch nach Zugehörigkeit, nach Angenommensein und Liebe. Wenn dieses Motiv übermächtig und zur absoluten Forderung erhoben wird, dann verbindet es sich mit einer ausgeprägten Stressanfälligkeit vor allem gegenüber solchen Situationen, in denen Ablehnung, Kritik und Zurückweisung durch andere möglich sind oder drohen. Als besonders belastend wird auch erlebt, wenn man eigene Interessen vertreten und andere enttäuschen muss oder wenn Konflikte, Meinungsverschiedenheiten u.Ä. mit anderen bestehen. Derartige Situationen müssen unter allen Umständen vermieden oder entschärft werden. Dies wird versucht, indem man eigene Interessen zurückstellt und sich bemüht, es buchstäblich allen recht zu machen. Auch eine übergroße Hilfsbereitschaft steht bisweilen im Dienst des »Sei beliebt!«-Verstärkers. Sicher gibt es immer wieder Situationen, in denen es notwendig oder angemessen ist, Kompromisse zu schließen, nachzugeben und anderen zu helfen. Das Problem liegt auch hier wieder in der Übertreibung, in einem »Zuviel des Guten«, das auf längere Sicht in die Selbstüberforderung und ins Burn-out führt.

■ Sei stark!

Im Hintergrund dieses Stressverstärkers steht das Autonomiemotiv, der Wunsch nach persönlicher Unabhängigkeit und Selbstbestimmung. Wenn dieses Motiv übermächtig und zur absoluten Forderung erhoben wird, dann verbindet es sich mit einer ausgeprägten Stressanfälligkeit vor allem gegenüber solchen Situationen, in denen eine Abhängigkeit von anderen, eigene Hilfsbedürftigkeit und Schwächen erlebt werden oder drohen. Menschen, die den »Sei stark!«-Verstärker in sich tragen, erledigen deshalb ihre Aufgaben am liebsten allein und machen Schwierigkeiten, Sorgen und Ängste mit sich allein aus. Es fällt ihnen schwer, andere um Hilfe oder Unterstützung zu bitten und sich anderen anzuvertrauen. Sie versuchen unter allen Umständen gegenüber sich und anderen das Bild der Stärke und Unabhängigkeit aufrechtzuerhalten. Dass ein solches Verhalten längerfristig leicht in die Selbstüberforderung bis zur Erschöpfung führen kann, liegt auf der Hand. Stressverschärfend wirkt hier nicht das an sich gesunde Streben nach Unabhängigkeit, sondern wieder dessen einseitige Übertreibung, die es nicht erlaubt, sich auch einmal bei anderen anzulehnen und sich helfen zu lassen.

▬ Sei vorsichtig!

Im Hintergrund dieses Stressverstärkers steht das Kontrollmotiv, der Wunsch nach Sicherheit im und Kontrolle über das eigene Leben. Wenn dieses Motiv übermächtig und zur absoluten Forderung erhoben wird, dann verbindet es sich mit einer ausgeprägten Stressanfälligkeit vor allem gegenüber solchen Situationen, in denen Kontrollverlust, Fehlentscheidungen und Risiken möglich sind oder drohen. Um solche Situationen zu vermeiden, versuchen Menschen, die den »Sei vorsichtig!«-Verstärker in sich tragen, möglichst alles selbst unter Kontrolle zu haben. Es fällt ihnen schwer zu delegieren. Sie neigen dazu, sich ständig Sorgen über mögliche Risiken und Gefahren zu machen, und es kostet sie viel Zeit und Kraft, Entscheidungen zu treffen, aus Angst, mögliche Risiken zu übersehen. So kann auch dieser Stressverstärker längerfristig Selbstüberforderung und Ausbrennen begünstigen, da eine hundertprozentige Sicherheit und Kontrolle nicht zu erreichen sind. Gerade in Zeiten zunehmender Unsicherheit bedarf das Sicherheitsstreben eines Ausgleichs durch Mut zum kalkulierten Risiko, durch Loslassen und durch Vertrauen.

▬ Ich kann nicht!

Im Hintergrund dieses Stressverstärkers steht der Wunsch nach eigenem Wohlbefinden und einem bequemen Leben (»Life must be easy.«). Wenn dieses Motiv übermächtig und zur absoluten Forderung erhoben wird, dann verbindet es sich mit einer ausgeprägten Stressanfälligkeit vor allem gegenüber solchen Situationen, in denen unangenehme Aufgaben, Anstrengung oder Frustrationen möglich sind oder drohen. Derartigen Situationen wird versucht, aus dem Weg zu gehen, indem man sie auf die lange Bank schiebt (»Aufschieberitis«) und sich in Hilflosigkeit flüchtet. Menschen, die den »Ich kann nicht!«-Verstärker in sich tragen, haben früh gelernt, dass sie ihren eigenen Kompetenzen nicht vertrauen können und dass es besser ist, wenn sie sich vor Anstrengung und Schwierigkeiten hüten. Sie entwickeln eine übertriebene Schonhaltung. Da sich aber niemand allen Anforderungen entziehen kann, sind chronische Stressreaktionen mit den bekannten Folgen unausweichlich.

© 2011, Springer-Verlag GmbH. Aus: Kaluza, G.: Stressbewältigung

Persönliche Stressverstärker hinterfragen

Mit den folgenden Fragen können Sie stressverschärfende Einstellungen hinterfragen und förderliche Einstellungen entwickeln.

Um welchen Stressverstärker geht es?
___

Frage 1: Was spricht für diesen Stressverstärker? Was sind positive Aspekte?
___
___
___
___

Frage 2: Was spricht gegen diesen Stressverstärker? Was sind negative Aspekte?
___
___
___
___

Frage 3: Wie lautet der extreme Gegenpol zu diesem Stressverstärker?
___
___
___
___

Frage 4: Wie könnte eine förderliche, stressmindernde Einstellung lauten?
___
___
___
___

© 2011, Springer-Verlag GmbH. Aus: Kaluza, G.: Stressbewältigung

Förderliche Einstellungen

	Mögliche förderliche Gedanken	Mein Satz
Sei perfekt!	- Auch ich darf Fehler machen. - Aus Fehlern werd ich klug. - Oft ist gut gut genug. - Weniger ist manchmal mehr. - So gut wie möglich, so gut wie nötig. - Ab und zu lasse ich fünf gerade sein. - Ich gebe mein Bestes und achte auf mich. - Ich unterscheide zwischen wichtig und unwichtig. - Nichts wird so heiß gegessen, wie es gekocht wird.	
Sei beliebt!	- Ich darf »nein« sagen. - Ich achte auf meine Grenzen/meine Bedürfnisse. - Ich sorge auch für mich. - Ich bin gut zu mir. - Ich darf andere enttäuschen. - Ich kann/will/muss es nicht allen recht machen. - Nicht alle anderen müssen mich mögen. - Kritik gehört dazu. - Ich darf kritisieren/meine Meinung sagen. - Ich darf kritisiert werden.	
Sei stark!	- Ich darf auch mal Schwäche zeigen. - Schwächen sind menschlich. - Ich darf um Hilfe/Unterstützung bitten. - Es gibt Hilfe/Unterstützung für mich. - Ich gebe anderen die Chance, mich zu unterstützen. - Ich lasse mich unterstützen. - Ich darf/kann delegieren. - Ich darf meine Gefühle zeigen. - Ich muss nicht alles selbst/allein machen.	
Sei vorsichtig!	- Ich akzeptiere, was ich nicht ändern kann. - Ich kann/muss nicht alles kontrollieren/planen. - Risiko/Unsicherheit gehört dazu. - Ich kann/darf mich auf andere verlassen. - Ich habe Vertrauen. - Störungen sind Teil des Jobs/des Plans. - Ich bleibe gelassen, auch wenn ich nicht weiß, was kommt. - No risk, no fun!	
Ich kann nicht!	- Ich schaffe es. - Ich habe schon ähnliche Situationen gemeistert. - Ich nehme es als Herausforderung an. - Ich vertraue auf mich. - Ich weiß, was ich kann. - Ich kann es aushalten. - Das geht auch wieder vorüber. - Das wirft mich nicht um.	

© 2011, Springer-Verlag GmbH. Aus: Kaluza, G.: Stressbewältigung

IV. Trainingsmodul 3: Problemlösetraining

- Stressoren – was uns stresst (◘ Abb. A14–A18) – 220–224
- Checkliste »Alltägliche Belastungen« – 225 f.
- Information »6 Schritte zur Problemlösung« – 227
- Stressdetektiv: »Dem Stress auf die Spur kommen« (◘ Abb. A19) – 228
- Arbeitsblatt »Fragen zur Selbstreflexion« (◘ Abb. A20) – 229

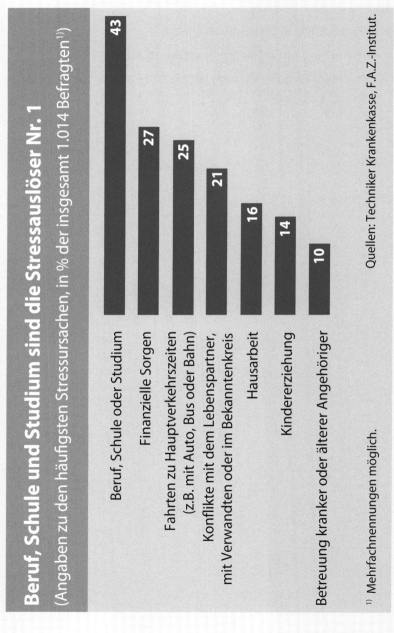

Abb. A14 Was die Deutschen stresst …

Trainingsmaterialien

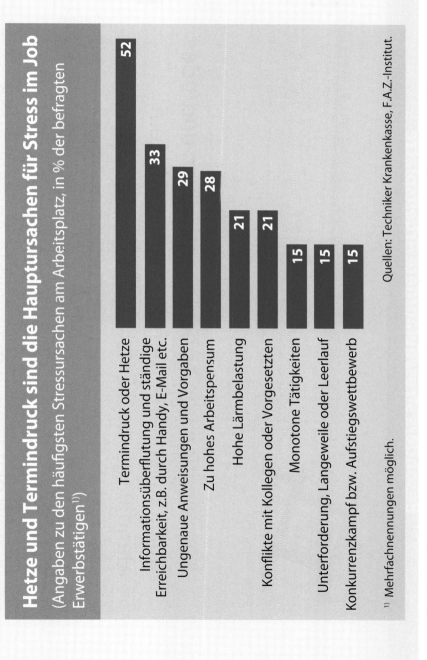

Abb. A15 Stress am Arbeitsplatz

© 2011, Springer-Verlag GmbH. Aus: Kaluza, G.: Stressbewältigung

Besonders stressgefährdete Arbeitsplätze

Kombination von hohen quantitativen und/oder qualitativen Anforderungen mit geringem Handlungs- und Entscheidungsspielraum

und

Fehlende soziale Unterstützung am Arbeitsplatz sowie mangelnde Anerkennung der Arbeitsleistung

Abb. 16 Besonders stressgefährdete Arbeitsplätze

Stress und Familie

- (Un-)Vereinbarkeit von Familie und Beruf
- Doppelbelastung
- Pflege von kranken Angehörigen
- Erziehungs-, Schulschwierigkeiten
- Auflösung traditioneller Rollenverständnisse
- Erosion familiärer Bindungen
- Räumliche Enge
- Finanzielle Belastungen
- …

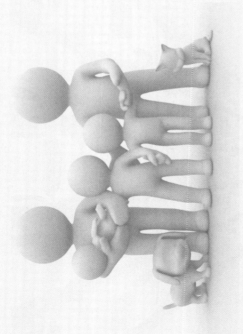

© ionnis kounadeas / fotolia.com

Abb. A17 Stress und Familie

Zivilisations-Stressoren

- Mobilitätsanforderungen (»Verkehrsstress«)
- Menschendichte und Einsamkeit
- Informations-/Reizüberflutung
- Qual der Wahl (»Multi-Optionsgesellschaft«)
- ...

© styleuneed / fotolia.com

Abb. A18 Zivilisations-Stressoren

Alltägliche Belastungen

In meinem Alltag fühle ich mich belastet durch:

	Ja	Nein	Punkte
Termindruck, Zeitnot, Hetze			
Schwierigkeiten, Berufs- und Privatleben miteinander zu verbinden			
Große familiäre Verpflichtungen (z.B. im Haushalt, Pflege von Angehörigen)			
Unzufriedenheit mit der Verteilung der Hausarbeit			
Große soziale Verpflichtungen (z.B. in Vereinen oder Organisationen)			
Gesundheitliche Probleme (z.B. Krankheiten, Folgen von Krankheiten oder chronische Leiden) bei mir oder anderen			
Das Gefühl, allgemein nicht ausgelastet zu sein			
Lange Anfahrten zur Arbeit oder häufige Dienstreisen			
Ehe- oder Partnerschaftskonflikte			
Probleme mit den Kindern (z.B. Erziehung oder Schule)			
Finanzielle Sorgen (z.B. Arbeitslosigkeit, Ratenzahlungen)			
Hohe Verantwortung am Arbeitsplatz (z.B. großes Risiko, einen Schaden zu verursachen)			
Unzufriedenheit mit meinem Arbeitsplatz (z.B. durch Unterforderung oder mangelndes Interesse)			
Unzufriedenheit mit meinen Arbeitsbedingungen oder -zeiten (z.B. Lärmbelästigung, Schichtarbeit)			
Störungen bei der täglichen Arbeit (z.B. ständige Unterbrechungen oder schlechte Planung)			
Verschiedene Anforderungen am Arbeitsplatz, denen ich nicht gleichzeitig gerecht werden kann			
Zu viel Arbeit			

© 2011, Springer-Verlag GmbH. Aus: Kaluza, G.: Stressbewältigung

	Ja	Nein	Punkte
Einführung neuer Arbeitsmethoden und Technologien			
Informationsüberflutung			
Persönliche Spannungen am Arbeitsplatz (z.B. mit Kollegen, Vorgesetzten oder Kunden)			
Mangelnde Anerkennung der eigenen Arbeitsleistung			
Unstimmigkeiten im Verwandtenkreis			
Häufig wiederkehrende Auseinandersetzungen mit anderen Personen (z.B. Vermietern, Mietern oder Nachbarn)			
Unzufriedenheit mit der Wohnsituation (z.B. Lärm, zu kleine Wohnung, schlechte Lage usw.)			
Zeiteinteilung des Tagesablaufs (z.B. zu wenig oder zu viel Freizeit, zu wenig Schlaf)			
Befürchtung einer drohenden Verschlechterung der bestehenden Lebenssituation (z.B. durch Arbeitslosigkeit oder Krankheit)			
Sonstiges (hier können Sie weitere Belastungen nennen)			

Auswertung:

Gehen Sie die einzelnen Belastungen noch einmal durch und überlegen Sie, wie schwer die jeweilige Belastung in Ihrem Alltag wiegt. Gewichten Sie die Belastungen, die Sie mit »Ja« angekreuzt haben, mit einem Punktwert: Sie haben insgesamt 10 Punkte zur Verfügung, die Sie auf die verschiedenen Belastungen je nach ihrer Schwere verteilen können. Sie können natürlich auch – im Extremfall – alle 10 Punkte für eine Belastung vergeben. Die anderen Belastungen erhalten dann keinen Punkt. Sie erhalten auf diese Weise eine Rangreihe Ihrer Belastungen.

Meine persönliche Belastungshierarchie

1. _____

2. _____

3. _____

4. _____

5. _____

»6 Schritte zur Problemlösung«

Probleme gehören zum normalen Alltag und meistens gelingt es uns, sie auf die eine oder andere Art zu meistern. Manchmal ist es jedoch auch so, dass uns das gleiche Problem immer wieder belastet und dass wir es – ohne Erfolg – auf die immer gleiche Weise zu lösen versuchen. In diesen Fällen ist es sinnvoll, sich Zeit zu nehmen und in Ruhe und systematisch nach neuen, kreativen Möglichkeiten für die Bewältigung des Problems zu suchen. Dazu gehören die folgenden Schritte:

Schritt 1: »Dem Stress auf die Spur kommen«
Zunächst beobachte ich möglichst genau die Situationen, in denen das Problem auftritt, und wie ich in dieser Situation reagiere.

Schritt 2: »Ideen zur Bewältigung sammeln«
Dann sammle ich möglichst viele unterschiedliche Ideen, wie die Situation zu bewältigen wäre, ohne vorschnell bestimmte Vorschläge zu verwerfen. Wenn möglich, befrage ich Freunde, Bekannte, Kollegen, wie sie das Problem angehen würden. Oder ich versuche mich selbst auf neue Ideen zu bringen, z.B. indem ich mir vorstelle, wie jemand ganz anderes sich in dieser Situation verhalten würde. Ich lasse auch ungewöhnlich, unrealistisch oder unvernünftig erscheinende Ideen zu.

Schritt 3: »Den eigenen Weg finden«
Erst im nächsten Schritt gehe ich dann die einzelnen Ideen noch einmal durch und überlege, welche Vorschläge am ehesten dazu beitragen werden, dass die Belastung in dieser Situation abgebaut wird. Ich gehe unvoreingenommen an die einzelnen Vorschläge heran und vermeide ganz bewusst, einzelne Ideen schon jetzt zu verwerfen, weil sie mir im Moment als nicht umsetzbar erscheinen. So verhindere ich, dass ich mich selbst im Kreis drehe und gebe neuen Vorschlägen eine Chance. Ich wähle schließlich eine oder mehrere Ideen aus.

Schritt 4: »Konkrete Schritte planen«
Hier geht es nun um die praktische Umsetzung der ausgewählten Ideen. Ich überlege, welche Vorschläge wie praktisch verwirklicht werden können. Ich plane konkrete Schritte für die nächsten Tage und mache mir einen genauen Plan, wann, wo und wie ich diese Schritte durchführen will.

Schritt 5: »Im Alltag handeln«
Ich setze meinen Plan in die Tat um!

Schritt 6: »Bilanz ziehen«
Ich bewerte das Ergebnis: War die Problemlösung erfolgreich oder muss ich nach neuen Ideen suchen? Habe ich bestimmte Vorschläge vorschnell ausgeschlossen? Waren die konkreten Schritte nicht genau genug geplant? Habe ich mögliche Schwierigkeiten übersehen?

© 2011, Springer-Verlag GmbH. Aus: Kaluza, G.: Stressbewältigung

Stressdetektiv: Dem Stress auf die Spur kommen

© vuifah / fotolia.com

Der 1. Schritt zu einer besseren Bewältigung von alltäglichen Belastungen besteht darin, möglichst genau die Situationen herauszufinden, die Sie als Stress empfinden, und zu beobachten, was mit Ihnen in diesen Situationen geschieht. Versuchen Sie in den kommenden Tagen, sich selbst gezielt zu beobachten, wenn Sie sich gestresst fühlen.

Situation

Wann?

Wo?

Wer?

Was geschieht?

Bewertungen

Wie bewerte ich die Situation, das Verhalten anderer, mich selbst?
Welche Erwartungen an mich oder andere habe ich?
Welche Befürchtungen habe ich?

Was spüre ich körperlich?   *Was fühle ich?*   *Was tue oder sage ich?*

Meine Reaktion

Abb. A19 Stressdetektiv: Dem Stress auf die Spur kommen

© 2011, Springer-Verlag GmbH. Aus: Kaluza, G.: Stressbewältigung

Trainingsmaterialien

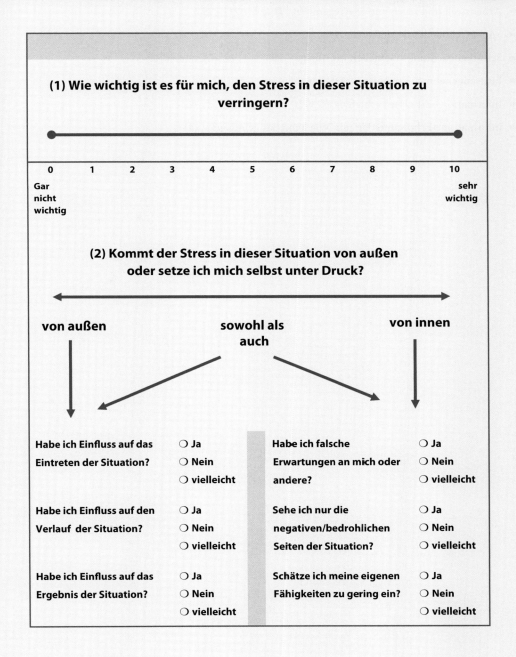

Abb. A20 Fragen zur Selbstreflektion

© 2011, Springer-Verlag GmbH. Aus: Kaluza, G.: Stressbewältigung

V. Trainingsmodul 4: Genusstraining

- Information »Erholung – aber richtig!« – 231
- Arbeitswelt und regenerative »Gegenwelt« (Abb. A21) – 232
- »Acht Gebote des Genießens« – 233
- Selbstbeobachtung »Genießen im Alltag« – 234
- Liste angenehmer Erlebnisse – 235–238
- Information »Erholsam schlafen« – 239 f.
- Information »Erholsamer Urlaub: Wie kann das gelingen? – 241 f.

Erholung – aber richtig!

Vielleicht teilen auch Sie diese Erfahrungen: Nach einem »geruhsamen« Wochenende oder einem Kurzurlaub fühlen Sie sich immer noch gestresst und ausgelaugt. Trotz 8 Stunden Schlaf sind Sie immer noch nicht ausgeruht. Wenn die erhoffte Erholung ausbleibt, dann liegt das oft an einer falschen Vorstellung von Erholung. Allein durch passives Pausieren, so glauben viele, stellt sich die gewünschte und nötige Erholung ein. Die moderne Erholungsforschung aber zeigt, dass wir nicht allein passiv auf Erholung warten müssen, sondern dass wir den Erholungsprozess selbst aktiv gestalten können und müssen, um den gewünschten Erholungseffekt zu erzielen.

Dazu müssen wir wissen, wovon und wozu wir uns eigentlich erholen wollen. **Erholung ist nicht gleich Erholung.** Welche Form der Erholung die richtige ist, hängt davon ab, welche Form der Beanspruchung wir zuvor erlebt haben.

Bitte überlegen Sie einmal:

❓ Wie fühlen Sie sich nach einem anstrengenden Arbeitstag oder nach einer langen Arbeitswoche?

- **Sie fühlen sich v.a. innerlich unruhig, aufgekratzt, nervös und überreizt?**
  Dann geht es für Ihre Erholung vornehmlich darum, zur Ruhe zu finden. Entspannende Aktivitäten, durch die die körperliche und seelische Aktivierung reduziert wird, sind hier der optimale Weg zur Erholung. Beispiele dafür sind systematische Entspannungsübungen, Aufenthalte und Spaziergänge in der Natur, an Orten der Stille, um die Reizüberflutung einzudämmen. Auch sportliche Ausdaueraktivitäten, die mit einem gleichmäßigen Rhythmus über eine längere Zeit ausgeübt werden, können, sofern sie ohne falschen Ehrgeiz und Leistungswillen ausgeübt werden, zur Beruhigung beitragen. Auch das unterhaltsame gesellige Beisammensein mit anderen trägt zur Entspannung bei, vorausgesetzt, es ist nicht mit neuen belastenden Anforderungen (z.B. als Gastgeber) verbunden.

- **Sie fühlen sich v.a. missgelaunt, frustriert und haben einfach die Nase gestrichen voll?**
  Dann werden Sie wahrscheinlich in Ihrem Alltag zu einseitig beansprucht. Dann sollten Sie für Ihre Freizeitgestaltung v.a. solche Aktivitäten finden, die geeignet sind, ihre brachliegenden Interessen und Fähigkeiten zu stimulieren und einseitige Beanspruchungen auszugleichen. Wer den ganzen Tag »Kopfarbeit« leistet, braucht als Ausgleich Körpertätigkeit. Wer hingegen in seinem Beruf körperlich stark gefordert ist, sollte in der freien Zeit eine Beschäftigung wählen, die den Geist anregt. Wer z.B. als Manager oder in einem helfenden Beruf viele Gespräche führen muss und abends selten auf »greifbare« Ergebnisse zurückblicken kann, für den kann ein sinnvoller Ausgleich darin bestehen, etwas mit den Händen zu schaffen, kreativ tätig zu werden.

- **Sie fühlen sich v.a. unausgefüllt, gelangweilt oder unterfordert?**
  Sie empfinden in Ihrem beruflichen und privaten Alltag immer weniger positive Herausforderungen? In Ihrem Leben herrscht ein Mangel an lustvollen Spannungszuständen? Dann ist es ratsam, in der Freizeit v.a. etwas Sinnvolles zu tun, sich neue persönliche Herausforderungen zu suchen und neue Erfahrungsfelder zu erschließen. Zum Beispiel, indem Sie beginnen, etwas Neues zu lernen (eine Sportart, ein Musikinstrument, eine Sprache). Auch ehrenamtliches Engagement für eine Idee oder ein Projekt, das Ihnen persönlich wichtig ist, ist ein Weg, die »innere Leere« zu überwinden.

- **Sie fühlen sich v.a. erschöpft, ausgelaugt, einfach nur fix und fertig?**
  Dann geht es in der Freizeit v.a. darum, sich auszuruhen und neue Energien zu tanken. Gönnen Sie sich eine Auszeit, in der Sie sich selbst verwöhnen, z.B. durch ein Vollbad, ein Sonnenbad, ein Saunabad. Erlauben Sie sich, einfach einmal »nichts zu tun«, zu dösen und Körper und Seele baumeln zu lassen. Sorgen Sie für ausreichenden und erholsamen Schlaf. Und gönnen Sie sich leckeres und gesundes Essen!

© 2011, Springer-Verlag GmbH. Aus: Kaluza, G.: Stressbewältigung

Abb. A21 Arbeitswelt und regenerative »Gegenwelt«

»Acht Gebote des Genießens«

■■ 1. Gönne dir Genuss
»Tun hätte ich schon gewollt, dürfen habe ich mich nicht getraut« (Karl Valentin).
Viele Menschen haben Hemmungen, ein schlechtes Gewissen oder schämen sich, wenn sie sich selbst etwas Gutes tun. Ganz so als stünde ihnen Genuss oder Lebensfreude nicht zu. Vielleicht weil sie in ihrer Kindheit entsprechende Verbote von ihren Eltern bekommen haben, können sie heute sich selbst einen Genuss nicht erlauben. Hier kommt es darauf an, sich über unnötig gewordene Genussverbote klar zu werden und diese fallen zu lassen.

■■ 2. Nimm dir Zeit zum Genießen
Das klingt banal, ist aber eine ganz wichtige Voraussetzung für das Genießen. Genuss geht nicht unter Zeitdruck – aber manchmal genügt schon ein Augenblick.

■■ 3. Genieße bewusst
»Willst Du immer weiter schweifen? Sieh, das Gute liegt so nah! Lerne nur das Glück begreifen, denn das Glück ist immer da.« (Johann Wolfgang von Goethe, 1749–1832). Wer viele Dinge gleichzeitig tut, wird dabei kaum genießen können. Wollen Sie Genuss erleben, dann müssen Sie die anderen Tätigkeiten ausschalten und sich ganz auf diesen besinnen. Genuss geht nicht nebenbei. Auch das ständige Denken an zukünftige oder zurückliegende Aufgaben verstellt oft den Blick für das Angenehme. Genuss findet in der Gegenwart statt.

■■ 4. Schule deine Sinne für Genuss
Genießen setzt eine fein differenzierte Sinneswahrnehmung voraus, die sich durch Erfahrung gebildet hat. Beim Genießen kommt es auf das Wahrnehmen von Nuancen an. Es gilt hier, die eigenen Sinne zu schärfen.

■■ 5. Genieße auf deine eigene Art
Das weiß auch der Volksmund: »Was dem einen sin Uhl ist, ist dem anderen sin Nachtigall«. Genuss bedeutet für jeden etwas anderes. Hier kommt es darauf an, herauszufinden, was einem gut tut und – genauso wichtig – was einem nicht gut tut und was einem wann gut tut.

■■ 6. Genieße lieber wenig, aber richtig
Ein populäres Missverständnis über Genießen ist, dass derjenige mehr genießt, der mehr konsumiert. Für den Genuss ist jedoch nicht die Menge, sondern die Qualität entscheidend. Ein Zuviel wirkt auf die Dauer sättigend und langweilig. Wir plädieren deshalb dafür, sich zu beschränken, nicht aus Geiz oder aus falscher Bescheidenheit, sondern um sich das jeweils Beste zu gönnen.

■■ 7. Planen schafft Vorfreude
Eine Redensart besagt, dass man die Feste feiern soll, wie sie fallen. Das Zufällige, Spontane, Unerwartete bringt häufig einen ganz besonderen Genuss. Es erscheint jedoch nicht günstig, den Genuss alleine dem Zufall zu überlassen. Im Alltag wird es oft nötig sein, angenehme Erlebnisse zu planen, d.h. die Zeit dafür einzuteilen, die entsprechenden Vorbereitungen zu treffen, Verabredungen zu vereinbaren usw. Das hat den zusätzlichen angenehmen Effekt, dass Sie sich auf das bevorstehende angenehme Ereignis schon länger vorher freuen können.

■■ 8. Genieße die kleinen Dinge des Alltags
»Glück entsteht oft durch Aufmerksamkeit in kleinen Dingen, Unglück oft durch Vernachlässigung kleiner Dinge.« (Wilhelm Busch, 1832–1908). Genuss ist nicht immer zwangsläufig etwas ganz Außerordentliches. Nicht wenige Menschen versäumen das kleine Glück, während sie auf das große vergebens warten. Es gilt, Genuss im normalen Alltag zu finden – in kleinen Begebenheiten und alltäglichen Verrichtungen. Wer sich selbst im Alltag innerlich dafür offen hält, kann eine Vielzahl von Quellen für angenehme Erlebnisse gerade auch im alltäglichen Leben entdecken. Alltägliche Dinge einmal aus einer anderen, nicht zweckbestimmten Warte wahrzunehmen, kann unerwartete Genüsse bescheren.

© 2011, Springer-Verlag GmbH. Aus: Kaluza, G.: Stressbewältigung

Genießen im Alltag: Positiver Tagesrückblick

Bitte achten Sie in den kommenden Tagen einmal ganz bewusst auf schöne Dinge in Ihrem Alltag. Darauf, was Ihnen Freude macht, was Sie als angenehm empfinden und genießen können. Das können besondere Ereignisse sein, wie etwa der seltene Besuch guter Freunde oder z.B. ein Theaterbesuch. Wichtiger aber noch sind die ganz alltäglichen kleinen Freuden, wie z.B. das angenehme Gefühl auf der Haut nach der morgendlichen Dusche oder ein schöner Sonnenuntergang, den sie beobachtet haben, oder der angenehme Geruch von frisch gemahlenem Kaffee. Bitte nehmen Sie sich jeden Tag ein paar Minuten Zeit für einen positiven Tagesrückblick. Vergegenwärtigen Sie sich, was Sie an diesem Tag als angenehm erlebt haben. Machen Sie sich auf diesem Bogen einige Notizen.

Tag	Heute war angenehm...
Montag	Der Weg zur Arbeit durch den frischen Herbstwind
_____	_____
_____	_____
_____	_____
_____	_____
_____	_____
_____	_____
_____	_____
_____	_____
_____	_____
_____	_____
_____	_____
_____	_____

© 2011, Springer-Verlag GmbH. Aus: Kaluza, G.: Stressbewältigung

Liste angenehmer Erlebnisse

Die folgende Liste enthält eine Reihe von Tätigkeiten, die von vielen Menschen als angenehm und erholsam erlebt werden. Bitte geben Sie bei jeder Tätigkeit an, wie gern und wie häufig Sie diese Tätigkeit ausführen. Die Liste ist nicht vollständig. Falls Ihnen noch andere Möglichkeiten einfallen, tragen Sie diese bitte in die freien Zeilen ein.

Was?	Wie gern?			Wie häufig?		
	Nicht	etwas	sehr	nie	selten	oft
1. Kontakt und Geselligkeit						
Freunde/Bekannte/Verwandte besuchen	☹	😐	☺	☹	😐	☺
Freunde/Bekannte/Verwandte einladen	☹	😐	☺	☹	😐	☺
Mit den Kindern spielen	☹	😐	☺	☹	😐	☺
Ein Lokal besuchen	☹	😐	☺	☹	😐	☺
Telefonieren, chatten	☹	😐	☺	☹	😐	☺
Tanzen gehen	☹	😐	☺	☹	😐	☺
Unternehmungen/Ausflüge mit der Familie/ mit Freunden oder Bekannten	☹	😐	☺	☹	😐	☺
Gesellschaftsspiele	☹	😐	☺	☹	😐	☺
In einem Verein mitarbeiten (Kegel-Club, Chor, Schachclub etc.)	☹	😐	☺	☹	😐	☺
Was mir noch einfällt:						
–	☹	😐	☺	☹	😐	☺
–	☹	😐	☺	☹	😐	☺
2. Hobbys						
Fotografieren/Filmen	☹	😐	☺	☹	😐	☺
Sammeln von Briefmarken/Münzen	☹	😐	☺	☹	😐	☺
Pflanzen züchten	☹	😐	☺	☹	😐	☺
Malen/Zeichnen	☹	😐	☺	☹	😐	☺

© 2011, Springer-Verlag GmbH. Aus: Kaluza, G.: Stressbewältigung

Was?	Wie gern?			Wie häufig?		
	Nicht	etwas	sehr	nie	selten	oft
Töpfern	☹	😐	🙂	☹	😐	🙂
Basteln/Handarbeiten	☹	😐	🙂	☹	😐	🙂
Ein Musikinstrument spielen	☹	😐	🙂	☹	😐	🙂
Gartengestaltung	☹	😐	🙂	☹	😐	🙂
Singen	☹	😐	🙂	☹	😐	🙂
Etwas Besonderes kochen	☹	😐	🙂	☹	😐	🙂
Puzzles/Rätsel lösen	☹	😐	🙂	☹	😐	🙂
Technische Spiele (Eisenbahn, Computer …)	☹	😐	🙂	☹	😐	🙂
Heimwerken	☹	😐	🙂	☹	😐	🙂
Was mir noch einfällt:						
–	☹	😐	🙂	☹	😐	🙂
–	☹	😐	🙂	☹	😐	🙂
3. Kultur und Bildung						
Ins Konzert gehen	☹	😐	🙂	☹	😐	🙂
Theaterbesuch	☹	😐	🙂	☹	😐	🙂
Ins Kino gehen	☹	😐	🙂	☹	😐	🙂
Einen Vortrag anhören	☹	😐	🙂	☹	😐	🙂
Besuch von Ausstellungen/Museen	☹	😐	🙂	☹	😐	🙂
Ein gutes Buch lesen	☹	😐	🙂	☹	😐	🙂
Einen Kurs bei der VHS belegen	☹	😐	🙂	☹	😐	🙂
Eine Fremdsprache lernen	☹	😐	🙂	☹	😐	🙂
Was mir noch einfällt:						
–	☹	😐	🙂	☹	😐	🙂
–	☹	😐	🙂	☹	😐	🙂

© 2011, Springer-Verlag GmbH. Aus: Kaluza, G.: Stressbewältigung

Trainingsmaterialien

Was?	Wie gern?			Wie häufig?		
	Nicht	etwas	sehr	nie	selten	oft
4. Sport und Bewegung						
Spazieren gehen/Wandern	☹	😐	☺	☹	😐	☺
Waldlauf/Jogging	☹	😐	☺	☹	😐	☺
Tennis	☹	😐	☺	☹	😐	☺
Tischtennis	☹	😐	☺	☹	😐	☺
Schwimmen	☹	😐	☺	☹	😐	☺
Rad fahren	☹	😐	☺	☹	😐	☺
Wintersport (Skiwandern, Abfahrtsski, Snowboard ...)	☹	😐	☺	☹	😐	☺
Ballsport	☹	😐	☺	☹	😐	☺
Gymnastik/Aerobic/Pilates u. Ä.	☹	😐	☺	☹	😐	☺
Wassersport (Segeln, Rudern, Kanu ...)	☹	😐	☺	☹	😐	☺
Krafttraining	☹	😐	☺	☹	😐	☺
Was mir noch einfällt:						
–	☹	😐	☺	☹	😐	☺
–	☹	😐	☺	☹	😐	☺
5. Naturerlebnisse und »Passivitäten«						
Im Gras liegen	☹	😐	☺	☹	😐	☺
Tiere beobachten (z.B. Vögel)	☹	😐	☺	☹	😐	☺
Barfuß laufen	☹	😐	☺	☹	😐	☺
Blumen pflücken (z.B. auf einer Wiese)	☹	😐	☺	☹	😐	☺
In der Sonne sitzen	☹	😐	☺	☹	😐	☺
Kräuter, Pilze o.Ä. sammeln	☹	😐	☺	☹	😐	☺
Eine schöne Aussicht genießen	☹	😐	☺	☹	😐	☺

© 2011, Springer-Verlag GmbH. Aus: Kaluza, G.: Stressbewältigung

Was?	Wie gern?			Wie häufig?		
	Nicht	etwas	sehr	nie	selten	oft
Am Ofen sitzen/ins Feuer gucken	☹	😐	☺	☹	😐	☺
Sauna	☹	😐	☺	☹	😐	☺
Sonnenaufgang, -untergang, Sterne, Wolken beobachten	☹	😐	☺	☹	😐	☺
Angeln	☹	😐	☺	☹	😐	☺
Im Wasser waten	☹	😐	☺	☹	😐	☺
Eine gute Tasse Tee/Kaffee trinken	☹	😐	☺	☹	😐	☺
Musik hören	☹	😐	☺	☹	😐	☺
Ein Bad nehmen	☹	😐	☺	☹	😐	☺
Sich massieren lassen	☹	😐	☺	☹	😐	☺
In einem Straßencafé sitzen	☹	😐	☺	☹	😐	☺
Was mir noch einfällt:						
-	☹	😐	☺	☹	😐	☺
-	☹	😐	☺	☹	😐	☺

Auswertung:

Schauen Sie sich nun bitte den ausgefüllten Bogen noch einmal an: Gibt es Aktivitäten oder »Passivitäten«, die sie zwar gern, aber nur selten oder nie erleben? Sind Sie vielleicht auf Dinge gestoßen, die Sie schon immer gern einmal getan hätten, aber bisher immer wieder verschoben haben? Gibt es Tätigkeiten, denen Sie früher mit Spaß nachgegangen sind und die Sie gerne wieder aufgreifen würden? Bitte notieren Sie auf diesem Blatt die angenehmen Dinge, die Sie in den nächsten Wochen zum Ausgleich für Ihre Belastungen unternehmen möchten!

_____

_____

_____

_____

»Erholsam schlafen«: 9 Regeln für einen gesunden Schlaf

■■ **1. Halten Sie sich an regelmäßige Schlafens- und Aufstehzeiten.**

Gehen Sie wenn möglich jeden Tag (auch am Wochenende) um die gleiche Zeit zu Bett und stehen Sie auch – das ist noch wichtiger – immer zur gleichen Zeit auf, damit Ihre »innere Uhr« nicht aus dem Rhythmus kommt. Beherzigen Sie also Großmutters Rat: »Stets gleich ins Bett und gleich heraus, spart manch morgendlichen Graus«. Dagegen gilt der alte Grundsatz »Früh zu Bett und früh heraus« nur für die Morgentypen, nicht aber für die Abendtypen. Entscheidend ist die Regelmäßigkeit. Wenn Sie einmal länger aufgeblieben sind, gibt es nur eins, um Ihren inneren Schlaf-Wach-Rhythmus aufrechtzuerhalten: zur selben Zeit aufstehen. Bloß an einem einzigen Tag, zum Beispiel am Sonntag länger zu schlafen, stört in der Regel den Rhythmus nicht allzu sehr. Allerdings gibt es Menschen, die auch auf eine solche einmalige Rhythmusabweichung sehr sensibel zum Beispiel mit einer Migräne-Attacke reagieren.

■■ **2. Seien Sie körperlich aktiv.**

Bringen Sie regelmäßig am Morgen oder am frühen Nachmittag ihren Kreislauf in Schwung, aber vermeiden Sie anstrengende körperliche Aktivitäten kurz vor dem Zubettgehen. Regelmäßig ausgeübter Sport fördert den Schlaf, während andererseits Mangel an Bewegung und zu geringe körperliche Auslastung zu Schlafproblemen führen können. Allerdings hängt die positive Wirkung des Sports von der allgemeinen persönlichen Fitness und der Tageszeit ab, zu der er ausgeübt wird. Menschen, die über eine gute körperliche Fitness verfügen, sollten sechs Stunden vor der Schlafenszeit keinen Sport betreiben. Während sportliche Betätigung am Morgen den Nachtschlaf nicht beeinträchtigt, kann dieselbe Tätigkeit den Schlaf stören, wenn der zeitliche Abstand zur Schlafenszeit zu kurz ist.

■■ **3. Vermeiden Sie koffeinhaltige Getränke schon in den Nachmittagsstunden.**

Nach 14 Uhr sollten Sie keine koffeinhaltigen Getränke zu sich nehmen. Koffein regt die Hirntätigkeit an und wirkt sich somit negativ auf den Schlaf aus. Während ein mäßiger Genuss von Koffein während des Tages den Nachtschlaf gewöhnlich nicht beeinträchtigt, kann ein übermäßiger und regelmäßiger Konsum zu Entzugserscheinungen und Schlafproblemen in der Nacht führen. Das gilt für Kaffee und schwarzen oder grünen Tee ebenso wie für Cola und aufputschende Erfrischungsgetränke. Die wach machenden Abbauprodukte können noch bis zu 14 Stunden nach Konsum im Körper nachgewiesen werden.

■■ **4. Schränken Sie Ihren Nikotinkonsum ein.**

Abgesehen von den weitgehend bekannten Schäden, die durch Tabakkonsum verursacht werden, hat Nikotin ebenso wie Koffein eine aufputschende Wirkung. Rauchen Sie daher zumindest 3 Stunden vor dem Zubettgehen nicht mehr. Auch Nikotin ist ein Anregungsmittel, das den Schlaf stören und aufgrund von Entzugserscheinungen den Nachtschlaf unterbrechen kann. Raucher, die ihre Gewohnheit aufge-

© 2011, Springer-Verlag GmbH. Aus: Kaluza, G.: Stressbewältigung

▪▪ **5. Vermeiden Sie Alkohol vor dem Zubettgehen.**

ben, schlafen schneller ein und wachen nachts seltener auf, sobald die Entzugserscheinungen überwunden sind.

Ein Schlummertrunk stört den Ablauf des Schlafes mehr, als dass er ihn fördert und kann für verfrühtes morgendliches Erwachen verantwortlich sein. Alkohol setzt die Hirnaktivität herab. Der Genuss von Alkohol vor dem Schlafengehen hilft zunächst beim Einschlafen, führt aber im weiteren Verlauf zu Schlafunterbrechungen, insbesondere verschlechtert sich die Erholsamkeit des Schlafs in der zweiten Nachthälfte. Ein »Schlaftrunk« vor dem Einschlafen kann Aufwachreaktionen, Alpträume und morgendliche Kopfschmerzen verursachen.

▪▪ **6. Gehen Sie nicht hungrig, aber auch nicht mit Völlegefühl zu Bett.**

Sie sollten die letzte »große Mahlzeit« 2–3 Stunden vor dem Zubettgehen zu sich genommen haben. Wenn Sie noch Hunger haben, nehmen Sie aber vor dem Schlafengehen ruhig noch einen kleinen Imbiss zu sich, damit Sie nicht durch den Hunger erwachen. Ideal dafür sind Milchprodukte oder Bananen, da diese den Stoff Tryptophan enthalten, der für den Schlaf förderlich ist.

▪▪ **7. Sorgen Sie für eine angenehme Schlafumgebung.**

Ein bequemes Bett und ein dunkler Raum sind wichtige Voraussetzungen für einen guten Schlaf. Ein kühles, aber nicht kaltes Zimmer und frische Luft sind hilfreich. Das Schlafzimmer sollte nach Möglichkeit ausschließlich dem Ruhen und Schlafen gewidmet sein. Stellen Sie sicher, dass Sie im Schlafzimmer weder durchs Telefon noch durch Mitmenschen gestört werden. Vermeiden Sie es, das Bett zu etwas anderem als zum Schlafen zu benutzen. Zum Lesen, Fernsehen, Essen, Arbeiten oder auch Streit mit dem Partner sollten Sie sich nicht im Bett aufhalten.

▪▪ **8. Entspannen Sie sich, ehe Sie zu Bett gehen.**

Hier können kleine persönliche Einschlaf-Rituale helfen: ein warmes Bad, eine Tasse Beruhigungstee, leichte Lektüre, entspannende Musik und Entspannungsübungen.

▪▪ **9. Was tun bei Wachliegen im Bett?**

Gehen Sie grundsätzlich erst dann schlafen, wenn Sie sich müde fühlen. Stehen Sie auf, wenn Sie nicht einschlafen können, und lenken Sie sich mit einer Beschäftigung ab. Schreiben Sie ggf. Gedanken und Sorgen auf, die Ihnen durch den Kopf gehen. Schlafen Sie nicht außerhalb des Bettes ein. Gehen Sie erst dann wieder ins Bett, wenn Sie sich schläfrig fühlen. Wiederholen Sie diesen Vorgang so oft wie nötig, wenn Sie nachts nicht schlafen können. Machen Sie sich nicht verrückt, weil Sie nicht einschlafen können. Versuchen Sie stattdessen die Situation zu akzeptieren und die wache Zeit auf eine angenehme Art zu genießen und sich mit anderen Dingen zu beschäftigen. Der Schlaf lässt sich nicht erzwingen. Er stellt sich in der Regel dann von selbst ein, wenn wir es nicht »aktiv wollen«. Menschen, die an Schlaflosigkeit leiden, sollten daher vermeiden, auf die Uhr zu sehen. Viele Menschen, deren Schlaf gestört ist, schlafen besser, wenn der Zeitdruck entfällt. Verstecken Sie den Wecker z. B. im Kleiderschrank, um den Drang zur Kontrolle der Uhrzeit zu unterbinden. Und zu guter Letzt: Stehen Sie am Morgen zu Ihrer gewohnten Zeit auf, auch wenn Sie das Gefühl haben, in der vergangenen Nach kaum geschlafen zu haben.

© 2011, Springer-Verlag GmbH. Aus: Kaluza, G.: Stressbewältigung

»Erholsamer Urlaub«: Wie kann das gelingen?

▪▪ Die eigenen Erholungsbedürfnisse erkennen und ernst nehmen

Um sich im Urlaub optimal erholen zu können, müssen wir wissen, wovon wir uns erholen wollen. Ob Sommer- oder Winterurlaub, ob Urlaub in der näheren Umgebung oder Fernreise, ob Aktivurlaub oder Faulenzen am Strand, ob ausführliche Besichtigungstouren, Großstadttrips oder Naturerlebnisse, ob Individual- oder Gruppenreise, ob organisiert oder auf eigene Faust, welche Art des Urlaubs in diesem Jahr für Sie die richtige ist, hängt allein von Ihren Erholungsbedürfnissen ab und sollte allein eine Sache Ihrer persönlichen Entscheidung sein. Bevor Sie sich um das geographische Ziel und die äußere Organisation des Urlaubs kümmern, sollten Sie sich daher ausführlich mit Ihren Wünschen und Zielen, die Sie an Ihren Urlaub haben beschäftigen. Lassen Sie sich nicht von anderen zu etwas überreden, das nicht Ihren Wünschen entspricht. Und bitte vermeiden Sie jeden Prestige- oder Leistungsgedanken, wenn es um Ihren Urlaub geht.

▪▪ Erwartungen klären

Wenn mehrere Menschen gemeinsam in die Ferien fahren, sind Konflikte oft vorprogrammiert – der eine setzt auf Strand und Erholung, ein anderer hofft auf Disko und neue Kontakte, der Nächste wünscht sich ausgiebige Stadtbummel und Museumsbesuche. Deshalb sollte man vor dem Urlaub unbedingt mit den Mitreisenden beziehungsweise mit der Familie klären, was jeder machen möchte. Erst dann folgt die gemeinsame und kreative Suche nach der Urlaubsform und dem Urlaubsort, an dem möglichst viele der unterschiedlichen Wünsche unter einen Hut gebracht werden können.

Manchmal lassen sich die Urlaubswünsche nicht vereinbaren. Statt faule Kompromisse zu schließen, gehen Sie ruhig auch mal ein paar Tage getrennte Wege. Oder Sie vereinbaren einen »Patchwork-Urlaub«: Zunächst tut jeder etwas für sich, um dann anschließend gemeinsam etwas zu unternehmen. Oder einige Tage unternimmt der Vater etwas alleine mit den Kindern, während die Mutter Zeit für sich hat, und anschließend gibt es noch einige Tage gemeinsamen Familienurlaub. Hier sind Respekt für die Wünsche der jeweils anderen und der Mut zu kreativen, ggf. auch unkonventionellen Lösungen gefragt. Lassen Sie sich dabei nicht von vorgefertigten Urlaubsklischees beeindrucken.

Überhaupt sollte man den Urlaub nicht mit Erwartungen überfrachten, nicht alle im Laufe eines Jahres aufgestauten oder enttäuschten Erwartungen z.B. nach einer harmonischen und erfüllten Partnerschaft, einem glücklichen Familienleben auf den Urlaub projizieren. Bei aller Vorfreude: Bleiben Sie realistisch und erwarten Sie nicht den perfekten Urlaub. Dann können Sie über negative Erlebnisse in den Ferien (Staus, schlechtes Wetter, unfreundliches Personal, Streit) vielleicht leichter hinwegsehen anstatt sich zu ärgern.

▪▪ Langsam auf Erholung umschalten

Körper und Seele brauchen im Urlaub Zeit, um abzuschalten. Körperliche und psychische Anspannung lässt sich nicht per Knopfdruck lösen. Erholung beginnt nicht gleich, nachdem wir die Bürotür hinter uns geschlossen haben. Körper und Seele brauchen eine Phase des Cooldown, des Abschaltens und des Distanzierens. Nehmen Sie sich die Zeit dafür. Schließen Sie ganz bewusst Ihre Arbeit ab, räumen Sie Ihren Arbeitsplatz auf und bereiten Sie ihn für die Wiederaufnahme der Arbeit nach dem Urlaub vor. Vermeiden Sie es, in den letzten Arbeitstagen vor Urlaubsbeginn noch alles und jedes erledigen zu wollen. Hetzen Sie nicht bis kurz vor der Abreise von einem Termin zum nächsten. Sonst geht der Alltagsstress direkt in Urlaubsstress über. Legen Sie sich stattdessen eine Liste mit unerledigten Aufträgen und ungelösten Problemen an, die Sie nach dem Urlaub mit neuem Elan angehen werden. Das hilft Abstand zu gewinnen.

Starten Sie dann möglichst ohne Hektik in den Urlaub. Fahren Sie nicht am Ende eines Arbeitstages los, sondern legen Sie mindestens einen Tag des Abschaltens ein. Packen Sie in Ruhe und wenn Sie dann die Vorfreude in sich spüren, ist der richtige Zeitpunkt für den Start.

Machen Sie sich klar: Wenn Sie sich die nötige Zeit für diese Distanzierungsphase nehmen, dann vergeuden Sie keine kostbaren Urlaubstage, sondern legen den Grundstein für einen wirklich erholsamen Urlaub. Allenfalls für Menschen, deren Arbeit durch Langeweile, Unterforderung und Trott gekennzeichnet ist, gilt das »Nix wie weg!«-Prinzip, da sie schon genügend Abstand haben.

■ ■ Gönnen Sie sich eine ausreichend lange Regenerationsphase!

Erst nach der Distanzierungsphase, wenn körperliche und seelische Anspannung heruntergefahren sind, beginnt die eigentliche Regeneration, das Auftanken. Körper und Seele brauchen mindestens drei Wochen, um sich zu erholen, sagen Erholungsforscher. Das gilt ganz besonders, wenn man in eine andere Zeitzone oder in ein anderes Klima fährt. Denn Jetlag und die Umstellung auf ein anderes Klima können Körper und Seele auch belasten. Das gilt ganz besonders für stark Gestresste.

■ ■ Arbeit vergessen

Auch wenn es zu Beginn vielleicht schwer fällt: Halten Sie sich fern von allem, was an Ihre tägliche Arbeit erinnert. Das betrifft Fachliteratur ebenso wie Handy und Laptop. Schalten Sie Ihr Handy aus! Damit schalten Sie zugleich einen der häufigsten Streitfaktoren mit Mitreisenden aus. Auch wenn es Sie zunächst unruhig macht, ermöglichen Sie sich die entlastende Erfahrung, dass der Laden, wenn es sein muss, auch ohne sie läuft. Wenn es nicht anders geht: Vereinbaren Sie mit Ihrem Unternehmen oder Geschäftspartnern bestimmte Uhrzeiten, zu denen Sie erreichbar sind, zum Beispiel morgens von neun bis zehn Uhr. Meist reicht es aber auch, einmal täglich die Mailbox abzurufen.

■ ■ Zurückkommen und aufwärmen!

Die Regenerationsphase sollte nicht abrupt beendet werden. Was Sportler vor einem Wettkampf in der »Aufwärmphase« tun, ist auch für andere Tätigkeiten wichtig. Körper und Geist sollten langsam auf die neuerliche Beanspruchung vorbereitet werden. Beschließen Sie Ihre Urlaubszeit mit einem freien Tag zu Hause, damit Ihr Organismus Zeit bekommt sich erneut umzustellen. Nehmen Sie sich Zeit, um wieder anzukommen. Packen Sie in Ruhe aus und stimmen Sie sich auf die neue Arbeitswoche ein. Wenn Sie dann freudige Spannung, vielleicht sogar Lust auf das Kommende in sich spüren, dann sind Sie wirklich erholt.

■ ■ Lassen Sie den Urlaub nachwirken!

Der Alltag hat Sie wieder? Schauen Sie spätestens ein oder zwei Wochen nach Ihrer Rückkehr Ihre Urlaubsfotos an. In welchen Situationen waren Sie besonders glücklich, auf welchen Fotos lachen Sie? Wer die freien Tage noch einmal Revue passieren lässt und sich überlegt, welche Elemente ihm besonders gut gefallen habe, kann diese gezielt beim nächsten Urlaub einplanen. Sichern Sie sich die im Urlaub gewonnene Erholung für den Alltag. Starten Sie beispielsweise nach einem Urlaub mit leichteren Arbeitsaufgaben und setzen Sie zu Hause Ihre Urlaubsgewohnheiten (lesen, Sport treiben, in Ruhe essen) fort.

Fragen zur Selbstreflektion:
Erholungsbedürfnisse erkennen

— In welchem Bereich ist Erholung für mich in diesem Jahr besonders wichtig? Fühle ich mich vor allem körperlich erschöpft oder eher emotional oder geistig ausgelaugt?

— Welche Art von Urlaub hätte für mich in meiner derzeitigen Befindlichkeit keinen oder nur geringen Erholungswert? Was könnte ich gar nicht gebrauchen?

— Will ich in diesem Jahr im Urlaub einfach einmal nichts tun, trödeln und herumhängen können?

— Suche ich nach inspirierenden neuen Eindrücken, neuen Kontakten und Begegnungen?

— Habe ich den Wunsch, mich körperlich zu betätigen?

— Träume ich von der einsamen Insel, von dem quirligen Ferienort oder vom Eintauchen in eine Großstadt?

— Welche Art von Urlaub wäre für mich in diesem Jahr die erholsamste, wenn ich auf nichts und niemanden Rücksicht nehmen müsste?

© 2011, Springer-Verlag GmbH. Aus: Kaluza, G.: Stressbewältigung

VI. Ergänzungsmodule

- Stressbewältigung durch Sport und mehr Bewegung im Alltag: Informationen für Kursteilnehmer – 244–247
- Arbeitsblatt »Mein soziales Netz« (Abb. A22) – 248 f.
- Zeitstrahl (Abb. A23) – 250
- Arbeitsblatt »Mein nächster Zukunftsschritt« (Abb. A24) – 251
- Arbeitsblatt »Ziele formulieren« – 252
- Keine Zeit? – Gründe und Hintergründe – 253
- Wichtig oder dringlich? – Prioritäten setzen (Abb. A25) – 254 f.
- Hinweise für einen gesunden Gebrauch der Zeit: Zeit richtig planen – 256
- Für den Akutfall: Die Quart-A-(4A-)Strategie (Abb. A26) – 257 f.

Stressbewältigung durch Sport und mehr Bewegung im Alltag

Körperliche Aktivität ist eine gute Möglichkeit, den Organismus vor den schädigenden Auswirkungen von chronischem Stress zu schützen. Durch körperliche Aktivität wird wie bei Kampf- und Fluchtverhalten die unter Stress zur Verfügung gestellte Energie verbraucht und die eigene Widerstandskraft gegenüber Belastungen erhöht.

Sport fördert das seelische Wohlbefinden und hilft dabei, Abstand zu gewinnen. Der Kopf wird frei, die Gedanken kommen zur Ruhe. Sport fördert das Selbstbewusstsein und die Erfolgszuversicht. Kurz und bündig: Sport ist ein höchst wirksamer Stresskiller!

Sportmediziner und Trainingswissenschaftler empfehlen zwei Wege zu mehr körperlicher Aktivität, die einen gesundheitlichen Nutzen bringt.

▪▪ Weg 1: Mehr Bewegung in den Alltag bringen

Bereits körperliche Aktivitäten mit einer mittleren Intensität, wie sie häufig im Alltag vorkommen, können Ihre Fitness verbessern und zu einem Stressausgleich beitragen. Beispiele für derartige Aktivitäten sind:

— Gartenarbeit,
— zügiges Gehen,
— Fahrrad fahren,
— Treppen steigen,
— Schnee schieben oder Blätter kehren.

Derartige körperliche Aktivitäten haben dann einen gesundheitlichen Nutzen, wenn Sie sie möglichst täglich, mindestens aber an 5 Tagen pro Woche jeweils 30 min oder länger durchführen. Die gute Nachricht ist, dass es nicht erforderlich ist, immer 30 min am Stück körperlich aktiv zu sein. Auch mehrere kürzere Phasen körperlicher Aktivität pro Tag bringen bereits einen gesundheitlichen Nutzen. Eine Aktivitätsdauer von 10 min sollte allerdings nicht unterschritten werden.

Jede regelmäßige körperliche Aktivität, die zumindest zu einer Beschleunigung der Atmung führt und wenigstens für 10 min durchgeführt wird, fördert bereits die Gesundheit.

? *Wie kann ich mehr Bewegung in meinen Alltag bringen?*

1. Verbinden Sie notwendige Aktivitäten im Alltag mit Bewegung!

Dies ist eine wenig aufwändige Möglichkeit, Ihren Alltag körperlich aktiver zu gestalten. Denken Sie einmal darüber nach, welche der Aktivitäten in Ihrem Alltag Sie so ausführen könnten, dass Sie sich dabei mehr bewegen. Suchen Sie gezielt nach Möglichkeiten für körperliche Aktivität in Ihrem Alltag.

Beispiele dafür sind:

— Ich fahre nicht mehr mit dem Bus zur Arbeit, sondern ich laufe oder fahre mit dem Rad.
— Ich benutze nicht mehr den Fahrstuhl, sondern ich steige die Treppen.
— Ich erledige kleinere Einkäufe und Besorgungen zu Fuß oder mit dem Rad.
— Bei Ausflügen mit der Familie fahren wir weniger Auto und unternehmen stattdessen kleinere Wanderungen oder gehen ins Schwimmbad.
— Bei der Gartenarbeit benutze ich statt Maschinen (Rasenmäher, Heckenschere, Laubsauger usw.) meine Muskeln.

2. Steigern Sie bewusst die Dauer und Intensität körperlicher Tätigkeiten in Ihrem Alltag!

Auch diese Möglichkeit erfordert keinen besonderen Aufwand. Sie müssen nur aufmerksam auf körperliche Aktivitäten achten, die Sie bereits jetzt ausführen. Und dann verlängern oder verstärken Sie diese Aktivitäten ganz bewusst.

Beispiele dafür sind:

— Wenn ich zu Fuß unterwegs bin, gehe ich bewusst einen Schritt schneller.
— Beim Treppensteigen nehme ich zwei Stufen auf einmal.

© 2011, Springer-Verlag GmbH. Aus: Kaluza, G.: Stressbewältigung

- Bei der Gartenarbeit mache ich weniger Pausen.
- Am Abend führe ich den Hund länger aus.
- Ich steige ein (oder zwei) Haltestellen früher aus und gehe den Rest zu Fuß.

3. Planen Sie regelmäßige Bewegungspausen ein!
Diese Möglichkeit erfordert schon etwas mehr Aufwand und Planung. Es geht darum, im alltäglichen Tagesablauf ganz bewusst Zeiten von wenigstens 10 min einzuplanen, in denen Sie einer mäßigen körperlichen Aktivität nachgehen.
Beispiele hierfür sind:
- Morgens vor dem Frühstück 10 min Gymnastik machen.
- In der Mittagspause das Büro verlassen und einen kurzen flotten Spaziergang machen.
- Abends vor dem Schlafen noch mal an die frische Luft gehen und einen längeren Gang machen.

> **Beobachten und Reflektieren:**
> **Mehr Bewegung in den Alltag bringen**
> Gehen Sie in Gedanken den üblichen Ablauf eines normalen Tages in Ihrem Alltag durch und suchen Sie dabei systematisch nach Gelegenheiten für mehr Bewegung.

■ ■ **Weg 2: Regelmäßig Sport treiben**
Den höchsten Nutzen für die Fitness und den Stressausgleich bringt die regelmäßige sportliche Aktivität. Besonders günstig sind Ausdauersportarten, wie Joggen, Walking (flottes Gehen), Bergwandern, schnelles Radfahren, Schwimmen und Skilanglauf. Ausdauersportarten sind Sportarten, bei denen sich die gleiche Bewegung über längere Zeit wiederholt. Je größer die eingesetzte Muskelmasse ist, umso mehr werden Kreislauf und Stoffwechsel beansprucht. Ihr Körper passt sich allmählich an diese erhöhte Beanspruchung an. Zum Beispiel fängt Ihr Herz an, ökonomischer zu arbeiten. Das heißt, es braucht weniger Kraft für die gleiche Leistung und erholt sich schneller. Dies geschieht durch eine verstärkte Durchblutung, einen verbesserten Stoffwechsel und durch eine Kräftigung des Herzmuskels.

Die rhythmische Bewegung beim Ausdauersport entlastet psychisch und fördert das Wohlbefinden. Oft hat man das Gefühl, dass die Bewegung wie von selbst geschieht. Die Gedanken bekommen freien Lauf und nach und nach wird der Kopf leer.

Wenn Sie anfangen wollen Sport zu treiben, beachten Sie bitte die folgenden Hinweise:

■ **Vorsicht vor übertriebenem Ehrgeiz!**
Ganz wichtig ist, dass Sie den Sport aus Spaß an der Bewegung und mit Freude an Ihrem Körper betreiben. Übertriebener Ehrgeiz ist hier fehl am Platz. Hören Sie aufmerksam in Ihren Körper hinein und beachten Sie die Signale Ihres Körpers.

■ **Welche sportliche Aktivität ist für mich am besten?**
Einfach gesagt: Die beste sportliche Aktivität für Sie ist diejenige, die Sie tatsächlich durchführen werden. Welche Art von körperlicher Aktivität würde Ihnen am meisten Spaß machen? In welcher Umgebung möchten Sie sich am liebsten körperlich betätigen? Treiben Sie lieber drinnen oder draußen Sport? Möchten Sie lieber allein oder gemeinsam mit anderen sportlich aktiv werden? Wenn Sie unsicher sind, konsultieren Sie ggf. einen Sportarzt.

■ **Gehen Sie auf Nummer sicher!**
Regelmäßig Sport zu treiben, kann Ihr Leben positiv verändern. Sie sollten dabei jedoch kein unnötiges Risiko eingehen. Um auf Nummer sicher zu gehen, sollten Sie ggf. vorher medizinischen Rat einholen, wenn Sie
- älter als 35 Jahre sind,
- während der letzten 5 Jahre nicht regelmäßig Sport getrieben haben und/oder eine überwiegend sitzende Lebensweise hatten,
- übergewichtig sind,
- rauchen,
- unter Diabetes leiden,
- einen hohen Cholesterinspiegel oder einen hohen Blutdruck haben,

© 2011, Springer-Verlag GmbH. Aus: Kaluza, G.: Stressbewältigung

- sich gerade von einer schweren Erkrankung oder Operation erholen,
- Blutdruck regulierende Medikamente oder Herzmittel einnehmen,
- einen Herzschrittmacher oder ein anderes implantiertes elektronisches Gerät tragen.

- **Wählen Sie die richtige Belastung.**

Entscheidend ist es, den richtig dosierten Bewegungsreiz für Ihren Körper zu finden. Bisher führte der Bewegungsmangel zu einer Unterforderung Ihres Körpers. Eine sofortige zu starke Belastung kann zu einer Überforderung Ihres Körpers führen. Sowohl Unter- als auch Überforderung sind schädlich. Als Daumenregel gilt: Man sollte sich während der sportlichen Aktivität nebenher noch unterhalten können.

Wer die Trainingsintensität genauer bestimmen möchte, kann auf den Pulsschlag (Herzfrequenz, HF) als leicht messbare Größe für die richtige Belastung zurückgreifen.

- **Wie messe ich meinen Puls?**

Dazu brauchen Sie eine Uhr mit Sekundenzähler. Sie können Ihren Puls am Handgelenk, an der Halsschlagader oder direkt am Herzen fühlen und zählen, wie oft Ihr Puls in 10 s schlägt. Dann nehmen Sie diese Zahl mal 6. Dies ergibt die Zahl der Schläge pro Minute. Leichter und zuverlässiger lässt sich der Puls mit Hilfe eines Herzfrequenzmessgerätes messen, das Sie in Sportgeschäften oder Sanitätshäusern erwerben können.

Um die richtige Trainingsbelastung zu bestimmen, müssen Sie Ihre maximale Herzfrequenz (MHF) kennen. Zur Schätzung Ihrer MHF brauchen Sie lediglich Ihr Alter in Jahren von 220 abziehen.

Maximale Herzfrequenz (MHF) =
220 minus Lebensalter

Ausgehend von der maximalen Herzfrequenz können Sie anhand der unten aufgeführten Prozentsätze Ihren Trainingspuls für jeweils unterschiedliche Trainingsziele berechnen:

- **50–60% der MHF = Training zur Stabilisierung der Gesundheit:** Ein Training bei einer Herzfrequenz von 50–60% Ihrer MHF fördert die Stabilisierung der Gesundheit. Dabei handelt es sich um leichtes Training (z.B. rasches Gehen), das jedoch auch schon einen gesundheitlichen Nutzen bringt.
- **60–70% der MHF = Training zur Aktivierung des Fettstoffwechsels:** Wenn Sie die Herzfrequenz auf 60–70% Ihrer MHF steigern, betreiben Sie ein Training zur Aktivierung des Fettstoffwechsels. Diese Herzfrequenz ist gut für die Fitness und fördert die Gewichtsreduktion.
- **70–85% der MHF = Training zur Verbesserung der Fitness:** Ein Training bei 70–85% Ihrer MHF eignet sich zur Verbesserung der Fitness. Hier ist das Training schon anstrengender, aber es lohnt sich – vorausgesetzt Sie haben Spaß daran.
- **Mehr als 85% der MHF = Anaerobe Zone:** Anaerobes Training bedeutet, dass unter Sauerstoffmangelbedingungen Kohlenhydrate zur Energiegewinnung verstoffwechselt werden. Das führt zur Übersäuerung der Muskulatur (Laktatbildung) und kann Sie zum vorzeitigen Abbruch der Belastung zwingen. Körperliches Training bei mehr als 85% der MHF ist nur für Leistungssportler, nicht aber für den Gesundheitssportler geeignet.

Die nachfolgende Tabelle gibt eine nach Alter gestaffelte Übersicht über die aeroben Herzfrequenz-Zielzonen in Herzschlägen pro Minute.

- **Machen Sie Pausen, aber richtig!**

Gerade zu Beginn Ihres Trainings werden Sie nicht gleich 20 min am Stück laufen oder schwimmen können. Wenn Sie als Anfänger einfach drauf los laufen, werden Sie mit hoher Wahrscheinlichkeit schon nach wenigen Minuten erschöpft abbrechen müssen. Das ist für Sie frustrierend und bringt keinen gesundheitlichen Nutzen.

Es ist vielmehr wichtig, zwischendrin ausreichend kurze Gehpausen zu machen, um einer Überforderung vorzubeugen. Dabei ist zu beachten, dass die Pausenzeit um etwa ein Drittel kürzer als die Belastungszeit sein soll. Hierdurch ist zwar eine Erholung möglich, es wird aber ein Zurückkehren auf das Ausgangsniveau vor der Belastung vermieden. Mit diesen Pausen halten Sie auch als Anfänger 20 min durch!

© 2011, Springer-Verlag GmbH. Aus: Kaluza, G.: Stressbewältigung

Alter	MHF (220–Alter)	Stabile Gesundheit 50–60% der MHF	Aktiver Fettstoffwechsel 60–70% der MHF	Verbesserte Fitness 70–85% der MHF
25	195	97–117	117–136	136–165
30	190	95–114	114–133	133–161
35	185	92–111	111–129	129–157
40	180	90–108	108–126	126–153
45	175	87–105	105–122	122–148
50	170	85–102	102–119	119–144
55	165	82–99	99–115	115–140
60	160	80–96	96–112	112–136
65	155	77–93	93–108	108–131

Beim Joggen könnte das z.B. für eine Trainingsdauer von insgesamt 20 min so aussehen:
1. Woche: abwechselnd 2 min laufen, 1 min Gehpause
2. Woche: abwechselnd 3 min laufen, 1 min Gehpause
3. Woche: abwechselnd 4 min laufen, 1 min Gehpause usw.

Sie werden zunehmend mehr Minuten laufen können und weniger Pausen machen müssen.

– **Steigern Sie zunächst die Dauer, dann die Intensität!**

Wenn Sie mit einer sportlichen Aktivität beginnen, dann arbeiten Sie zunächst darauf hin, die Dauer zu steigern, sodass Sie die Aktivität mindestens 20 min mit mäßiger Intensität durchhalten können. Erst dann beginnen Sie allmählich die Intensität zu steigern, also z.B. schneller zu laufen oder zu schwimmen.

– **Nur regelmäßige Bewegung hält fit!**

Denken Sie daran, nur regelmäßige sportliche Aktivität bringt lang anhaltenden Nutzen. Unregelmäßige körperliche Aktivität bringt nur eine kurzzeitige Verbesserung des körperlichen und seelischen Wohlbefindens. Damit Sport wirken kann, sollte er regelmäßig betrieben werden, möglichst 3-mal in der Woche und dann jedes Mal am besten 20 min oder länger.

– **Vergessen Sie das Aufwärmen nicht!**

Das Aufwärmen vor der eigentlichen sportlichen Aktivität trägt dazu bei, Muskeln und Gelenke beweglich und locker zu machen und beugt Verletzungen vor. Insgesamt wird damit die Umstellung von Ruhe auf Bewegung vorbereitet.

– **Viel trinken!**

Durch die sportliche Aktivität geraten Sie ins Schwitzen. Dadurch verliert Ihr Körper Flüssigkeit. Diesen Flüssigkeitsverlust müssen Sie unbedingt ausgleichen. Trinken Sie also reichlich nach jeder sportlichen Betätigung.

Die beste Nachricht zum Schluss:

Schon sehr bald nach dem Sie mit Ihrem Ausdauertraining begonnen haben, werden Sie erste positive Veränderungen feststellen. Bereits unmittelbar nach dem Training werden Sie sich belebt, erfrischt oder angenehm entspannt fühlen. Schneller als erwartet werden Sie Verbesserungen Ihrer Fitness feststellen können und sich insgesamt ausgeglichener und kräftiger fühlen. Das ist die gute Nachricht: Ihr Körper wird Sie für die Bewegung, die Sie ihm gönnen, sofort belohnen!

© 2011, Springer-Verlag GmbH. Aus: Kaluza, G.: Stressbewältigung

Mein soziales Netz

Befriedigende Kontakte zu anderen Menschen können die Bewältigung von Belastungen erleichtern und uns vor schädlichen Auswirkungen von Stress schützen. Sie verringern Gefühle von Einsamkeit und Überforderung. Andere Menschen können praktische Unterstützung geben, wenn einem z.B. die Arbeit über den Kopf wächst. Aber nicht nur das. Auch die Aussprache mit anderen über die eigenen Belastungen kann Erleichterung verschaffen und neuen Mut machen. Schließlich gelingt es uns im Zusammensein mit anderen häufig leichter, abzuschalten und »auf andere Gedanken zu kommen«.

Die folgende Abbildung »Mein soziales Netz« (Abb. A22) will Sie dazu anregen, einmal über Ihre Kontakte nachzudenken.

Anleitung:

1. Denken Sie zunächst an die verschiedenen Lebensbereiche, in denen Sie Menschen kennen (z.B. Familie, Nachbarschaft, Freunde, Sport, alte Freunde, Arbeit, Verein …). Schreiben Sie zu den verschiedenen Bereichen alle Personen auf, die für Sie in irgendeiner Weise wichtig sind.
2. Unterteilen Sie das Blatt in verschieden große Bereiche entsprechend der Anzahl der Personen in den verschiedenen Lebensbereichen. Zeichnen Sie dann bitte für jede Person in Ihrem sozialen Umfeld einen Kreis mit dem Namen der Person (ggf. nur die Initialen) in die entsprechenden Bereiche ein. Durch die Entfernung vom »Ich-Kreis« können Sie die Intensität ihrer Beziehung zu dieser Person darstellen: Je dichter der Kreis der Person am »Ich-Kreis«, desto intensiver die Beziehung. Unterschiedliche Gruppen von Personen können Sie ggf. durch unterschiedlich farbige Kreise darstellen, also z.B. Familienangehörige mit gelben Kreisen, Verwandte mit blauen Kreisen, Freunde und Bekannte mit roten Kreisen, Nachbarn mit grünen Kreisen usw.
3. Schauen Sie Ihr soziales Netz in Ruhe an und achten Sie besonders auf die Beziehungen, die Sie als positiv, unterstützend, lustvoll erleben, bei denen Sie sich wohl fühlen. Kennzeichnen Sie diese positiven Beziehungen, indem Sie einen Pfeil vom »Ich-Kreis« zum Kreis der jeweiligen Person zeichnen. Je dicker der Pfeil, desto positiver die Beziehung.
4. Überlegen Sie bitte abschließend, zu welchen Personen in Ihrem sozialen Netz Sie den Kontakt gern wieder auffrischen oder verstärken möchten. Verbinden Sie auch die Kreise mit den Namen dieser Personen mit dem »Ich-Kreis« in der Mitte mit einem – andersfarbigen – Pfeil.

Mein soziales Netz

Abb. A22 Mein soziales Netz

Zeitstrahl

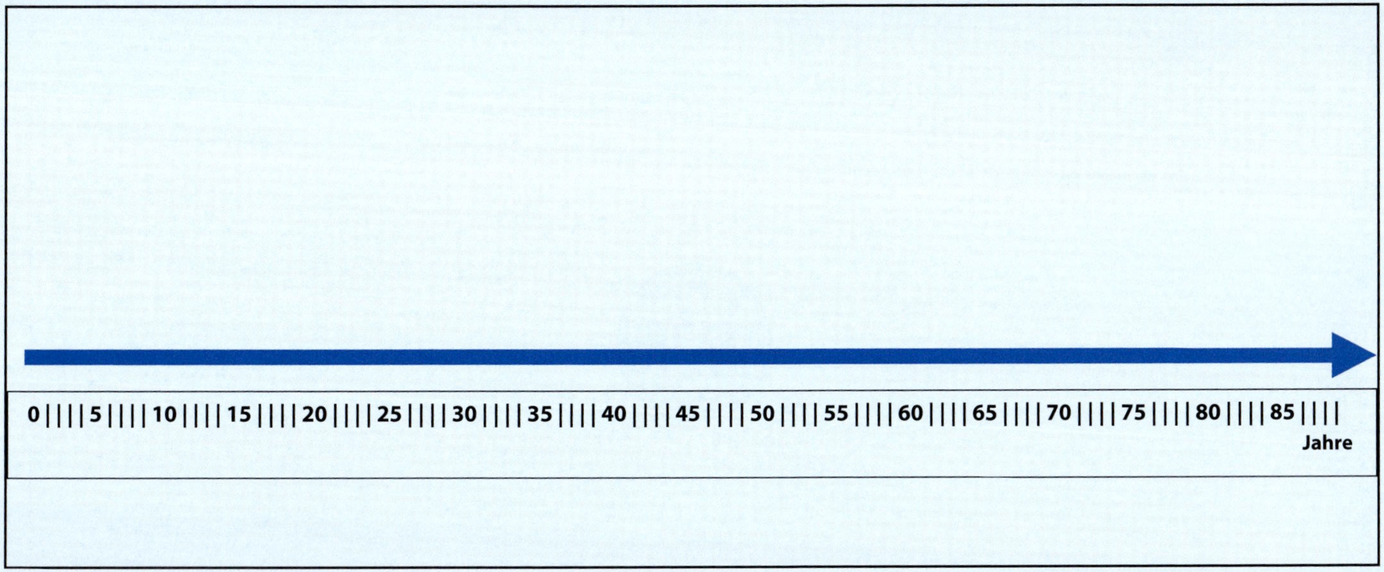

0 | | | 5 | | | 10 | | | 15 | | | 20 | | | 25 | | | 30 | | | 35 | | | 40 | | | 45 | | | 50 | | | 55 | | | 60 | | | 65 | | | 70 | | | 75 | | | 80 | | | 85 | | | Jahre

Anleitung:

1. Markieren Sie auf dem Zeitstrahl Ihr aktuelles Alter.
2. Markieren Sie ggf. auf dem Zeitstrahl wichtige »Meilensteine« Ihres bisherigen Lebens.
3. Zeichnen Sie auf dem Zeitstrahl einen Zeitraum ein, der für Sie Ihren nächsten überschaubaren Zukunftsschritt darstellt.

Abb. A23 Zeitstrahl

© 2011, Springer-Verlag GmbH. Aus: Kaluza, G.: Stressbewältigung

Trainingsmaterialien

Mein nächster Zukunftsschritt

Jahr: Mein Alter: Jahre

Beruf

Familie

Soziales Umfeld

Person

Abb. A24 Mein nächster Zukunftsschritt

© 2011, Springer-Verlag GmbH. Aus: Kaluza, G.: Stressbewältigung

Ziele formulieren

■ **Von Wunschzielen zu Handlungszielen**

Wunschziele formulieren erstrebenswerte Zielzustände, wobei offen gelassen wird, inwieweit diese durch eigenes Handeln, durch äußere Einflüsse, durch das Verhalten anderer Personen, vielleicht aber auch nur durch Zufall erreicht werden können. Wunschziele beinhalten positive Zustände, aber keine eigenen Handlungen, diese auch zu erreichen. Handlungsziele formulieren dagegen die eigenen Möglichkeiten, die eigene Bereitschaft und den eigenen Willen, das angestrebte Ziel zu erreichen. Sie beinhalten die Handlungen, die man auf dem Weg zum Ziel selbst unternehmen kann und unternehmen will. Zum Beispiel: »Ich nehme regelmäßig Kontakt zu meinen Kindern auf.« statt als Wunschziel formuliert: »Meine Kinder halten regelmäßig Kontakt mit mir.«

■ **Annäherungsziele statt Vermeidungsziele**

Ziele sollten positiv formuliert sein. Sie sollten beinhalten, was man erreichen bzw. tun möchte. Zum Beispiel: »Meine Kinder und ich verstehen uns gut.« oder »Ich bemühe mich darum, meine Kinder zu verstehen.« Vermeidungsziele sind dagegen negativ formuliert und beinhalten, was man vermeiden bzw. nicht tun möchte. Zum Beispiel: »Meine Kinder und ich haben weniger Streit.« oder »Ich streite mich mit meinen Kindern nicht mehr.« Wie ein Magnet ziehen Vermeidungsziele die Gedanken immer wieder auf das Negative. Gut formulierte Annäherungsziele dagegen sind mit angenehmen Gefühlen verbunden, beleben und beflügeln.

■ **Persönliche Attraktivität**

Das klingt banal, ist aber enorm wichtig: Ziele sind umso motivierender, je persönlich attraktiver sie sind. Wie attraktiv ein Ziel ist, erkennen Sie daran, wie sehr es positive Gefühle in Ihnen wie z.B. (Vor-)Freude und Lust auslöst. Im Gegensatz dazu stehen rein von der Vernunft gesteuerte Ziele, die emotional neutral sind oder sogar mit negativen Gefühlen wie Angst oder Schuldgefühlen verbunden sind.

Meine Ziele bis ……. (Jahr)

Bitte formulieren Sie maximal 3 Ziele, die Sie der Verwirklichung Ihrer Zukunftsvision näher bringen. Denken Sie dabei an Ihre verschiedenen Lebensbereiche und beachten Sie die Kriterien guter Zielformulierung.

Keine Zeit? – Gründe und Hintergründe

Ständiger Zeitdruck, das chronische Gefühl des Zeitmangels ist nicht nur ein häufiger Auslöser für Belastungsreaktionen, sondern stellt selbst auch ein großes Hindernis für notwendige Entspannungs- und Regenerationsphasen dar. Viele Faktoren tragen zu dem heute so weit verbreiteten »Keine Zeit«-Syndrom bei. Bitte prüfen Sie anhand der folgenden Liste einmal selbstkritisch, welche Gründe für Zeitdruck in Ihrem Leben ausschlaggebend sind.

■■ Äußere Faktoren (»Zeitfresser«)
- Telefon
- Ständige Unterbrechungen
- Zu viele, zu lange, schlecht vorbereitete Besprechungen
- Mangelnde oder fehlerhafte Informationen, die zu Verzögerungen führen
- Unklare oder ständig wechselnde Aufgaben
- Überflüssiger Papierkram
- Verkehrsstau
- Weite Wege
- Schlange stehen in der Kantine
- Unpünktliche Kunden, Klienten, Mandanten
- Unzuverlässige Mitarbeiter oder Kollegen
- Anderes:

■■ Eigene Einstellungen und Verhaltensweisen
- Schwierigkeit, Prioritäten zu setzen
- Dinge zu perfekt machen wollen
- Entscheidungen vor sich her schieben
- Alles gleichzeitig erledigen wollen
- Unangenehmes vor sich her schieben
- Alles selber machen wollen, nicht delegieren können
- Nicht »Nein« sagen können
- Immer für andere da sein wollen
- Sich immer wieder Unvorhergesehenes aufdrängen lassen
- Übersteigerte Suche nach Anerkennung
- Falscher Ehrgeiz
- Angst vor »Leere«, vor dem »Nichtstun«, vor Langeweile
- Zu jeder Zeit, an jedem Ort, für jedermann erreichbar sein wollen
- Anderes:

■■ Fehler bei der Zeitplanung
- Hinausgezögerter Anfang
- Sich mit Unwichtigem aufhalten, keine klaren Prioritäten
- Überlange Arbeitszeiten
- Eine Arbeit nicht abschließen
- Fehlender oder zu später Schlusspunkt
- Verzicht auf Pausen
- Hastiges und deshalb fehlerhaftes Arbeiten
- Häufiger Wechsel von einer angefangenen Arbeit zur anderen
- Zu enger Zeitplan, kein Platz für Unvorhergesehenes
- Benötigte Zeit für einzelne Aufgaben unterschätzen oder überschätzen
- Den eigenen Biorhythmus missachten
- »Ordnungswahn« oder mangelhafte Ordnung
- Anderes:

© 2011, Springer-Verlag GmbH. Aus: Kaluza, G.: Stressbewältigung

Wichtig oder dringlich? – Prioritäten setzen!

Dies ist die wichtigste Regel, um Zeitsouveränität zu erlangen. Dabei hat sich die Unterscheidung zwischen Wichtigkeit und Dringlichkeit von Aufgaben bewährt. Vielleicht kennen Sie den Satz: Wichtige Dinge sind selten eilig und die eiligen Dinge sind selten wichtig. Die Wichtigkeit einer Aufgabe ergibt sich aus ihrer Bedeutung für eigene Ziele. Wichtig sind Dinge, die dazu beitragen, die eigenen Ziele zu erreichen. Wie wichtig bestimmte Dinge sind, wird also von Ihnen selbst definiert.

Die Dringlichkeit einer Aufgabe bezieht sich auf den Zeitraum, in dem die Aufgabe zu erledigen ist. Dringlichkeit wird oft von anderen definiert. Dringliche Aufgaben sind oft wichtig für andere, nicht unbedingt für Sie. Selbstverständlich können wichtige Aufgaben auch dringlich werden, zum Beispiel dann, wenn eine bestimmte Terminvorgabe näher rückt.

Zwischen Wichtigkeit und Dringlichkeit einer Aufgabe unterscheiden zu können, ist von großer Bedeutung für das Setzen von Prioritäten. Menschen, die unter Stress und Zeitdruck stehen, haben oft das Gefühl, dass alle ihre Aufgaben gleichermaßen wichtig und dringlich sind. Sie stehen unter der »Tyrannei des Dringlichen«. Bei näherem Hinsehen zeigt sich dann aber doch meist, dass nicht alle dringlichen Aufgaben gleichzeitig auch wichtig sind.

Wichtigkeit und Dringlichkeit beeinflussen die Prioritätensetzung gleichermaßen. Unterscheidet man jeweils zwischen niedriger und hoher Wichtigkeit beziehungsweise Dringlichkeit, kommt man zu folgender 4-Felder-Tafel (Abb. A25). Diese wird übrigens dem ehemaligen US-Präsidenten Dwight D. Eisenhower zugeschrieben, und daher auch als Eisenhower-Prinzip bezeichnet.

Mittels dieses Diagramms können Sie alle Ihre beruflichen und privaten Aufgaben in vier Prioritätsstufen einteilen.

Abb. A25 Prioritäten setzen

A-Priorität: Die höchste Priorität haben die Aufgaben des ersten Quadranten, die sowohl wichtig als auch dringlich sind. Das können z.B. Krisen, plötzlich aufgetretene Probleme oder Aufgaben mit einem kurz bevorstehenden Abgabetermin sein. Hier müssen Sie sofort handeln.

B-Priorität: Hierzu zählen die Aufgaben des zweiten Quadranten, die wichtigen, aber nicht oder noch nicht dringlichen Aufgaben, also z.B. neue Projekte, Fortbildungsmaßnahmen, planerische Aufgaben. Diese Aufgaben müssen nicht sofort erledigt werden und werden deshalb gerne auf die lange Bank geschoben, so lange bis sie dann selbst wieder dringlich werden. Hier kommt es darauf an, sich regelmäßig Zeit zu nehmen für die Bearbeitung dieser B-Aufgaben, denn es sind ja genau diese B-Aufgaben die langfristig Ihren Erfolg begründen und Sie Ihren Zielen näher bringen.

C-Priorität: Hier geht es um die dringlichen, aber nicht oder weniger wichtigen Dinge (3. Quadrant) wie z.B. manche Post, E-Mails, Anrufe, Besprechungen, Unterbrechungen, Anfragen durch andere usw. Wie kann man sich vor dem Diktat der Dringlichkeit schützen? Entscheidend ist, die Kraft und den Mut für klare Grenzsetzungen aufzubringen, gegebenenfalls ein freundliches, aber bestimmtes »Nein« oder »Jetzt nicht« zu sagen und wo möglich Aufgaben zu delegieren. Nur so schützen Sie die Zeit für Ihre wichtigen B-Aufgaben, die sonst untergehen.

D-Priorität: Die geringste Priorität haben die Aufgaben, die weder wichtig noch dringlich sind (4. Quadrant). Von diesen Dingen sollte man sich getrost und ohne große Umschweife frei halten. Hierfür gibt es den Papierkorb (auch den elektronischen!) sowie die Möglichkeit, wenn es um die Wahrnehmung von Terminen oder um bestimmte Aufgaben geht, abzusagen bzw. zu delegieren.

© 2011, Springer-Verlag GmbH. Aus: Kaluza, G.: Stressbewältigung

Hinweise für einen gesunden Gebrauch der Zeit: Zeit richtig planen

Eine vernünftige Zeitplanung bringt viele Vorteile:
- Planen bringt mehr Zeit und erspart doppelte Arbeit
- Planen erlaubt »bei der Sache« zu sein und entlastet das Gehirn
- Planen erlaubt Abschalten nach getaner Arbeit und verhilft zu Gelassenheit
- Planen erlaubt Erfolgskontrolle
- Planen ermöglicht Freiheit und ist die Voraussetzung für Flexibilität (statt Chaos)

Zeitplanung ist kein Selbstzweck. Es geht nicht darum, »Zeit zu sparen«, um Ihren Terminkalender noch voller packen zu können. Richtig betriebene Zeitplanung kann Ihnen helfen, Ihre begrenzte Zeit für das zu gebrauchen, was Ihnen wirklich wichtig ist, und nötige Freiräume für Regeneration zu schaffen.

Folgende **Praxistipps** sind dabei hilfreich:

Schriftlich und mit System planen. Je nach persönlicher Lebenssituation reicht die Palette hier von der einfachen »To-do-Liste« bis hin zum komplexen Zeitplanbuch.

Wichtiges zuerst! Wenn Sie Ihren Tages- oder Wochenplan erstellen, dann planen Sie als Erstes die Zeiten für die Aufgaben mit hoher Priorität.

Persönliche Leistungskurve beachten. Im Tagesverlauf jedes Menschen gibt es eine charakteristische Abfolge von Hochs und Tiefs. Manche Menschen erleben ihre höchste Leistungsfähigkeit am Morgen, andere kommen erst am Nachmittag so richtig auf Touren und wieder andere haben zwei Hochs, eins am Morgen und ein zweites am späteren Nachmittag mit einem ausgedehnten Tief über die Mittagszeit. Wenn Sie Ihre persönliche Leistungskurve kennen, dann können Sie dieses Wissen nutzen, um den Tagesablauf optimal zu gestalten. A- und B-Aufgaben terminieren Sie für Zeiten, in denen Ihre Leistungsfähigkeit am höchsten ist, die sog. »Prime-Time«. Routine-Aufgaben und Aufgaben von geringer Priorität legen Sie in Zeiten vor einem Hoch, in denen Ihr Energiepegel allmählich ansteigt (sog. »Up-Phasen«). Die Zeiten nach einem Hoch (die sog. »Down-Phasen«), in denen die Energie sinkt, nutzen Sie für Erholung und Entspannung.

Pufferzeiten einplanen. Zeitmanagement-Experten empfehlen zwischen 30 und 40% der Zeit für unerwartete und spontane Aktivitäten oder für Störungen frei zu halten. Wenn Sie Ihre Zeit zu eng planen, dann ist die Wahrscheinlichkeit sehr groß, dass Ihr Zeitplan durch unvorhersehbare Dinge umgeworfen wird und Sie in Hektik und Zeitnot geraten. »Je genauer man plant, desto härter trifft einen der Zufall« (Managerweisheit). Deshalb lieber von vornherein etwas mehr Luft einplanen! Das spart Nerven und letztlich auch Zeit.

Regelmäßige Pausen einplanen. Regelmäßige Ruhephasen sind nicht unnütze Zeitvergeudung, sondern gerade auch in Zeiten hoher Anforderungen wichtig für den Erhalt der eigenen Leistungsfähigkeit. Wenn Sie nach dieser Einsicht handeln, werden Sie schnell feststellen, dass Sie durch Pausen nichts verlieren, sondern durch höhere Effizienz Zeit gewinnen. Die Erholungswirkung von kurzen Pausen ist dann besonders hoch, wenn Sie sich die Pausen gönnen, bevor Leistung und Konzentration merklich nachlassen. Als Faustregel können Sie sich an einen ungefähren 90-Minuten-Rhythmus halten. Nach einer solchen Zeit konzentrierter Arbeit benötigen Körper und Geist eine Auszeit von zehn bis zwanzig Minuten. Bewegen Sie sich ein wenig, strecken Sie sich und dehnen Sie Ihre Muskeln. Trinken Sie und essen Sie vielleicht einen kleinen Snack. Verschaffen Sie sich frische Luft. Machen Sie vielleicht eine kurze Entspannungsübung oder verrichten Sie einfache manuelle Dinge, um Kopf und Körper zu entspannen. Aber vermeiden Sie es, Ihre Pause zu »missbrauchen«, indem Sie schnell noch etwas »zwischendrin« erledigen.

Zeitbedarf realistisch einschätzen. Dies bedeutet zum einen, dass Sie für einzelne Tätigkeiten einen ausreichend großen Zeitraum einplanen, zum anderen aber auch, dass Sie für diese Tätigkeiten ein zeitliches Limit definieren. Das hilft, eigene Perfektionsansprüche im Zaume zu halten.

Nachkontrolle. Nehmen Sie sich am Ende des Tages (bzw. einer Woche) ein paar Minuten Zeit, um zu überprüfen, inwieweit Sie Ihren Plan eingehalten haben. Damit verschaffen Sie sich Erfolgserlebnisse, wenn Sie Erledigtes streichen können, und die Möglichkeit, Unerledigtes zu übertragen. Durch eine systematische Nachkontrolle können Sie aus Erfahrungen lernen, um Ihre Zeitplanung nach und nach immer besser auf die Anforderungen und auf Ihren persönlichen Tagesrhythmus abzustimmen.

> **Merke:** Die meiste Zeit wird vergeudet, bei dem Versuch, Zeit zu sparen!

© 2011, Springer-Verlag GmbH. Aus: Kaluza, G.: Stressbewältigung

Für den Akutfall: Die Quart-A-(4-A-)Strategie

▪▪ Annehmen
Das bedeutet, die Situation so zu akzeptieren, wie sie ist – als Teil meines Jobs, als Teil meines Lebens. Ärger, Vorwürfe und Schuldgefühle helfen ebenso wenig weiter wie Weggucken und Nicht-wahr-haben-Wollen. Annehmen der Situation beinhaltet zweierlei:
1. Das möglichst frühzeitige Wahrnehmen von Stresssignalen und
2. eine klare und bewusste Entscheidung für das Annehmen (und damit gegen das Hadern mit der Realität).

▪▪ Abkühlen
Das bedeutet, überschießende Erregung in einer akuten Stresssituation in den Griff zu bekommen, wenn man »aus dem Häuschen ist«, »an die Decke gehen« will oder »nicht mehr weiß, wo vorne und hinten ist«. Es geht hier darum, sich zu sammeln, die eigene Mitte (wieder) zu finden, Bodenhaftung und einen klaren Kopf zu bewahren. Wie kann das gelingen? Wichtig ist auch wieder die bewusste Entscheidung für das Abkühlen (und damit gegen das Hineinsteigern in die Erregung). Das Abkühlen selbst kann dann durch gezielte kurze Übungen erreicht werden. Manchmal reicht bereits ein bewusstes verlängertes Ausatmen, mit dem »der Dampf abgelassen« wird. In anderen Situationen sind kurze Entspannungsübungen oder Bewegungsübungen hilfreich.

Beispiel
Meine Möglichkeiten des Abkühlens in einer akuten Stresssituation:

© 2011, Springer-Verlag GmbH. Aus: Kaluza, G.: Stressbewältigung

▪▪ Analysieren

Dies bedeutet, sich einen kurzen Moment Zeit zu nehmen, um zu einer bewussten und schnellen Einschätzung eigener Handlungsmöglichkeiten zu kommen (◘ Abb. A26):

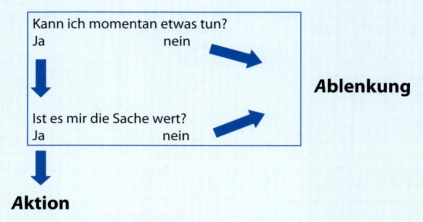

◘ **Abb. A26** Kurzanalyse in einer akuten Stress-Situation

▪▪ Ablenkung oder Aktion

Je nach Ausgang der Kurzanalyse geht es hier entweder um Ablenkung von der Situation oder um gezielte Aktionen zur Änderung der Situation.

Welche Möglichkeiten der Ablenkung bzw. welche Aktionsmöglichkeiten es jeweils gibt, ist natürlich in starkem Maße abhängig von der konkreten Situation.

Ablenkung kann beispielsweise geschehen durch Musik, durch Lesen, durch angenehme Gedanken, durch Beobachtung von anderen Menschen usw.

Direkte Aktionen können beispielsweise darin bestehen, dass man Grenzen zieht und »Nein« sagt, dass man Aufgaben delegiert oder Unterstützung sucht, dass man kurzfristig Termine umlegt oder Aufgaben umdisponiert.

VII. Ausstieg und Transfer

- Das 3 x 4 der Stresskompetenz (Abb. A27) – 260
- Checkliste »Das 3 x 4 der Stresskompetenz« – 261 f.
- Persönliches Gesundheitsprojekt (Abb. A28) – 263

Das 3 × 4 der Stresskompetenz

Instrumentelle Stresskompetenz

1. Lernen – Fachliche Kompetenzen
2. Soziales Netz aufbauen
3. Grenzen setzen/sich selbst behaupten
4. Selbst- und Zeitmanagement: sich selbst führen

Mentale Stresskompetenz

1. Das Annehmen der Realität
2. Anforderungen konstruktiv bewerten
3. Überzeugung in die eigene Kompetenz stärken
4. Stressverstärker entschärfen

Regenerative Stresskompetenz

1. Erholung aktiv gestalten (Pausen, Schlaf, Urlaub)
2. Genießen im Alltag
3. Entspannen und abschalten
4. Sport und Bewegung

Abb. A27 Das 3 x 4 der Stresskompetenz

© 2011, Springer-Verlag GmbH. Aus: Kaluza, G.: Stressbewältigung

Trainingsmaterialien

Checkliste: Das 3 x 4 der Stresskompetenz

In dieser Checkliste finden Sie eine knappe Zusammenfassung wesentlicher Strategien zum persönlichen Stressmanagement. Bitte prüfen Sie anhand der Liste, in welchen Bereichen Ihre Kompetenzen bereits heute gut ausgeprägt sind und hinsichtlich welcher Bereiche Sie sich zukünftig weiterentwickeln möchten.

> In diesem Bereich möchte ich etwas ändern …

> Diese Aussagen treffen auf mich zu …
> 5 = völlig, 4 = überwiegend, 3 = teils, teils, 2 = kaum, 1 = gar nicht
> Bitte zutreffende Zahl eintragen!

		Ja	Nein	?
1. Instrumentelle Stresskompetenz				
1.1 Ich halte mich fachlich auf dem Laufenden. Ich bilde mich regelmäßig weiter. Ich lerne gern von anderen und sehe mich selbst als »Lernenden«.				
1.2 Ich pflege mein soziales Netz. Ich erfahre ausreichend Unterstützung durch andere. Ich habe mindestens eine vertraute Person, bei der ich mich fallen lassen kann.				
1.3 Ich achte auf meine Grenzen. Ich vertrete meine Interessen gegenüber anderen. Wenn nötig, sage ich »nein«, delegiere Aufgaben oder bitte andere um Unterstützung.				
1.4 Ich habe eine positive Zukunftsvision und klare Ziele vor Augen. Ich setze Prioritäten. Ich plane meine Zeit entsprechend und achte auf meine persönliche Leistungskurve.				
Summe Bereich 1				
2. Mentale Stresskompetenz				
2.1 Anforderungen und Schwierigkeiten gehören für mich zum Leben dazu. Ich begegne ihnen mit einer annehmenden Grundhaltung.				
2.2 Anforderungen oder Schwierigkeiten sehe ich als positive Herausforderung. Ich schätze sie realistisch ein und bewahre mir eine innere Distanz.				

© 2011, Springer-Verlag GmbH. Aus: Kaluza, G.: Stressbewältigung

> In diesem Bereich möchte ich etwas ändern …

> Diese Aussagen treffen auf mich zu …
> 5 = völlig, 4 = überwiegend, 3 = teils, teils, 2 = kaum, 1 = gar nicht
> Bitte zutreffende Zahl eintragen!

		Ja	Nein	?
2.3 Ich habe ein starkes Vertrauen in meine eigenen Kompetenzen. Ich bin mir meiner Stärken bewusst und vertraue darauf, dass ich auch neue Anforderungen und Schwierigkeiten meistern kann.				
2.4 Ich bin mir meiner persönlichen Stressverstärker bewusst. Ich arbeite gezielt an meiner persönlichen Weiterentwicklung. Ich entschärfe meine persönlichen Stressverstärker, indem ich aktiv neues Verhalten ausprobiere, z.B. Fehler zulasse, Kontrolle abgebe oder um Hilfe bitte.				
Summe Bereich 2				
3. Regenerative Stresskompetenz				
3.1 Ich sorge für regelmäßige Pausen. Ich gestalte meinen Urlaub entsprechend meinen Erholungsbedürfnissen. Ich habe einen tiefen und erholsamen Schlaf.				
3.2 In meiner Freizeit sorge ich aktiv für ein Gegengewicht zur Arbeit. Ich übe Aktivitäten aus, die mir Spaß machen, und genieße angenehme Dinge.				
3.3 Ich beherrsche eine Entspannungsmethode, mit der es mir gut gelingt, körperlich zu entspannen und gedanklich abzuschalten.				
3.4 Ich treibe regelmäßig Sport und sorge für viel Bewegung in meinem Alltag.				
Summe Bereich 3				

Fragen zur Auswertung:
- Welche Säulen der Stresskompetenz sind stark, welche weniger stark ausgeprägt?
- In welchen Bereichen möchte ich meine Stresskompetenz zukünftig weiterentwickeln?
- Welche nächsten Schritte werde ich gehen, um meine Stresskompetenz zu erweitern?

© 2011, Springer-Verlag GmbH. Aus: Kaluza, G.: Stressbewältigung

Trainingsmaterialien

Persönliches Gesundheitsprojekt

Mein Ziel

_____

Davon verspreche ich mir:

1. _____

2. _____

3. _____

Um dieses Ziel zu erreichen, werde ich Folgendes tun:

_____

_____

Meine nächsten Schritte sind:

Was? **(bis) wann?**

1. _____

2. _____

3. _____

Welche Hindernisse könnte es geben? **Damit gehe ich folgendermaßen um:**

1. _____

2. _____

3. _____

Wer unterstützt mich?

_____

Abb. A28 Persönliches Gesundheitsprojekt

© 2011, Springer-Verlag GmbH. Aus: Kaluza, G.: Stressbewältigung

Literatur

Allmer, H. (1996). Erholung und Gesundheit. Grundlagen, Ergebnisse und Maßnahmen. Göttingen: Hogrefe.
Antonovsky, A. (1987). The salutogenic perspective: Toward a new view of health and illness. Advances, 4, 47–55.
Antonovsky, A. (1988). Unraveling the mystery of health. How people manage stress and stay well. San Francisco: Jossey-Bass.
Antonovsky, A., Maoz, B., Dowty, N. & Wijsenbeek, H. (1971). Twenty-five years later. A limited study of the sequelae of the concentration camp experience. Social Psychiatry, 6, 186–193.
Badura, B. (1992). Gesundheitsförderung und Prävention aus soziologischer Sicht. In P. Paulus (Hrsg.) Prävention und Gesundheitsförderung. Perspektiven für die psychosoziale Praxis (S. 43–52). Köln: GwG-Verlag.
Badura, B. (1993). Gesundheitsförderung durch Arbeits- und Organisationsgestaltung – Die Sicht des Gesundheitswissenschaftlers. In J.M. Pelikan, H. Demmer & K. Hurrelmann (Hrsg.) Gesundheitsförderung durch Organisationsentwicklung. Konzepte, Strategien und Projekte für Betriebe, Krankenhäuser und Schulen (S. 20–33). Weinheim, München: Juventa.
Bandura, A. (1977). Self-efficacy: Toward a unifying theory of behavioral change. Psychological Review, 84, 191–215.
Bandura, A. (1992). Self-efficacy mechanism in psychobiologic functioning. In R. Schwarzer (ed.) Self-efficacy: Thought control of action (pp. 355–394). Washington, D.C.: Hemisphere.
Bauer, J. (2005). Das Gedächtnis des Körpers. Wie Beziehungen und Lebensstile unsere Gene steuern. München: Piper, 3. Aufl.
Beck, A.T., Rush, A.J., Shaw, B.F. & Emery, G. (1981). Kognitive Therapie der Depression. München: Psychologie-Verlags-Union.
Becker, P. (1982). Psychologie der seelischen Gesundheit. Band 1: Theorien, Modelle, Diagnostik. Göttingen: Hogrefe.
Benkert, O. (2005). Stressdepression. Die neue Volkskrankheit und was man dagegen tun kann. München: Beck
Bernstein, D.A. & Borkovec, T.D. (2007). Entspannungstraining. Handbuch der progressiven Muskelentspannung. München: Klett-Cotta, 12. Aufl.
Bouchard, C., Shepard, R.J., Stephens, T., Sutton, J.R. & McPherson, B.D. (1991). Exercise, Fitness and Health – A consensus of current knowledge. Champaign: Human Kinetics Books.
Brecht, B. (1967). Gesammelte Werke. Frankfurt a. M.: Suhrkamp.
Brechtel, C. (1994). Muskuläres Tiefentraining – neue Wege zur Entspannung. Durbach: psychotop.
Burisch, M. (2005). Das Burnout-Syndrom. Berlin: Springer, 3. Aufl.
Cannon, W.B. (1929). Bodily changes in pain, hunger, fear and rage. New York: Appleton.
Carver, C.S., Pozo, C., Harris, S.D. et al. (1993). How coping mediates the effects of optimism on distress: A study of women with early stage breast cancer. Journal of Personality and Social Psychology, 65, 375–390.
Carver, C.S. & Scheier, M.F. (1994). Optimism and health-related cognition: What variables actually matter? Psychology and Health, 9, 191–195.
Deutsche Gesellschaft für Sportmedizin und Prävention e.V. (2007). Bewegung und Sport: Anfangen ja, aber wie? Empfehlungen zum Beginn eines körperlichen Trainings. Freiburg: DGSP (Download unter www.dgsp.de).
Dohrenwend, B.S. & Dohrenwend, B.P. (eds.) (1974). Stressful life events: Their nature and effects. New York: Wiley.
Damasio, A. (1994). Descartes' Irrtum. Fühlen, Denken und das menschliche Gehirn. München: List.
Duncker, K. (1935). Zur Psychologie des produktiven Denkens. Berlin: Springer
Dziewas, H. (1980). Instrumentelle Gruppenbedingungen als Voraussetzung des individuellen Lernprozesses. In K. Grawe (Hrsg.) Verhaltenstherapie in Gruppen (S. 27–55). München: Urban & Schwarzenberg.
Eberspächer, H. (2002). Ressource Ich. Der ökonomische Umgang mit Streß. München: Hanser, 2. Aufl.
Ellis, A. (1997). Grundlagen und Methoden der Rational-emotiven Verhaltenstherapie. München: Pfeiffer.
Ende, M. (1973). Momo. Stuttgart: Thienemann.
Ernst, H. (1992). Gesund ist, was Spaß macht. In A. Trojan & B. Stumm (Hrsg.) Gesundheit fördern statt kontrollieren. Eine Absage an den Mustermenschen (S. 152–166). Frankfurt a. M.: Fischer.
Filipp, S.-H. (Hrsg.) (1981). Kritische Lebensereignisse. München: Urban & Schwarzenberg.
Florin, I. (1985). Bewältigungsverhalten und Krankheit. In H.D. Basler & I. Florin (Hrsg.) Klinische Psychologie und körperliche Krankheit (S. 126–145). Stuttgart: Kohlhammer.
Frank, R., Vaitl, D. & Walter, B. (1995). Verdirbt Krankheit den Genuß? In R. Lutz & N. Mark (Hrsg.) Wie gesund sind Kranke. Zur seelischen Gesundheit psychisch Kranker. Göttingen: Verlag für Angewandte Psychologie.
Franke, A. (1984). Gruppentraining gegen psychosomatische Störungen. München: Urban & Schwarzenberg.
Frankl, V.E. (1981). Die Sinnfrage in der Psychotherapie. München: Piper.
Frankl, V.E. (1994). Logotherapie und Existenzanalyse. Texte aus sechs Jahrzehnten. München: Quintessenz.
Franzkowiak, P. & Sabo, P. (Hrsg.) (1993). Dokumente der Gesundheitsförderung. Internationale und nationale Dokumente und Grundlagentexte zur Entwicklung der Gesundheitsförderung im Wortlaut und mit Kommentierung. Mainz: Peter Sabo.
Fuchs, R. (2003). Sport, Gesundheit und Public Health. Göttingen: Hogrefe.
Fuchs, E. & Flügge, G. (2001). Psychosoziale Belastung hinterlässt Spuren im Gehirn. Zeitschrift für Medizinische Psychologie, 10, 99–105.
Geißler, K.A. (1994). Anfangssituationen. Was man tun und besser lassen sollte. Weinheim, Basel: Beltz.
Geyer, S. (1999). Macht Unglück krank? – Lebenskrisen und die Entwicklung von Krankheiten. Weinheim, München: Juventa.
Göpel, E. (1992). Prävention und Partizipation: Der Wandel von einem patriarchalischen zu einem partnerschaftlichen

Literatur

Modell in der Gesundheitsförderung. In P. Paulus (Hrsg.) Prävention und Gesundheitsförderung. Perspektiven für die psychosoziale Praxis (S. 35–42). Köln: GwG.

Goldfried, M.R. & Goldfried, A.P. (1976). Kognitive Methoden der Verhaltensänderung. In F.H. Kanfer & A.P. Goldstein (Hrsg.) Möglichkeiten der Verhaltensänderung (S. 62–83). München: Urban & Schwarzenberg.

Grawe, K., Dziewas, H. & Wedel, S. (1980). Interaktionelle Problemlösungsgruppen – ein verhaltenstherapeutisches Gruppenkonzept. In K. Grawe (Hrsg.) Verhaltenstherapie in Gruppen (S. 266–306). München: Urban & Schwarzenberg.

Gröninger, S. & Stade-Gröninger, J. (1996). Progressive Relaxation. Indikation, Anwendung, Forschung, Honorierung. München: Pfeiffer.

Handler, B. (2008). Mit allen Sinnen leben. Tägliches Genusstraining. Wien: Goldegg.

Hamm, A. (1993). Progressive Muskelentspannung. In D. Vaitl & F. Petermann (Hrsg.) Handbuch der Entspannungsverfahren. Band 1: Grundlagen und Methoden (S. 245–264). Weinheim: Psychologie-Verlags-Union.

Haskell, W.L., Lee, I.-M., Pate, R.P., Powell, K.E., Blair, S.N., Franklin, B.A., Macera, C.A., Heath, G.W., Thompson, P.D., Bauman, A. (2007). Physical activity and public health: updated recommendation for adults from the American College of Sports Medicine and the American Heart Association. Medicine & Science in Sports & Exercise, 39, 1423–1434.

Heide, H. (2000). Arbeitssucht – individuelle und sozialökonomische Dimensionen. Vortrag auf der Fachtagung »Sucht 2000« der Deutschen Hauptstelle gegen die Suchtgefahren in Karlsruhe, 13.–14.11.2000.

Helwig, P. (1948). Das Wertequadrat. Psyche, 2, 121–127.

Hennig, H-J. (2001). Immer locker bleiben! 70 Wohlfühl-Übungen für Büro, Seminar und Schule. Weinheim: Beltz.

Henry, J.P. (1986). Neuroendocrine patterns of emotional response. In R. Plutchik & H. Kellerman (eds.) Emotion: Theory, Research and Experiences (Vol. 3, pp. 37–60). San Diego: Academic Press.

Hoffmann, F. (2005) »Gönne Dich Dir selbst« – Monastische Burnout-Prophylaxe. Deutsches Pfarrerblatt, 8, 35.

Holmes, T.H. & Rahe, R.H. (1967). The social readjustment rating scale. Journal of Psychosomatic Research, 11, 213–218.

Hoyer, J. (2000). Optimismus und Gesundheit: Überblick, Kritik und Forschungsperspektiven. Zeitschrift für Gesundheitspsychologie, 8, 111–122.

Hüther, G. (1997). Biologie der Angst. Wie aus Stress Gefühle werden. Göttingen: Vandenhoeck & Ruprecht.

Jacobson, E. (2006). Entspannung als Therapie. Progressive Relaxation in Theorie und Praxis. München: Klett-Cotta, 6. Aufl.

Jansen, R. (2000). Arbeitsbelastungen und Arbeitsbedingungen. In B. Badura, M. Litsch & C. Vetter (Hrsg.) Fehlzeiten-Report 1999. Psychische Belastung am Arbeitsplatz (S. 5–30). Berlin, Heidelberg: Springer.

Johnson, J.V. & Johansson (Eds.) (1991). The psychosocial work environment and health: Work organizations, democratization and health. New York: Baywood.

Kabat-Zinn, J. (1998). Im Alltag Ruhe finden. Das umfassende praktische Meditationsprogramm. Freiburg i. Br.: Herder.

Kaleko, M. (1983). Heute ist morgen schon gestern. München: dtv.

Kaluza, G. (1996). Belastungsbewältigung und Gesundheit – Theoretische Perspektiven und empirische Befunde. Zeitschrift für Medizinische Psychologie, 5, 147–155.

Kaluza, G. (1998). Effekte eines kognitiv-behavioralen Streßbewältigungstrainings auf Belastungen, Bewältigung und (Wohl-)Befinden – eine randomisierte, kontrollierte prospektive Interventionsstudie in der primären Prävention. Zeitschrift für Klinische Psychologie, 27(4), 234–243.

Kaluza, G. (1999a). Sind die Effekte eines primärpräventiven Stressbewältigungstrainings von Dauer? Eine randomisierte, kontrollierte Follow-up-Studie. Zeitschrift für Gesundheitspsychologie, 7, 88–95.

Kaluza, G. (1999b). Mehr desselben oder Neues gelernt? – Veränderungen von Bewältigungsprofilen nach einem primärpräventiven Stressbewältigungstraining. Zeitschrift für Medizinische Psychologie, 8, 73–84.

Kaluza, G. (1999c). Optimismus und Gesundheit: Gibt es eine salutogene Konstruktion subjektiver Realität? Psychomed, 11, 51–57.

Kaluza, G. (2000). Changing unbalanced coping profiles – a prospective controlled intervention trial in worksite health promotion. Psychology and Health, 15, 423–433.

Kaluza, G. (2001). Gruppeninterventionen in der Gesundheitsförderung. Psychotherapie im Dialog, 2, 93–97.

Kaluza, G. (2002). Förderung individueller Belastungsverarbeitung: Was leisten Stressbewältigungsprogramme? In B. Röhrle (Hrsg.) Prävention und Gesundheitsförderung, Band II (S. 195–218). Tübingen: DGVT.

Kaluza, G. (2007). »Gelassen und sicher im Stress« – Das Stresskompetenz-Buch. Heidelberg: Springer.

Kaluza, G., Basler, H.D., Simon, G., Schmidt-Trucksäß, A. & Büchler, G. (1998a). Wohlbefinden und kardiovaskuläre Fitness bei Teilnehmern eines laktatgesteuerten Ausdauertrainings. Zeitschrift für Gesundheitspsychologie, 6, 33–36.

Kaluza, G., Conrad, H.J., Köpf, I., Zimmermann, H. & Basler, H.D. (1998b). Gesundheitsförderung im Krankenhaus: Bedarf und Nachfrage – Ergebnisse einer Mitarbeiterbefragung. Zeitschrift für Medizinische Psychologie, 7, 60–67.

Kaluza, G., Keller, S. & Basler, H.D. (2001). Beanspruchungsregulation durch Sport? – Zusammenhänge zwischen wahrgenommener Arbeitsbelastung, sportlicher Aktivität und psychophysischem Wohlbefinden. Zeitschrift für Gesundheitspsychologie, 9, 26–31.

Kaluza, G. & Vögele, C. (1999). Stress und Stressbewältigung. In H. Flor, N. Birbaumer & K. Hahlweg (Hrsg.) Enzyklopädie der Psychologie, Themenbereich D Praxisgebiete, Serie II Klinische Psychologie, Band 3 Grundlagen der Verhaltensmedizin (S. 331–388). Göttingen: Hogrefe.

Kämmerer, A. (1983). Die therapeutische Strategie »Problemlösen«. Theoretische und empirische Perspektiven ihrer Anwendung in der kognitiven Psychotherapie. Münster: Aschendorff.

Kanner, A.D., Coyne, J.C., Schaefer, C. & Lazarus, R.S. (1981). Comparison of two modes of stress measurement: Daily hassles and uplifts versus major life events. Journal of Behavioral Medicine, 4, 1–39.

Karasek, R.A., Bauer, D., Marxer, A. & Theorell, T. (1981). Job decision latitude, job demands and cardiovascular disease: A prospective study of Swedish men. American Journal of Public Health, 71, 694–705.

Karasek, R.A. & Theorell, T. (1990). Healthy Work: Stress, productivity and the restriction of working life. New York: Basic Books.

Keller, S., Kaluza, G. & Basler, H.D. (2001). Motivierung zur Verhaltensänderung – Prozessorientierte Patientenedukation auf der Grundlage des Transtheoretischen Modells. Psychomed, 13, 101–111.

Kickbusch, I. (1992). Aktionsmöglichkeiten der Gesundheitsförderung. In A. Trojan & B. Stumm (Hrsg.) Gesundheit fördern statt kontrollieren. Eine Absage an den Mustermenschen (S. 96–116). Frankfurt a. M.: Fischer.

Kirschbaum, C. & Hellhammer, D. (1999). Hypothalamus-Hypophysen-Nebennierenrindenachse. In N. Birbaumer, D. Frey, J. Kuhl, W. Prinz & F.E. Weinert (Hrsg.) Enzyklopädie der Psychologie: Themenbereich C Theorie und Forschung, Serie I Biologische Psychologie, Band 3 Psychoendokrinologie und Psychoimmunologie (S. 79–140). Göttingen: Hogrefe.

Knoll, J. (1993). Kurs- und Seminarmethoden. Ein Trainingsbuch zur Gestaltung von Kursen und Seminaren, Arbeits- und Gesprächskreisen. Weinheim, Basel: Beltz.

Kobasa, S.C. (1979). Stress for life events, personality and health: An inquiry to hardiness. Journal of Personality and Social Psychology, 37, 1–11.

Kobasa, S.C., Maddi, S.R. & Kaan, S. (1982). Hardiness and health: A prospective study. Journal of Personality and Social Psychology, 42, 168–177.

Koppenhöfer, E. (2004). Kleine Schule des Genießens. Lengerich: Pabst

Laux, L. & Weber, H. (1990). Bewältigung von Emotionen. In K.R. Scherer (Hrsg.) Psychologie der Emotion (S. 560–629). Göttingen: Hogrefe.

Lazarus, R.S. (1966). Psychological stress and the coping process. New York: McGraw Hill.

Lazarus, R.S. (1984). Puzzles in the study of daily hassles. Journal of Behavioral Medicine, 7, 375–389.

Lazarus, R.S. & DeLongis, A. (1983). Psychological stress and coping in aging. American Psychologist, 38, 245–254.

Lazarus, R.S & Launier, R. (1981). Streßbezogene Transaktionen zwischen Person und Umwelt. In J.R. Nitsch (Hrsg.) Stress. Theorien, Untersuchungen, Maßnahmen (S. 213–259). Bern: Huber.

LeDoux, J.E. (1999). Das Gedächtnis für Angst. Spektrum der Wissenschaft-Dossier, 3, 16–23.

Linehan, M. (1996). Trainingsmanual zur Dialektisch-Behavioralen Therapie der Borderline-Persönlichkeitsstörung. München: Cip-Medien.

Lobnig, H. & Pelikan, J.M. (Hrsg.) (1998). Gesundheitsförderung in Settings: Gemeinde, Betrieb, Schule, Krankenhaus. Wien: Facultas.

Lutz, R. (1993). Genußtraining. In M. Linden & M. Hautzinger (Hrsg.) Verhaltenstherapie. Techniken und Einzelverfahren (S. 155–159). Berlin: Springer.

Lutz, R. & Koppenhöfer, E. (1983). Kleine Schule des Genießens. In R. Lutz (Hrsg.) Genuß und Genießen (S. 112–125). Weinheim: Beltz.

Maddi, S.R. (1990). Issues and interventions in stress mastery. In H.S. Friedman (eds.), Personality and disease (pp. 212–154). New York: Wiley.

Maslach, C. & Leiter, M.P. (2001). Die Wahrheit über Burnout-Stress am Arbeitsplatz und was Sie dagegen tun können. Heidelberg, Wien, New York: Springer.

Matyssek, A.K. (2007). Führungsfaktor Gesundheit. So bleiben Führungskräfte und Mitarbeiter gesund. Offenbach: Gabal.

McKeown, Th. (1982). Die Bedeutung der Medizin. Traum, Trugbild oder Nemesis. Frankfurt a. M.: Suhrkamp.

Meichenbaum, D. (1991). Intervention bei Stress. Anwendung und Wirkung des Stressimpfungstrainings. Bern: Huber.

Miller, W.R. & Rollnick, S. (2002). Motivational interviewing. Preparing people to change. New York: Guilford.

Möller, M.L. (1981). Anders helfen. Selbsthilfegruppen und Fachleute arbeiten zusammen. Stuttgart: Klett-Cotta.

Müller, E. (1983). Du spürst unter deinen Füßen das Gras. Autogenes Training in Phantasie- und Märchenreisen. Frankfurt a. M.: Fischer.

Nemeroff, C. (1999). Neurobiologie der Angst. Spektrum der Wisssenschaft-Dossier, 3, 24–31.

O'Leary, A. (1984). Self-efficacy and health. Behavior Research and Therapy, 23, 437–451.

Ohm, D. (1992). Progressive Relaxation. Überblick über Anwendungsbereiche, Praxiserfahrungen und neuere Forschungsergebnisse. Report Psychologie, 17(1), 27–43.

Ohm, D. (2007). Stressfrei durch Progressive Relaxation: Mehr Gelassenheit durch Tiefenmuskelentspannung nach Jacobson. Stuttgart: Trias.

Paulus, P. (1994). Selbstverwirklichung und psychische Gesundheit. Hogrefe, Göttingen.

Pelikan, M., Demmer, H. & Hurrelmann, K. (Hrsg.) (1993). Gesundheitsförderung durch Organisationsentwicklung. Konzepte, Strategien und Projekte für Betriebe, Krankenhäuser und Schulen. Weinheim, München: Juventa.

Poppelreuter, S. (1997). Arbeitssucht. Weinheim: Psychologie-Verlags-Union.

Röhrle, B. (1994). Soziale Netzwerke und soziale Unterstützung. Weinheim: Psychologie-Verlags-Union.

Rohde, J.J. (1992). Auf dem Weg zum Gesundheitsdespotismus? Einige kritische Erwägungen zu Prävention und Gesundheitsförderung. Zeitschrift für Medizinische Psychologie, 2, 56–57.

Rugulies, R. & Siegrist, J. (2002). Soziologische Aspekte der Entstehung und des Verlaufes der chronischen Herzkrankheit. Soziale Ungleichverteilung der Erkrankung und chronische Distress-Erfahrungen im Erwerbsleben. Frankfurt a. M.: VAS.

Sapolski, R.M. (1996). Why stress is bad for your brain. Science, 273, 749–750.

Schedlowski, M. (1994). Streß, Hormone und zelluläre Immunfunktionen. Heidelberg: Spektrum Akademischer Verlag.

Scheich, G. (2001). Positives Denken macht krank. Vom Schwindel mit gefährlichen Erfolgsversprechen. Frankfurt a.M.: Eichborn.

Scheier, M.F. & Carver, C.S. (1985). Optimism, coping and health: Assessment and implications of generalized outcome expectancies. Health Psychology, 4, 219–247.

Scheier, M.F. & Carver, C.S. (1992). Effects of optimism on psychological and physical well-being: theoretical overview and empirical update. Cognitive Therapy and Research, 16, 201–228.

Schelp, T., Maluck, D., Gravemeier, R. (1997). Rational-emotive Therapie als Gruppentraining gegen Streß. Bern: Huber.

Schlicht, W. (1993). Psychische Gesundheit durch Sport? Realität oder Wunsch: Eine Meta-Analyse. Zeitschrift für Gesundheitspsychologie, 1, 65–81.

Schröder, H. (2003). »Healthismus« und Lebensqualität. In M. Jerusalem & H. Weber (Hrsg.) Psychologische Gesundheitsförderung (S. 743–762). Göttingen: Hogrefe.

Schultz, J.H. (1979). Das autogene Training. Konzentrative Selbstentspannung. Stuttgart: Thieme.

Schulz, K.H. (1994). Psychoneuroimmunologie. In W. Gerber, H.D. Basler & U. Tewes (Hrsg.) Medizinische Psychologie. Mit Psychobiologie und Verhaltensmedizin (S. 129–140). München: Urban & Schwarzenberg.

Schulz von Thun, L. (1989). Miteinander reden 2. Stile, Werte und Persönlichkeitsentwicklung. Reinbek: Rowohlt.

Schwarzer, R. (1993). Defensiver und funktionaler Optimismus als Bedingungen für Gesundheitsverhalten. Zeitschrift für Gesundheitspsychologie, 1, 7–31.

Schwarzer, R. (1994). Optimistische Kompetenzerwartung: Zur Erfassung einer personellen Bewältigungsressource. Diagnostica, 40, 105–123.

Schwarzer, R. & Leppin, A. (1989). Sozialer Rückhalt und Gesundheit. Eine Meta-Analyse. Göttingen: Hogrefe.

Schwartz, F.W., Bitzer, E.M., Dörning, H., Grobe, T.G., Krauth, C., Schlaud, M., Schmidt, T. & Zielke, M. (1999). Schwartz-Gutachten. Gesundheitsausgaben für chronische Krankheit in Deutschland – Krankheitskostenlast und Reduktionspotenziale durch verhaltensbezogene Risikomodifikation. Lengerich: Pabst.

Seiwert, L.J. (2003). Das neue 1×1 des Zeitmanagement: Zeit im Griff, Ziele in Balance. Kompaktes Know-how für die Praxis. München: Graefe & Unzer.

Seiwert, L.J. (2005). Wenn du es eilig hast, gehe langsam. Mehr Zeit in einer beschleunigten Welt.. Frankfurt: Campus, 14. Aufl.

Seligman, M. (1979). Erlernte Hilflosigkeit. München: Urban & Schwarzenberg.

Selye, H. (1936). A syndrome produced by diverse nocuous agents. Nature, 138, 32.

Selye, H. (1981). Geschichte und Grundzüge des Stresskonzeptes. In J.R. Nitsch (Hrsg.) Stress. Theorien, Untersuchungen, Maßnahmen (S. 163–187). Bern: Huber.

Siegrist, J. (1996). Soziale Krisen und Gesundheit. Göttingen: Hogrefe.

Siegrist, J. & Dragano, N. (2008). Psychosoziale Belastungen und Erkrankungsrisiken im Erwerbsleben. Befunde aus internationalen Studien zum Anforderungs-Kontroll-Modell und zum Modell beruflicher Gratifikationskrisen. Bundesgesundheitsblatt, 51, 305–312.

Statistisches Bundesamt (Hrsg.) (1998). Gesundheitsbericht für Deutschland. Stuttgart: Metzler-Poeschel.

Steiner, V. (2005). Energiekompetenz. München und Zürich: Pendo

Storch, M. (2009). Motto-Ziele, S.M.A.R.T.-Ziele und Motivation. In: B. Birgmeier, (Hrsg.) Coachingwissen. Denn sie wissen nicht, was sie tun? (S. 183-205). Wiesbaden: VS Verlag für Sozialwissenschaften

Stroebe, W. & Nijstad, B.A. (2004). Warum Brainstorming in Gruppen Kreativität vemindert: Eine kognitive Theorie der Leistungsverluste beim Brainstorming. Psychologische Rundschau, 55 (1), 2–10.

Tewes, U. & Schedlowski, M. (1994). Gesundheitspsychologie: die psychobiologische Perspektive. In P. Schwenkmezger & L.R. Schmidt (Hrsg.) Lehrbuch der Gesundheitspsychologie (S. 9–28). Stuttgart: Enke.

Theorell, T., Harms Ringdahl, K., Ahlberg Hutten, G. & Westin, B. (1991). Psychosocial job factors and symptoms from the locomotor system – a multicausal analysis. Scandinavian Journal of Rehabilitation Medicine, 23, 165–173.

Tietze, K.O. (2003). Kollegiale Beratung. Problemlösungen gemeinsam entwickeln. Hamburg: Rowohlt.

Tuson, K.M. & Sinyor, D. (1993). On the affective benefits of acute aerobic exercise: taking stock after twenty years of research. In P. Saraganian (ed.), Exercise psychology: The influence of physical exercise on psychological processes (pp. 81–121). New York: Wiley.

Uvnäs-Moberg, K. & Petersson, M. (2005). Oxytocin, ein Vermittler von Antistress, Wohlbefinden, sozialer Interaktion, Wachstum und Heilung. Zeitschrift für Psychosomatische Medizin und Psychotherapie, 51, 57–80.

Vaitl, D. (1993). Psychophysiologie der Entspannung. In D. Vaitl & F. Petermann (Hrsg.) Handbuch der Entspannungsverfahren. Band 1: Grundlagen und Methoden (S. 25–64). Weinheim: Psychologie-Verlags-Union.

Vaitl, D. & Petermann, F. (Hrsg.) (1993). Handbuch der Entspannungsverfahren. Band 1: Grundlagen und Methoden. Weinheim: Psychologie-Verlags-Union.

Vögele, C. (1993). Psychosozialer Stress und Herz-Kreislauf-Erkrankungen. Spektrum der Wissenschaft, 5, 100–106.

Vögele, C. & Steptoe, A. (1993). Ärger, Feindseligkeit und kardiovaskuläre Reaktivität: Implikationen für essenzielle Hypertonie und koronare Herzkrankheit. In V. Hodap & P. Schwenkmezger (Hrsg.) Ärger & Ärgerausdruck (S. 169–192). Bern: Huber.

Vopel, K.W. (2006). Höher als die Berge, tiefer als das Meer. Phantasiereisen für Neugierige. Salzhausen: iskopress.

Watzlawick, P. (1988). Anleitung zum Unglücklichsein. München: Piper.

Watzlawick, P., Weakland, J.H. & Fisch, R. (1979). Lösungen. Zur Theorie und Praxis menschlichen Wandels (2. Aufl.). Bern: Huber.

Weber, H. (1992). Belastungsverarbeitung. Zeitschrift für Klinische Psychologie, 21, 17–27.

Weber, H. (1993). Ärgerausdruck, Ärgerbewältigung und subjektives Wohlbefinden. In V. Hodap & P. Schwenkmezger (Hrsg.) Ärger & Ärgerausdruck (S. 253–271). Bern: Huber.

Weber, H. (1994). Ärger. Psychologie einer alltäglichen Emotion. Weinheim, München: Juventa.

Weiss, H. & Harrer, M.E. (2010). Achtsamkeit in der Psychotherapie. Verändern durch »Nicht-verändern-wollen« – ein Paradigmenwechsel? Psychotherapeutenjournal, 9 (1), 14–23.

Wendlandt, W. (2005). Entspannung im Alltag. Ein Trainingsbuch. Weinheim: Beltz, 2. Aufl.

Wessinghaage, T. & Ebmeyer, G. (2009). Das Laufbuch für die ersten 10 km: Technik – Ausrüstung – Trainingspläne – Erfahrungsberichte – Motivation und Ernährung. München: Südwest Verlag.

Westermann, F. (Hrsg.) (2007). Entwicklungsquadrat. Theoretische Fundierung und praktische Anwendungen. Reihe Psychologie für das Personalmanagement. Göttingen: Hogrefe.

Westermayer, G. & Bähr, B. (Hrsg.) (1994). Betriebliche Gesundheitszirkel. Göttingen: Verlag für Angewandte Psychologie.

Wilken, B. (1998). Methoden der kognitiven Umstrukturierung. Stuttgart: Kohlhammer.

Zulley, J. & Knab, B. (2002). Die kleine Schlafschule. Freiburg: Herder.

Stichwortverzeichnis

A

AAS ▶ Allgemeines Anpassungssyndrom
Achtsamkeit
– innere   126, 128, 171
ACTH ▶ adrenokortikotropes Hormon
Adrenalin   25
adrenokortikotropes Hormon   19
Aktivität
– angenehme   141
– ausgleichende   151
– körperliche   63, 157
Allgemeines Anpassungssyndrom   15
Alltagsbelastung   32
Alltagsbewältigung   32
Ampelübungen   97
Amygdala   17, 18, 36
Änderungsmotivation   64
Anerkennung   30
Anerkennungsmotiv   112
Anfangsphase   76
Anforderungs-Kontroll-Modell   29
Angstreaktion
– vegetative   92
Annehmen der Realität   171
appraisal ▶ Bewertung
Arbeitsbelastung   29
Arbeitsethik   29
Arbeitsmarktforschung   32
Arbeitsplatz   31
Arbeitsplatzunsicherheit   5
Arbeitsschutz   56
Arbeitssucht   38
Arbeitsverhalten   38
Arbeitswelt   29
– moderne   30
Ärger   14, 21, 54
Atembeobachtung
– Übung zur   93
Auswahlprozess   133
autogenes Training   81
Autonomiemotiv   112

B

Barrierenmanagement
– antizipatorisches   174
Beanspruchungs-Erholungs-Bilanz   63
Beanspruchungs-Erholungsbilanz   140, 141
Bedrohung   34
Belastungsbewältigung   50
Belastungserfahrung   75
Belastungsfaktor   121
Betriebsklima   5
Bewältigung   50
– effektive Wege der   55
– emotionsregulierende   52
– problemorientierte   123
– reaktionsorientierte   52
Bewältigungsfunktion   50
Bewältigungskompetenz   75, 105
– individuelle   60
Bewältigungsrepertoire
– individuelles   60
Bewältigungsstrategie
– Transfer der   61
Bewegung   156
Bewegungsmangel   156
Bewegungspause   158
Bewegungsübung   159
Bewertung   50
– primäre   34, 35
– sekundäre   34, 35
Bewertungsstil   35
Bildschirmarbeit   98
Bindungserfahrung, frühkindliche   21
Brainstorming   128, 130
Burn-out-Syndrom   25

C

coping ▶ Bewältigung
Copingstrategie
– instrumentelle   55
– kognitive   55
– regenerative   55
Corticotropin-Releasing-Faktor   19
CRF ▶ Corticotropin-Releasing-Faktor

D

daily hassle   32
Denkmuster
– förderliches   105, 108
– stressverschärfendes   105, 108
Depression   25
depressive Gefühlslage   21
depressive Störung ▶ Störung, depressive
discomfort-anxiety   105
dispositionaler Optimismus   42
Distanzierungseffekt der Selbstbeobachtung   126
Distress   23

E

Ebene
– behaviorale   14
– kognitiv-emotionale   14
– körperliche   13
Effektivität   53
ego-involvement   28

Einstellung
– förderliche   106, 116
– irrationale   104
– stressverschärfende   37, 106
Einstellungen und Bewertungen
– persönliche   75
Einstellungswert   47
Einzelkämpfer-Mentalität   14, 42
Emotion, positive   142
Empathie   65, 150
Entfremdung   43
Entscheidungsschwierigkeit   133
Entscheidungsspielraum   30
Entspannung
– differenzielle   99
– durch Vergegenwärtigung   82, 98
Entspannungsfähigkeit   80
Entspannungsinstruktion   86
Entspannungsreaktion   95
Entspannungstraining   80, 100
Entspannungsübung   80, 86
Enttäuschung   39
Erfolgsdruck   133
Ergebniserwartung   42
Erholung   140, 142
Erholungsaktivität   143
Erholungsfunktion   143
Erleben, angenehmes   145
Erlebnis, angenehmes   146
Erlebniswert   46
Erschöpfung   26, 40
– emotionale   27
– geistig-mentale   27
– körperliche   27
– soziale   27
– Stadium der   23
Erschöpfungssyndrom, psychovegetatives   25
Erwartungsdruck   93, 125
Eustress   23
Extremsituation   7

F

Fantasiereise   99
Flexibilität   55
Fluchtreaktion   16
Freizeitstress   141, 142, 152
Freude   6
Frustrationstoleranz   104, 105
Führungskultur   57
Führungsverhalten, mitarbeiterorientiertes   57
Furcht   21

Stichwortverzeichnis

G

Gedanke
- stressverschärfender 111

Gefühl der Handhabbarkeit 44
Gefühlsausdruck 54
generalized resistance resources 45
Genießen
- Acht Gebote des 146
- Kleine Schule des 142

Genuss 6, 141
Genussgebot 148
Genussprinzip 147
Genussübung 149
Genussverbot 150
Gesprächsführung
- klientenzentrierte, akzeptierende 122
- motivationsfördernde 64

Gesprächsstil
- partnerorientierter 122

Gesundheit
- Modell psychischer 8
- psychische 7

Gesundheitsbegriff 6, 9
- individualistisch-reduktionistischer 10
- positiver 6

Gesundheitsboom 10
Gesundheitsförderung 4, 5, 6, 8
- betriebliche 56

Gesundheitsideologie 9
Gesundheitsmodell 8
Gesundheitsprojekt, persönliches 174
Gesundheitsverständnis 8
Gesundheitszirkel 56
Glukoneogenese 16
GRR ▶ generalized resistance resources
Gruppenarbeit 72
Gruppenerlebnis 66
Gruppenleitung 64
Gruppenprozess 72
Gruppensolidarität 151
Gruppenzusammenhalt 66

H

Handeln, problemlösungszentriertes 53
Handlungsplan 134
Hardiness 43
Heilserwartung 9
Herausforderung 34, 44
Herz-Kreislauf-Erkrankung 4
Herzfrequenz, maximale 158
Hilflosigkeit 14, 35, 40, 44, 60, 104
- gelernte 53

Hippocampus 24

Hirnrinde 36
Hirnstamm 17
Homöostase 15, 28
Hypokortisolismus 24
Hypophyse 19
Hypothalamus 17, 19
Hypothalamus-Hypophysen-Nebennierenrinden-Achse 19, 21, 24, 25

I

Imagination, positive 99
Immunaktivität, überschießende 24
Immunkompetenz 24, 45
Immunsuppression 24
Immunsystem 16, 25
Infektionskrankheit 4
Innenwendung der Aufmerksamkeit 91
innere Achtsamkeit 36
Insulin 24
internale Kontrollüberzeugung 44, 46
Internalitätsprinzip 44
Interventionsansatz
- individuumsorientierter 50
- verhaltensorientierter 50

K

Kampfreaktion 16
Karojisatsu 29
Karoshi 29
Katharsis-Hypothese 54
Killerphrase 128
kognitiver Prozess 107
Kohärenzsinn 45, 46
Kohäsion 66
Kompetenz zur Stressbewältigung 75
Konflikt, psychosozialer 28, 32
Kontrolle 29, 37, 44
Kontrollmotiv 113
Kontrollüberzeugung 43
Kontrollverlust, Angst vor 92
Konzentration, Störung der 92
Konzentrationslager 7
Kooperation 67
Kopfschmerz 98
Körperwahrnehmung 90, 93
Kortisol 20, 24, 25
Krankheit
- kardiovaskuläre 30
- psychische 4
- psychosomatische 4

kreatives Potenzial der Gruppe 131
Kreativität 130
Krebserkrankung 4, 24
kritisches Lebensereignis 28
Kursgestaltung, flexible 64

Kurzform der PR 82, 94
Kurzschlusshandlung 36

L

Langform der PR 82, 84
LCU ▶ life change units
Lebenserwartung 4
Leistungsdenken 93
Leistungsmotiv 112
Leistungsverhalten 38, 57
life change units 29
Life Orientation Test 42
limbisches System 17, 18, 36
Lipolyse 16
Locus coeruleus 17
LOT Life Orientation Test

M

Modell beruflicher Gratifikationskrise 30
Morbiditäts- und Mortalitätsstatistik 4
Motivation zur Verhaltensänderung 66
Multi-Options-Gesellschaft 164
Muskel- und Skeletterkrankung, degenerative 4
Müßiggang 141

N

Neokortex 17
Neubewertung 35
- positive 53

Neun-Punkte-Problem 130
neuronale Reaktionsorganisation
  ▶ Reaktionsorganisation, neuronale
Noradrenalin 17, 18, 20, 25
noradrenerges System 20
Notfallreaktion 15
Nucleus paraventricularis 18

O

Optimismus 42, 43
- dispositionaler 43
- funktionaler 45

Organisationsentwicklung 56
Ottawa-Charta 5
Oxytocin 41

P

Paarinterview 72
Palliation 52
Passivität 142, 152
Perfektionistische Kontrollambition 37

Person-Umwelt-Transaktion 35
Perspektive, salutogenetische 12
Positivauswahl 133
positives Denken 105, 109
PR ▶ progressive Relaxation
präfrontaler Kortex 18
präkognitive Emotion ▶ Emotion, präkognitive
Prävention 4, 5, 6
Problemanalyse 125
Problemlöseansatz 120
problemlösende Grundhaltung 120
Problemlöseprozess 121, 136
Problemlöseschritt 136
Problemlösestrategie 120, 128, 136
Problemlösetraining 119
Problemlösung 132
Problemlösungsprozess 120
progressive Relaxation 62, 81, 82, 84
protektiver Faktor 40
psychoneuroendokrinologische Stressmodell ▶ Stressmodell, psychoneuroendokrinologisches
psychosomatische Krankheit ▶ Krankheit, psychosomatische
psychovegetatives Erschöpfungssyndrom ▶ Erschöpfungssyndrom, psychovegetatives

Q

Quart-A-(4A-)Strategie 64, 170

R

Ratschlag 121, 122
Reaktanz 133
Reaktionsorganisation, neuronale 17
Reaktionsspezifität, individuelle 21
Regeneration 26, 52
regenerative Gegenwelt 140, 143
regenerative Tätigkeit 140
Regulationskompetenzmodell 7
Reptiliengehirn 17
Ressource 45, 165
– personale 40
– soziale 40
Risikofaktor, verhaltensbedingter 5
Risikoverhalten 5
– gesundheitliches 25
Rollenspiel 134
– Modell- 135
Rückmeldung 90, 135, 175
Ruhewort 82, 95, 96

S

Salutogenese 40
salutogenetischer Faktor 6
salutogenetische Perspektive ▶ Perspektive, salutogenetische 40
Schaden-Verlust 34
Schlafstörung 153
Schuldgefühl 152
Schutzfaktor, gesundheitlicher 40
Schweigepflicht 77
Selbst-Distanzierung 47
Selbst-Transzendenz 47
Selbstaktualisierungsmodell 7
Selbstbeobachtung 124, 126
Selbstregulation 24
Selbstverpflichtung 43
Selbstwirksamkeitserwartung 44
Selbstwirksamkeitsüberzeugung 44, 60
– optimistische 65, 104
sense of coherence 45
Sensibilisierungseffekt 123
Setting-Ansatzes der Gesundheitsförderung 50
sharing 137
Sinnerfüllung 7, 46
Sinnfindungsmodell 7
Sinnkrise 9
Sinnlosigkeit 14
Sinnorientierung 165
Sinnverlust 165
SOC ▶ sense of coherence
Social Readjustment Scale 28
soziale Kompetenz 42, 54
soziales Lernfeld 66
soziales Netz 140, 162
soziales Netzwerk 41
soziale Unterstützung ▶ Unterstützung, soziale
Sport 156
SRSS ▶ Social Readjustment Scale
Strategie
– defensive 53
– eskapistische 53
– expressive 54
Stress-Ampel 12, 14, 74
Stress-Analgesie 16
Stressachse 19
Stressbegriff 12
Stressbewältigung
– individuelle 52
– regenerative 156
Stressdepression 25
Stressdetektiv 125, 137
Stresserfahrung 126
Stressforschung
– (medizin-)soziologische 12
– biomedizinische 12
– psychologische 12
– sozialepidemiologische 12
Stresshormon 20, 21
Stressinduktion 107
Stresskompetenz
– instrumentelle 75
– mentale 75
– regenerative 140
Stresskonzept
– psychologisches 33
– transaktionales 33
Stressmanagement
– instrumentelles 50
– mentales 51, 104, 105
– regeneratives 52
– strukturelles 56
Stressor 15, 21, 28, 33, 50, 74
Stressreaktion 13, 15, 17, 18, 20, 33, 36, 74, 105
– akute körperliche 15
– behaviorale 25
– körperliche 16, 23
– Situationsspezifität von 21
Stresstoleranz 126, 170
stressverschärfende Bewertung 105
stressverschärfende Einstellung ▶ Einstellung, Stressverschärfende
stressverschärfender Sollwert 104
stressverschärfendes Denkmuster 104
Stressverständnis 73
Stressverstärker
– individuelle 14, 74
– persönliche 13, 51
Stressverstärkerprofil 111
Sympathikus-Nebennierenmark-Achse 17, 19, 21, 24
sympathische Aktivierung 18
Symptomstress 105, 170

T

Thalamus 17, 36
Todesursache 4
Training
– aerobes 158
– anaerobes 158
transaktionale Stresskonzept ▶ Stresskonzept, transaktionales

U

Ungeduld 37
Unruhe, innere 91
Unterstützung
– negative Wirkungen von sozialer 42
– soziale 40, 41, 43, 63, 65
Urlaub 153

Stichwortverzeichnis

V

Veränderungsmotivation 134
Verausgabung 30
Verausgabungsbereitschaft 30, 38
Vereinbarkeit von Familie und Beruf 33, 56
Verhalten-in-Situationen 123, 136
verhaltensanalytisches Interview 124
verhaltensanalytisches Schema 124
Versagensangst 39
Verschleißerscheinung 156
Vertrauen 66, 122, 125, 162
Vertrauensbildung 162
Vorfreude 147

W

Wahlfreiheit 164
Wahlnotwendigkeit 164
Wert, schöpferischer 46
Werte- und Entwicklungsquadrat 115
Wertschätzung 30
Widerstand 151
Widerstandsfähigkeit 43
Widerstandsreserve, generalisierte 45
Widerstandsstadium 23
Wohlbefinden 6, 157
– subjektives 6
work-life-balance 56, 140
workaholism 38
Wunsch
– Exploration von 150

Z

Zeit, leere 141
Zeitdruck 63, 168, 170
Zeitmangel 168
Zeitplanung 168
Zeitsouveränität 169
zentrales Adaptationssyndrom 20
Zentrierung 91
Ziel
– Annäherungsziel 168
– Handlungsziel 168
– klares 165
– persönliches 164
– Vermeidungsziel 168
– Wunschziel 167
Zielformulierung 167
Zielgruppe 61
Zukunftskonzept, positives 165
Zukunftsperspektive 165
Zukunftsvision 167
– positive 166